A Study in Early Christian and Byzantine Iconography

初期キリスト教・
ビザンティン
図像学研究

瀧口美香
Takiguchi Mika

創元社

初期キリスト教・ビザンティン図像学研究

濱田 美(Hamada Minoru)

中央公論美術出版

A Study in Early Christian and byzantine Iconography

口絵1　パレルモ　宮廷礼拝堂　キリストの変容

口絵2　パレルモ　宮廷礼拝堂　サウロの回心

　ある日、キリストは弟子たちを連れて高い山に登られた。そこでキリストの姿が変わり、顔や衣が光り輝いた［上］。それまで弟子たちは、自分たちの師であるキリストの、人としての姿しか見ていなかったが、山の上で神としてのキリストを初めて目の当たりにして、恐れおののいた。一方、サウロは、キリストの弟子たちを迫害していたが、神の光に打たれて回心した［下］。福音書と使徒言行録の別々のできごとが、光に打たれ転がるという共通のイコノグラフィーによって結びつけられ、宮廷礼拝堂全体を飾る、一つの大きな物語へと集約されていく。

口絵3　カストリア　パナギア・マヴリオティッサ修道院　エッサイの木
©iStock.com/RnDms

口絵4　ヴァティカン聖使徒図書館　Vat. gr. 747, fol. 258. ルツとボアズ
©2016 Biblioteca Apostolica Vaticana

　旧約八大書写本挿絵の最後を飾る、ルツとボアズが向き合って横たわる一見奇妙なイコノグラフィー［下］。これは、2人が、ここからエッサイの木［上］が育ちゆく、その根元の双葉となることを暗示しているように思われる。エッサイの木の根元に横たわるエッサイは、ルツとボアズの孫に当たるからである。エッサイは、イスラエルの王ダビデの父となり、この家系からキリストが生まれた。

口絵5　モンレアーレ大聖堂　身廊南壁面　箱舟

口絵6　パレルモ　文化財監督局　墓碑

ノアの箱舟は、木製というよりは線刻を施した石板を組み合わせて造られたもののように見える［上］。そのモデルは、墓石彫刻であったと考えられる［下］。箱舟を墓碑に見立てるイコノグラフィーは、まさに王の石棺を納める大聖堂の装飾にふさわしいものであった。

口絵7　オトラント大聖堂　プレスビテリー　ソロモンとセイレン

口絵8　ロンドン　大英博物館　象牙浮彫　磔刑

　大聖堂の身廊床面を飾る大きな木のてっぺん近くに、なぜソロモン（旧約聖書の王）とセイレン（ギリシア神話に登場する海の怪物）のメダイヨンが配されたのだろうか［上］。ソロモン→ソル（ローマ神話の太陽神）→太陽、セイレン→セレネ（ギリシア神話の月の女神）→月という言葉上の連想から、オトラントのソロモンとセイレンは、それぞれ太陽と月を暗示しているように思われる。一方、「キリストの磔刑」の左右には、しばしば太陽と月が描かれる［下］。このことから、身廊床面を飾る大きな木は、キリストが磔にされた十字架を暗示し、木のてっぺんのソロモンとセイレンは「磔刑」の太陽と月の役割を担うものとしてここに配されたと解釈される。

はじめに

　美術史をテーマとする書物は、数多く出版されてきた。それらの中で、本書の独自性を3つあげるとすれば、その1つは、本書がビザンティン美術の図像解釈に特化しているという点であろう。

　各章は、変わった図像や、不可解な図像の組み合わせなど、なぜだろう、と疑問に思われる点に着目することから出発している。ビザンティン美術は、画家が創造性を発揮して、自身のオリジナリティーを表現するというたぐいの場ではない。図像は模倣を旨として継承され、同じような図像が繰り返し描かれた。しかしながら、模倣の中に時折、画家の創意工夫の跡がわずかに認められるようなことがある。規範をはずれて、なぜこんなふうに描いたのだろう。そこには、必ず何らかの理由があるように思われる。

　にわかには説明のつかない点に着目し、その理由を探ることによって図像解釈を試みる。そして、単なる模倣の繰り返しにとどまらない、ビザンティン美術のありようを明らかにする。それが本書の第1の特色である。

　第2の独自性は、どの章においても、これまで誰も思いつかなかったような、大胆な仮説を提出しているという点。先行研究においてとりあげられながら、今なお解決がつかず、謎のまま残されていること。あるいは先行研究が見落としていて、論じられることさえなかったような問題。こうしたことがらについてあえてとりあげ、謎解きを試みた。

　ビザンティン美術は、多くの謎に満ちている。たとえば、ラヴェンナのガッラ・プラキディアのリュネットのモザイク。聖人を火あぶりの刑に処する炎と網のすぐ隣に、本棚が描かれている。本棚と炎の組み合わせは、奇妙に見える。ここが屋外なのか、屋内なのかよくわからない。この図像は、単なる偶然であろうか。偶然や画家の描き間違いではないとしたら、この図像は見る者にいったい何を伝えようとしているのだろうか（この疑問については、前著『ビザンティ

ン四福音書写本挿絵研究』〔創元社、2012年〕の中で答えている)。

　この他にも、数多くの謎がある。たとえばマダバの地図の聖堂では、なぜ床面に大きな地図が描かれたのだろうか（第Ⅰ部第1章）。一方、ウム・アル・ラサスの聖ステファノス聖堂では、地図ではなく都市が聖堂の床面に名前を連ねている。なぜここでは地図ではなく、都市が描かれたのだろうか（第Ⅰ部第1章）。マダバの聖使徒聖堂では、床面の中央に海の擬人像が描かれている。擬人像や神話上の登場人物を描くローマ美術の伝統は、聖堂というキリスト教のコンテクストにおいて、どのような新しい意味を担っているのか（第Ⅰ部第1章）。シリアのカラート・セマンでは、なぜ柱頭のアカントスの葉が、横倒しになびいているのか（第Ⅰ部第2章）。モンレアーレ大聖堂の壁画に描かれた、石造りのような箱舟は何を見る者に伝えているのか。石の船が水に浮かぶはずはないのに！（第Ⅱ部第2章）。

　1つひとつの謎について、各章でわたし自身の解釈を提出している。ただし、それが唯一の解であるとか、画家の真の意図であると主張することは難しい。唯一の解を導き出す実証に重きをおくよりは、こんなふうに考えれば、奇妙な描き方の理由を説明することができるのではないか、という1つの解釈として、ここに提出したいと思う。

　本書の第3の独自性は、作品との向き合い方にあると思う。作品を見ているとき、その作品と見ている自分が、1つにつながったことがわかる瞬間がある。すると、そのつながりを介して、作品が一気に語りだす。わたしは、その声を拾い上げていく。言い換えれば、ひたすら作品の声に耳を傾ける。それが、わたしと作品との向き合い方である。このような作品の見方について、理解者は少ないかもしれない。たとえそうだとしても、わたしは自分が聞き取った作品の声を記しておきたいと思う。

　それでは、たとえばどんなふうに作品と向き合うのか、どんなふうに作品との対話を重ねていくのか、その一例をあげてみたい。

　ドイツ西部のレックリングハウゼンという町に、イコン美術館がある。ギリシア、ロシア、バルカンほか正教圏の国々から集められた収蔵品の数は、千を超える。主な展示はイコンやイコノスタシスであるが、2階の一角に、コプト美術の展示室が設けられており、多神教的な古代末期から初期キリスト教への移行期にあたる時期の作例が、十数点展示されている。

　その展示室を歩き回っているとき、エジプトのオクシリンコスか

ら出土した柱頭彫刻が、ふと目に留まった（図1）。4世紀、との表示がある。聖堂建築でよく見かけるアカントスの葉の柱頭であるが、人の頭が葉の中から飛び出している。その人は、柱頭のモティーフと同じアカントスの葉の冠を頭にかぶっている。月桂冠の冠をかぶる殉教者の姿のようだと思った。殉教者だとすれば、聖堂を飾るモティーフとしてふさわしい。

しかし、アカントスの茂み（柱頭）の中から頭を出している人の姿は、いかにも奇妙に思えた。殉教者ではなくて、アカントスという植物を擬人化したものだろうか。「キリストの洗礼」図像の中には、しばしばヨルダン川の擬人像が含まれるので、それに似たものかもしれない。

図1　オクシリンコス　柱頭彫刻

オクシリンコスの柱頭のすぐ近くに、バウイト出土の石造彫刻（5世紀）の展示があった（図2）。やはり、アカントスの茂みの中から、人の頭が見えている。頭にアカントスの冠をかぶっているところもまた、オクシリンコスの柱頭と共通である。ところが、ここではさらに、人の隣に鳥が2羽止まっている。柱頭自体は石造りで、アカントスの葉は写実的とは言いがたいが、鳥がそこにいるので、あたかも本物の葉が茂っているようにも見える。

アカントスの柱頭は、初期キリスト教徒が新しく作り出したものではなくて、古代ギリシア建築以来のモティーフである。植物は他にもたくさんあるのに、なぜアカントスが柱頭の装飾のために選ばれたのだろうか。アカントスとは、神殿の建築にふさわしい、神に近い特別な植物なのだろうか。

図2　バウイト　柱頭彫刻

アカントスは植物の名前であるが、ギリシア神話の中には、植物のアカントスと同じ名を持つ人がいる。アウトヌースの5人の子供たちの1人である。父は、不毛の地に住んでいたために、せめて子供たちに植物の名前をつけようと考え、息子の1人をアカントスと名付けた。別の息子、エロディオスが馬に襲われて亡くなったとき、嘆き悲しむアウトヌースの家族を、ゼウスが鳥に変えたと伝えられる。こうしてアカントス（植物の名を持つ人）は、鳥になった。

オクシリンコスとバウイトのアカントスの柱頭は、植物をかたどった形をしているが、同時にそれはアカントスという、神話上の人物の姿を表すものかもしれない。それは、ギリシア建築のカリアティード（女像柱）を想起させる。カリアティードは、頭上にエンタブラチャーを載せた女性の立像で、人のかたちをとりながら、建造物を支える柱として機能する。聖堂においてアカントスの柱頭を頂く柱は、カリアティードのような人の形ではない。しかしその柱は、カリアティードと同じように、柱のように立つ1人の人を表すものなのかもしれない。バウイトの柱頭は、アカントス（植物）の間からアカントス（人）が頭を出し、そこに鳥が止まる。それはまさに、鳥に変えられるアカントスそのものを表しているように見えた。

しかし、この柱頭はキリスト教の聖堂に属するものである。もともとギリシア神話において語られるアカントスの物語を、初期キリスト教徒はどのように、キリスト教のコンテクストに置き換えたのだろうか。言い換えれば、ギリシア神話のアカントスは、どのようにキリスト教的な意味を担うものとして変容させられ、キリスト教の聖堂を飾るモティーフとなったのだろうか。

ヨハネの黙示録において、ヨハネは次のように語っている。「わたしはまた、1人の天使が太陽の中に立っているのを見た。この天使は、大声で叫び、空高く飛んでいるすべての鳥にこう言った。『さあ、神の大宴会に集まれ』」（ヨハネの黙示録第19章17節）。

ギリシア神話のアカントスが姿を変えた鳥は、今やアカントスの茂みから飛び立ち、天で催される神の大宴会に向かって、飛び立とうとしているのかもしれない。聖堂のアーケードを支えるすべての柱から、鳥たち（アカントス）が一斉に飛び立ち、天高く神の宴会をめざす。その勢いにあおられてアカントスの葉がなびく音と、鳥たちの羽ばたきの音が、すぐそばで聞こえてくるかのようである。

こんなふうに、わたしの目の前の1つの作品は、思いもよらないほうへとイメージの翼を広げ、どんどん高いところへとわたしを運

んでいく。自分が今いるのは、ドイツの小さな美術館の展示室であるということを、すっかり忘れてしまうようなところへと、一気に。

　それは、単なる思い込みとか、個人の妄想として、退けられてしまうたぐいのものかもしれない。学問的に実証できなければ、なおさらである。しかしながら、わたしはいつも、こんなふうに作品とのつながりを得ている。それが、わたしのものの見方なのだと思う。

　本書でとりあげた、聖堂を飾る壁面や彫刻の図像、聖書写本を彩る挿絵は、神への高らかな讃美の声に満ちている。わたしは、それらの声とともに歌いたい。そのために、本書は書かれた。

初期キリスト教・ビザンティン図像学研究
目次

はじめに …………………………………………………………………………………… 5

第Ⅰ部　シリア、ヨルダンの聖堂装飾

第1章　神の庭を飾る ── 初期キリスト教の舗床モザイク …………………… 17
　　　　はじめに ……………………………………………………………………… 17
　　　1　ヨルダンのモザイク概観 ………………………………………………… 18
　　　2　マダバ　聖使徒聖堂（タラッサの聖堂）……………………………… 20
　　　3　マダバ　地図の聖堂 ……………………………………………………… 26
　　　4　ウム・アル・ラサス　聖ステファノス聖堂 ………………………… 33
　　　5　キルベット・アル・ムクハヤット　聖ロトとプロコピオスの聖堂 … 38
　　　6　グラード　聖エウフェミア聖堂 ……………………………………… 44
　　　おわりに ……………………………………………………………………… 48

第2章　神の家を支える柱 ── カラート・セマン　柱上行者シメオンの聖堂 … 51
　　　　はじめに ……………………………………………………………………… 51
　　　1　柱上行者シメオンの生涯 ………………………………………………… 55
　　　2　聖堂の建立 ………………………………………………………………… 56
　　　3　カラート・セマンの先行研究 …………………………………………… 57
　　　4　貝のモティーフ …………………………………………………………… 61
　　　5　神の家の柱 ………………………………………………………………… 63
　　　6　聖人伝となびき葉の柱頭 ………………………………………………… 65
　　　7　聖堂の形態 ── 古代都市遺跡アパメアとの比較 …………………… 71
　　　おわりに ……………………………………………………………………… 75

第 II 部　イタリアの聖堂装飾

第 1 章　楽園へとふたたび帰りゆくために —— パレルモ宮廷礼拝堂 ……… 79
はじめに ……… 79
1　ノルマン・シチリア王国と宮廷礼拝堂 ……… 81
2　宮廷礼拝堂のモザイク装飾 ……… 82
3　宮廷礼拝堂の先行研究 ……… 100
4　モザイク・プログラムの解釈 ……… 114
おわりに ……… 121

第 2 章　箱舟は死者をのせて —— モンレアーレ大聖堂 ……… 123
はじめに ……… 123
1　モンレアーレ大聖堂建立をめぐって ……… 124
2　モンレアーレ大聖堂のモザイク装飾 ……… 125
3　ノルマン・シチリア王国の成立と展開 ……… 129
4　モンレアーレ大聖堂の先行研究 ……… 132
5　宮廷礼拝堂のモザイク図像と高窓の採光 ……… 141
6　モザイク・プログラムの解釈 ……… 144
おわりに ……… 156

第 3 章　新たなる木へと生まれ変わる —— オトラント大聖堂 ……… 159
はじめに ……… 159
1　オトラント大聖堂の概要 ……… 161
2　舗床モザイクの記述、図像の同定 ……… 162
3　オトラント大聖堂の先行研究 ……… 173
4　モザイク・プログラムの解釈 ……… 182
おわりに ……… 196

第 III 部　カッパドキアの聖堂装飾

第 1 章　主よ、わが岩よ —— カッパドキアの諸聖堂 ……… 201
はじめに ……… 201
1　カッパドキア聖堂装飾研究の意義 ……… 203

2　カッパドキア聖堂群の先行研究⋯⋯⋯⋯⋯⋯⋯⋯⋯⋯⋯⋯⋯⋯⋯⋯⋯⋯⋯⋯205
　　3　ニケフォロス・フォカス聖堂（チャウシン）⋯⋯⋯⋯⋯⋯⋯⋯⋯⋯⋯⋯207
　　4　カルシュ聖堂（ギュルシェヒール）⋯⋯⋯⋯⋯⋯⋯⋯⋯⋯⋯⋯⋯⋯⋯⋯210
　　5　カランルク聖堂（ギョレメ）⋯⋯⋯⋯⋯⋯⋯⋯⋯⋯⋯⋯⋯⋯⋯⋯⋯⋯⋯216
　　6　聖バシリオス聖堂（ムスタファパシャ）⋯⋯⋯⋯⋯⋯⋯⋯⋯⋯⋯⋯⋯⋯222
　　7　カッパドキア聖堂の特色⋯⋯⋯⋯⋯⋯⋯⋯⋯⋯⋯⋯⋯⋯⋯⋯⋯⋯⋯⋯223
　　おわりに⋯⋯⋯⋯⋯⋯⋯⋯⋯⋯⋯⋯⋯⋯⋯⋯⋯⋯⋯⋯⋯⋯⋯⋯⋯⋯⋯⋯⋯230

第Ⅳ部　ビザンティン旧約聖書写本挿絵

第1章　エッサイの木の双葉 ── 旧約八大書写本挿絵⋯⋯⋯⋯⋯⋯⋯⋯235
　　はじめに⋯⋯⋯⋯⋯⋯⋯⋯⋯⋯⋯⋯⋯⋯⋯⋯⋯⋯⋯⋯⋯⋯⋯⋯⋯⋯⋯⋯235
　　1　挿絵入りビザンティン旧約八大書写本の概観⋯⋯⋯⋯⋯⋯⋯⋯⋯⋯236
　　2　旧約八大書写本挿絵の先行研究⋯⋯⋯⋯⋯⋯⋯⋯⋯⋯⋯⋯⋯⋯⋯⋯242
　　3　八大書写本挿絵の解釈⋯⋯⋯⋯⋯⋯⋯⋯⋯⋯⋯⋯⋯⋯⋯⋯⋯⋯⋯⋯246
　　おわりに⋯⋯⋯⋯⋯⋯⋯⋯⋯⋯⋯⋯⋯⋯⋯⋯⋯⋯⋯⋯⋯⋯⋯⋯⋯⋯⋯⋯255

第2章　正しき道は東へと向かう ── 旧約預言書写本挿絵⋯⋯⋯⋯⋯257
　　はじめに⋯⋯⋯⋯⋯⋯⋯⋯⋯⋯⋯⋯⋯⋯⋯⋯⋯⋯⋯⋯⋯⋯⋯⋯⋯⋯⋯⋯257
　　1　挿絵入りビザンティン預言書写本の概観⋯⋯⋯⋯⋯⋯⋯⋯⋯⋯⋯⋯258
　　2　預言書写本挿絵の特色⋯⋯⋯⋯⋯⋯⋯⋯⋯⋯⋯⋯⋯⋯⋯⋯⋯⋯⋯⋯264
　　3　預言書写本挿絵の解釈⋯⋯⋯⋯⋯⋯⋯⋯⋯⋯⋯⋯⋯⋯⋯⋯⋯⋯⋯⋯266
　　おわりに⋯⋯⋯⋯⋯⋯⋯⋯⋯⋯⋯⋯⋯⋯⋯⋯⋯⋯⋯⋯⋯⋯⋯⋯⋯⋯⋯⋯273

おわりに⋯⋯⋯⋯⋯⋯⋯⋯⋯⋯⋯⋯⋯⋯⋯⋯⋯⋯⋯⋯⋯⋯⋯⋯⋯⋯⋯⋯⋯⋯275

注⋯⋯⋯⋯⋯⋯⋯⋯⋯⋯⋯⋯⋯⋯⋯⋯⋯⋯⋯⋯⋯⋯⋯⋯⋯⋯⋯⋯⋯⋯⋯⋯⋯279
掲載図版出典・所蔵先一覧⋯⋯⋯⋯⋯⋯⋯⋯⋯⋯⋯⋯⋯⋯⋯⋯⋯⋯⋯⋯⋯299
主要参考文献一覧⋯⋯⋯⋯⋯⋯⋯⋯⋯⋯⋯⋯⋯⋯⋯⋯⋯⋯⋯⋯⋯⋯⋯⋯⋯304
索引⋯⋯⋯⋯⋯⋯⋯⋯⋯⋯⋯⋯⋯⋯⋯⋯⋯⋯⋯⋯⋯⋯⋯⋯⋯⋯⋯⋯⋯⋯⋯315

ブックデザイン　上野かおる＋東浩美
編集協力　原　章（編集工房レイヴン）

第 I 部

シリア、ヨルダンの聖堂装飾

第1章
神の庭を飾る
── 初期キリスト教の舗床モザイク

✢ **はじめに**

　モザイクという語の語源は、ミュージアムの語源と共通である[1]。本来ミュージアムとは、「ムーサたちの座るところ」を意味していた。ムーサとは、文芸、音楽、舞踏、哲学、天文など、人のあらゆる知的活動をつかさどる女神たちのことである。musivusという形容詞は、ムーサ（Musa）から派生した語で、これは「ムーサに属するところの」を意味する。ここからmusivum、すなわちラテン語のモザイクという語が生まれた。それゆえ、モザイクという語には、ムーサに属するところのもの、女神たちのもの、という意味が内包されているとみなすことができる。古代ギリシア、ローマの舗床モザイクには、しばしば神話に基づく神々の姿が描かれる。語源から考えるに、モザイクは、神々を表し、その姿を伝える手段として、最もふさわしい媒体であったと言えるだろう。神話上の神々の姿を表すモザイクは、やがてキリスト教の建造物の装飾に転用され、神の住まうところを飾るために用いられるようになった。

　シリア、ヨルダンの舗床モザイクには、寄進者名のみならず、モザイク制作者の名前がしばしば銘文中に登場する。モザイク制作者はかつて、異教の神々を描き出すことによって人々の住まいを整え、飾る者たちであった。それが、キリスト教の建造物においては、聖堂床面において神からのメッセージを視覚的な図像として伝える、いわば神の代弁者のような役割を担う者となった。

　ギリシア語とラテン語では、モザイクの語源は大きく異なっている。ギリシア語で、モザイク制作者を意味する語（ψηφοθέτης）は、数（ψῆφος）という語に由来する[2]。数という語は、そもそも投票のための石（貴重な石）を意味していた。ここから石で飾るという動詞（ψηφόω）が派生した。投票は石を用いて行われていたために、その小石1つひとつは大変貴重なものであった。投票の結果、そこに集められ、

数を数えるために並べられた多数の小石は、何か図像のようなものを描き出しているように見えたかもしれない。それは、投票の結果もたらされる世界のありようを予示するもののように見えたかもしれない。小石を敷き詰めた舗床モザイクが、何か世界のありよう、人々が住まうのに理想的な世界の姿を描き出している、というふうに見えたかもしれない、と想像するのは、それほど不自然なことではないだろう。

また、数・小石という語（ψῆφος）から派生した語に、pschomancy（小石による占い）がある。神にお伺いを立て、箱の中から印のついた小石を取り出し、その色や形によって、次に何が起きるかを予測する占いである。ここでは、小石に神の意志が現れると考えられた。こうした小石を多く寄せ集めて描き出されるモザイクは、したがって、全体として神の意志の現れであるととらえられたかもしれない。つまりモザイクとは、神の意志を伝えるものとして、もっともふさわしい媒体であったかもしれない。

本章では、こうした意義深い素材であるモザイクによって飾られた聖堂の舗床モザイクを取り上げて、さまざまな図像が聖堂において見る者にいかなるメッセージを伝えようとしているのか、という点について解釈を試みる。第1に、ヨルダンのモザイク全般を概観する。第2に、比較的モザイクの保存状態がよく、全体像を把握することのできる5つの聖堂を個別に紹介する。聖使徒聖堂（マダバ）、司祭ヨアンニスの礼拝堂（ネボ山）、地図の聖堂（マダバ）、聖ステファノス聖堂（ウム・アル・ラサス）、聖ロトとプロコピオスの聖堂（キルベット・アル・ムクハヤット）の各聖堂について、先行研究、発掘に至る経緯、図像の記述を行う。その上で、異教時代のモザイクから転用された図像を、キリスト教のコンテクストにおいてどのように読み解くことができるのか、という点について、筆者自身の見解を提示したい。

本章の最後に、グラード（北イタリア）の聖エウフェミア聖堂を取り上げる。ヨルダンから遠く離れた地における同時代の作例に、ヨルダンのモザイクと比較しうる特殊な図像が見られるため、ここにあえて加えることにした。

✣ 1　ヨルダンのモザイク概観

ハントは、ビザンティン時代に制作されたモザイクのうちヨルダ

ンに現存する作例について、概観的な記述を行っている[3]。現在のヨルダン王国にあたる地域は、紀元前64年にローマ帝国の支配下に入り、313年のキリスト教公認以降、イスラム教徒による征服（636年）を経て8世紀に至るまで、各地の聖堂においてモザイク制作が行われていた。ヨルダンに現存するモザイクの特質とは、第1に、当初貧困層を中心に信仰が広がったキリスト教が、富裕層にまで浸透したため、その富をふんだんに注ぎ込んだ贅沢で豪華なモザイクが制作されたこと。第2に、銘文が多く残されているために、制作年代、制作者について知ることができること。第3に、7世紀前半以降、イスラム教徒による支配下においてなお、キリスト教聖堂のモザイク制作が続けられたこと。ハントは以上3点をヨルダンのモザイクの特徴としている。ヨルダンにおけるモザイク制作の最盛期は6世紀で、作例の多くは死海の東あるいは北東（ローマ帝国のアラビア地方にあたる）に散在している。マダバ、ジェラシュ、ネボ山、アンマン、ヘシュボン、リハブ、キルベット・アル・サムラの他、ウマイヤ朝期の作例としてマアイン、ウム・アル・ラサスが知られている。加えて、デイル・アイン・アバタ、ヒュメイマ、アカバでは、1980-90年代に入ってようやく発掘調査に着手された。

　モザイクの主題としては、都市の景観や牧歌的な田園風景が好んで描かれた。それでは、こうした特定の主題が好んで選択されたのはなぜだろうか。ハントによれば、都市の景観は、都市の繁栄と市民としての誇りを表現するものであるという。一方、田舎の風景について、ハントは、神から与えられた土地を人が有用に活用する、いわば大地称揚の表現であるとしている。人は野生動物を家畜化する知恵を神から与えられた。さまざまな種類の動物をともなう狩猟場面や田舎の風景には、このようにキリスト教的な意味がこめられている、とハントは考えている。一方、単純に、地元の人々が農業に従事する日常を描いたものとする見解もある。

　ハントは、ヨルダンのモザイクに見られる、ろばの背に果物を積んで運ぶ人や釣り人の図像を取り上げて、コンスタンティノポリスの大宮殿の舗床モザイクと比較し、両者の間に類似が認められることを指摘している。当時ヨルダンの地は、皇帝の執政官（Flavius Lampadius と Orestes）の統治の下にあった。モザイク中に、官職に着く者とその家族の救済を願う銘文が残されていることから、ハントは、ヨルダンのモザイクと首都の皇帝周辺との間には何らかのつながりがあったと推測している[4]。

ヨルダンの聖堂舗床モザイクには、銘文や寄進者の肖像、モザイク制作者（ψηφοθέτης）の名前が多く残されているために、彼らが何を願っていたのか、彼らの生きる社会においていったい何が重要なことがらであったのかを知る手がかりとなる[5]。寄進者の中に女性が多く含まれることもまた、ヨルダンのモザイクの特質である[6]。モザイク制作者とは、主題を選択し、既存パターンを組み合わせることによって、全体のデザインを構想した人か、あるいは実際にテッセラを敷き詰める作業に従事した人か。個人名が残されていることから、ハントは、モザイク制作者はそのプロジェクトに大きく関与した者であり、図像の象徴的な意味を熟知し、モザイクのデザインにかかわる決定に、大きな影響力を有していた者であったと推測している。

ネボ村の司祭ヨアンニスの礼拝堂（後述）は、地元の裕福な家族の寄進によって建設された。ハントによれば、聖堂、礼拝堂建立のための寄進行為は、その地域に、農業に基づく豊かな共同体があったことを反映している。ハントはさらに、この礼拝堂が、都市の城壁の外に建設されたことに注目し、その理由について、もはや外敵に対する防御が必要とされなくなったため、また人口増加にともなって住居地が拡大されたためと考えている。このような背景のもと建設された聖堂には、どのようなモザイク装飾が施されたのだろうか。銘文が残されているとはいえ、文言はしばしば紋切り型で、たとえそこに寄進者の名前が記されていたとしても、具体的にその人がどのような人生を送った人であったのかを示す史料は残されていない。しかしながら、モザイク図像そのものが、彼らの願いを雄弁に物語っていると筆者は考えている。そこで本章では、ヨルダン各地の聖堂舗床モザイクのイコノグラフィーを取り上げ、それらが伝えようとしているメッセージについて、筆者による解釈を提示したい。

✥2　マダバ　聖使徒聖堂（タラッサの聖堂）

聖使徒聖堂は、縦23.5メートル、横15.3メートルのバシリカで、1902年に発見された[7]。銘文中に、「敬虔かつ高徳なる主教セルギオスの時代、聖なる使徒の場所が完成された。第12インディクション473年」とあることから、建立の年代は西暦578年と確定できる。

身廊中央の大きなメダイヨンに海（タラッサ）の擬人像が描かれている（図3）[8]。タラッサは舵を手にしている。小鳥と植物を幾何学文様のように敷きつめた身廊はカーペットのようであり、中央のメダ

イヨンは、銘文「天地を創造された主なる神よ、アナスタシウス、トマス、テオドラに命を与え給え」という文字によって囲まれている。銘文には、モザイク制作者サラマンの名も記されている。1967年、聖堂の発掘作業が行われた。本聖堂は、聖像破壊運動の際の破壊を免れた希有な作例で、身廊と側廊のモザイクは保存状態がよい。側廊北側に隣接する2つの礼拝堂にも、銘文が見られる[9]。

　ルクスは、聖堂平面図作成、モザイクの記述、イコノグラフィーの分類、類似作例との比較を行っている[10]。樹木（広葉樹、糸杉）や果実（林檎、洋梨）、動物（野兎、羊、牛、鹿、ガゼル）、鳥（鷺、鴨、雉）、器物（籠、アンフォラ）、幾何学文様などの図像は、いずれもシリア、パレスティナの舗床モザイクの装飾レパートリーから選択されたものであるとしている。海の擬人像についても類例があげられているが、ルクスの主眼はあくまで客観的な記述と比較に置かれ、図像解釈には一切立ち入っていない。

　小鳥と植物の幾何学文様を取り囲む外側の大きな枠は太い帯状で（図4）、ディオニュソスの行進、アキレウス、ヘラクレスなど神話の登場人物が含まれており、こうしたモティーフは世俗建築から取り入れられたものである。ダンバビンは、帯状の太枠に描かれた神話の神々と中央メダイヨンの海（タラッサ）の擬人像との関連は不明であるとしている[11]。一方、ドーフィンは、枠に描かれる杖を持つ

図3　マダバ　聖使徒聖堂　[上]海（タラッサ）の擬人像　[下]拡大図

図4　マダバ　聖使徒聖堂　外枠を囲むアカントスの葉冠、アカントスに包まれたカンタロス

図5　ゲミレル島　第三聖堂　アカントスの柱頭

子供と、鸚鵡を持つ子供たちの合計3人は、当時の観者らによって、イエスの幼児伝に基づくものと解釈された可能性を指摘している[12]。

現在、舗床モザイク全体を覆う屋根が架けられ、出入口は（聖堂建設当時とは逆側の）東側に設けられている。西側（かつて出入口があった所）の図像から見てゆこう。当時聖堂を訪れた人は、ここから聖堂に入って行ったからである。西入口には、アカントスの葉の中からカンタロスの上半分が見えている（図4下部）。カンタロスの取っ手のところに孔雀が左右対称にとまっている。カンタロスは命の水をたたえる器と考えられていた。一方、アカントスは、モザイクのモティーフのみならず、聖堂の柱頭にしばしば見られるデザインである。本聖堂の柱頭（現存しない）もまた、アカントスであった可能性は高い（図5）。モザイクのアカントスにはカンタロスの命の水が満ち満ちており、それと呼応するかのように、柱頭のアカントスからも、命の水がほとばしり出て、噴水のように上に向かって弧を描くさまが想起される。吹き出す水の描く弧が、柱頭と柱頭を結ぶアーチの弧と重なり合い、聖堂の身廊と側廊を隔てるアーケードに沿って、水が絶えず吹き上げているようなイメージが浮かぶ。現在、舗床モザイクを覆っている建造物はモザイクを保護する目的のものであって、聖堂の再現ではないため、かつてそこにあったところの柱身、柱頭、アーケードはない。が、かつて聖堂に足を踏み入れた者は、足下のモザイクに表されたアカントスとカンタロスを眺め、また頭上の柱頭（おそらくはモザイクと同じアカントスのモティーフ）を見上げ、両者を関連づけて見たかもしれない。シリア語の頌歌には、ドームを天に、アーチを地上の果てにたとえる美しい表現がある[13]。アーチの連なりは波形に続き、命の水を吹き上げながら、地の果て（天地の境界）を示していたかもしれない。

聖使徒聖堂から徒歩15分ほどのところに、地図の聖堂と呼ばれる建造物がある（後述）。ここでは、聖使徒聖堂のように身廊全体ではなく、身廊東寄りから南側廊にかけて、部分的に舗床モザイクが現存している。モザイクは、地図を表すもので、聖地エルサレムほか、聖書に出てくる地名が多数表されている（図6）。完成当初、モザイクの面積は現存するものよりもはるかに広いものであったと推測される。つまり、現存するモザイクは部分的なものでしかない。そのため、モザイクの全体像を知ることはかなわないが、現存するモザイクから確実に言えることは、死海が全体の構図中でほぼ中央に据えられている、ということである。死海は、身廊の中心軸からやや

第1章　神の庭を飾る——初期キリスト教の舗床モザイク

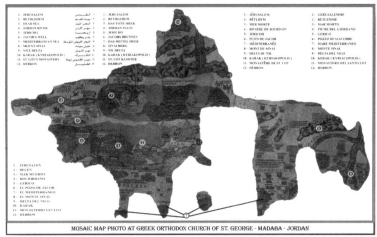

図6　マダバ　聖ゲオルギオス聖堂　マダバ地図

南寄りに大きく表されている。いくつもの都市の景観や地名を描き込んだモザイク地図は、タラッサのメダイヨンを中央に据えた聖使徒聖堂の規則的な幾何学文様と比べると、全体の印象が大きく異なっている。が、海を身廊のほぼ中央に据えるという点において、両者は類似しているとも言える。

　筆者は、聖使徒聖堂の海の擬人像は、死海のことではなかったかと推測している。聖使徒聖堂のメダイヨンの銘文には「タラッサ（海）」と記されているものの、死海、紅海、地中海といった特定の海の名前はないため、死海かもしれないというのは、モザイクを実見したときの筆者の単なる印象であった。ところが、その死海かもしれないという筆者の第一印象を打ち消すかのように、海の擬人像の周囲には、海の生物たち（魚、蛸、海獣）が描かれている（図3）。塩分濃度の高い死海には、魚が住むことができないため、海の擬人像が死海を表す、という推測は的外れであるようにも思われる。しかしながら、海の擬人像のモザイクが伝えようとしているメッセージとは、それまで魚たちが住まうことのできなかった死海に、海の生物が戻ってきたということではないか。すなわち海の擬人像が表しているのは、命を再び与えられたところの、よみがえりの死海である、という解釈が可能なのではないか。

　海の擬人像の周囲には、「アナスタシオス、トマス、テオドラに命を与え給え」という寄進者の願いが記されている。寄進者の神への祈り、命を与え給えという切なる願いを視覚化するために、彼らの住まうパレスティナの地に大きく場所を占める死の海、それを生ける海に変容させてここに表した。寄進者の願いは必ずや神に聞き届

けられ、死海が生ける海に変容したように、寄進者にもまた死後永遠の命が与えられることを、このモザイクは保証しているかのようである。

　キリストが洗礼を授けられたヨルダン川は、死海に注ぎ込む唯一の川であり、一方、死海から注ぎ出る川はない。洗礼志願者は、ヨルダン川で洗礼を受け、キリスト教徒となって新しい命を得る。そのヨルダン川の命の水が注ぎ込むことによって、死海は命を与えられ、やがて生きた海となるであろう。旧約聖書のエゼキエルの預言によれば、「これらの水は東の地域へ流れ、アラバ（ヨルダン川の別称）に下り、海、すなわち汚れた海に入って行く。すると、その水はきれいになる。川が流れて行く所ではどこでも、群がるすべての生き物は生き返」る（エゼキエル書第47章8-9節）。こうした預言書のことばは、上のような筆者の推測の傍証となるだろう。言い換えれば、死海にヨルダン川の命の水が流れ込むことによって死海そのものが命を得るように、寄進者たちにも命が与えられるであろうというメッセージは、預言書によって裏付けられる。タラッサの図像は、寄進者やモザイク制作者らの願いを、視覚言語に置き換えて表現している。本聖堂は、死海とヨルダン川にほど近い場所にあるため、なおさらこの図像は見る者のこころに強い印象を残すものであったに違いない。

　カーペットの幾何学文様のように規則的に並べられた鳥と植物の中央に、海の擬人像のメダイヨンが突然現れるデザインは、やや唐突なものであるようにも思われるが、2-3世紀頃、個人の邸宅では、このように幾何学文様を敷き詰めた中に単独で擬人像を配する表現が好まれた[14]。マダバの海（タラッサ）の擬人像もまたこうしたモザイク制作の潮流に位置づけることができるだろう。邸宅の個々の部屋にはそれぞれ舗床モザイクが敷き詰められ、各部屋はその床に描き出された擬人像の名で呼ばれていたという。こうした慣習に従って言えば、聖使徒聖堂は、いわば「タラッサの場所」ということになる。キリストに従った十二使徒のうち、4人は漁師であった。偶然の一致であろうか、聖堂の銘文にも4人の寄進者の名前が記されていることから（1人はモザイク制作者）、寄進者たちは漁師であった使徒たちにならうものとなれ、そして命の海へと漕ぎ出せ、というメッセージをここに読み取ることが、あるいは可能であるかもしれない。

第 1 章　神の庭を飾る――初期キリスト教の舗床モザイク

図7　ネボ山　司祭ヨアンニスの礼拝堂

　ネボ村の司祭ヨアンニスの礼拝堂舗床モザイクには、マダバのタラッサの聖堂と対比的な装飾が見られる。ここでは、舗床モザイク中央に、海ではなく大地（ガイア）の擬人像が配されている。そこで、海との比較において、この大地の擬人像について見てゆきたい。司祭ヨアンニスの礼拝堂は、別の大きな聖堂の北側に付属する形で建設された礼拝堂である。大きな聖堂のほうは、銘文に記された寄進者の名前にちなんでアモスとカシセウスの聖堂と呼ばれているが、本来の名称は不明で、5世紀の建立とされる。司祭ヨアンニスの時代（565年）、アプシスつきの礼拝堂（18メートル×5.5メートル）が北側に拡張された。それがガイアの礼拝堂である。現在舗床モザイクは、ネボ村の礼拝堂から剥がされ、ネボ山において展示されている。
　身廊東側には、切妻屋根を有する建築モティーフと寄進者の銘文が見られる。身廊には、アカントスの大きな渦巻きがいくつも配され、熊、猪、羊、獅子などの動物、それらを追う狩人、果物籠を肩にのせて運ぶ人たちが渦巻きの内側に描かれている（図7）。東から2列目、中央のアカントスには、大地（ガイア）の擬人像が見られる（図8）[15]。ガイアは、両手で袋状の布の両端を持ち、その中に種類の異なる果物がいくつも盛られている。1935年に撮影された写真では、果物のモティーフによって飾られた冠をかぶる擬人像と、ΓΗの銘が確認できる。ΓΗは大地を表すギリシア語である。その後、擬人

図8　ネボ山　司祭ヨアンニスの礼拝堂
［上］大地（ガイア）の擬人像　［下］頭部が欠損したガイア

図9　ネボ山から死海へ至る景観

像の頭部が破壊されたために、1992年のピッチリッロの著作に掲載された図版では、ガイアの頭部がセメントで塗りつぶされている。現在のガイアの頭部は、破壊前の記録をもとに、再現されたものである。したがってオリジナルではないが、忠実な再現と言える。

　ネボ山から死海へと下る途中の景観は、荒野と彼方まで続く山並みである（図9）。死海が魚の住めない死の海であるとすれば、死海へと至る荒野は、作物の育たない、乾き切った不毛の大地であるように見えた。聖使徒聖堂の死海が魚の住まう海、生ける海タラッサに変容させられたように、司祭ヨアンニスの礼拝堂の大地ガイアは、不毛の大地から、アカントスの緑に覆われた瑞々しい地へと変容する。モザイクはまさに、その変容（大地の再生）のありようを描いたものかもしれない。

　ローマ時代、邸宅を飾る床モザイクのテーマにちなんでその部屋に呼び名をつけるという習慣があった。それにならって、聖使徒聖堂はタラッサの聖堂と呼ばれたであろうことを上に指摘した。一方、司祭ヨアンニスの礼拝堂は、ガイアの聖堂ということになるだろう。大地ということばは、ここネボ山において、観る者にいったい何を想起させただろうか。ネボ山とは、モーセが40年間もの長きにわたって荒野をさまよい（出エジプト記）、ようやく約束の地（カナン）に辿り着き、そして亡くなった地である。それゆえ、この場所で「大地」という語が想起させるものといえば、何よりも、旧約において繰り返し語られるところの約束の地、カナンの地であろう。モーセが神から示され、神から与えられた約束の土地。乳と蜜の流れる豊かさの象徴としてのカナン。それと同じほどの豊かさをたたえた地が、ここガイアの聖堂において、人々に示されているとみなすことができるのではないだろうか。

　海（タラッサ）の擬人像、大地（ガイア）の擬人像は、いずれも古代ギリシア・ローマの神話をベースにするものであり、個人の邸宅を飾る異教のモティーフであったが、キリスト教の文脈に置き換えられ、新たな意味を与えられ、聖堂を飾るものとなった。わたしたちは、モザイク図像のメッセージを解読する試みを介して、当時のキリスト者らの願いを垣間見ることができるだろう。

✥3　マダバ　地図の聖堂

　次に、マダバの聖堂を紹介したい[16]。マダバの舗床モザイクは、

マダバ地図とも呼ばれ、パレスティナの地図を描く最古の作例として知られている（図10）[17]。モザイクの様式から、制作は6世紀と推測される。地図中にエルサレムのネア・テオトコス聖堂（542年建立）が含まれていることから、モザイクの制作年代は542年以後と考えられる。また制作年代の下限は、ササン朝ペルシアのホスローによるパレスティナ侵攻（614年）と言われている。都市を描くモザイクの作例としては、ジェラシュの洗礼者ヨハネ聖堂、ウム・アル・ラサスの聖ステファノス聖堂があげられるが、それらは都市の景観を正面からとらえて描いているのに対して、マダバ地図は鳥瞰的な視点から全景を広い眺望でとらえている。現存するビザンティン時代のモザイクの作例中に、こうした表し方による地図は他にない。

　現在マダバの聖堂がある地区には、1880年代ギリシア正教徒の地域共同体が存在していた。当時舗床モザイクの存在は知られておらず、この場所は礼拝堂、司祭館、共同墓地として利用されていた。1896年、旧聖堂跡に教区の聖堂が新しく建設された。新聖堂は、旧聖堂の基礎部分をそのまま利用して建てられた。その際、旧聖堂の床面を飾っていたモザイクの存在が初めて明らかになった。貴重な作例の新発見に、エルサレムのギリシア正教総主教座から調査員が派遣された。

　1965年、ドイツ・パレスティナ協会の基金により、舗床モザイクの保存と修復のための作業が行われた。その際、これまでのところ発見されていなかった銘文が新たに発掘された。報告書は、修復以前のモザイクの状態を記述するとともに、新たな図像や銘文を詳細に記録している[18]。その結果、地図の全貌がようやく見え始め、専

図10　マダバ　聖ゲオルギオス聖堂　マダバ地図（部分）　［左］聖なる都市エルサレム　［右］死海とヨルダン川

門的かつ学究的アプローチが始まった。

　発掘調査の結果、複数回にわたってモザイクの修復が行われてきたことが判明した。限られた物的証拠から聖堂の歴史を再構成することは難しい。が、ある時点で聖堂が火災にみまわれ、梁が焼け落ちた痕跡が認められる。8世紀のイスラム教徒による侵攻の際、聖堂は破壊を免れたものの、以降長きにわたって放置され、荒廃が進んだ。

　上に取り上げた聖使徒聖堂（タラッサの聖堂）は、地図の聖堂から徒歩15分ほどのところに位置している。聖使徒聖堂には、寄進者や制作者について記した銘文が残されていた。一方、地図の聖堂には、寄進者が誰なのか、制作者が誰なのか、聖堂の床面を地図によって覆うという着想はどこから来るのか、といった点について知る手がかりは残されていない。

　マダバ地図は、北を上に配する現代の地図作製法とは異なり、アプシスを東に配する聖堂の方角に合わせて、東が上に来るような配置となっている。現在、地図の大きさは、縦10.5メートル×横5メートルであるが、1965年に行われた修復の際の調査報告によれば、オリジナルの地図の大きさは、縦15.6メートル×横6メートルであったと推測される。地図はパレスティナを中心に展開しており、エジプトからフェニキア沿岸、地中海にまで及ぶ。各都市の描写は、都市名を記す文字をともなっており、157ある都市名の大半が解読されている。

　上に取り上げたタラッサの聖堂、ガイアの聖堂にかんする先行研究の数は限られたものであった。一方、地図の聖堂はこれまで多くの研究者の関心を集めてきた。そこで次に、ドナー、テュメル、シャヒッド、マグワイヤ、ツァフリールによる先行研究を紹介したい。

　ドナーによれば、マダバ地図は、聖書に記されている中から複数の都市を選択し、各都市の再現図を寄せ集めて聖書の世界を描き出したものというよりは、実際の地理的な知識に基づいて制作されたものであり、細部に至るまでかなりの正確さを備えている。

　ドナーは、モザイクを敷き詰めた床面の広さと、各テッセラの大きさから逆算して、用いられたテッセラの総数をおよそ100万個と算出している。熟練したモザイク制作者は、1時間につき200個のテッセラを処理することができると言われている。3人の熟練モザイク制作者が1日10時間作業を行ったとして、完成までにおよそ180日間

程度の時間を要したことになる。

　ドナーは、マダバ地図制作の目的を、以下の3点にまとめている。第1に、新約・旧約に出てくる地名を表すことによって、キリスト教徒に聖地巡礼への道筋を教示する。第2に、新約・旧約の地名によって、神による救済の歴史を具体的に表す。第3に、信徒は（たとえ実際に赴くことがなくても）マダバ地図の上を歩き回ることによって、聖地エルサレムに足を踏み入れたことになる。

　次に、テュメルの解釈を紹介したい[19]。テュメルは第1に、アンディダのテオドロス、ニコラオス・カバシラス、コンスタンティノポリスのゲルマノス、証聖者マクシモス、テッサロニキのシメオンらの言説をひもとき、典礼の意味について、また聖堂の各部分が表象しているところのシンボリックな意味について問うという作業を行っている。たとえばテッサロニキのシメオンは、聖堂の3つの箇所（ベーマ、ナオス、ナルテックス）は天上、楽園、地上に対応している、と語っている。さらにテュメルは、シリアの聖堂の特徴であるところの、ナオス中央に位置するベーマ（いわゆる西のベーマ）の意味について問うている。エデッサの聖ソフィア大聖堂に帰属するシリア語の頌歌、ネストリウス派の著作『教会儀礼の解説』（*Expositio officiorum ecclesiae*）によれば、西のベーマはエルサレムを表象し、東のベーマから西のベーマに至る通路は、受肉したキリストが歩んだエルサレムへの道を表すという。逆に、西のベーマから東のベーマに至る通路は、エルサレムからゴルゴタへの道を表すという。一方、西のベーマから祭壇までの通路は、天上へと至る道筋を表すとも言われる。つまりシリアでは、聖堂を床面とドームという垂直方向にとらえるよりはむしろ、平面的にとらえることによって、聖堂内の各場所を天上、楽園、地上に見立てている。エゼキエル書（第5章5節）によれば、エルサレムは世界の中心に位置する。マダバ地図もまた、エルサレムを床面の中心に置き、それによってエルサレムを舞台とする救済史を、物語ではなく、地図という抽象的・寓意的表現に置き換えて表している。以上がテュルメによるマダバ地図の解釈である。

　次に、シャヒッドの解釈を紹介したい[20]。シャヒッドは、マダバ地図の目的と意味について、巡礼へと出かける人（あるいは巡礼から戻って来た人）が、これから見るであろうもの（あるいは見てきたもの）について、今一度確かめるためのものであった、と考えている。シ

ャヒッドはそれにとどまらず、他ならないマダバという土地において、この地図が描かれたことの意味は何かを問うている。彼の推測によれば、聖書において語られる都市のパノラマを足下に展開するマダバ地図は、約束の地についてのモーセのビジョンを具現化したものであるという。ただし、このシャヒッドの見解については、以下のような反論も出されている。第1に、マダバ地図がモーセのネボ山からのビジョンを描いたものであるとするなら、モーセがネボ山から見渡すことができなかったはずの地（レバノンやエジプト）が地図中に含まれているのはなぜか。第2に、モーセのビジョンを表すなら、マダバではなくネボ山に舗床モザイクを敷くほうがふさわしかったのではないか、という反論である。

シャヒッドは、エウセビオスが皇帝コンスタンティヌスをモーセになぞらえて言い表していること、紅海の水を分けて人々を導いたモーセの杖が、「真の十字架」（キリストを磔にした十字架の木片）と並ぶ重要な聖遺物と見なされていたこと、ユスティニアヌスがモーセゆかりの地であるシナイ山に修道院を建立したことをあげて、当時モーセに多大な重きが置かれていたと説明している。ネボ山はマダバ主教区に属していたため、ネボ山よりもマダバのほうが格上であったことも指摘している。その上で、マダバ地図の制作目的とは、キリスト教徒の救済の歴史を表象するものであると結論づけている。

マグワイヤは、マダバ地図のナイル川の表現に注目し、ナイル川が創世記に記される楽園の4つの川の1つ（ギホン）であることを指摘した上で、それがキリスト教徒にとっていかなる意味を持つものであったのか、ナイル川が一般によく好まれる装飾レパートリーの1つであったことの意味は何か、8世紀以降なぜそれが廃れていったのか、という3点について問題提起を行った[21]。マグワイヤは、ナイル川の意味を地誌学的、寓意的、典礼的、多神教的という4つのカテゴリーに分類し、検討している。第1に、ナイル川の地理的役割については、コスマス・インディコプレウステースの著作『キリスト教地誌』の記述を引用している。第2に、創世記に記される楽園の4つの川、ピション（ガンジス）、ギホン（ナイル）、チグリス、ユーフラテスは、1つの本流から分かれ出る4つの支川、あるいは1つの泉から流れ出る4つの川と言われ、4つの川は楽園と地上との間に有形のつながりをもたらすもの、という寓意的意味を有していた[22]。第3に、コンスタンティノポリスの聖ソフィア大聖堂の床

面に敷かれた緑色大理石の4つの帯は、楽園から流れ出る4つの川を表すという象徴的意味を担うものであると同時に、典礼行進の際、歩みを止める場所を指し示す実際的な機能を備えたものであった[23]。第4に、ナイル川が物質的な豊かさをもたらすという考えは、多神教以来、世に広く行き渡るものであった。一方、ナイル川は異教、偶像崇拝の温床ともとらえられていた。クレタ島の聖アンデレは、聖パタピオスへの賛辞の中で、ナイル川と洗礼の水を対比的に描き出している。それによれば、エジプトは暗黒の生ずるところ、死へと至るところ、地上的な苦しみを生み出すところ、悪の住まうところと考えられていた。それに対して、洗礼の泉は、霊的光の源、永遠の命へと至るところ、よろこびの源、善の住まうところととらえられていた[24]。

　マグワイヤの論文は、当時人々がどのようにナイル川を理解していたのかを想像する上で、大きな助けとなる。が、ナイル川はマダバ地図において必ずしもその中心的な位置を占めるものではない。筆者はむしろ、地図中央を占めるヨルダン川と死海こそ、マダバ地図を解読するための鍵を有している、と考えている。

　ツァフリールは、マダバ地図のモデルとなった手本はそもそも何であったのかという点について検討している。それによれば、マダバ地図は、助祭長テオドシウスによる聖地地図（De situ Terrae Sanctae）との類似が顕著に見られる[25]。マダバ地図の都市に付された銘の多くは、テオドシウスの地図のラテン語をそのままギリシア語に置き換えたものであり、モザイクとテオドシウスの地図を照らし合わせてみると、詳細に至るまで共通点が多く見られる。このことから、両者は共通のプロトタイプ（原型）をモデルとして制作されたと推測される。ただし、マダバ地図が直接のモデルとした、ギリシア語の銘をともなう地図は現存していない。

　以上、マダバ地図についての先行研究を紹介した。次に、筆者による図像解釈を提出したい。

　マダバ地図において、死海は身廊の中央軸からやや南寄りに位置し、ヨルダン川は身廊中軸と直角に交わって南北に流れている。聖堂入口（西）から入り、アプシスに向かって身廊の中央を東へと歩むものは、アプシスにほど近いところまで来たところで、南北に流れるヨルダン川を踏み越えることになる（図11）。ここに、身廊床面

図11　マダバ　聖ゲオルギオス聖堂　聖堂の中軸線とヨルダン川

の中軸(垂直線)とそれに直交するヨルダン川(水平線)による、十字架の形が浮かび上がる。ヨルダン川は、あたかも十字架の横木のように、身廊の南北に伸びてゆく。つまり、マダバ地図の背後に、十字架の形が浮かび上がる。

聖堂の軸線(東西の垂直軸と南北の水平軸)がモザイクの構図(十字架の横木部分にヨルダン川を配する)と合致しているという観察は、19世紀に再建された現在の聖堂が、モザイク制作当時の聖堂と軸線を共有するものであるという前提に立った議論である。ピッチリッロによれば、聖堂再建は、旧聖堂と同じプラン(平面図)で施工された[26]。そのため、現聖堂の軸線は旧聖堂のそれと重なり合うものであると言える。

かつてマダバにあったキリスト教共同体は、イスラム教徒による支配を逃れてカラクの地に逃げ込んだ。その地において長らく存続していたものの、1880年代、カラクを離れることを強制された。これを機に、共同体はかつての拠点であったマダバの地に戻った。その際、マダバに新しく教会を建てようという計画が持ち上がった。が、マダバはオスマン朝支配下であったために、異教であるキリスト教の建造物を建立するためには許可が必要だった。建設許可は、かつて聖堂があった場所に再建するという場合にのみ出されるものであった。さらに、聖堂を再建する場合、かつてと同じ場所に、同じプランで施工することが義務づけられていた。このことから、聖堂の軸線は、建立当時と現在(再建後)とでは、それほど大きな変化はなかったものと推測される。したがって、モザイクの構図が聖堂の軸線と合致するように計画されたという推測は、誤りではないと言える。

地図中のヨルダン川を十字架の横木、聖堂の中軸(東西軸)を十字架の縦木に見立てるとすれば、聖堂床面の中央に巨大な十字架が置かれていることになる。ということはつまり、磔にされたキリストの身体の上に、新約・旧約の舞台となったいくつもの地が重ねて描かれていることになる。ここで仮に、床面に横たわるキリストが復活して起き上がり、空高く浮かび上がる昇天の日を思い浮かべてみたい。すると、十字架=キリストの身体と重ね合わせて床面に描かれていた、エルサレムを始めとする聖書の諸都市が、キリストの昇天とともに、天へと高く上っていくことになる。言い換えれば、キリスト昇天を記念する祭日に、諸都市全体はキリストとともに天へと上げられ、エルサレムは文字どおり「天上のエルサレム」となる。

「天上のエルサレム」とは、黙示録において述べられているところの終末のビジョンであり、神の国を言い表すものに他ならない（ヨハネの黙示録第21章2節）。

都市から都市へと歩き続け、エルサレムへの巡礼を果たしてマダバに無事帰り着くことのできた巡礼者の道のりは、決して楽なものではなかったであろう。しかし、キリストゆかりの地、そしてエルサレムは、マダバの地図が示すように、キリスト昇天とともに天上の神の国の諸都市となる。彼らが歩いてきた巡礼の道は確かに、天へと続くものであったのだ。

✥ 4　ウム・アル・ラサス　聖ステファノス聖堂

ウム・アル・ラサスは、マダバの東南およそ30キロのところに位置している[27]。1897年、城塞の北側に広がる遺跡群の中に、複数の聖堂を内包する複合建造物跡が発見された。1948年、本格的な発掘調査が行われた。4つの聖堂と中庭が、途切れることなく続く壁面によってつなげられている。そのうち、主教セルギオス聖堂と聖ステファノス聖堂に舗床モザイクが見られる。2つの聖堂が共有する中庭部分は、後に西側にアプシスを加えて聖堂に改造された。

聖ステファノス聖堂の内陣のモザイクは銘文を有しており、756年に敷かれたことが判明している。銘文中に、モザイク制作者スタウラキオスとエウレミオスの名が記されている。その西側に、複数の寄進者が描かれているが、寄進者の肖像には破壊の跡が残されている。この他、北側の礼拝堂入口にも、複数の寄進者の名前を記した銘文が見られる。

寄進者の肖像に加えて、人物や動物のモティーフに、人為的な破壊の痕跡が散見される。ウム・アル・ラサスがイスラム教徒の支配下に入ると、カリフのヤジド2世は、キリスト教聖堂に見られるすべての生き物のイメージを破壊せよ、という法を公布した（721年）。この時期の組織的な偶像破壊運動によるものと推測される。破壊の跡はいずれもていねいに修復されていることから[28]、破壊運動の結果、ウム・アル・ラサスのキリスト教共同体自体が崩壊し、聖堂が打ち捨てられたということではなく、聖堂は大々的な修復を経て、引き続き機能したことがうかがわれる[29]。

身廊の中央部分には、円形状の葡萄のつたが描かれ、横4列縦11列、合計44の円を形作っている。その外側（身廊中央部分の四辺）を、

図12　ウム・アル・ラサス　聖ステファノス聖堂

魚や船、漁師を描いた帯状の川が囲んでいる。ここにはナイル・デルタの10都市が表されている（図12）。

　身廊と側廊を区切る柱と柱の間には、複数の都市が配されている。エルサレム、ガザほかヨルダン川西岸の都市、マダバ、フィラデルフィア（現アンマン）ほかヨルダン川東岸の都市で、側廊東の2都市（リンボンとディブラトン）は、おそらく寄進者の出身地であろうと言われている。

　各都市は、堅固な造りの石積みの壁面によって囲まれた建造物によって表される（図13）。各都市の壁面が、身廊の両側に複数連なって配されているために、身廊全体が、あたかも一続きの長い長い壁面に囲まれているかのように見える（実際には、各都市の壁面は連続しておらず、16に区分された枠内に、1都市ずつおさめられているのだが）。

　身廊を取り囲む都市は、見る者に何を伝えているのだろうか。パラダイスは、ペルシア語のpairidaēzaに由来する語で、pairi-は「壁によって周囲を囲われた」、dizは「形づくる」を意味し、もともと王

第1章 神の庭を飾る——初期キリスト教の舗床モザイク

の所有である囲われた庭を示す語であった[30]。そこには果樹園、宮殿、パビリオンがあって、狩猟用の野生動物が放し飼いにされ、狩猟が行われていた。狩猟は、高貴な行いとみなされていた。本聖堂においても、葡萄のつたのメダイヨン中に狩猟モティーフが含まれている。

　パラダイスの語源が囲われたところを意味することから、身廊＝各都市の壁面によって囲われたところ＝パラダイスと読み替えることができるだろう。逆に言えば、描かれた諸都市（エルサレム、ネアポリス、カエサリアなど）の城壁は、パラダイスを囲む壁を表すものと解釈できる。すなわち、各都市の城門は、まさに天国への入口ということになる。

　次に、身廊の葡萄のつたについて見てゆくことにしたい。葡萄のつたは、キリストの血を含意するモティーフとして、しばしば聖堂を飾る。グラバールが述べているように、聖堂は大地を表し、床面に描かれる葡萄のモティーフは主の葡萄畑を表すというシンボリスムを読み取ることができるだろう[31]。また、ダニエルーは葡萄畑を教会のシンボル、葡萄の木を洗礼を受けた人々と解釈している[32]。ドーフィンは、葡萄のつたのモティーフが神話の題材を飾るものからキリスト教のコンテクストに移行するにあたって、その意味はどのように変容したか、という問題提起を行っている。あるいは葡萄のモティーフは、神話的かつシンボリックな意味を失い、聖堂において純粋に装飾的なものとなったのだろうか[33]。

　葡萄のつたに、象徴的な意味はない、と考える立場の人たちは、いくつかの根拠をあげている。第1に、聖堂の舗床モザイクには、特にキリスト教的な意味を持たない鳥、動物が多数登場しているため、各々のモティーフが必ずしも象徴的な意味を担っているわけではないこと[34]。第2に、427年テオドシウス2世が聖なるイメージ（十字架）を床に置くことを禁じたこと[35]。そのため、床面のモティーフに象徴的意味を含むモティーフを置くことはありえないという主張である。第3に、葡萄のつたは、聖堂のみならず、邸宅、象牙、金属細工に多く用いられたため、同一モティーフを、どの場合にもあまねくあてはまるような普遍的シンボルとして解釈することは難しい。

　こうした点を押さえた上で、ドーフィンは、ビザンティンの観者をいくつかのカテゴリーに分類し（寄進者、制作者、信者、聖職者）、それぞれが異なるとらえ方をしていたと主張している。聖堂建立にか

図13　ウム・アル・ラサス　聖ステファノス聖堂　外枠に描かれた各都市

図14　シャハバ美術館　バッカスとアリアドネ

かわった寄進者は、自らが属しているキリスト教徒の共同体に貢献すること、聖堂内に自らの安寧の場所を確保することを願ったであろう。一方、信徒の大半は農民であった。彼らにとってみれば、床面の図像は、地元で日々行われていた農作業（葡萄の実を集め、運び、葡萄酒を絞る）を表したものにすぎず、聖堂が人々でいっぱいであれば足下の図像などよく見えなかっただろうし、図像中に何らかの含意を読み取ることもなかっただろう。他方、聖書や教父の言説に精通していた聖職者は、日々聖堂に出入りすることで床面のモザイク図像に接し、そこにシンボリックな意味を読み取っていたと考えられる。見る者は、各々の出自やメンタリティーに応じて、図像をさまざまなレベルにおいて解釈していた、というのがドーフィンの結論である。

　ここで、ギリシア神話の酒神であるバッカス（ディオニュソス）をテーマとした舗床モザイクに描かれる葡萄のつたを一例紹介したい。シャハバ美術館所蔵の舗床モザイクは、もともと個人の邸宅に敷かれていたものを発掘し、屋根を架けて保存、修復したものである。床面中央に、バッカスとアリアドネが配され、中央の画面の周囲に葡萄のつたが巡らされている（図14）。アリアドネとは、ギリシア神話に登場するクレタ王ミノスの娘である。彼女は、ミノタウロス退治のためクレタ島にやってきたテセウスと出会って恋に落ち、ラビュリントス（迷宮）に捕らえられていたテセウスに糸玉を与えて、迷宮から脱出する方法を教えた。ところが、テセウスは迷宮から逃れると、アリアドネを置いたままクレタを去ってしまう。テセウスに

捨てられたアリアドネはしかし、後にバッカスと出会って結婚する。ゆったりとくつろぐバッカスとアリアドネは幸福なカップルとして表され、その画面は葡萄のつたによって囲まれている。葡萄のつたは酒神バッカスのアトリビュートである。が、同時にここでは、枠の周囲を途切れることなく伸びて行くつたは、かつてアリアドネがテセウスに渡した、迷宮脱出のための糸玉を想起させる。テセウスは去ってしまったが、その糸は途切れることなく、やがて葡萄のつたとなって未来の夫であるバッカスへとつながっていたことを示唆しているかのようである。

　こうした神話上のモティーフが、キリスト教聖堂のコンテクストに置き換えられたとき、それらはいったいどのように見られたのだろうか。誰もが、新約聖書の「わたしはぶどうの木、あなたがたはその枝である」（ヨハネによる福音書第15章5節）という箇所を思い起こすだろう。舗床モザイクの葡萄のつたは途切れることなく、複数の円形を描きながら身廊の床面全体を巡り、枝には葡萄の実がたわわに実る。見る者が、その枝の1つに連なるなら、その人もまた豊かな実を結ぶであろう、という約束が表されているかのように見える。一方、旧約には、葡萄の木について否定的な記述が散見される。

　「なぜ、あなたはその石垣を破られたのですか。（中略）このぶどうの木を顧みてください／あなたが右の御手で植えられた株を」（詩編80編13-16節）

　「さあ、お前たちに告げよう／わたしがこのぶどう畑をどうするか。／囲いを取り払い、焼かれるにまかせ／石垣を崩し、踏み荒らされるにまかせ／わたしはこれを見捨てる」（イザヤ書第5章5-6節）

　「怒りによって、（ぶどうの）木は引き抜かれ／地に投げ捨てられた」（エゼキエル書第19章12節）

　「ぶどうの残りを摘むように／イスラエルの残りの者を摘み取れ」（エレミヤ書第6章9節）

　このように、旧約において葡萄の木は摘み取られ、焼き払われ、根こそぎに取り払われる。その葡萄の木が、新約において、キリストの受肉とともに再び豊かな実りを結ぶ。葡萄のつたが巡らされた身廊を取り囲む水は、ナイル川を表している。そのため、ナイル川によって囲まれた身廊中央は、あたかもナイル・デルタの肥沃な土地を指し示すものであるかのようにも見える。ナイル川といえば、モーセが川の水を杖で打つと、水は血に変わったという旧約の逸話が想起される（出エジプト記第7章14節）。一方、身廊中央に巡らされた

葡萄のつたの描写は、ナイルの水が、葡萄酒に変わりゆくことを表しているかのように見える。旧約では、ナイルの水は血に変えられたが、身廊では、ナイルの水は葡萄酒（キリストの血）に変えられた。キリストのことばによって水が葡萄酒に変えられる、「カナの婚礼」（ヨハネによる福音書）のような奇跡が、この身廊において起きている。

ウム・アル・ラサスの舗床モザイクに表された都市の城門は、身廊を囲む堅固な守りであると同時に、パラダイスの門となって観者を中へと迎え入れる。かつて旧約のモーセの時代、血の川となったナイルは、身廊中央を巡る葡萄のつたによって示されるとおり、今やキリストの血の流れるところとなった。

✢5　キルベット・アル・ムクハヤット　聖ロトとプロコピオスの聖堂

ネボ山の南側、キルベット・アル・ムクハヤットという場所に複数の聖堂の遺跡がある。この地は、旧約聖書のモアブと同定されている。1913年、偶然舗床モザイクが発見され、1935年に本格的な発掘作業が行われた。キルベット・アル・ムクハヤットで発見された複数の聖堂のうちのひとつ、聖ロトとプロコピオスの聖堂舗床モザイクをここで紹介したい。聖ロトとプロコピオスの聖堂は、16.25メートル×8.65メートルの小さなバシリカ式聖堂で、銘文からマダバの主教ヨアンニスの時代、557年に建立されたことが判明している。銘文中に、「聖ロトと聖プロコピオスの主よ、ささげものを受け取り給え」という一文が含まれることから、2人の聖人にささげられた聖堂であることが知られている。複数の寄進者の名前が記され、そのうちの1人にプロコロスという名の者が含まれている。

聖ロトとプロコピオスの聖堂では、身廊の舗床モザイクが大きく2つの区画に分けられ、東側の区画では、四隅のアカントスから葡萄のつたが伸びて、円形を描きながらくるくると巡っている（図15）。つたが描き出す20のメダイヨンの内側には、葡萄を収穫する人、絞る人、運ぶ人が描かれているが、その中に狩猟する人の姿が含まれている。

そこで、ここでは聖堂に描かれる狩猟のモティーフの意味について考えてみたい[36]。上に見てきたように、キリスト教以前の世俗建築に用いられていたモティーフが、キリスト教的なものへと読み替えられ、転用された例は、何も狩猟場面に限らない。が、狩猟場面

図15　キルベット・アル・ムクハヤット　聖ロトとプロコピオスの聖堂　身廊

については、猛獣が小動物に飛びかかり食らいつくような、ともすれば残酷とも言えるような場面が、なぜ聖堂に導入されたのか、狩猟の何がどのようにキリスト教的に読み替えられたのか、これまでのところ明快な解釈を提示した先行研究はない。そのため、聖堂における狩猟モティーフの意味について、問う必要があるように思われる。辻の解釈によれば、聖ロトとプロコピオスの聖堂の猛獣は、仔に乳を飲ませ、狩人から仔を守る母性愛による庇護と安泰を表している。世俗のモザイクにしばしば見られる狩猟場面に比べて、聖堂の猛獣は戦闘的ではないという[37]。確かにそのような見方も可能であるように思われる一方、狩猟は「庇護と安泰」という以上に、積極的にキリスト教的な意味を内包する図像として読み替えられたのではないか、という筆者の仮説をあえて提示したい。

第1に、ラヴィンの見解を紹介する[38]。ラヴィンは、狩猟、追跡のテーマが古くは古代アッシリア、バビロニアに見られることを指摘し、さまざまな狩猟の作例を検討している。狩猟の描き方には、何通りかのパターンがある。たとえば、方形の画面を上中下に分割し、狩猟のプロセスを左から右へ、上から下へ、連続する場面として構成するもの。次々に繰り広げられる狩猟の全景を広い眺望でとらえて、大画面で描き出すもの。狩猟場面に登場する動物の名前が記され、広大な所領に飼育される動物たちが、一種の財産目録のような形で表現されるものなど。ラヴィンによれば、狩猟は本来英雄的な徳と結びつけられるものであったが、もっぱら英雄の栄光を表すために描き続けられたというよりは、所領の所有者がその豊かで広大な土地を誇示するためのテーマとして、好んで取り上げられたという。所領は、彼らにとって富の拠り所であり、余暇にその土地で行われる狩猟は、自らの社会的地位を表象するものでもあった。

　アンドレーエは、石棺彫刻に見られる狩猟モティーフの意味について検討している[39]。3世紀から4世紀前半にかけて、ローマでは生と死の意味が新たに問われるようになり、こうした潮流にともなって石棺彫刻のテーマも、神話上の英雄を表すものから、死の克服を明確に打ち出すものへと変化していったという。石棺彫刻において狩人が獅子を追う狩猟場面が表される場合、獅子は死を体現するものと解釈される。獅子は追っ手によってしとめられ、それによって死の克服が表される。
　アンドレーエはまた、狩猟場面に言及する教父の言説を引用している。聖ニルスは、主教オリンピオドロスに宛てた手紙の中で、殉教者記念霊廟のモザイクについて触れ、野うさぎや鹿が猟犬に追われて逃げてゆくようすを描写している[40]。
　アンドレーエの解釈、すなわち狩猟者が葬られた死者を表し、獅子が死を表し、狩猟が死との戦いを意味するという解釈は、石棺彫刻で、狩猟者あるいは騎乗の人が獅子と向き合って対峙する図像の場合には、妥当なものであろう。が、それをキリスト教聖堂の舗床モザイクにそのまま当てはめることができるだろうか。舗床モザイクでは、1対1の対峙の場合もあるが、むしろ複数の動物たちがあちこちの方向に向かって走り回り、逃げ惑う描写も多く、そのため、ローマの石棺に見られる、狩人と猛獣を1対1で配する狩猟場面に対するのと同じ解釈（死の克服）をそのまま当てはめることには、や

第1章 神の庭を飾る──初期キリスト教の舗床モザイク

や無理があるように見える。

　次に、リトルウッドの庭についての論述を紹介したい[41]。プリニウスは、紀元前1世紀半ばごろ、フルウィウス・リッピヌス（Fulvius Lippinus）によって、狩猟のための広い庭がローマに初めて導入された、と述べている。ホルテンシウスは、ラウレントゥム（Laurentum）の所領に30エーカーの囲い地を所有し、そこには飼いならされた野生動物の群れが放されていた。10世紀以降ビザンティン帝国では、庭は「新しいエデン」とみなされた。そして、春の宮廷の庭に見られる再生の力と、地上における神の代理人としての皇帝の行いが、しばしば結びつけて語られた。広大な庭に放たれた野生動物は、野蛮な敵を象徴するものであり、野生動物を守備よくしとめることは、皇帝の徳、美点と見なされた。また皇帝の徳は、春の訪れ、花にもたとえられた。

　リトルウッドの庭についての分析は、示唆に富むものではあるが、聖堂の狩猟場面に表される狩人は必ずしも皇帝とは言えないため、狩猟＝皇帝の美徳という解釈を、聖堂の舗床モザイクに当てはめることはできない。

　トリリングも舗床モザイクの狩猟場面に言及しているが、同じく宮廷の装飾に限定される[42]。トリリングは、コンスタンティノポリスの大宮殿の舗床モザイクが、①理想化された牧歌的田園風景、②猛獣の攻撃、③剣闘士、英雄、兵士、狩人らによる防御、これらの3要素を有していることを指摘している。その上で、王や英雄が野生動物をしとめる行為は、とりもなおさず力の象徴であり、自然の脅威に対する文明の勝利であると解釈する。この解釈もまた、聖堂の舗床モザイクには当てはまらないだろう。

　ウィッツは、狩猟のモザイクが邸宅所有者の娯楽を表したものか、何らかのアレゴリカルな意味を持つものであったのか、定かではないとしている[43]。

　アンドレーエ、リトルウッド、トリリング、ウィッツの解釈は、いずれも世俗建築における狩猟モティーフに注目するものであった。一方、ブラックの解釈は、聖堂内の狩猟について述べたものであるため、上に紹介したどの解釈よりも核心に近づいている[44]。ブラッ

クによれば、猟犬に追われる鹿はキリスト教徒を表し、猟犬は危険、あるいはキリスト教徒を待ち受ける罪や死を表すという。聖堂に描かれる狩猟の解釈としては、妥当であるように見える。ただし、この推論が正しいものであるかどうかを裏付ける挙証が必要であろう。

　キリスト教聖堂に表される狩猟の意味について考える際、大きな手がかりを与えてくれるもう1つの論文は、ギッシュによる「クセノフォン著『キュロスの教育』と戦争の手法——楽園における狩猟」である[45]。クセノフォン（前430年頃 - 前354年頃）は、古代ギリシアの文筆家であり軍人だった人で、『キュロスの教育』『ギリシア史』『ソクラテスの思い出』など多くの著作を残している。ギッシュによれば、古代ペルシア語に由来する「パラダイス」という語を初めてギリシア語の著作中に導入したのは、他ならぬクセノフォンであった。クセノフォンはまた、『キュロスの教育』の中で、狩猟と戦争の手法の類似点について論じている。伝統的に狩猟は、高貴な生まれの若者が、戦争に臨むための訓練法として用いられていた。クセノフォンの『キュロスの教育』によれば、アケメネス朝ペルシアの創始者キュロス（在位前559 - 前529年）は、囲われた庭に野生動物を多く放ち、馬に乗って狩猟を行ったという。

　それでは、ここで冒頭にあげた筆者の問いに立ち返りたい。なぜ、キリスト教徒は狩猟モティーフを、聖堂にふさわしいものとして取り入れたのか、という問いである。人が獅子や鹿を追う、あるいは獅子が兎に飛びかかり、かぶりつく、残酷とも言える流血の場面が、聖堂を飾るのにふさわしい主題と考えられたのはなぜだろうか。

　第1に、狩猟とは囲われた場所に動物を追い込み、しとめることであるから、狩猟を描くことによって、囲まれた場所を示唆することができる。語源が示すとおり、囲まれた場所とは、すなわち楽園を意味する。そのため、狩猟が行われているところ＝楽園という図式が成り立つ。たとえば、ウム・アル・ラサスの聖ステファノス聖堂にも、狩猟場面が見られる。ここでは、狩猟が都市の城壁によって囲われたところで行われている。クセノフォンが語っているところの、囲われた庭に野生動物を放し、高貴な生まれの者たちがそれらを追跡する、古代ペルシア以来の伝統的な狩猟が、神の庭に場所を変えて行われている。かつて囲われた庭で行われていた狩猟場面をそのまま聖堂に用いることによって、身廊中央が、まさに囲われた庭（パラダイス）であることを指し示しているということだろう。

ダンバビンら複数の研究者が指摘しているように、個人の邸宅では、主の所有する広大な所領を誇示するために狩猟の場面が好んで用いられた。自らの邸宅に、囲われた広大な庭を表す一方、同じテーマ（囲われた庭）によって、寄進者は聖堂を飾ることを選択した。聖堂の囲われた庭と、所領の囲われた庭とがこうして1つに重なり合う。聖堂内に描き出された庭は楽園そのものを表し、同様に、邸宅において描き出された庭、ひいては目の前に広がる自らの庭（所領）もまた、パラダイスの写しと見なされたのだろう。

　狩猟は、異教のローマ人にとって、娯楽、快楽、高揚、興奮を存分に味わい尽くす、いわば極上の体験だったと想像される。狩猟の悦楽は、囲われた庭において体験される。囲われた庭（パラダイス）を快楽や興奮の場ととらえるローマの発想から見ると、苦行や殉教によって天国へ行き着くというキリスト教的な発想は、ローマ人の考えるパラダイスとは大きく異なっていると言える。キリスト教徒にとっては、迫害、殉教こそが天国へと至る道であったために、キリスト教が帝国の宗教として公認され、迫害が止むと、殉教によって天国に入るという道が閉ざされてしまった。そのため、隠修士らは殉教に準ずるような苦行のやり方をあれこれ模索するようになった。たとえば、シリアのカラート・セマンにおいて、40年間地上十数メートルの柱の上で暮らし続けた聖シメオンはその顕著な事例である（第Ⅰ部第2章参照）。

　舗床モザイクの狩猟場面は、キリスト教徒が迫害されていた時代のことを想起させるものではなかったか、と筆者は考えている。追われる動物たちと、迫害されるキリスト教徒の姿が重ねて表現されたということである。その根拠として、「迫害」（διωγμός）という語が、狩猟や戦いにおける「追跡する」（διώκω）という語と同じ語源から来るものであることをあげておきたい[46]。つまり、狩猟において追っ手から追跡されることは、迫害者から逃れるキリスト教徒の体験と重ねて見ることができるのではないか。ローマの邸宅装飾においては、もっぱら娯楽、興奮、快楽を表すものであった狩猟場面を、キリスト教徒は「迫害」と読み替えることによって聖堂に取り入れたのではなかったか。そして、迫害の結果たどり着くところといえばそれは楽園、すなわち囲われた庭である。最終的に行き着くところは、ローマの邸宅の狩猟場面も、キリスト教聖堂の狩猟場面も、同一のところ、すなわち囲われた庭＝パラダイスであったのだ。同じ語の意味を「狩猟」→「迫害」と読み替えることによって、キリス

ト教的な、新たな意味が図像に付与された。邸宅のモティーフはこうして聖堂というまったく異なるコンテクストに移しかえられ、生き続けたと想像される。

3世紀の北アフリカのモザイクに、アリーナで有罪判決を下された受刑者が獅子の餌食となる描写が見られる[47]。武器を持たず、ただ猛獣に襲われるだけの受刑者が、生き延びることはありえない。こうした処刑のやり方は、当時、磔刑にならぶ処刑方法として執行されていた[48]。また、獅子の餌食となるのは、有罪者のみならず、迫害を受けたキリスト教徒も含まれていたという。このことからも、聖堂において、獅子に追われる小動物たちの姿に、迫害されるキリスト教徒を見いだす解釈は、それほど不自然ではないと言えるだろう。

聖ロトとプロコピオスの聖堂では、身廊の舗床モザイクに描かれた四隅のアカントスから葡萄のつたが伸びて、円形を描きながらくるくると巡り、つたの描き出す20のメダイヨンの内側に、葡萄を収穫する人、絞る人、運ぶ人、狩猟する人の姿が見られる（図15）。葡萄のつたが、あたかもホース（あるいは太い血管）のような機能を果たし、葡萄酒（キリストの血）が聖堂全体を巡り巡るかのようである。すなわちここは、キリスト（葡萄の木）によって囲われた庭であり、それは楽園の新しい表し方にまさにふさわしいものであるように思われる。かつて迫害を受けて殉教した人々の血は、今やキリストの血（葡萄酒）と1つになって聖堂を巡る。

✣ 6　グラード　聖エウフェミア聖堂

本章の最後に、北イタリアの港湾都市、グラードの聖エウフェミア聖堂の舗床モザイクを見ていきたい[49]。グラードのモザイクを構成するモティーフは、ウム・アル・ラサスの聖ステファノス聖堂と比較すると、はるかに抽象化されたものではあるが、構成上、ある種の類似点が見られるため、ヨルダンの作例ではないが、ここであえて紹介することにしたい。

舗床モザイクには、主教エリヤによる献堂の銘文が残されている。主教の在任期間から推測して、献堂は579年以前のことであったと考えられる。聖エウフェミアはカルケドンの殉教者で、カルケドンの聖人が選ばれたのは、グラードが、コンスタンティノポリスの公会議（553年）よりもカルケドン公会議（451年）に忠実な立場を取るこ

第1章　神の庭を飾る──初期キリスト教の舗床モザイク

との表明と言われている。1939年と1951年に行われた発掘調査から、主教エリヤの聖堂が建設されるより以前、同じ場所に旧聖堂が存在していたことが明らかになった。

　現在聖堂は、35.70メートル×19.50メートルで、幅6メートルのアプシスを有している。三廊式バシリカで、南北各10本の柱が身廊と側廊を分けている。柱身と柱頭はいずれも、古代ローマの建造物に属していた部材を再利用している。そのため、柱身は雲母大理石、花崗岩など種類が異なり、高さも異なっている。ところが、アーチの高さを一定に保たなければアーケードを作ることができない。そのため、柱礎の高低によって柱身の高さの違いを調整している。柱頭もコリント式、コンポジット式、パルメット文など様式が入り交じっている。700平方メートルの床面はモザイクによって覆われ、紀元前1世紀以来アキレイアで綿々と続いていたモザイク制作の伝統を汲む、最後の傑作と言われている。大幅な修復が施されてきたために、もともとのテッセラの多くは近年のものによって置き換えられてしまった。損傷を受けて色が黒ずんだ本来のテッセラに対して、近年のテッセラは色目がかなり明るく、切り口が鋭く、摩滅が少ないため、両者は容易に見分けることができる。身廊のモザイクは、一貫性ある幾何学的な配列のデザインが特徴的である。

　聖堂の身廊中軸上に、西の入口から東のアプシスに向かって一直線に、太い帯状の波紋が続いている（図16）。波紋の表現は、明らかに水を想起させる。縦に長いため、海というよりは川であろうか。ウム・アル・ラサスの聖ステファノス聖堂のような、鳥や動物、人物の表現は見当たらない。帯状の波紋の左右（身廊の南北）には、正方形のマスが設けられ、各こまに、聖堂建立の際に寄進を行った人々の名前や職業を記した銘文が見られる。寄進者には、公証人、読師、助祭、建築職人、靴直し職人、平信徒、兵士などが含まれている。また、各々の寄進者が寄進を行ったモザイクの面積も記されており、その広さは、2.25平方メートルほどの小さいものから、18平方メートルというかなり大きなものまで見られる。人名には、ラテン名のほかに、レヴァント（東地中海沿岸）あるいはイリュリア（バルカン半島、アドリア海東岸）出身と見られる者のほか、ゲルマン系の人名も含まれている。さまざまな地域の出身者が、グラードを居住の地としていたことがうかがわれる。身廊中央の波紋（川）を挟む左右のマスは、合計50を越える。すべてのこまが銘文によって埋められているわけではなく、白いテッセラで埋められた空白のこまも散見され

図16　グラード　聖エウフェミア聖堂　身廊

る。こまの配置は、寄進者の地位によって割り当てられており、高位の者のこまは、身廊の中で内陣に近い重要な位置を占めている。こうした情報を含む銘文は、ローマ帝国の社会構造を知る上で、重要な史料を提供している。

　タヴァノは、波紋状のモザイクをonda subacquea（水の下の波）と呼んでいる[50]。モザイクのモティーフを、波や風によって生ずるアドリア海岸の砂紋と比較するとともに、波紋状モティーフの類例（ラヴェンナのテオドリクスの宮殿、プーラの聖マリア・フォルモーサ聖堂、ポレチュの聖エウフラシウス聖堂）を挙げている。タヴァノはここで、なぜ自然な水や川の描写ではなく、高度に抽象化された幾何学文によって波紋を表すことが選択されたのか、という問いを立てている。確かに、聖堂の東西軸状に長く伸びる波紋状の太い帯の途中に挿入された、カンタロスと葡萄のつたを除けば、動植物や建造物、擬人像などの具象的なモティーフは見られない。タヴァノは、高度に抽象化された表現は、事物をこまごまと具体的に描写することなく、それらすべてを成り立たせているところの根本原理を直接かつ統一的に打ち出す、一元的な表現を目指すためのものであったと推測している。

　帯状の波紋は、見る者にヨルダン川を想起させたかもしれない。なぜなら、献堂銘にその名前が付された主教エリヤは、旧約の預言者エリヤと同名であり、預言者エリヤはヨルダン川から昇天していったからである（列王記下第2章11節）。

　聖堂の東西軸状に長く伸びる帯状の波紋、それを左右から挟む正方形のこまが連続して配される構成は、ウム・アル・ラサスの聖ステファノス聖堂の身廊に配されるヨルダン川西岸・東岸の諸都市、というモティーフに類似する組み合わせであるように思われる。グラードの場合、諸都市を表す建造物の描写は一切なく、単なる正方形であるが、各々に特定の人の銘文がおさめられているために、正方形はいわば寄進者の「住まい」に見立てられる。ヨルダン川から遠く離れた北イタリアの地にありながら、各人の銘文（自らの住まうところ）が、あたかもヨルダン川東西岸に建てられた諸都市になぞらえられているかのようである。

　聖堂西側の入口から幅広の帯状の波紋をたどってアプシスのほうへと川を遡ってしばらく歩いていくと、円形のメダイヨンに行き着く（図17）。円形メダイヨンはカンタロスに囲まれ、カンタロスから葡萄のつたが伸びている。カンタロスは命の水をたたえる器とされ

図17　グラード　聖エウフェミア聖堂　円形のメダイヨンと波紋

るため、アプシスの手前に描かれたカンタロスは、身廊中央を東へと流れゆく川の水が、ほかならない命の水を意味するものであるように見える。

　寄進者について記した正方形のますの中に、兵士の名前を含むものが3つ見られる。ホフマンは、兵士のうちの1人ヨアンニスが所属していた軍事組織（numerus equitum persoiustinianorum）について検討している[51]。プロコピオスによれば、この組織はペルシア人捕虜を集めた一団（ペルシア人部隊）であり、彼らはイタリア前線に送られ、ゴート族との戦いに参加したという。銘文を寄進した兵士ヨアンニスもまた、ローマのために戦うペルシア人の1人であったらしい。その銘文には「騎士であり、persoiustianiの兵士であったヨアンニスは、その誓いを果たした」と記されている。実戦に参加した者たちは、ヨルダン川を示唆する波紋状のカーペットモティーフの上を歩きながら、戦場において流した血がヨルダン川の命の水によって洗い流されることを願ったのではないか[52]。戦いとは直接関わりのない寄進者にとってもまた、ヨルダン川を想起させる波紋状のカーペットは、その罪を洗い流すものであったと想像される。

　西から東に帯状に伸びる波紋のモティーフは、東側のアプシスの手前に近づいたところで、突如として白と黒の市松模様に変わる（図18）[53]。市松模様は、アプシスの手前あたりまで伸びている。それではなぜ、波紋状のカーペットを途中で市松模様に切り替えたのだろうか。アプシスまで波紋状の帯がえんえんと伸びていくのでもよかったのではないか。こうした切り替えは、単なる川の水が何らかの変化を遂げた（波紋から市松模様へ）ことを伝えているようにも見える。それは、エリヤがヨルダン川のほとりで、外套で水を打つと、水が左右に分かれ、エリヤと弟子のエリシャは乾いた土の上を渡った、という逸話を想起させる（列王記下第2章8節）。水と乾いた地とが錯綜し、水が引いて乾いた土が現れる、そのさまが、市松模様によって表されているように見えるからである。

図18　グラード　聖エウフェミア聖堂　白と黒の市松模様

　ローマの博物誌家プリニウスは、市松模様の舗床モザイクが、ユピテル・カピトリヌス神殿において第3カルタゴ戦争後に初めて制作されたことを記録している[54]。その際プリニウスは、模様を記述する語として、scutulatus（ダイヤモンド形、菱形、碁盤縞模様と訳される）という語を用いている。また、プリニウスは、ダイヤモンド、クリスタル、琥珀その他の貴石について言及する際、ダイヤモンドはその堅さゆえに、他の貴石の研磨にその粉末が用いられると記してい

る[55]。プリニウスの記述から、ダイヤモンドが他の貴石に比べて非常に固い特質を有することが知られていたことがわかる。

　列王記下巻のエリヤ昇天の場面に立ち戻ってみよう。昇天の直前、「エリヤが外套を脱いで丸め、それで水を打つと、（ヨルダン川の）水が左右に分かれたので、彼ら二人（エリヤと弟子のエリシャ）は乾いた土の上を渡って行った」（列王記下第2章8節）。このとき2人が歩いたのは、乾いた土の上であった（transierunt ambo per siccum）。乾く（siccus）という語には、固い、堅固なという意味が含まれる。水をたたえてゆらめく波紋と対比的に、乾いた堅固な地を表すために、堅固なダイヤモンド形（菱形）が用いられたということであろうか。明暗交互の市松模様の舗床モザイクは、光と影が錯綜するかのような視覚効果を生み出し、あたかも水と乾いた土とが錯綜する中で、川を歩いて渡っているかのような感覚を見る者に与える。

　ヨルダン川を渡り終えたエリヤは、嵐の中を天に上ってゆく。市松模様はアプシスのすぐ手前まで続き、ここを歩き終えた者は、アプシスへと行き着く。あたかもエリヤが乾いたヨルダン川を渡り終えて昇天したことを繰り返すかのように。このようにして、ヨルダン川（波紋）と、水が左右に分かれて露出した乾いた土（市松模様）の、さらにその先に天（アプシス）があることを、舗床モザイクは見る者に伝えているのかもしれない。

✣　おわりに

　本章では、6-8世紀ヨルダンの聖堂舗床モザイクを紹介した。比較的保存状態がよく、舗床モザイクの全体像をとらえることのできる5つの聖堂を取り上げた。聖使徒聖堂（マダバ）、司祭ヨアンニスの礼拝堂（ネボ山）、地図の聖堂（マダバ）、聖ステファノス聖堂（ウム・アル・ラサス）、聖ロトとプロコピオスの聖堂（キルベット・アル・ムクハヤット）は、いずれも異教の時代のモティーフを転用しながら聖堂を飾っていた。各々の聖堂は、床面中央のメダイヨンに擬人像をおさめる描き方、葡萄のつた、田園風景、都市の景観といった、ローマ時代のモザイクと共通する要素を持ち合わせながら、それぞれ独自のモザイク・プログラムを展開している。わたしたちは、多様なモティーフとその組み合わせから、何らかのメッセージを読み取ることができるのではないか。こうした仮説に基づき、本章では各聖堂のモザイクを解読することを試みた。

文字史料が限られていた時代の作例を検討するにあたって、図像をどこまで読み込むことができるのか、読み手による恣意的な解釈にすぎないのではないか、という反論も当然想定される。が、モザイクの図像は、時代の隔たりを越えて今なお作り手やそれを見た人たちのこころのありようを、わたしたちに語っているように思われる。モティーフの転用は、古典世界からキリスト教世界へと変わりゆく社会の一端を、わたしたちの眼前に示している。本章を、それらを読み解くための第一歩としたい。

第2章
神の家を支える柱
―― カラート・セマン 柱上行者シメオンの聖堂

✣ はじめに

　シリア北部のアレッポから北西30キロのところに、カラート・セマン（シメオンの城塞）と呼ばれる聖堂がある（図19）。高さ十数メートルの柱の上に40年間とどまり続けた聖人、柱上行者シメオンに出会うために、かつて多くのキリスト教徒がこの地を訪れた。

　シメオン（459年没）の死を経た後、柱の周囲に聖堂が建立されると、この場所はイエスゆかりの地であるエルサレム、エフェソスの聖ヨアンニス聖堂、エジプトのアブ・メナに次ぐ重要な巡礼地となって、シメオンの生前にも増して多くの巡礼者たちがカラート・セマンを目指した。

　現在、聖堂の屋根は完全に崩れ落ちているものの、壁面やアプシスは比較的保存状態がよく、高台にある広大なかつての巡礼地は、休日にシリア人の家族連れが訪れるような、たとえていうなら日本の城址公園といったおもむきである[56]。

図19　アレッポ近郊　カラート・セマン

　聖堂のプラン（平面図、図20）は、シメオンの柱を取り囲む八角形と、八角形の四辺から東西南北にのびる4つの長方形（バシリカ）を組み合わせたもので、殉教者霊廟、十字架型墳墓から着想を得たものと言われている[57]。19世紀以降、カラート・セマンは考古学者らの関心を集めるようになり、ヴォギュエ（1862年）、バトラー（1899年）らがこの地を訪れた。1930年代にはクレンカーによる考古学的調査が行われた。そして、チャレンコによって巡礼地の全体像が初めて明らかにされた。広大な敷地内に聖堂、洗礼堂、巡礼者用宿泊施設を含む複数の建造物を配する大規模な建設事業は、ビザンティン皇帝ゼノ（在位474-491年）の寄進によるものとされ、研究者らはこの点についてほぼ一致した見解を有している。

　シメオンは、386-390年頃シリアのキリスト教徒の家に生まれ、2つの修道院を経て隠修士となり、後に柱上行者として知られること

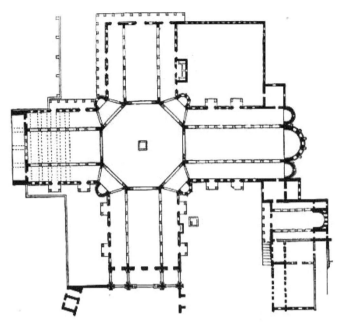

図20　アレッポ近郊　カラート・セマン　平面図

になった聖人である。459年、70代で死に至るまで、彼は柱の上にとどまり続け、その名声はペルシアからブリテン島にまで及んだと伝えられる。シメオンの柱のもとには、貧民から主教にいたるまで、大勢の巡礼者が群れをなして集った。シメオンの死後、その柱は聖遺物として崇められ、それを覆うための建造物が建設された。しかしながら、聖堂創建の年代を記した資料は遺されておらず、いったい誰が、何をこころに描いてこの建造物を具現化したのかということについて、わたしたちは一切知らされていない。

　ハーヴェイは、これまでの研究を3つの異なるアプローチに分類し、整理している[58]。第1に、文学的史料（聖人伝）に依拠し、シメオンの生涯についての史実を明らかにしようとするもの。第2に、碑文（建築石材に刻まれた文。同じ文字史料であるが、文学的史料からは区別される）からシメオン崇拝の実態について知ろうとするもの。第3に、古代末期の修道制、あるいはシリアにおける苦行者、隠修士の伝統といったコンテクストのうちにシメオンを位置づけようとする試みである。シメオン自身の手によって記されたテキストは皆無であり、シメオンの生涯について伝える文字史料も限られたものでしかない。こうしたわずかな史料を手がかりとして、研究者らは、シメオンが実際には何を行ったのか、彼の周辺で何が起きていたのかということを読み取り、再構成しようとしてきた。ハーヴェイは、

第 2 章　神の家を支える柱——カラート・セマン　柱上行者シメオンの聖堂

さらにその一歩先へ——すなわち、シメオンについて書き記した同時代の人々がいったいどのようにシメオンを理解していたのか、柱の上に上がるという合理的には説明しがたい行いを、どのように道理にかなったもの、意味あるものとして理解し、言い表そうとしたか、という点にまで——踏み込んで考察を加えた。

　いったい何のために、シメオンは高い柱の上に上がる苦行を選択したのだろうか。シメオンの生涯は、現代のわたしたちにとってのみならず、当時の人々にとっても何らかの合理的説明を必要とするような不可解な行いであったかもしれない。史料はこの点をどのように説明しているのだろうか。ハーヴェイは、文書史料 3 点（①シメオンの存命中に書かれたもので、柱上のシメオンと実際に出会ったことのあるテオドレトスによる著作 *Historia Religiosa* 第26章、②シメオンの死後間もなく、その弟子によって書かれたシリア語の聖人伝、③同じくシメオンの弟子であるアントニオスによって書かれたギリシア語の聖人伝）について、各文書の性格の違いに注目し、それぞれどのように異なる観点からシメオンの生涯をとらえているかという点を分析している。その結論を簡潔に述べるなら、テオドレトスはアリストテレス、プラトンらの用語を意識的に用いながらシメオンのふるまいを表現し、古典ギリシアの枠組みによってその生涯をとらえようとしている。一方、シリア語の聖人伝が伝えるところのシメオンの生涯は、正当かつ権威あるものと認められた公式記録と考えられる。ここでは、モーセ、エリヤ、イザヤといった旧約の預言者らの行いが聖人伝の中に組み込まれ、シメオンの生涯はこうした旧約の原型をなぞらえるものと説明される。旧約の預言者らが高い山に上って神のことばを受け取ったように、シメオンは柱の上に上った、という説明である。また柱上のシメオンの苦行は、キリストの受難を模倣するものと説明され、キリストがその肉体において死に打ち克ったように、シメオンは肉体をもって行う苦行を介して、サタンに打ち克ったと記述される。一方、ギリシア語の聖人伝は、切り貼りを重ねた一貫性に欠けるぎごちないもので、そこでは教訓物語としての聖人伝に重きが置かれ、シメオンの生涯を道徳的観点からとらえて説法している。

　シメオンの生涯について書き記したテオドレトスは、柱に上がるという奇行とさえ言いうるようなシメオンの行いについて、次のような弁護を行っている[59]。「柱に上がるという行為は、神の定めによるところのものであった。そうでなければとても受け入れ難いことである」。テオドレトスによれば「主は無関心を装う人々のために、

あえてこのようなことをなさる方である。たとえば、主はイザヤに衣を身にまとわずに歩くことを命じられた。またエレミヤには、腰にひもを巻き付けて、信じない者たちに預言を伝えるよう命じられた」。テオドレトスは、シメオンの柱をこうした旧約の預言者らの奇行と比較し、それが神の意志によるものであったと弁護している。つまり弁護なくしては、同時代の人にとってもその行いは理解しがたいものであったことがうかがわれる。

　シリア語の聖人伝の著者もまた、なぜシメオンは柱に上がったのか、何が彼をしてそのようなことを行わしめたのか、彼はなぜそうする必要があると感じたのか、と疑問を書き連ねている[60]。シリア語の聖人伝の著者によれば、何も柱の上に上がらずとも、地上であっても神をよろこばせることはできるはずである。なぜなら神は、あらゆるところにおられるのだから。天上にも地上にも、高きところにも低きところにも、海にも深淵にも。神が不在であるところなど1つとしてない、例外があるとすれば、神の意志を行おうとしない人のところのみであろう。真に神に呼びかけるなら、人はたとえどこにいようとも、神を見つけ出す。だとしたらなぜ柱の上でなければならなかったのか。聖人伝の著者は、このように疑問を投げかけた上で、次のように答えている。神はシメオンが柱の上に立つことをよろこばれた。なぜなら、神は創造した者どもが眠りこけているのをご覧になったから。シメオンは自らの苦難や痛みによって、地上に住まう人たち――彼らは麻痺したかのように働きを休め、眠っているのだが――を目覚めさせようとした。信仰ある者が、神の御名をたたえる者となるために。

　確かに、狂気とさえ見えるような行いを目の当たりにした人々は、驚きのあまり目が覚める思いであったことが想像される。こうした当時の聖人伝の著者による弁護に加えて、現代の研究者は、柱の上に上った理由として、苦行により肉体の抱える闇を減じさせ、神と1つになることをめざした、あるいは物質的欲望から解放されることをめざした、といった推測を重ねてきた。極端とも言える苦行は、殉教と同列にとらえられたとも言う。はたしてシメオンの真の意図は何だったのか。テオドレトスは、柱上行者を蠟燭立ての上で輝く灯りにたとえている[61]。その灯りを目指しながら、本章では、シメオンの柱とそれを取り巻く建造物について考察してみたい。

　第1に、柱上行者シメオンの生涯を紹介する。第2に、聖堂の外観を記述し、建立以降の歴史を簡単にたどる。第3に、聖シメオン

の聖堂に関する先行研究を概観する。八角形と4つの長方形を組み合わせた十字架型プランの聖堂は、多くの研究者によって注目されてきた。ところが、聖堂の形態と建築モティーフについて、図像学的解釈を行う試みはこれまでなされてこなかった。十字架型のプランに加えて、聖堂は風に吹かれて横倒しになるアカントスの葉を彫刻したなびき葉の柱頭（図21）、アプシス外壁の貝のモティーフ（図22）といった特色を有している。こうした聖堂の形態や装飾文は見る者にいったい何を伝えようとしているのだろうか。建築形態や装飾の諸要素に注目しながら、聖堂全体を図像解釈学的に見ていくこと、聖堂が伝えようとしているところの意味を解読することを、本章の目的としたい。

図21　アレッポ近郊　カラート・セマン　なびき葉の柱頭

1　柱上行者シメオンの生涯

聖シメオンの生涯を記した文書史料は、以下の3点である[62]。第1に、キュロス（シリア北部）のテオドレトスによるもの。テオドレトスは聖シメオン存命中、444年に彼のもとを訪れた。第2に、シリア語の聖人伝。シメオンの没年（459年）に書かれたが、現存する最古の写本は474年である。第3に、ギリシア語の聖人伝。聖シメオンの弟子にあたるアントニオスの手によると言われている。

3つの聖人伝はそれぞれ長さが異なり、内容は重複する部分としない部分を含むものであるが、それらが伝えるところによると、聖シメオンの生涯は以下のようなものであったらしい。シメオンは386-390年頃キリキアのシュシュで生まれた。402年頃、テレダのエウセボナ修道院に入り、20歳になるころ（410-412年）テラニッソスへと旅立つ。テラニッソスの修道院で短期間すごした後、その村を見渡す丘へと移り、そこで459年に亡くなるまですごした。

この地方で伝統的に行われていた苦行の1つに、マンドラと呼ばれる囲いのある場所をもうけ、そこに身を置くことで世間から自らを隔離するというものがあった。シメオンは、こうした修行を行い、後に柱の上に上り、その柱の高さを徐々に増して、ついに40エレ（シリア語とギリシア語の聖人伝による）、あるいは36エレ（テオドレトスによる）に及んだという。現在のメートル法に換算すると、16-18メートルの高さである。こうした柱上での修行はシメオンが初めて行ったことであるが、その後多くの人々によって踏襲され、5-12世紀にかけて120人もの柱上行者が数え上げられるほどであった[63]。

図22　アレッポ近郊　カラート・セマン　アプシス外壁　貝殻モティーフ

聖シメオンは数々の奇跡を行い、その評判は各地へと伝えられ、多くの巡礼者がこの地を目指した。シメオンの奇跡によって、人々は旱魃や大地震、害虫の大量発生から免れたとも伝えられる。

聖シメオンの死にあたって、その遺骸をどこに運び出し保管するのか、シメオンにつき従ってきた修道士ら、アンティオキア市民、キリスト教に改宗した遊牧民らの間で争いが持ち上がった[64]。遺骸はアンティオキアの主教座聖堂に運ばれ、遺骸と聖遺物をおさめるための霊廟が建設されると、そこに移された（霊廟は現存しない）。聖遺物の一部は、474年頃首都コンスタンティノポリスに運ばれ、首都においてもシメオンの霊廟が建設された（現存せず）。柱上行者ダニエルの聖人伝によれば、首都における霊廟の建設は、ダニエルの主導によるものであったらしい。一方、アンティオキアに運ばれたシメオンの遺骸は、再びその柱のあるところ（テラニッソス村）へと戻された。

✧ 2　聖堂の建立

聖シメオンの没後、残された修道士らは、絶えることなく訪れる巡礼者を迎え入れ、聖人を記念し、典礼を行うための場所を必要としていた。そのため、聖シメオンの柱を取り囲む建造物の建設が行われた。この聖堂は、聖遺物としての高い柱をおさめる巨大な聖遺物箱であり、多数の巡礼者が列をなして巡り歩く場所であり、かつ典礼を執り行う場所でもあった。こうした複数の機能に同時に答えるべく、中央の八角形と4つの長方形を組み合わせた平面図が考案されたと考えられる[65]。

聖堂の建立年代についての文字史料（文書、碑文）は残されていない。シメオンの没年（459年）からシリア語の聖人伝が書写された474年の間に、聖堂の建設が行われたようすはない。建設が開始されていたとすれば、それについて何の記述もないというのは不自然だからである。一方、カラート・セマン近隣のバスファン村には、聖シメオンの聖堂と共通の装飾を有する聖堂が現存し、カラート・セマンと同じ工房の石工らが手がけたものと推測される。バスファンの聖堂には建立の年代（491-492年）を記した銘文が残されているため、こうした2つの手がかりから、聖シメオン聖堂の建立は、474年以降、バスファンとほぼ同時期に行われたと考えられる。こうした大規模な建築プロジェクトは、有力な寄進者の後ろ盾なくしては実現

不可能であろう。聖堂建立時期と皇帝ゼノの在位が重なっているために、また皇帝ゼノがカルケドンのダニエル(聖シメオンと同じ柱上行者で、聖シメオンを継ぐ聖人とみなされていた)の信奉者であったために、カラート・セマンもまたゼノの寄進によるものという推測が成り立つ。皇帝ゼノは、帝国の東側を領土として併合するためのひとつの手立てとして、シリア北部での一大建築プロジェクトに着手したとも言われている。

シメオンの没後から聖堂建設着工頃まで(460-490年頃)、テラニッソスの村(カラート・セマン)には、すでに大勢の巡礼者が訪れていたと想像される。1万2000平方メートルという広大な地に、柱上行者シメオンの聖堂をはじめ、洗礼堂、巡礼者用宿泊施設、修道院を有するという大規模な複合施設建設プロジェクトは、巡礼者の数の多さを物語っている。村から聖堂へと続く道には列柱が並び、道沿いには店が軒を連ね、蠟燭、奉納用のイコン、聖地巡礼のみやげ物が売られていたであろう。

聖堂への主な出入口は(典型的なバシリカ聖堂に見られるのと同じ西側ではなく)南側で、アンティオキアの諸聖堂と共通している。その主出入口からさらに南へ120メートルほど離れた場所に洗礼堂が建設され、巡礼地を訪れた人々に洗礼が施された。

シリア北部ではビザンティン帝国とイスラム王朝のせめぎあいが続き、キリスト教徒の一大巡礼地でありながら、7世紀前半この地はアラブ人の手に落ちた。10世紀末、ビザンティン皇帝ニケフォロス・フォカスがアレッポのハムダーン朝を破ってこの地をイスラムの手から取り戻すと、それにともなって聖堂をはじめとする建造物の要塞化が行われた。開口部やアーチは塞がれ、補強され、巡礼者を迎えるはずの大規模な施設は、戦闘に対応するための城塞に改造された。その結果、カラート・セマン(シメオンの城塞)という呼び名で呼ばれるようになったと言われている。ただし、ビザンティン帝国の支配はわずか十数年で終わりを告げ、カラート・セマンは再びハムダーン朝の支配下におかれた。11世紀前半エジプトのファーティマ朝による併合を経て、やがてカラート・セマンは巡礼地としての機能を失うこととなった。

3　カラート・セマンの先行研究

すでにハーヴェイによる聖人伝研究を紹介したが、ここで改めて

カラート・セマンについての先行研究を何点か紹介し、これまで聖堂がいかなる視点から検討されてきたかを見てゆく。合わせて、筆者の視点がそれらの先行研究とは大きく異なる切り口を有するものであることを以下に示したい。

クレンカーは、聖堂の八角形部分が屋根で覆われていたかどうか、という問題提起を行った[66]。中央に据えられたシメオンの柱は高く、覆うべき八角形部分の面積が広いために、はたしてここに屋根を架けることが可能であったか、という点は確かに疑問に思われる。天井についての議論は、木製の屋根によって覆われ、閉じられたものであったという説と、部分的な覆いのみで中央には開口部が設けられていたという説の2つが出されている。クレンカーは前者を支持し、屋根つきの再現図を提示した。

建造物の屋根が閉じられていないという主張は一見奇妙なものにも思われるが、たとえばローマのパンテオン（円形平面の神殿、前1世紀に創建されるが後に焼失し、2世紀に再建された）ドームには、中央に開口部が設けられていた（現在は塞がれている）。

また560年にカラート・セマンを訪れた巡礼者エヴァゲリウスは、聖人の柱の周囲に空に向かって開かれた中庭がある、との記述を残している。エヴァゲリウスが当地を訪れた当時（聖人の没年から100年後）、聖人が柱上に暮らしていた当時のように、八角形中央にそびえる柱の上に屋根はなく、柱は風雨にさらされる状態であったかもしれない。

チャレンコは、八角形部分全体を覆うにはあまりにも大きなドームが必要となるため、柱が据えられた八角形の中心部と、八角形の各辺との中間部に、何らかの支えとなるものがあったはずであると考えたが、ビスコップとソディーニは、そのような物的証拠を現場では見つけることができないと主張している[67]。2人は、エヴァゲリウスの記述を考慮しつつも、屋根があったことを想定し、屋根を支える八角形ドラム部分の立面図を再構成することを試みた。

ラウデンは、木製円錐形天井が架けられており、円形窓がシメオンの柱の真上に設けられ、外光を取り入れていたと考えている[68]。

カロットは柱上行者がすごした柱の構造（柱礎、柱身、柱の頂、柱にかけられた梯子）を、現存作例を手がかりとして、物理的に再構成する試みを行っている[69]。北シリアのキマルには、高さ16メートルに

達する柱の遺跡が現存している。柱は 3 つの円筒形部分をつなぎあわせて作られたもので、柱礎の直径は1.18メートルあり、柱身の頂点近くには、周囲に 1 列のほぞ穴があけられている。カロットは、このほぞ穴に支柱（つっかい棒）を差し入れ、柱身の上に据えられた台の支えとしたという仮説を再現図とともに提出した。この台上に木製の枠が取り付けられ、その枠内に聖人が身を置いていたらしい。現在、カラート・セマンに残されているのは、柱礎の断片にすぎない。が、カロットの再現図は、シメオンの柱とその上の聖人を想像するための、ひとつの手がかりを与えてくれる。

　ナウマンは、八角形と 4 つの長方形（バシリカ）を組み合わせた複合体としての建造物のうち、特に東バシリカの床面に焦点を当てることによって、建立から10世紀（銘文が残されている979年）に至るまでの施工と修復を、年代順にたどることを試みている[70]。発掘調査の後、保護のため東バシリカの床面は埋め戻されてしまったために、現在その装飾を見ることはできない。そのためナウマンによる32の装飾パターンの記録は、当時の床面のありようを想像するための大きな手がかりとなる。ナウマンの仮説によれば、東バシリカは480-490年頃建設され、同時期舗床モザイクが敷かれた。ところが526年の大地震によりモザイクが破壊されてしまったために、身廊床面のモザイクは大理石板象眼に置き換えられた。つまり、身廊（大理石板象眼）と側廊（モザイク）の床面装飾は、6 世紀前半の大地震の後で再施工されたものであり、身廊床面には979年の銘が残されているが、ナウマンによれば大理石板象眼の制作年代はあくまで 6 世紀で、銘文部分のみが10世紀に置き換えられたという。

　ビスコップとソディーニは、カラート・セマンとその周辺に位置する複数の聖堂を比較し、北シリアの諸聖堂の間に見られる共通点とその継続性を明らかにしている[71]。その際、彼らは後陣の形態と後陣外壁の装飾（つけ柱）に注目した。カラート・セマンでは、後陣外壁のつけ柱は柱頭とインポストをともなうもので、さらにその上のコンソールに貝のモティーフが刻まれている。モティーフの意味するところについてソディーニは触れていないが、彼の視点はあくまで考古学的な物的証拠に基づく建造物の形態論であって、図像解釈学ではないため、貝殻の意味について論じられることはなかった。一方、筆者の関心はもっぱら図像解釈のほうに向けられているため、

筆者はこのモティーフの意味をあえて問うてみたい。柱上行者シメオンを表すルーヴル美術館所蔵の銀製奉納板（後述）に、同様のモティーフが繰り返されていることから、筆者はこれを単なる装飾ではなく、シメオンの聖堂を読み解くキーワードとなりうるものと考えている。

　ソディーニが概観調査を行った北シリアの一連の聖堂群は、後陣を半円形ではなく方形にするという特徴を有している（ただしカラート・セマンの後陣は半円形であるが）。ソディーニによれば、後陣外壁のふぞろいな石のブロック表面を覆い隠すにあたって、半円形よりも方形のほうが処理しやすかったためであるという。カラート・セマンの後陣外壁は上下2段のつけ柱を有する最も完成度の高いもので、同地方の他の聖堂はそれをシンプルな形に置き換えて採用している。カラート・セマンのモデルとなるような先行例が、アンティオキアなどにあったのか、あるいはカラート・セマンにおいてまったく新しいパターンがつくり出され、他の聖堂が模倣するところのプロトタイプとなったのか、という点については不明であるとしている。

　シュトゥルベは、カラート・セマンとその近隣カルブロゼの聖堂を取り上げ、両者の装飾を比較している[72]。アーキヴォールト（飾り迫縁）、コーニス（水平帯）、アカントス柱頭の彫刻から、カラート・セマンとカルブロゼの聖堂が、後期ローマ美術の造型に基づく、同じ造形的潮流に属するものであると結論づけている。シュトゥルベはさらに、カラート・セマンの角柱や柱頭が、2つの異なる工房によって施工されたと推測している。同じ伝統をくむものでありながら、同一工房に属さない顕著な彫り方の違いが見られるためである。

　ナスララーは、カラート・セマンに言及する文字史料を網羅的に収集し、最古のものから年代順に紹介している[73]。柱上行者シメオンの生涯を紹介した際に言及した3つの聖人伝、エヴァゲリウスの巡礼記の他に、ウマル（第2代正統カリフ、586年頃-644年頃）によるシリア征服時のカラート・セマンに関する記録、メルキト教徒の歴史家（10-11世紀）による記録、ギリシア語とシリア語の碑文など[74]。また、カラート・セマンはアンティオキア主教座とのつながりを有していたために、965年のアンティオキアの反乱についての記述においてもその名が現れる。十字軍占領時代、カラート・セマンが修道院として機能していたのか、あるいは要塞であったのか、文字史料は

残されていない。イスラム教徒の支配下におかれていた時代のアラビア語史料もまた、ナスララーのリストに漏れなく収められている。

　以上、カラート・セマンの先行研究を概観した。考古学あるいは建築学的研究は、物証を手がかりとするために、聖堂建築の形態が意味するであろうことを問う（あるいは解釈する）という視点を持たない。特殊な建築形態が多くの研究者を引きつけてきたにもかかわらず、こうした視点からの問題提起は、ほとんどなされてこなかった。そこで以下に、カラート・セマンの聖堂に見られるいくつかの特色（貝のモティーフ、十字架型プラン、なびき葉の柱頭）に注目しつつ、建築を図像学的に解読することを試みたい。

✣ 4　貝のモティーフ

　ソディーニは、柱上の聖人のイコノグラフィーが見られる作例を収集している[75]。ランプ、小瓶、エウロギア（鉛のメダイヨン）などに刻まれた図像で、天使あるいは侍者をともなうもの、キリスト、聖母、洗礼者ヨハネをともなうものなど、いくつものバリエーションが見られる。よく知られたものとして、ルーヴル美術館所蔵の銀製奉納板があり、そこではシメオンの柱とともに巨大な蛇が描かれている（図23）[76]。雌であるがゆえにシメオンに近づくことのできないつがいの雌蛇に代わって、雄蛇がシメオンに雌蛇の病の回復を願うという、聖人伝の奇跡物語に基づく図像である。ここでは、何よりもシメオンの頭上に描かれた大きな貝のモティーフが目をひく。貝はカラート・セマンの外壁に繰り返し立ち現れるからである。

　ただし、貝のモティーフ自体は、何もカラート・セマンだけではなく、ローマや初期キリスト教の石棺、モザイク装飾にしばしば見られる（図24）[77]。このモティーフに対するひとつの解釈として、以下にグッディナフを紹介したい[78]。彼は、貝のモティーフがヴィーナスの誕生図像にまで遡ることを指摘し、貝はそこからヴィーナスが生まれ出るところの海の陰門であると解釈する。貝のモティーフは、石棺彫刻に多く取り入れられ、貝から生まれたヴィーナスは、貝を背景として配される死者の肖像に置き換えられた。石棺では、貝（かつてヴィーナスが誕生したところの産道）が、死者が永遠の命へと再び生まれ出るところの産道を表しているという。

　貝が死者の再生を象徴するものであるとすれば、それは聖堂を飾

図23　パリ　ルーヴル美術館　銀製奉納板

図24　ヴァティカン　ピオ・クリスティアーノ美術館　石棺

るモティーフとしてもふさわしいものである。が、こうした従来の解釈に加えて、筆者はあえて別の解釈を提示したい。それは、貝＝神の守りの象徴という解釈である。なぜそのように考えるのか、「貝」という語の由来に遡ってそのつながりを確認してみたい。辞書をひもといてみると、貝（σκελετός）に近い語として、たとえばσκέπας（覆い、保護、盾）、あるいはσκηνή（天幕、幕屋）という語が見られる。またσκελετόςは、貝が乾いて堅い外皮であることから、乾燥した身体（ミイラ）という意味も有している。一方、σκηνή（天幕、幕屋）は、人の魂を天幕のように覆う身体を意味することがある[79]。このことから、σκελετός（貝）とσκηνή（天幕）は、何かを覆うもの、あるいは身体という、互いに近い意味を持つ語であることがうかがわれる。σκελετός（貝）とσκηνή（天幕、幕屋）は、必ずしも語源を共有しているわけではない[80]。とはいえ、2つの語の間には似通った語感がある。こうした2つの語の近親関係を図像に置き換えてみると、貝のモティーフは堅い守りを表すものと読むことができるだろう。さらにその貝（σκελετός）の覆いは、天の幕屋（σκηνή）すなわち天上における神の住まいとも読み替えられるのではないか。すなわち、石棺に刻まれた貝のモティーフは、グッディナフの主張（死者の再生のための産道）に加えて、神の守り、覆い、天の幕屋を表すものかもしれない。だとすれば、ルーヴルの銀製奉納板に刻まれた柱上のシメオンの頭上に見られる大きな貝もまた、同じように神の幕屋、神の覆いと守りを表すものと解釈できるかもしれない。

　ラヴェンナのガッラ・プラキディアのモザイクでは、使徒が貝の覆いの下に立つ（図25）。貝のモティーフがあまりにも大きく、使徒の頭上を覆っているために、貝というよりはむしろ幕屋（テント）に

近いものであるように見える。カラート・セマンの後陣外壁に刻まれた貝は、聖堂全体が神の幕屋によって囲まれ、それに覆い守られていることを表すものかもしれない。

　聖地サンティアゴ・デ・コンポステッラに向かう巡礼者が身につける貝は、一般に聖ヤコブの持物(アトリビュート)と説明されるが、数百キロに及ぶ長い巡礼の行程が、神の守りによって導かれんことを願う人々の希望を、貝の形に託したものであったかもしれない。巡礼者は貝を道行きの守りとして携え、巡礼地を目指した。

図25　ラヴェンナ　ガッラ・プラキディア　貝の覆いの下に立つ使徒

✥ 5　神の家の柱

　ここで、柱上の聖シメオンの例を描いたフレスコ画を1点紹介したい。ダマスカスから80キロほど北に位置するマル・ムーサ・アル・ハバシ（エチオピアのモーセ）修道院付属聖堂（カトリコン）に描かれた壁画である。修道院は6世紀に創建され、現在なお、山々を分け入った奥地の山ひだの間に隠されるようにひそやかに建っている。修道院へと向かう途中に立ちはだかる巨大な岩壁は、世俗の雑音をことごとく吸い取るかのようであり、修道院を訪れる者は、岩に取り囲まれて、物音や人の気配のまったく感じられない沈黙の空気の中、えんえんと岩場を歩いて登ることになる（図26）。修道院はもともとシリア正教会に属していたが、19世紀末、修道士らはもはや修道院を維持することができずにこの場所を去ってゆき、1980年代にベイルートの調査隊が入るまで、修道院は打ち捨てられた状態であった[81]。カトリコンの屋根は崩れ落ち、壁面のフレスコは剥落した状態のまま放置されていた。その後、アレッポのイエズス会神父らの主導により修道院の再建がなされ、新しい共同体がここに立ち上げられた。カトリコンの屋根とフレスコ画は修復され、修道院としての機能を取り戻して現在に至る。

　カトリコンのフレスコは、2期にわたって制作された（第1期1054-1088年、第2期1192年）。様式は、ビザンティン帝国の地方様式、十字軍のもたらしたラテン・カトリック文化圏の様式、この地を取り巻くイスラム教美術の影響を受けたものと言われている。こうした様式の混合は、12-13世紀の東西世界の交流を具体的な形で表す作例として貴重である。同時に、フレスコはシリアにおける初期キリスト教の伝統を引き継いだものでもあると言われている。

　カトリコン北側廊東端に、柱上のシメオン（1058年）が描かれ、「キ

図26　マル・ムーサ・アル・ハバシ修道院

図27　マル・ムーサ・アル・ハバシ修道院
［上］柱上行者シメオン　キリストの洗礼
［中］キリストの洗礼（部分）　［下］柱上行者
シメオン（部分）

リストの洗礼」（1088年）と併置される（図27）。北側廊東端のフレスコは、20世紀後半に修復の手が入れられたものとはいえ、1192年の第2期フレスコ制作時にはほとんど手が加えられることがなかった。そのため、制作当時の図像をうかがい知ることができる。カトリコンの柱上行者シメオンと「洗礼」の図像は、12世紀末から13世紀初頭にしばしば見られる図像の定型を忠実に踏襲するもので、シメオンについてはキプロスの聖使徒聖堂（1160-1180年）、パナギア・トゥ・アラコス聖堂（1192年）に比較作例が見られる[82]。

　柱上行者シメオンと併置された「キリストの洗礼」は、シメオンの図像の意味を強調する役割を担っているものと思われる[83]。洗礼を授けられたキリストの頭上に降る聖霊は、柱状の太い筒の中を鳩が下ってゆく描写によって表される。この柱状の聖霊は、明らかにシメオンの柱との対比を意識している。こうした対比の結果、シメオンの柱は、あたかも聖霊が降り立つ柱であるかのように見えてくる。キリストの頭上に柱状の聖霊が降るように、シメオンの柱にもまた聖霊が降り立つ。

　ところで柱上行者シメオンは、同名の、キリストの神殿奉献に立ち会った預言者シメオンを想起させる。柱上行者シメオンを記念する祝日は9月1日と定められているが、カトリックの暦では、神殿奉献の預言者シメオンと混同された結果、1月5日に柱上行者シメオンの名が記されていることがある[84]。こうした混同の例からも、柱上行者と預言者、2人のシメオンの近さがうかがわれる。神殿奉献の際、預言者シメオンの上には聖霊がとどまっており（ルカ第2章25節）、彼は主に向かって「わたしはこの目であなたの救いを見た」と語る。そのことばは、洗礼の隣に置かれ、聖霊の降り立つ柱の上にあって、正面を見据えるシメオンのことばでもあるように思われる。柱上のシメオンの上にも（神殿のシメオン同様）聖霊がとどまっており、柱上のシメオンもまた、主の救いを見た者であったはずだからである。

　さらに、カトリコン北側廊東端のシメオンは、柱上にあって「洗礼」のキリストよりも高いところに描かれ、シメオンの頭は聖堂の壁面が天井に接するところに届いている。すなわちシメオンの柱は、聖堂を（物理的に）支える柱となっているように見える。十二使徒が聖堂の柱にたとえられることがあるが、柱の上に住まうということはつまり、神の家を支える柱の1つとなる、ということであったかもしれない。洗礼においてキリストの頭上に聖霊が降ったように、

第2章　神の家を支える柱──カラート・セマン　柱上行者シメオンの聖堂

シメオンの柱にもまた聖霊が降り、シメオンの柱は、そこに神が降り立つところ、すなわち神の家の柱となった。

カスル・アブ-サムラ（Qasr Abu-Samra）の浮彫では、柱上のシメオンの頭上に、鳩が円形状の冠を運んでいる。冠の中央に炎の舌が描かれている（図28）。炎の舌はとりもなおさず、聖霊降臨のとき使徒たちの頭上に降った炎の舌を想起させる。すなわちこの浮彫の図像は、聖霊がシメオンの頭上にも降っていることを表している[85]。神の家の柱（シメオンの柱）に、確かに聖霊が降り立ったことを、この図像は示している。

ところで、使徒言行録によれば、使徒たちの上に聖霊が降り、彼らが聖霊に満たされたとき、「突然、激しい風が吹いて来るような音が天から聞こえ」たと伝えている（第2章2節）。カラート・セマンの八角形部分には、アカントスの葉が風になびいて横倒しになった珍しい柱頭が見られる。ここで柱頭が風になびいているのは、聖霊が降り立つときに吹く風を示すものかもしれない。神の家を支えるシメオンの柱に聖霊が降り、それにともなって（使徒たちに聖霊が降ったときと同じように）風が吹き、柱頭のアカントスをなびかせる。

図28　ベルリン　ボーデ美術館　カスル・アブ-サムラの浮彫

✣ 6　聖人伝となびき葉の柱頭

続いて、聖堂の八角形部分に見られるなびき葉の柱頭の意味について考えてみたい。こうしたモティーフは単なる装飾だったのだろうか。筆者は、このなびき葉の柱頭が、聖堂においてシメオンの生涯を代弁する重要な役割を担うものであったと考えている。

〔1〕　預言者エリヤ

シメオンの生涯を記したシリア語の聖人伝によれば、幻想の中でシメオンのもとに火の馬車に乗った旧約の預言者エリヤが現れ、彼に次のように語った[86]。「恐れるな、強くまた勇気を持って振る舞え。死すべき人間であることを恐れることなく、貧しき者、抑圧された者たちの助け手となれ。主はあなたの助け手。何者もあなたを貶めることはできない。あなたの名は命の書に記され、使徒たちと同じ冠と衣とが、あなたのために用意されている」。

このエリヤの幻想によって、シメオンは強められ、力づけられ、勇気を与えられ、これまでにもまして苦行に打ち込むようになったと伝えられる。彼は、絶え間なく断食を続け、昼夜立ち続け、絶え

ず祈り続けた。こうしてシメオンは、40年もの長きにわたって柱の上に立ち続けた。

　旧約聖書によれば、預言者エリヤは火の馬に引かれた火の戦車に乗って、主の起こした嵐の中、天に上げられた（列王記下第2章1-14節）。火の馬車に乗ったエリヤは、そのときと同じように、嵐をともなってシメオンのもとに現れたであろう。そしてシメオンの柱の周辺では、火の馬車に乗るエリヤとともに嵐のような風が吹きつけた。すなわち、アカントスの葉が横だおしにしうなびき葉の柱頭は、預言者エリヤがシメオンのもとに現れたときに吹いた大風が、柱の間を吹き抜けていくことを示しているのかもしれない。

〔2〕　四季の突風

　またシリア語の聖人伝が伝えるところによれば、この地の冬は突風とともに訪れる。いったい誰がこの寒さに耐えられようかというほどの過酷さとともに、冬の北風は雪をともなって吹きつけ、東からの風は暴風となって吹き荒れ、南からの風は焼き尽くす勢いで吹きすさび、しかも風はしばしば叩きつけるような雨をともなうものであった。戦いを挑みかけるような風がやがて止んで、氷と雪が解け、あるいは雨水が引いていくころ、シメオンはますます強められたと伝えられる[87]。

　こうした春夏秋冬の過酷な風は、柱上でそれにさらされるシメオンの身体に容赦なくたたきつけ、彼がそれに耐えうるかどうか、彼の強さを試すようなものだっただろう。それを乗り越えることで、シメオンはさらに強められた。なびき葉の柱頭は、シメオンが柱の上で幾度となく耐え抜いてきたところの、過酷な地上の風を表し、その中でシメオンがあえて立ち続けたことを、わたしたちに伝えるものかもしれない。

〔3〕　海上の風

　シメオンの行う奇跡について聞きつけた人々は、病が癒されることを、あるいは不正な支配者、抑圧者らに神の裁きが下ることを願い、こぞってシメオンのもとを訪れた。が、シメオンはそれらの者たちのみならず、荒れ狂う海において航海する者たちの前に幻視として現れた。シリア語の聖人伝によれば、あるとき、船が暴風雨にみまわれ、船上の人々は沈没を覚悟し、死の絶望に打ちひしがれていた。船員の1人が思い立ってシメオンに呼びかけて助けを求めた

ところ、シメオンの姿が目の前に立ち現れ、それとともに、むせぶような暴風雨は止み、激しく揺さぶられていた波はぴたりと止まって空は晴れ渡った。こうした海上の奇跡は1回にとどまらず、繰り返し聖人伝の中で伝えられている[88]。

すなわちシメオンは海上の陣風を鎮めるものでもあり、聖堂のなびき葉の柱頭は、地上の旋風のみならず、海上の大風をも示唆するものと読むことができるだろう。とすると、その中央に据えられたシメオンの柱は、いわば船のマストのようなものと見立てることができよう。柱（マスト）上で時に大きく揺さぶられながら、さまざまな苦難に耐え忍ぶシメオンは、さながら嵐の海を航行する船舶にたとえられるようなものであったかもしれない。事実、シメオンの死はシリア語の聖人伝の中で次のように言い表される。「船は、心を砕いて注意を怠らない船乗りの身体のようなものであり、その船は実り多く豊かな積荷とともに、よろこびのあるところ、すなわち天上へと到着した。シメオンを阻み、彼と抗争を続けた暴風、一陣の疾風は鎮められた」[89]。シメオンは船にたとえられ、彼はその死に至るまで（柱の上すなわちマストにあって）荒波に翻弄される船にたとえられるような苦難をくぐり抜けてきたのだということを、なびき葉の柱頭は見る者に語っている。

〔4〕 地上の風

シリア語の聖人伝によれば、日照りが続き、冬が去って四旬節がめぐるころになってもまったく雨の降らない年があった。シメオンは神に反逆する人々の行いを目の当たりにしていたために、あえて神に雨を降らせることを願わなかった。しかしながら、埃まみれの衣に頭を覆い、嘆き悲しみ、立ち尽くす人々、声を上げる気力さえ失った女たち、羊のように押し黙る子供たちを目の当たりにしたシメオンは、ついに天に目を向けて祈った。すると雷が轟き、空を覆い尽くし、急風とともに雨が降り出したと伝えられる[90]。すなわち、シメオンは風をおさめるのみならず、風を呼び起こすこともできる者であった。それゆえ、シメオンの聖堂を訪れる巡礼者らは、なびき葉の柱頭を見上げながら、聖人伝において語られるところのシメオンの鎮めた海上の風のみならず、シメオンの呼び起こした地上の風のことも、思い起こしたことであろう。

〔5〕 実り豊かな木の幻視

　シリア語の聖人伝が伝えるところによれば、神はシメオンに次のような幻視を示され、それを見たシメオンは、兄弟シェムシの死が四旬節のうちに訪れることを預言した[91]。

　1本の木があって多くの果実を実らせ、その幹から枝が1つ伸びていた。目もあやなまばゆいばかりの人が斧を手にした4人の人々と現れて言った。「その枝を刈れ。枝が伸びて果実の実りを妨げているから」。枝は切り落とされた。するとその人は言った。「地面を深く掘り下げ、木の根を岩の上に据えて四方を埋め、木が揺さぶられることのないようその根を支えよ。木は多くの果実を実らせるが、辻風と大荒れの嵐とがそれを叩き落とすことになるであろう」。岩の上に据えられ、支えを得て埋め固められた木は、枝を伸ばし葉を茂らせて育ち、かつての何百倍もの果実を実らせた。木の根元からおびただしい量の水がほとばしり出て、山々や丘一面に広がった。動物たちや鳥たちが木の元に集まって実を食し、その泉で渇きをいやした。聖人伝によれば、この幻視のうちに現れた木はシメオン、切り落とされた枝は兄弟シェムシであり、彼はシメオンの預言どおり、四旬節のうちに亡くなった。

　ここで語られる木は、とりもなおさずシメオンの柱を想起させるものであり、なびき葉の柱頭は、まばゆいばかりの人が告げた、木に激しく打ち当たる風を表している。さらに、木（シメオンの柱）の根元から溢れ出る豊かな水をたたえた泉を表すのに、八角形はまさにふさわしい形であったと言える。なぜなら、八角形は洗礼堂建築の定型であり、まさに水をなみなみとたたえた場所であったのだから。

　幻視によれば、木（シメオンの柱）は岩の上に据えられる。岩は、しばしばキリストを表すシンボルととらえられる。4世紀シリアのアフラーテスは、旧約の預言者らがキリストを岩にたとえていたことを説明するために、詩編（118編22節）、イザヤ書（第28章16節）、ダニエル書（第2章34節）など複数の箇所をあげている[92]。つまり、シメオン（木）はキリスト（岩）の上に立てられたのであり、さらに木は大風にみまわれて揺さぶられることがないように、支柱によって支えられた。聖堂の平面図を見ると、八角形の中央に柱の土台が据えられ、四方にバシリカが組み合わされ、東西南北に十字架の縦木と横木が伸びているように見える。これらを、木（シメオンの柱）を四

方から支える支柱（あるいは添え木）に見立てることができるかもしれない。すなわち、聖堂の形態は聖人伝において語られるこうした逸話を比喩的に表す道具としての機能を果たすものであったように思われる。

〔6〕 楽園の風

　聖堂の八角形部分が水をたたえた洗礼堂と重ね合わされ、十字架型の4つのバシリカが中央の柱を支える添え木と見立てられることを指摘した。また別の見方として、4つのバシリカを、洗礼堂から流れ出る4つの川にたとえることもできるだろう。洗礼の聖なる水は、しばしば楽園の4つの川と結びつけられるからである。マグワイヤは、洗礼堂に4つの川が描かれる例、あるいは洗礼堂の銘文中に4つの川の名が記される例をあげて、両者（洗礼と楽園の4つの川）の間に結びつきがあることを指摘している[93]。カラート・セマンの八角形（洗礼堂の形）の四辺から東西南北にのびる長方形を、仮に楽園の4つの川（創世記第2章10節）と見立てるなら、八角形を支える柱頭は、楽園に生えいでる木々（見るからに好ましく、食べるに良いものをもたらすあらゆる木、創世記第2章9節）になぞらえたものとみなすことができるかもしれない。

　神は土（アダマ）の塵で人（アダム）を形作り、その鼻に命の息を吹き入れられた（創世記第2章6節）。神の創造の息吹は楽園のそよ風となって吹き寄せ、その風に木々の葉がそよぐ。なびき葉の柱頭は、神の息が吹き込まれたことを、風になびくその姿によって示すものかもしれない。楽園の川とそのほとりに生える木々。神の息が風となってそこにさやいでいることを、柱頭は伝えてくれる。

　シメオンに続く柱上行者ダニエルは、天と地の間（すなわち柱の上）において、あらゆる方角から襲ってくる風を恐れることなく、柱の上にとどまり、持ちこたえたと伝えられる。大風が吹きつければ、高い柱の上では、地上の何十倍もゆれて、それは恐ろしいことであったと想像される。吹きさらしの柱の上では、その風を防ぎようがないからである。なびき葉の柱頭は、神の創造の息吹すなわち楽園の風のみならず、柱を根こそぎ吹き飛ばすほどの大風の脅威を示唆するものかもしれない。とすると、聖堂の外側に配された貝のモティーフは、大風から柱上行者を守る覆い（幕屋）を意味するものであったかもしれない。天と地の間（すなわち柱の上）において、地上に近いところで大風の脅威に恐れおののくことがあったとしても、天

へと近づくほどに、そこに吹く風は楽園の風すなわち神の息吹に近いものとなる。その両方を、シメオンは天と地の間にあって体験していたということか。

〔7〕 死の床に吹く風

　最後にシリア語の聖人伝は、シメオンの死について次のように語っている。真夏のある日、シメオンは数日間高熱にみまわれた。真夏の熱気はこれ以上ないほどに過酷なもので、地表はその熱気によって焼き尽くされんばかりであった。ところが発熱から3日の後、涼やかで生き返るような香りのよい風（それは天からもたらされる瑞々しい雫のようであった）が柱の上のシメオンに吹き寄せた。風がそよぎ、この世のものとは思えない芳しい香りが立ち、聖人の死に至るまでその香りは立ち上り続けた。

　聖堂において典礼がとり行われ、儀式の中で焚かれる香が天へと立ち上るとき、人々はなびき葉の柱頭を見上げて、シメオンの死の床に吹き寄せた香のよい風の逸話を思い出したかもしれない。

〔8〕 罪の風

　シリア語の聖人伝は、人々の罪や欺瞞を風にたとえている。シメオンが罪の風や欺瞞のつむじ風を叱責すると、風は鎮まったという。とすれば、わたしたちの罪、欺瞞もまた吹きつける風にたとえられるものかもしれず、その風（罪）は、いまだにそこかしこで吹き続けている。つまり聖堂のなびき葉の柱頭は、その下に立つ者の周囲で吹き荒れるところの罪、それを風になびく柱頭の葉という形で示すものであったかもしれない。罪にまみれる者たちの周囲では絶え間なく風が起こり、不穏なざわめきとともに風が動き、木々の葉（柱頭）が騒々しく音を立てて騒ぎ立てる。

　以上のように、聖堂の八角形部分に配されたなびき葉の柱頭は、①シメオンがこれまでにも増して苦行を重ねる契機となったところのエリヤ昇天の嵐、②その苦行のあいだ中吹き付けた四季の過酷な風、③シメオンの奇跡によって鎮められた海上の風、④シメオンの奇跡によって呼び起こされた地上の風、⑤たわわに実る木（シメオン）をゆるがす辻風、⑥楽園にそよぐ神の息吹としての風、⑦シメオンの死の床において吹いたかぐわしき風、⑧この地を訪れる人々を取り巻く罪の風、といった複数の異なる風を表しているように思

われる。八角形を支える柱のあちこちに配されたなびき葉の柱頭は、柱上行者の生涯を通じて吹き続けた風を、今なお見るものに伝えている。

✢7　聖堂の形態——古代都市遺跡アパメアとの比較

　シメオンの聖人伝に繰り返し立ち現れるさまざまな風を、聖堂のなびき葉の柱頭が伝えていることを指摘した。次に、八角形と十字架を組み合わせた聖堂のプランについて、ローマ建築との比較から考察してみたい。

　そもそもなぜシメオンは柱の上にとどまることを選択したのだろうか。彼に触れようとする熱心な信奉者から逃れるため。悪を追い払うため。神によりそうすることを命じられたから。人々を目覚めさせるため。孤独、寒さ、熱さ、風雨、飢え乾きにさらされる苦行を通して肉体の暗闇を減じ、それによって神と1つになるため。地上を遠く離れ、地上的な物質的欲望や誘惑から解放されるため。こうしたさまざまな理由が挙げられよう。それでは、シメオンは柱に登るという着想をどこから得たのだろうか。このような修行の仕方は、シメオンが初めて行ったことであった。

　この問いについて、先行研究の中に確たる回答は見当たらず、ヴェーブスはかろうじて1点の例をあげるにとどまっている[94]。それによれば、ヒエラポリス（小アジアの古代都市）にアタルガティス（シリアの豊穣の女神）の神殿があって、神殿正面に1本の柱が立てられていた。ある人がその柱に上り、神に祝福を乞うたという言い伝えがある。シメオンは、このような行いに着想を得たのだろうか。柱に上がったシメオンが何を目指し、何を願っていたのか、それを推し量ることは難しい。ただし、シメオンの聖遺物を祀るために創建された聖堂のプランは、柱をめぐるシメオンの考え、あるいは当時の人々の考えを読み解くひとつの鍵を与えてくれるものであるように思われる。聖堂のプランを解読することによって、柱の意味に近づくことが、あるいは可能であるかもしれない。それでは、聖堂のプランはどのように読み解くことができるだろうか。

　筆者は、この問いに答えるひとつの鍵が、カラート・セマンにほど近い、北シリアの古代ローマ遺跡、アパメアの建築と都市計画にあると考えている（図29）。アパメアでは、1920年代以降、ベルギーの考古学者らによる発掘調査が行われてきた[95]。都市は、ヘレニス

図29 アパメア ［上］列柱 ［下］地図

ム期（紀元前300-299年）に建設されたが、115年の地震によりそれらの建造物はほぼ全壊し、現存する都市の大半は地震の後、再建されたローマ時代のものである。2-4世紀にかけて、アパメアはネオ・プラトニズム派の拠点として栄えたが、526年と528年に再び大地震にみまわれて、建造物の多くは崩壊した。20世紀の発掘を経て大々的な再建が行われ、その結果、現在南北2キロメートルにわたるメイン・ストリートには、見事な列柱が立ち並ぶ。長さ2キロメートル、横幅22メートルのメイン・ストリートは、都市の中軸として機能するものであり、古代都市遺跡の中でも最大の規模を誇っている。南北の本通りに直交する形で2本の東西に続く道が作られ、ロレーヌ十字（縦木に対して2本の横木が直交する十字）を形作っている。

　本通りの列柱は、6世紀の地震により崩壊した後、20世紀に入ってようやく再建されたものとはいえ、建設当時のスケールの大きさをよく伝えている。柱の高さは十数メートルに達すると思われ、メイン・ストリート沿いの水平フリーズは途切れることなく続く。都市の目抜き通りとはいえ、人や馬車が移動し、店々が軒を連ねるという目的だけであれば、これほどまでに高い列柱を置く必要はなかったはずである。もちろん、都市を築いた人の威信と都市の繁栄を表すのに、大きなスケールはふさわしいものではあるが。それではいったい何のためにこうした（人体の規格をはるかに越えた）巨大なスケールの列柱が建てられたのだろうか。そう考えながら列柱の間を歩いてみると、それは人間の標準的な身長を基準としたつくりではなく、神々の体格を基準とした神のスケールに従って、都市と道路が展開しているかのように感じられる。

　しばしば建造物とそれにともなう装飾は、そこに住まう人々にい

かにふるまうべきかを教え、そこに作り出された空間は、その場にふさわしい立ちふるまいを人々に要請する。たとえば、装飾過多と思われるほどの流麗なアール・ヌーヴォーの室内空間がそこに住む者に要請する所作は、シンプルで機能的なバウハウス建築の空間が要請するそれとは明らかに異なっている。人は、その場に合った動作や姿勢を選択するよう求められる。

アパメアの都市計画を立案した人は、神々のスケールを採用することによって、そこに神々にこそ似つかわしい空間を創り出そうとしたのではなかったか。普通の住宅のように人体のスケールを基準とした空間において、神々がそれに合わせるような仕方でふるまうことは難しいが、神々のスケールを基準として作られた空間においてそのように立ちふるまうことは、それほど難しいことではないだろう。そびえ立つ列柱とはるかかなたまでまっすぐに続く街道は、神々の通り道として、まさに神々にそぐわしい空間をつくり出しているように見える。

神々と人のスケールの違いは、アルカイック期の奉納浮彫において顕著に示される。神々と対面する奉納者の行列は、神々とは明らかに異なる、小さな身長で表される。時代によってスケールの差はまちまちであるが、人間たちは往々にして神々の胸ほどの高さで表現されることが多い。アルカイック時代のスパルタ出土のクリュサファ墓碑では、人間は神々の膝よりも低い身長で表される。こうした作例からは、神々と人のスケールが異なるものとして理解されていたことがうかがわれ、神殿や都市計画がこうしたスケールの相違を意識した上で考案されたということは、多いにありうるだろう。ただし、ギリシア建築の理論については文献上の言及がなく、ローマの著述家（ウィトルウィウスやプリニウス）の限られた著作しか残されていないため、都市のスケールの決定要因について具体的に立証することは難しい。

アパメアでは、南北に伸びる本通りが東西の通りと直交する十字路の中央に、奉献柱が高くそびえ立っている（図30）。四つ辻に立って通り沿いの列柱を見上げると、神々のスケールに合わせたかのような建築規模のために、あたかも街道を神々が縦横に行き交っているようすが目に浮かぶようだ。四つ辻は、南北へ、あるいは東西へ街道を行き交う神々が出会い、行き過ぎ、すれ違い、そして立ち去り、再びやってくるような場所であったかもしれない。とすれば、神々が行き交い出会うところとしての四つ辻に、奉献柱を立てよう

図30　アパメア　奉献柱

とした人の意図は容易に理解されよう。十字路の中央は、神々と出会うのに最もふさわしい場所であったのだから。

　中央の柱とその四方（東西南北）にのびる通路という形態は、とりもなおさずシメオンの聖堂を想起させる。シメオンの聖堂もまた、八角形とその中央に立てられた柱、八角形の四辺から東西南北にのびる長方形のバシリカ、という平面図を呈しているからである。シメオンの聖堂の設計者は、カラート・セマンから80キロメートルほど南に位置する古代都市アパメアを知っていたかもしれない。彼らが、アパメアの本通りと十字路、中央に立つ奉献柱を見て、そこから着想を得たということもありうるのではないか。アパメアは６世紀の地震によって崩壊し、やがて土の下に埋もれてしまったが、シメオンの聖堂がその大地震以前に建設されたものであることは確実で、地理的な距離から考えて、聖堂の建設者がアパメアの都市設計を見ていたとしてもそれほど不自然ではない。

　アパメアの十字路に据えられた柱の頂に立つ者は、神々が四つ辻を行き交うさまを見ることができただろう。同様に、シメオンの聖堂において、柱を四つ辻（４つのバシリカ）の交わる中央に置くことによって、シメオンがその柱において神と出会っていたことを、建設者は表そうとしたのではなかったか。

　４世紀の医師で著述家のオリバシウスは、都市計画の際に、東西と南北に道路を直交する形で配置することをすすめている[96]。そのような配置は、都市の通風をよくし、東西南北から吹く風によって、都市は清浄に保たれるからである。風は東西南北の通りを何らかの

障害物に突き当たることなく吹き抜け、埃や煙を取り除いて都市を浄化する。シメオンの聖堂においてもまた、東から西へ南から北へ（あるいはその逆方向に向かって）、神の風が吹き抜けていく。

✣ おわりに

　本章では、柱上行者シメオンの聖堂（カラート・セマン）について取り上げ、聖堂のプランが伝えるところの意味を解読することを試みた。第1に、なぜシメオンが柱の上に上がったのかという疑問に対する聖人伝の弁護を紹介した。また、聖人伝に基づいてシメオンの生涯を紹介した。第2に、聖堂建立とその後の歴史についてまとめた。第3に、先行研究を要約し、筆者の視点がこれまでの研究とは大きく異なっているものであることを示した。第4に、聖堂外壁の貝のモティーフの意味するところについて考察し、シメオンを描いたフレスコ画から柱の意味を推し量るとともに、聖人伝との比較からなびき葉の柱頭の含意について検討した。最後に、聖堂のプランとアパメアの都市遺跡との類似性について指摘し、聖堂の形態がシメオンの切なる願い、すなわち柱上において神と出会うことを具現化するものであったことを示した。

　シメオンの生涯を通して吹き続けた風は、今なお聖堂において止むことなく木々をそよがせ、彼の生涯について、わたしたちに多くを語りかけている。

第Ⅱ部

イタリアの聖堂装飾

第1章
楽園へとふたたび
帰りゆくために──パレルモ宮廷礼拝堂

❖ はじめに

　本章のテーマは、シチリア島北西部のパレルモにあるノルマン王朝の宮廷付属礼拝堂で、ノルマン王ロゲリウス2世によって1140年に献堂された。

　礼拝堂は三廊式のバシリカで、ドームと3つのアプシスを有している（図31）。礼拝堂内は、柱頭より高い位置の壁体全面が、きらびやかなモザイクによって装飾される。身廊の天井部分は、イスラムのムカルナス天井によって装飾される。内陣（聖堂内の祭壇周辺部のことで、身廊部分より数段高く、障柵によって区切られている）のドームには、パントクラトール（万物の支配者）のキリストがモザイクによって描かれ、南翼廊を中心に、キリストの生涯を描く連続説話場面（キリスト伝サイクル）が展開している。身廊のアーケードには、天地創造の物語から始まる旧約聖書の創世記サイクルが配され、側廊壁面には使徒聖ペトロと聖パウロの物語（使徒伝サイクル）が続く。

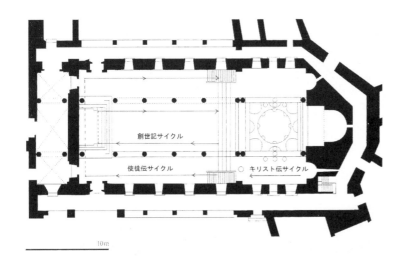

図31　パレルモ　宮廷礼拝堂　平面図

礼拝堂内に配置された旧約サイクル（全31場面）、キリスト伝サイクル（全11場面）、使徒伝サイクル（全12場面14エピソード）は、聖書をひもとくことによって、それぞれの場面が何を表しているのかを容易に特定することができる。しかしながら、それだけでは宮廷礼拝堂のモザイク装飾を解読したことにはならない。

たとえば側廊の使徒伝サイクルは、必ずしも使徒言行録の記述にそっているわけではなく、エピソードの順序が入れかえられている場面があるが、それはなぜだろうか。また使徒言行録にはない、外典のエピソードが挿入されているのは、いったい何のためだろうか。外典は、聖ペトロと聖パウロの殉教について語っているが、側廊の使徒伝サイクルには、殉教場面は描かれない。なぜ殉教に至るまでを描かず、物語の途中をサイクルの終点としたのだろうか。

さらに身廊の旧約サイクルは、創世記第1章の天地創造に始まって、第33章のヤコブと神の御使いとの格闘までを描き、そこで唐突に終わっている。ところが、創世記で語られるヤコブの生涯は、33章以降も続き、最終章（第50章）では、ヤコブの死と埋葬が語られている。そのため、宮廷礼拝堂では、なぜヤコブの物語の途中をサイクルの終点としたのか、疑問に思われる。

もちろん、モザイクを配する礼拝堂内の壁面の広さは限られており、聖書の記述に忠実に従ってすべての物語を最後まで表すことは不可能である。そのため、このような場面の取捨選択や、物語の切り貼りが行われたのだろう。モザイクのプログラム全体を企画した者は、サイクルを作り出す際、何らかの意図を持って場面の取捨選択をしたと考えられる。それでは、制作者はどのような考えに基づいて、宮廷礼拝堂のプログラムを作り上げたのだろうか。3つの独立したサイクル（旧約・キリスト伝・使徒伝サイクル）は、礼拝堂内において、互いにどのように結び合うものとして構成されたのだろうか。モザイク全体は、見る者にいかなるメッセージを伝えようとしているのだろうか。

本章では、第1に聖書のテキストと照合しながら、礼拝堂内のモザイク図像を記述する。その際、テキストからの逸脱や場面の順序の並べかえなど、モザイク制作者の意図的な操作に留意したい。次に、礼拝堂についての先行研究を紹介する。先行研究を検討してみると、3サイクルを統合する視点から、モザイク装飾プログラムの解読をめざしたものは意外にも少ない。そこで、聖パウロの手紙、教父たちの言説に依拠しながら、モザイク装飾プログラムのメッセ

ージを読み解いてゆくことが、本章の目的である。

✣1　ノルマン・シチリア王国と宮廷礼拝堂

　ノルマン・シチリア王国は、その領土がシチリア島とイタリア半島南部にまたがっていたため、両シチリア王国とも呼ばれていた。

　ノルマン・シチリア王国成立以前のシチリア島は、紀元前のフェニキア人やカルタゴ人にはじまり、ローマ人、ヴァンダル族、東ゴート族、ビザンティン帝国、アラブ人といった、さまざまな民族による支配を受けてきた。シチリア島は、4世紀頃まで古代ローマ帝国の経済と文明のもと、繁栄を続けてきたが、5世紀後半、ヴァンダル族のガイセリックによって征服された。島はすぐさまヴァンダルから東ゴート族の手に渡り、6世紀にはビザンティン帝国が島を制圧した。その後、シチリア島の教会は、ローマ教皇に代わってコンスタンティノポリスの総主教座の管轄下に入った。島には多くの移民が移り住み、ギリシア化が進んだ。7世紀に入ると、アラブ人による襲撃が開始され、9世紀以降パレルモなど主要な地がアラブの手によって陥落した。その後もビザンティン帝国は、たびたび領土の回復を試みた。

　11世紀初頭の南イタリアでは、イスラム教徒の支配下、あるいはビザンティン帝国の支配下に置かれていた地域と、いくつかの独立した小さな都市国家が混在し、互いに対立し合っていた。これらすべてが、ノルマン人のロゲリウスによって、ひとつの王国に統合された。それがノルマン・シチリア王国である。王国は、ロゲリウス2世（在位1130-54年）、ウィレルムス1世（在位1154-1166年）、ウィレルムス2世（在位1166-1189年）のもとで繁栄した。ラテン・キリスト教文化圏、ギリシア・ビザンティン文化圏、アラブ・イスラム文化圏という3つの文化圏が重なり合うところに位置していたため、さまざまな文化的要素が混在する場所となった。

　宮廷礼拝堂の建設は、ロゲリウス2世の即位（1130年）後に着手され、礼拝堂は1140年に献堂された。この時点までに、建造物の主要部分が完成していたと考えられる。礼拝堂内のモザイク装飾については、内陣交差部に架けられたドーム基部に1143年の銘文が見られるものの、父ロゲリウス2世のもとでどこまで施行され、どこから息子ウィレルムス1世に引き継がれたのか、研究者らの見解は一致を見ていない。モザイクの様式の違いに着目し、内陣はロゲリウス

2世によるもので、身廊・側廊はウィレルムス1世によるという比較的単純な区分が提案される一方、全体のマスター・プランはロゲリウス2世によってすでに準備されていたが、存命中に完成をみなかったために、プランごとウィレルムス1世に引き継がれたとする説もある。

✤ 2　宮廷礼拝堂のモザイク装飾

〔1〕内陣

　内陣のモザイク装飾で注目すべき点は、ドームとアプシスの両方にパントクラトールのキリストが配される点である。ドームにこの図像を配置することは、ビザンティンの聖堂装飾システムの定型にしたがうものであるが、アプシスに配置する例はビザンティン聖堂には類例がなく、宮廷礼拝堂独自の選択であると言える[97]。

　礼拝堂東端のアプシスと、ドームが架けられた交差部との境にあたる凱旋門型アーチには、「受胎告知」が描かれている（図32）。その向かい側で、交差部と身廊との境にあたるもうひとつの凱旋門型アーチには、「神殿奉献」が描かれている（図33）。いずれも、登場人物（「受胎告知」では大天使ガブリエルと処女マリア、「神殿奉献」では聖母子とシメオン）を凱旋門の左右に分けて配する仕方が共通している。「受胎告知」では、聖霊の鳩がアーチの弧に沿うように飛び立ち、聖母のもとへと降りていく。「神殿奉献」においてもまた、右に向かって両手を差し出す幼子キリストは、アーチの弧に沿うように、反対側に立つシメオンの手へと受け渡されてゆく。建造物の壁面の形態を、図像の内容に生かした配置である。

図32　パレルモ　宮廷礼拝堂　受胎告知

図33　パレルモ　宮廷礼拝堂　神殿奉献

交差部と身廊の境にある凱旋門アーチ（「神殿奉献」の裏側にあたる）には、2人の天使が、アーチの左右に描かれている（図34）。2人の翼はアーチの中心に向かって広げられ、大天使ガブリエルから処女マリアへと聖霊が受け渡された「受胎告知」の構図がそのまま繰り返されている。そのため、「受胎告知」同様、聖霊（ここでは描かれていない、したがって目に見えない）が、アーチの弧に沿うように2人の天使の間で受け渡しされているかのように見える。こうして、礼拝堂西端の入口から東端の内陣に向かって歩くわたしたちは、聖霊によって架けられるいくつもの見えないアーチの下を、くぐり抜けて行くことになる。

図34　パレルモ　宮廷礼拝堂　凱旋門アーチ

本来、「受胎告知」と「神殿奉献」の間に置かれるはずの「降誕」は、ここ交差部ではなく、南翼廊に見られる。そこで、交差部から南翼廊に目を移してみよう。南翼廊東端の小アプシスには使徒パウロが描かれ、小アプシス上の壁面上段にパントクラトールのキリスト半身像、下段に「降誕」が描かれている。

「降誕」場面の聖母は、マットレスの上に身を横たえるというよりは、上半身をすっかり起こして座している（図35）。その背後に描かれる洞窟の開口部は、飼葉桶まですっぽりとおさまるような、横幅が広く大きなものではなく、むしろ縦に長く、どちらかと言えば幅が狭い。このような洞窟の開口部の形は、「降誕」場面の真下にある南東小アプシスのニッチの形を、意図的に繰り返しているように見える。宮廷礼拝堂のメイン・アプシスにはキリストが描かれているが、本来アプシスは、聖母が描かれる場所である。「降誕」場面中に見られるニッチのような洞窟は、見る者にアプシスの形状を想起させ、「降誕」の聖母の中に同時に、アプシスの聖母のイメージが、重ね合わせられていることがうかがわれる。

図35　パレルモ　宮廷礼拝堂　降誕

「降誕」に続くキリスト伝サイクルは、南翼廊南壁面に3層にわたって展開している（図36）。その順序は、「ヨセフの夢」→「エジプト逃避」（上段）、「キリストの洗礼」→「キリストの変容」→「ラザロの蘇生」（中段）、そして「エルサレム入城」（下段）である。

それでは、「ヨセフの夢」から見ていこう（図37）。足を交差させ、右手で左肘を支え、左手で頬杖をつくような姿勢で、ヨセフは眠っている。そこに天使が現れ、「起きて、子供とその母親を連れて、エジプトに逃げ、わたしが告げるまで、そこにとどまっていなさい。ヘロデが、この子を探し出して殺そうとしている」と告げた（マタイ第2章13節）。天使は、空中に浮かび、右手をヨセフのほうに差し伸

図36　パレルモ　宮廷礼拝堂　内陣南壁面　キリスト伝サイクル

図37　パレルモ　宮廷礼拝堂　[上]ヨセフの夢　エジプト逃避　[下]拡大図

べ、左手で細長い槍を握っている。左手と右手を身体の前で交差させた姿勢は、空を飛ぶにはやや不自然な動作に見える。これは、アルファベットのX（顔と胴体＋翼と右手）とI（槍）を重ね合わせたような形で、XとIの組み合わせはキリストのモノグラム（名前の頭文字を組み合わせて図式化したもの）であることから、天使が全身でキリストの名を体現していることになる。

　続いて、「エジプト逃避」の場面が描かれる。ろばに乗った聖母、ヨセフに肩車された幼子キリスト、荷物を担ぎながらろばに鞭を当てる若者が、西方向に向かって歩みを進めている。ヨセフは大きな歩幅で、ゆるやかな登りの道を歩いていく。その足元には川が流れている。これは、エジプトのナイル川を表すものかもしれない。源流へと川を遡るような描写が、中段に続くヨルダン川の場面（「キリストの洗礼」）へと物語を橋渡ししていく。

　「洗礼」の場面では、キリストが肩まで水につかり、毛皮の衣をまとう洗礼者ヨハネが、洗礼を授けている（図38）。川岸はゆるやかな

土手のような表現ではなく、人工的に固めた堤防のように角張っている。

「洗礼」の場面の隣には、「変容」が描かれている（図39）。キリストは、弟子のペトロ、ヤコブ、ヨハネを連れて、高い山に上った。そのとき、キリストの姿が彼らの目の前で変わり、顔は太陽のように輝き、服は光のように白くなった。そこに旧約のモーセとエリヤが現れ、キリストと語り合った（マタイ第17章1-3節）。キリストの服は（福音書の記述にあるような白ではなく）金のテッセラで覆われ、その背後から白い光線が放たれている。白い光の筋は、驚いて地面に伏せたり膝をついたりしている弟子たちの身体を貫いている。ヨセフの夢の場面で、天使の身体に重ね合わせられたXとIを指摘したが、ここではキリスト自身の身体に重ね合わせられたXとIのモノグラムを、明らかに見てとることができる。キリストの背後に描かれたアーモンド型の光背を見ると、中心付近は闇のように暗く、外側にいくにしたがって段階的に明るさを増していく。暗い色の光背の上に金の衣を重ねることによって、変容したキリストの輝きを強め、内から外へと向かう光の放出を伝えようとする工夫であろう。

「変容」の場面の隣には、「ラザロの蘇生」が描かれる（図40）。キリストがベタニアの村に行くと、ラザロは墓に葬られてすでに4日もたっていた。ラザロの姉妹マルタは「4日もたっていますから、もうにおいます」と言うが、キリストは墓をふさいでいる石を取りのけるように命じた。そして「ラザロ、出てきなさい」と叫ぶと、死んでいたラザロが、手足を布で巻かれたまま出てきた（ヨハネ第11章1-44節）。キリストは、前場面同様、ここでも金の衣を身にまとっているが、背景が同じ金であることと、上から別の色の布をまとっていることから、「変容」の場面ほど金の衣が目立たない。しかしながら、死者をよみがえらせるほどの奇跡を引き起こす力が、キリストのからだ全体を包んでいることを、この金は伝えているように見える。ラザロの隣に立っている人は、ラザロの身体からただようにおいに思わず鼻をおおっている。腐りはじめた臭い身体に直接手を触れることがためらわれたのだろうか、彼は袖の中で腕を縮めて、ラザロの肩に腕をまわしている。この人のしぐさは、全身に包帯を巻かれて墓の中からよろよろと立ち上がったラザロの身体が、幽霊のようにつかみ難いものではなく、実際に手で触れてその実体を確かめられるものであることを、見る者に伝えている。

キリスト伝サイクルは、ここから南翼廊南壁面の第3層に移る。

図38　パレルモ　宮廷礼拝堂　洗礼

図39　パレルモ　宮廷礼拝堂　変容

図40　パレルモ　宮廷礼拝堂　ラザロの蘇生

図41 パレルモ 宮廷礼拝堂 エルサレム入城

ここでは、「エルサレム入城」が描かれる（図41）。キリストはろばに乗ってエルサレムに向かい、エルサレムの群衆は、「ダビデの子にホサナ。主の名によって来られる方に、祝福があるように」と叫びながら、キリストを迎えた（マタイ第21章1-11節）。子供たちは、自分の服を道に敷いたり、木の枝を敷いたりしてキリストの行く道を作っている。キリストを乗せたろばは、坂道を下ってエルサレムの門へと向かっている。エジプト逃避の場面同様、地面がゆるやかに傾斜しているため、平坦な地面の描写よりは、進行形の動作や道のりの長さを、効果的に伝えている。

　ここで、南翼廊南壁面のキリスト伝サイクルは終わっている。福音書の記述によれば、キリストはエルサレム入城の後、弟子の1人に裏切られて逮捕され、磔の刑に処せられた。十字架上で息を引き取って墓に葬られたが、3日後に復活し、弟子たちの前に姿を現した。復活から40日後に、天に上げられた。ところが、宮廷礼拝堂では、「キリストの磔刑」と、復活を表す「冥府降下」の場面は、どこにも見当たらない。「磔刑」と「冥府降下」をとばして、「昇天」の場面が、南翼廊の向かい側、北翼廊のトンネル状のヴォールト天井に配置される。「昇天」に続く「聖霊降臨」の場面は、南翼廊のトンネル状のヴォールト天井に配置される。言い換えれば、キリスト伝サイクルはいったん南翼廊（南壁面）から北翼廊（天井）に移り、そこから再び南翼廊（天井）に戻ってくる。

　南翼廊のトンネル状のヴォールト天井には、キリスト伝サイクルを締めくくる「聖霊降臨」が描かれている（図42）。中央に配された聖霊を表す鳩に加えて、「聖霊降臨」の図像には本来含まれない4人の大天使が描き込まれているが、これは縦長のスペースに合わせて工夫されたものであろう。鳩と天使はともに、円形の中で翼を広げている。各々の円には、帯状の縁どりが施されている。2本の帯が互い違いに編み込まれ、5つの大きな円形と、その間に挟まれる6つの小さな円形を、途切れることなくつないでいる。帯の内側には、ハの字を象るような装飾模様が規則的に繰り返され、あたかも長いホースの中を水が流れていくかのように、帯の中を聖霊が絶え間なく流れ続けているかのように見える。

　反対側、北翼廊の小アプシスには使徒アンデレ、小アプシス上の壁面には聖母マリアと洗礼者ヨハネが描かれている。つまり、必ずしも南翼廊と対になるような場面が展開しているわけではない。南翼廊南壁面と向かい合う北翼廊北壁面には、キリスト伝サイクルで

図42 パレルモ 宮廷礼拝堂 聖霊降臨

はなく、「洗礼者ヨハネの説教」（19世紀の修復による）が描かれている。

内陣ではこのように、南側を中心としてキリスト伝サイクルが展開しており、「受胎告知」から「昇天」までのキリストの生涯をたどることができる。

〔2〕 身廊

身廊のアーケードでは、旧約サイクルが上下2段に分かれて展開している。上段のサイクルは、東南を出発点として、西南へと進み、そこから西北、東北の順に続き、身廊を時計回りに一巡する。旧約サイクルは、続いて第2段目に移行する。上段同様、身廊を時計回りに今一度一巡することで、下段の物語をたどることができる。身廊南側アーケード東端から出発した旧約サイクルは、こうして身廊を二巡し、身廊北側アーケード東端を終着点としている。

それでは、旧約の諸場面を順に確認していきたい。天地創造の説話場面は、第1日から始まって、第7日まで描かれている。

第1日、創世記の記述によれば、「初めに、神は天地を創造された。地は混沌であって、闇が深淵の面にあり、神の霊が水の面を動いていた」（第1章1-2節）（図43）。滝のように垂直に落ちる水と、翼を広げてくだりゆく鳩、波打つ水の表現は、「神の霊が水の面を動いていた」という記述を表すものであろう。灰色の層は、深淵の面を覆う闇の表現であるように見える。

神の姿を取り囲む円の、右側に注目したい。先の尖った三角形と菱形が、魚の鱗のように数層にわたって重ねられている。円の縁に接するところは白のテッセラで、そこから外側に向かって、層の色は段階的に濃くなっている。すぐ下に「『光あれ。』こうして、光があった」（第1章3節）という銘文があることから、これは光の創造を描いていると考えられる。光の表現は、すでにとりあげた「キリストの変容」や、以下にとりあげる「サウロの回心」の場面などにも現れるが、いずれも筋状の直線が用いられている。ところがここでは、それらの直線とは異なる鱗状の表現で、フラッシュがたかれたときのような、目の前が真っ白になるほどの、一瞬の強烈な光を描くことによって、光の創造が表されているように思われる。

ところで、天上の神から波打つ水の面に向かって、聖霊が垂直に降る構図は、「キリスト降誕」の構図と似ているところがあるように思われる。「降誕」の場面でも、天上から飼葉桶に横たわる幼子キリ

図43　パレルモ　宮廷礼拝堂　天地創造第1日

図44 パレルモ 宮廷礼拝堂 天地創造 第2日

図45 パレルモ 宮廷礼拝堂 天地創造 第3日

図46 パレルモ 宮廷礼拝堂 天地創造 第4日

ストに向かって、聖霊が垂直に降っているからである。「降誕」の洞窟の闇は、深淵の面を覆う闇を思わせる。天地創造の第1日を表現しようとしたとき、制作者は、「キリスト降誕」の構図（図35）を念頭において、2つの「誕生」（旧約の始まりである天地の「誕生」と、新約の始まりであるキリストの「誕生」）を描く場面どうしの間に、何らかのつながりを作り出そうとしたのではないだろうか。

第2日、神は「水の中に大空あれ。水と水を分けよ」と言って大空を造り、それを天と呼んだ（第1章6-8節）（図44）。波線によって囲まれた大きな円は、同心円状の複数の層から成っている。円の中は、Y字状に枝分かれする3つの大河によって区切られた陸地、陸地の周囲を取り囲む海、海を囲む大空、大空のさらに外側に波打つ大気圏のような層、という構造になっている。地と水とそれを取り巻く周囲のありようが、平面的に表されている。神の手によって分けられた水と大気とは、もともとひとつであり、かつ互いにとても近い質のものであったことが伝えられる。

第3日、川岸にいくつかの異なる種類の植物が生えて、「地は草を芽生えさせよ。種を持つ草と、それぞれの種を持つ実をつける果樹を、地に芽生えさせよ」（第1章11-12節）という神のことばが表される（図45）。

第4日、神は「天の大空に光る物があって、昼と夜を分け、季節のしるし、日や年のしるしとなれ。天の大空に光る物があって、地を照らせ」と語る（第1章14-15節）（図46）。大きな円の内側に16の星が均等に散りばめられ、左右に、赤い輪郭線を持つ小さな円が2つ浮かんでいる。左の円の内側は、全部金のテッセラで埋められているが、右の円の内側は、三日月型の部分（白）と、残りの部分（金）とに塗り分けられている。光る物のうち、大きなほうに昼を治めさせ、小さなほうに夜を治めさせた（第1章16節）、という創世記の記述が視覚化されている。

神は、隆起した地面の上に立ち、目の前には全宇宙を凝縮したかのような円が浮かんでいる。屋外の自然と、宇宙の造りや働きを表す円を、このように並列する描き方は、写実的な表現に慣れ親しんでいる現代のわたしたちの目には、不合理なものに映る。神が立っている場所がいったいどこなのか（地上なのか、あるいは宇宙なのか）、説明がつかないからである。しかし、制作者は別段それを不自然とは見なさず、宇宙を掌の上で操るかのような神と、神を前にして均衡を保った宇宙を描き出した。

第5日には、「生き物が水の中に群れよ。鳥は地の上、天の大空の面を飛べ」（第1章20節）という神のことばのとおり、川には魚たちが泳ぎまわり、木々には鳥たちが集っている（図47）。均衡を保って静止した宇宙とは対比的に、魚や鳥はそれぞればらばらのほうを向いて動き回っている。

　第6日、「地は、それぞれの生き物を生み出せ。家畜、這うもの、地の獣をそれぞれに産み出せ」（第1章24節）という神のことばにしたがって、地の獣たちが2頭ずつの列をなして描かれている（図48）。地に足をつけているのは、下のほうに描かれた4頭だけで、他の獣たちは宙に浮いているようにも見える。金のテッセラを背景として敷きつめる平面的な表現は、遠近感ある風景を描き出すやり方とは大きく異なっている。ここでは、遠近感や奥行きのある合理的な空間を表すことよりは、神の創造した動物の種類や数の多さを表すことが優先されている。

　「アダムの創造」の場面では、「主なる神は、土（アダマ）の塵で人（アダム）を形づくり、その鼻に命の息を吹き入れられた」（第2章7節）という記述どおり、神の口とアダムの鼻が、一直線に結ばれている（図49）。アダムの輪郭線は赤のテッセラでふちどられ、土の塊が血の通った身体となったことを表している。

　第7日、小高い山を背に、神が1人座っている（図50）。「神は御自分の仕事を完成され」、「仕事を離れ、安息なさった」（第2章2節）という記述を表す。神は、物語の進行方向（東から西へ）とは逆の、東の方に顔を向けて、第1日から自ら創造してきたものを眺めているかのようである。創世記によれば、神の安息は、アダムの創造よりも前のできごとであるが、ここでは、神はアダムの創造の後にようやく一息ついている。

　続いて、神はアダムに向かって、「園のすべての木から取って食べなさい。ただし、善悪の知識の木からは、決して食べてはならない」と語っている（第2章16-17節）（図51）。木の実は赤いテッセラでふちどられ、熟しているようすがうかがわれる。

　アダムが深い眠りについている間に、神はあばら骨の一部を抜き取って女を作った（第2章21-22節）（図52）。アダムは横たわり、左手で頬杖をついて、右腕は力を抜いて伸ばした状態で眠っている。その右腕と腰の隙間から、エバが上半身を起こし、神を見上げている。ここで身廊南側アーケードの旧約サイクルは礼拝堂の西端に行き着き、身廊を南から北へ横切って、向かい側の身廊北側アーケードへ

図47　パレルモ　宮廷礼拝堂　天地創造　第5日

図48　パレルモ　宮廷礼拝堂　天地創造　第6日

図49　パレルモ　宮廷礼拝堂　アダムの創造

図50　パレルモ　宮廷礼拝堂　天地創造第7日

図51　パレルモ　宮廷礼拝堂　善悪の知識の木

図52　パレルモ　宮廷礼拝堂　エバの創造

と続く。

　身廊北側アーケード上段の西端は、アダムとエバが善悪の知識の木から果実を取って食べている場面である（図53）。アダムは片方の手で果実を口にほおばり、もう片方の手を枝に伸ばし、次々と果実を口に運んでいる。木の幹に巻き付いたヘビは、エバのほうに首を伸ばし、「それを食べると、目が開け、神のように善悪を知るものとなることを神はご存じなのだ」（第3章4節）と語っている。

　次の場面では、2人はいちじくの葉で身体を覆い、うつむき、身をすくめて草むらに隠れて立っている（図54）。神は「取って食べるなと命じた木から食べたのか」（第3章11節）と言って2人を叱責している。2人の足下の草むらには、蛇が這い、首を伸ばしてなりゆきを眺めている。アダムは、控えめな動作でエバのほうを示し、エバのせいであることをほのめかしているが、エバは右手でそっと蛇を指差し、蛇にだまされたと言いわけをしている。

　次の場面では、扉の前に立つケルビムが描かれている（図55）。「（主なる神は）こうしてアダムを追放し、命の木に至る道を守るために、エデンの園の東にケルビムと、きらめく剣の炎を置かれた」（第3章24節）という創世記の記述を忠実に絵画化したものである。上下左右に折り重ねられたケルビムの翼は、赤い筋状のテッセラで表され、剣のみならず、ケルビム自身が燃え上がる炎そのものであるように見える。

　扉から楽園の外へと追放される2人は、いまや獣の皮の衣を身にまとっており、これも聖書の記述のとおりである（第3章21節）。神の御使いがアダムを押しやり、2人は名残を惜しむかのように、楽園のほうを振り返っている。

　次の場面には、神によって楽園から追放され、生みの苦しみと労働の苦しみを負わされることになった2人の姿が描かれている（第3章16-19節）（図56）。アダムはエバに背を向けて、両手をそろえて鋤の柄を握りしめ、黙々と地面を耕している。一方、神から子を生む苦しみを負わされたエバは、頬に手を当てて、座りこんでいる。先のことを思い悩むようなエバは、続く場面に描かれる、我が子の悲劇をすでに予知しているかのようにも見える。

　アダムとエバはカインとアベルという2人の兄弟を生んだ。2人の兄弟は、それぞれ、主のもとに献げ物を運び、小高い丘の上に据えられた祭壇の上に、それを置いた（図57）。アベル（左）は、羊の群の中から肥えた初子を持ってきた。一方カイン（右）は、土の実

り（麦の穂）を束ねて抱えている（第4章1-5節）。

　主はアベルの献げ物に目を留めたが、カインの献げ物には目を留めなかった。そのため、カインは弟アベルを襲って殺してしまった（第4章8節）（図58）。この場面では、山に遮られて人目につかないような所で、カインが斧を振り上げている。2つ手前（西寄り）の場面では、労働の苦しみを負わされたアダムが土に向かって鋤をふるっていたが、兄弟に向かって斧を振り上げるカインは、父アダムの動作を繰り返しながら、（楽園を追放された）父と同じくらい大きな罪を背負うことになる。

　続く4場面は、19世紀の修復家カルディーニによるものである。山の向こうから神が現れ、弟を殺したカインを呪い、アベルはどこにいるのか、と問うている（第4章9節）。この場面は、オリジナルのモザイク（12世紀）の痕跡に基づいて修復されたものであるが、次の3場面は、オリジナルを反映しない、カルディーニの創作である可能性が高い。「妻たちにカインの殺害について語るレメク」「エノクの昇天」「ノアとその家族」の3場面である。エノクはカインの息子、レメクはカインの後裔である。そのレメクは182歳のとき男の子をもうけ、その子をノアと名付けた。

　地上に人が増え始め、悪が増してくると、神は「わたしは人を創造したが、これを地上からぬぐい去ろう。人だけでなく、家畜も這うものも空の鳥も。わたしはこれらを造ったことを後悔する」と語る（第6章7節）。しかし、ノアは神に従う無垢な人であったために、神は木の箱舟を造るよう、ノアに命じる。身廊北アーケード上段最後の場面には、ノアの息子たちが箱舟を造るようすが描かれている（図59）。箱舟の下部は、水に浮かぶ小舟のように湾曲した側面を持つが、その上部には、アーケードと切妻屋根を持つ建造物が据えられており、あたかも船上に礼拝堂が建設されているかのようである。ギリシア語の船（ナオス）が、転じて聖堂内の身廊を指すことばとして用いられるようになったことから、船を造る者たち（ノアと息子たち）と、礼拝堂（宮廷礼拝堂）を造る者たちの姿が重ね合わせられているようにも見える。ここで、場面は身廊北アーケードの東端に至り、ここから身廊を北から南に渡って、物語は続く。

　身廊南アーケードに再び戻ってきた旧約サイクルは、次に、アーケードの上段から下段へと移っていく。ここでは、ノアの箱舟が大水の面を漂っている。真上は、天地創造第1日の「神の霊が水の面を動いていた」という場面で、神の霊を表す鳩を繰り返すかのよう

図53　パレルモ　宮廷礼拝堂　実をもいで食べるアダムとエバ

図54　パレルモ　宮廷礼拝堂　神の叱責

図55　パレルモ　宮廷礼拝堂　楽園追放

図56 パレルモ 宮廷礼拝堂 生みの苦しみと労働の苦しみを負わされたアダムとエバ

図57 パレルモ 宮廷礼拝堂 カインとアベルの献げ物

図58 パレルモ 宮廷礼拝堂 アベルの殺害

に、ノアの箱舟に向かって洪水の終わりを告げる鳩（第8章11節）が描かれている（図60）。そのため、ノアたちは天地が分けられる以前（創造以前）の状態に、いわば一時的に立ち戻っているかのようである。

水がひいた後に、箱舟は山の頂に乗り上げ、梯子から動物たちが降りてきている（図61）。その真上は、神が水と乾いた地とを2つに分けている場面で、ノアの箱舟の物語が天地創造のプロセスになぞらえて語られていることがわかる。

洪水の後、ノアは農夫となってぶどう畑を作った（第9章20節）（図62）。ぶどうの木を前に、1人は小刀で房を切りとり、もう1人は房を籠に入れて運んでいる。隣には、ぶどう酒を飲んで酔い、衣服を身につけずに泥酔するノアと、衣でノアを覆う息子たちが描かれている（第9章21-23節）。

旧約聖書によれば、人は酔うと神の計画を忘れ（イザヤ書第5章12節）、偶像を崇拝するようになる（アモス書第2章8節）。神に背く人の行いが、ノアの泥酔に続くバベルの塔の場面によって表され、ノアからバベルへと、場面の流れを途切れることなく運んでいく。

バベルの塔の建設現場では、煉瓦積みの窯に木材をくべて火を焚く人、アスファルトをかき回す人、それをバケツに汲んで塔の上に運び上げる人たちが、働いている（図63）。ところが、「彼らの言葉を混乱させ、互いの言葉が聞き分けられぬようにしてしまおう」という主の計らいのために、建設はとりやめとなり、彼らは散らされてしまった（第11章1-9節）。

場面は、バベルからアブラハムの物語へと続く（第18章1-15節）（図64）。アブラハムは、地にひれ伏して客を出迎えている。3人の客は食卓に着き、アブラハムのもてなしを受けている。彼らは、アブラハムに男の子が誕生することを預言した。聖書の記述によれば、暑い真昼のできごとで、客たちはアブラハムの給仕を受けながら、木陰で食事をした。3人の客が席に着いている、白い食卓の左半分に、灰色の太い波線が入っている。テーブルクロスの模様にしては奇妙である。これはアブラハムの背後にある樫の木の木漏れ日が、白いテーブルクロスに映っているようすを表したものかもしれない。

次に、物語はアブラハムの甥であるロトとその家族へと続く（第19章1-29節）（図65）。ロトの住むソドムに、2人の御使いが訪れたとき、ロトは地にひれ伏して彼らを迎え、家に泊まるようすすめて彼らをもてなした。そこに、ソドムの町の男たちがこぞって押しかけ、

御使いを引きずり出してなぶりものにしようとした。半開きの扉に身を隠すようにして男たちに対応するロトの姿が描かれている。

御使いたちは、ソドムの町を滅ぼすためにやってきたが、ロトとその家族が巻き添えになって滅ぼされないように、彼らを山へと避難させた（図66）。「振り返らずに命がけで逃げよ」と言われたにもかかわらず、ロトの妻は炎上する町のほうを振り返って驚いたように両手をあげている。彼女だけは、ロトや御使いたちのような血の通った皮膚の色をしておらず、灰色の輪郭線によって縁取られ、聖書の記述どおり塩の柱となってしまったことを表している。ソドムの町の塔は崩れ落ち、町の門からは、逃げ出すロトとその家族を追うかのように火の手があがっている。炎は、町の地を這うように燃え広がっているのではなく、天から降ってきている。単なる火事ではなく、神の降らせた炎であることが伝えられている。

次の場面では、神が、息子イサクを連れて山に登り、彼を焼き尽くす献げ物としてささげるようアブラハムに命じている（第22章1-19節）（図67）。ろばと2人の若者をともなって、アブラハムは神から命じられたところへと向かう。イサクは束ねた薪の上にひざを折って腰をおろし、両腕を後ろで縛られ、目隠しされた状態で、頭髪をアブラハムにつかまれて、首を後ろに倒している。祭壇の下にはすでに火が焚かれており、焼き尽くす献げ物の準備はすでに整っている。ところが、アブラハムが振り上げたナイフをイサクの喉に突き立てようとした瞬間、御使いがアブラハムを止めに入った。イサクの隣では、羊が木の茂みに角をからませている。この羊が、イサクの代わりに焼き尽くす献げ物としてささげられることになる。

次の場面では、井戸の前で女が水がめを傾けて水槽に水を注いでいる（図68）。らくだが水槽に首を伸ばして水を飲んでいる。らくだとともに旅してきた2人が女に話しかけている。彼らは、アブラハムの僕で、アブラハムからイサクの嫁を探すように命じられた。水がめの水を飲ませてほしいという頼みに、「どうぞ、お飲みください」と答えた者こそ、イサクの嫁になる者であるという神の取り決めどおり、女（リベカ）は「お飲みください」と答えた（第24章1-61節）。ここでは、らくだは井戸のある場所から直ちに踵を返し、リベカはアブラハムのもとへと連れられて行く。一方、聖書では、リベカがアブラハムの僕を自分の家に連れて行き、僕がリベカの父に頼み込んで、彼女をアブラハムのもとへ連れ帰るための許しを得る物語が語られている。モザイクではそれらの場面は省略されている。

図59　パレルモ　宮廷礼拝堂　ノアによる箱舟の造船

図60　パレルモ　宮廷礼拝堂　洪水

図61　パレルモ　宮廷礼拝堂　箱舟から降りる動物たち

図62　パレルモ　宮廷礼拝堂　葡萄の収穫　泥酔するノア

図63　パレルモ　宮廷礼拝堂　バベルの塔

図64　パレルモ　宮廷礼拝堂　アブラハムの歓待

図65　パレルモ　宮廷礼拝堂　ロトと神の御使い

図66　パレルモ　宮廷礼拝堂　ソドム炎上

図67　パレルモ　宮廷礼拝堂　アブラハムの犠牲

　アブラハムの息子イサクはリベカと結婚して、双子エサウとヤコブをもうけた。リベカは、長男であるエサウよりも次男のヤコブを愛して、イサクがエサウではなく、ヤコブを祝福するように計らった。ヤコブは母の言いつけにしたがって、子山羊の毛皮を首と腕に巻きつけ、毛深い兄エサウを装って、目の見えない父のもとにやってきた。イサクはヤコブをエサウであると思い込んで祝福を与えてしまった（第27章1-29節）（図69）。目の見えないイサクは、エサウであることを確かめるように、毛皮を巻いたヤコブの手や首筋に触れている。弟の策略によって父の祝福を奪われてしまったエサウは、そうとは知らず、鳥めがけて弓矢を引き、狩りにいそしんでいる。腰にはすでに仕留めた鳥がくくりつけられ、木の根元近くには射られた2羽が首を折ってひっくり返り、エサウが巧みな狩人であることを表している。

　ことの成り行きを知ったエサウは、父がヤコブを祝福したことを根に持って、父の喪のときが来たら、弟のヤコブを殺そうと密かに考えていた。それを知った母リベカは、ヤコブをハランという地に住む伯父のもとに逃亡させることにした（第27章41-44節）。ヤコブは、ハランに向かう旅の途中、ある場所で一夜をすごしたときに、夢を見た（第28章10-20節）（図70）。天に達する梯子を、神の御使いたちが上ったり下ったりする夢であった。神は、ヤコブに「この土地をあなたとあなたの子孫に与える」と語った。半円形から身を乗り出す神の姿は、後世の手によるものであるが、神からのことばが、梯子上の御使いたちを介して地上に運ばれ、梯子の足下で頬杖をついて横たわるヤコブへと届けられるように見える。1人は、下から梯子をよじ登ろうとしている。手前側に背中を向けているが、翼は肩甲骨のあたりから生えているのではなく、左側の鎖骨のあたりから生えているような、やや不自然な描写である。もう1人は、梯子の上から2段目に腰を乗せて、神の方を振り返っている。狭く不安定な場所で上半身をひねり、バランスをとるためだろうか、右手で右膝のあたりを押さえている。

　眠りから覚めたヤコブは、「まことに主がこの場所におられるのに、わたしは知らなかった」、「ここは、なんと畏れ多い場所だろう。これはまさしく神の家である。そうだ、ここは天の門だ」と言って、枕にしていた石を記念碑として立て、そこに油を注ぎ、その場所をベテル（神の家）と名づけた。眠っているヤコブの頭の近くには、油の入った壺が吊り下げられ、枕として眠っていた石に油を注ぐこ

第1章　楽園へとふたたび帰りゆくために──パレルモ宮廷礼拝堂

になる、次の場面へのつながりがほのめかされている。

　ヤコブはハランの伯父ラバンのもとに身を寄せた（第29章1節以下）。ヤコブはその後、20年間ラバンのもとに留まり、ラバンの2人の娘と結婚して、ラバンのもとで働き、それまでわずかだった家畜の数を着実に増やした。ヤコブは地道に働いて堅実に家畜を増やしていったにもかかわらず、ラバンの息子たちは、ヤコブが父ラバンの財産をごまかして奪い、富を築き上げた、とうわさした。そのため、ヤコブに対するラバンの態度まで変わってしまった。ヤコブは、ラバンのもとを離れることを決めて、2人の妻、2人の側女、11人の子供たち、家畜の群れを率いて、父イサクのいる地に向かって出発した。

　旅の途中、ヤコブは皆を導いて川を渡らせ、1人で後に残った（第32章23-33節）。そのとき、何者かが夜明けまでヤコブと格闘した（図71）。その人はヤコブに勝てないとみて去ろうとするが、ヤコブは「祝福してくださるまでは離しません」と答える。その人は「お前の名はもうヤコブではなく、これからはイスラエルと呼ばれる。お前は神と人と戦って勝ったからだ」と答え、ヤコブをその場で祝福した。ヤコブは、「わたしは顔と顔を合わせて神を見たのに、なお生きている」と言って、その場所をペヌエル（神の顔）と名づけた。ペヌエルでの格闘の後、ヤコブは20年ぶりに故郷に戻って、兄エサウとの再会を果たすことになるが、モザイク装飾の旧約サイクルは、格闘の場面で終わっている。

　以上見てきたように、身廊アーケードの旧約サイクルは、創世記第1章から第32章までの物語を描き出している。見る者は、身廊を、東南→西南→西北→東北の順で、時計回りに2周することで、上下2段に描かれた、すべての物語をたどることができる。

〔3〕側廊

　側廊の使徒伝サイクルは、南東から始まり、南西、北西、北東の順で時計周りに展開している。最初の場面では、サウロが大祭司のところへ行き、ダマスコの諸会堂あての手紙を求めている（図72）。キリストに従う者を見つけだしたら、縛り上げてエルサレムに連行するためであった（使徒言行録第9章1-2節）。サウロは、キリストの弟子たちを脅迫し、殺そうと意気込んでいた。

　ダマスコに近づいたとき、突然天からの光に照らされて、サウロは地に倒れ、「サウル、サウル、なぜ、わたしを迫害するのか」とい

図68　パレルモ　宮廷礼拝堂　イサクの嫁探し

図69　パレルモ　宮廷礼拝堂　ヤコブの祝福

図70　パレルモ　宮廷礼拝堂　ヤコブの夢　石に油を注ぐヤコブ

図71　パレルモ　宮廷礼拝堂　ヤコブの格闘

図72 パレルモ 宮廷礼拝堂 サウロと大祭司

図73 パレルモ 宮廷礼拝堂 サウロの回心

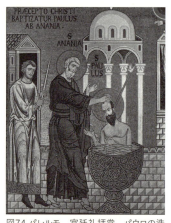

図74 パレルモ 宮廷礼拝堂 パウロの洗礼

うキリストの呼びかけを聞いた（第9章3-4節）（図73）。サウロは神の光に貫かれて、前のめりに倒れかかっている。サウロの背後に立つ2人の人は、倒れかかるサウロの様子をうかがっている。「同行していた人たちは、声は聞こえても、だれの姿も見えないので、ものも言えず立っていた」（第9章7節）という使徒言行録の記述を表している。

サウロの頭上はるか遠くに描かれる神の姿は小さく、円の外に差し出された神の手は、サウロの手の半分ほどの大きさしかない。しかし、そこから発せられた光線はサウロの頭頂を直撃し、サウロの大きな身体を転げさせるほどの威力を持っていたことがわかる。このできごとは、まさに、サウロの生き方を根底から覆すものであったのだろう。

続く場面で、サウロは人に手を引かれて導かれている。「地面から起き上がって、目を開けたが、何も見えなかった。人々は彼の手を引いてダマスコに連れて行った」（第9章8節）という記述のとおりである。他の登場人物の瞳孔は、黒く塗りつぶされているのに対して、サウロのひとみは薄い水色の鱗のようなもので覆われて、目が見えないことを表している。

次の場面で、サウロは杯の形をした大きな洗礼槽に身を沈めている（図74）。アナニアがサウロの頭に手をおいて洗礼を授けている。神の光が一直線にさして、聖霊の鳩がくだっていく。アナニアの背後には、助祭が立って蠟燭を掲げている[98]。細い棒状の蠟燭は、直線状の光線を繰り返している。鳩と蠟燭の炎がちょうど同じくらいの高さにあって、サウロは聖霊によって照らされ、アナニアは蠟燭の光によって照らされている。

アナニアがサウロに呼びかけて「あなたがここへ来る途中に現れてくださった主イエスは、あなたが元どおり目が見えるようになり、また、聖霊で満たされるようにと、わたし（アナニア）をお遣わしになったのです」と語る。すると、目から鱗のようなものが落ち、サウロは元どおり見えるようになった（第9章10-19節）。洗礼の場面以降、サウロではなく聖パウロの名前が銘文に用いられる。また、回心前のサウロには光背がなかったのに対して、回心以後のパウロには、光背がつけられている。

キリストに従う者たちを捕えるためにダマスコに赴いたはずのパウロは、一転してイエスのことを「この人こそ神の子である」と言って宣べ伝えるようになった（第9章20節）（図75）。ここでは、かぶ

第1章 楽園へとふたたび帰りゆくために――パレルモ宮廷礼拝堂

りものをした2人のユダヤ人に詰め寄って、彼らをうろたえさせるパウロの姿が描かれている。スペースが狭く、ユダヤ人の1人が、もう1人の膝の上に座ってしまっているかのように見える。そのため、パウロが詰め寄るようす、ユダヤ人がパウロに押されて言いこめられてしまうようすが伝わる。

　ユダヤ人たちは、パウロを殺そうと企んだ。彼らはパウロを殺すために、昼も夜も町の門で見張っていた。そこで、パウロの弟子たちは、夜の間に彼を連れ出し、籠に乗せて町の城壁つたいに吊り降ろした（第9章23-25節）。塔の下の門には、槍と盾を持つ兵士が見張りをしている。見張りに見とがめられないよう、パウロは籠の中に身を縮めて隠れ、上から2人の弟子が、籠を紐で吊って、そっと降ろしている。1つ手前の場面では、堂々とした態度で迫るパウロが、一転して膝を抱えて身をすくめるようすが対比的に表される。

図75　パレルモ　宮廷礼拝堂　キリストの教えを宣べ伝えるパウロ　城壁から吊り下ろされるパウロ

　ここから、物語はパウロ伝からペトロ伝へと移行する。ヘロデ王は迫害の手を伸ばし、ヤコブを捕えて殺害、ペトロを捕えて牢に入れ、兵士に監視させていた（図76）。すると、天使が牢のそばに立って牢の中を照らした。ペトロは、天使に導かれて、兵士らに見とがめられることなく、牢から脱出した（第12章1-11節）。ペトロは、牢に座って、天使の出現に驚いている。足の鎖はすでに解かれている。天使は、宙に浮いているのに、あたかも地面を歩くかのようにペトロに歩み寄る。仮に、ここに広げた翼をはためかせて飛ぶ天使を描いたとすれば、天使がはるばる遠くから飛んでやってきた、という印象を与えるだろう。一方、空中に浮いてまっすぐに立つ天使は、銃眼つきの防壁の向こうから音もなく現れ、気づいたときにはもうそこに立っていた、というようすが伝わってくる。

図76　パレルモ　宮廷礼拝堂　牢獄のペトロ

　天使の足下では、槍や剣、盾を手にした兵士たちが眠っている。使徒言行録の記述によれば、「番兵たちは戸口で牢を見張っていた」（第12章6節）ため、眠っている兵士の描写は、記述に沿わない。この描写は、制作者による創作であることがうかがわれる。

　天使に導かれるまま、ペトロは外に出て行った。衛兵所を見とがめられることなく通り過ぎ、町に通じる鉄の門は、ひとりでに開いた。南側廊の終点となる側廊西端壁面には、天使に導かれるペトロが描かれ、南側廊の壁面と直角に交わる西壁面には、天使が描かれている。

　ここから、礼拝堂西壁面（玉座のキリストの左右に立つ、ペトロとパウロのモザイク）の前を通り過ぎて、ペトロ伝は北側廊西端へと続く。

97

北側廊では、ペトロの奇跡が 3 場面続けて描かれている。

南側廊の後半（西寄り）では、使徒言行録第12章に基づいて、ペトロの投獄と救出が描かれてきたが、ここで場面は使徒言行録を大幅に後戻りして、第 3 章のエピソードが描かれる。ペトロは、神殿の門の前にしゃがみこんでいる、足の不自由な男に向かって「イエス・キリストの名によって立ち上がり、歩きなさい」と言って立ち上がらせた。すると男は躍り上がって立ち、歩き回って神を賛美した（第 3 章 1-10 節）（図77）。

図77　パレルモ　宮廷礼拝堂　病の人を癒すペトロ

ここから物語は再び使徒言行録第 9 章に飛んで、ペトロはリダに住むアイネアと出会う。アイネアは、中風で 8 年前から床についたままであったが、ペトロが「イエス・キリストが癒してくださる。起きなさい。自分で床を整えなさい」と言うと、アイネアはすぐに起き上がった（第 9 章 32-35 節）。アイネアの背後では、カーテンになかば身を隠して立つ人が、アイネアの脇に手を添えて、彼が起き上がるのをそっと支えている。

次の場面は、リダのアイネアに続く奇跡の場面で、タビタが描かれている（図78）。タビタはキリストの弟子であったが、病気で死んだために、人々は遺体を階上の部屋に安置した。弟子たちは、リダにペトロがいることを聞いて、急いでここに来るように頼んだ。ペトロは遺体に向かって「タビタ、起きなさい」と言った。すると、彼女は目を開いて生き返った（第 9 章 36-42 節）。ペトロは、タビタの伸ばした左手をつかんで、起き上がるのを助けている。タビタは眠りから覚めたような目でペトロを見上げている。

図78　パレルモ　宮廷礼拝堂　タビタを蘇らせるペトロ

ここから、北側廊東端の使徒伝サイクルの終わりまで（3 場面）は、使徒言行録ではなく、外典を典拠としている[99]。外典は、パウロがローマに到着するところから始まる。パウロは、ローマでペトロと出会い、反キリストである魔術師シモンとの論争に挑む。2 人はシモンを打ち負かしたが、やがて捕えられて処刑される。このように外典では、使徒言行録には記されていないところの、聖ペトロとパウロの殉教と埋葬までが綴られている。ところが、ここ宮廷礼拝堂の使徒伝サイクルは、魔術師シモンの失墜で突然終わっていて、2 人の殉教と埋葬までは描かれない。

後年制作されたモンレアーレのモザイクは、2 人の殉教と埋葬を描いている。モンレアーレは、宮廷礼拝堂と共通のモデルを使用したと考えられている。とすれば、宮廷礼拝堂の制作者は、2 人の殉教と埋葬の場面を知っていたはずである。にもかかわらず、それら

第1章 楽園へとふたたび帰りゆくために——パレルモ宮廷礼拝堂

の場面をここには入れなかった。つまり、殉教と埋葬の場面を含まないことは、宮廷礼拝堂独自の選択であったことがうかがわれる。

　タビタの奇跡に続く場面で、ペトロとパウロは互いに歩み寄り、頬を寄せ合い、抱き合っている（図79）。髭をたくわえて巻物を手にする者が、少し離れたところから2人を見守っている。

　続いて、ペトロとパウロは皇帝ネロの前にやってきた（図80）。皇帝はゆったりと玉座に腰かけ、傍らには反キリストのシモン・マゴスが立って、2人を指差している。パウロはペトロに向かって右手を控えめに差し出し、ペトロはパウロのほうを振り返り、頭をややパウロのほうに傾けて、その右手でシモン・マゴスを指差すようなしぐさをしている。

　北側廊東端に配置された、使徒伝サイクルの最終場面は、屋外のペトロとパウロを描いている（図81）。パウロは岩の上にひざまづいて両手を差し出し、ペトロはその背後に立って右手を上に差し伸べている。2人の眼前には小高い丘があって、頂上は平にならされ、短い梯子が据えられている。梯子の上を見上げると、シモン・マゴスが真っ逆さまに落下してくる。その左右には、有翼の悪魔が、今まさに飛び去ろうとしている。使徒伝サイクルは、南側廊東端を出発点として、南東、南西、北西、北東の順に、側廊を時計周りに一巡したところで終わっている。

　このように、宮廷礼拝堂の旧約サイクル・キリスト伝サイクル・使徒伝サイクルは、礼拝堂内の身廊・内陣・側廊を巡って配置され、見る者は礼拝堂内を歩き回りながら物語をたどっていくことになる。

　ネルセシアンによれば、内陣のキリスト伝サイクル、身廊アーケードの旧約サイクル、側廊の使徒伝サイクルを互いに結びつけようとする、ある工夫が見られる[100]。それは、各サイクルに繰り返し登場する、キリストの半身像であるという。たとえば、パウロの回心の場面に描かれるキリストの半身像は、ドームとアプシスの両方に配置される、パントクラトールのキリストを繰り返すものであるとともに、天地創造の第1日に登場する神の姿をも想起させる。確かに、同一図像は3サイクルに共通して用いられる。しかしながら筆者は、3サイクル間の連関は、ネルセシアンが指摘しているような、同一図像の単純な繰り返しにとどまらず、礼拝堂空間において統一的全体を作り出すべく、特別の工夫がこらされていると考えている。そこで、モザイクの企画・制作者が、どのような考えに基づいて宮廷礼拝堂のプログラムを練り上げていったのか、という点について、

図79　パレルモ　宮廷礼拝堂　ペトロとパウロの出会い

図80　パレルモ　宮廷礼拝堂　皇帝ネロと魔術師シモン（シモン・マゴス）

図81　パレルモ　宮廷礼拝堂　魔術師シモン（シモン・マゴス）の失墜

筆者の仮説を提出し、論証を試みたい。

✢ 3　宮廷礼拝堂の先行研究

　宮廷礼拝堂にかんする学術研究は、19世紀後半にさかのぼる。当初、礼拝堂創建の経緯や、モザイク図像と銘文についての調査が行われた。1940年代から50年代にかけて、キッツィンガーとデムスによって、モザイクのイコノグラフィー研究が初めて体系的に行われた。礼拝堂内の木製天井もまた、50年代以降研究者らの関心を集めてきた。1970年代から90年代にかけて、宮廷礼拝堂はビザンティン聖堂の模倣であるとする見解、あるいはそれとは逆に、ビザンティンの影響ではなく、ノルマン独自の法則にしたがうものであるとする見解、礼拝堂に込められたメッセージは、ノルマン王朝の正当性をうち立てるものであったという解釈など、多様な研究成果が発表された。

〔1〕　キッツィンガー

　宮廷礼拝堂のモザイク装飾のイコノグラフィー研究が体系的に行われるようになったのは、1949年のキッツィンガーの論文以降のことであった[101]。キッツィンガーの問題提起とは、なぜノルマン王国のロゲリウス2世は、ライバルであるビザンティン帝国の聖堂装飾システムを採用したのか、本来ギリシア正教の聖堂形態に合わせて考案された図像体系を、どのように自らの礼拝堂に適用したか、という2点に要約される。

　さらに、宮廷礼拝堂のモザイク図像に見られる特殊な点、すなわち内陣のキリスト伝サイクル中に受難伝（「磔刑」「冥府降下」）が含まれていない点、南北の翼廊に配置されたモザイクのバランス（場面数やテーマ）が不均衡である点を指摘している[102]。現在、北翼廊北壁面には大きな開口部が設けられ、開口部より下の部分は、洗礼者ヨハネの説教を題材とする19世紀のモザイクによって埋められている。キッツィンガーは、この開口部には当初ロイヤル・バルコニーが設置されており、王はここから典礼に参列していたという画期的な仮説を提出した[103]。キッツィンガーによれば、現在礼拝堂内に見られない受難伝の2場面（「磔刑」「冥府降下」）もここに配置されていたはずであるという。北翼廊北壁面のロイヤル・バルコニー（仮説）の真正面にあたる南翼廊南壁面では、キリスト伝サイクルが展開してい

る。キッツィンガーによれば「エジプト逃避」と「エルサレム入城」において表されるろばの上のキリストは、いずれも支配者の行進と到来を示唆するものであるという。このような場面配置は、ロイヤル・バルコニーからの眺めにふさわしい場面選択が行われた結果である、とキッツィンガーは結論づけている[104]。

キッツィンガーは、宮廷礼拝堂がビザンティン帝国の聖堂装飾システムを採用した理由を、以下のように推測している。礼拝堂創建者ロゲリウス2世は、ノルマン王国における王としての自らの役割を、ビザンティン帝国における皇帝のそれになぞらえ、世俗的な権力と教会の権力の両方を手中におさめようとしていた。そのためビザンティン帝国の聖堂装飾システムを利用することによって、ビザンティン的なセッティングの中に自らを位置づけ、このような主張を表明しようとしたのである[105]。

キッツィンガーの解釈は、12世紀の政治的背景の文脈の中に位置づけてイメージを解読しようとするものである。ところが彼は、内陣・身廊・側廊の3サイクルを統合するような、モザイク図像の解釈は行っていない。脚注の中で短く、旧約サイクルの終点である「ヤコブと御使いの格闘」、使徒伝サイクルの終点である「シモン・マゴスの失墜」の2つの場面の間に、何らかのつながりはあるのだろうか、という問いを立てている。このような問いは、サイクル間のつながりに着目するものとはいえ、明確な解答は述べられていない。

〔2〕 デムス

キッツィンガーの論文が出版された翌年、デムスはノルマン王朝のシチリアにおける聖堂装飾をテーマに、著作を発表した[106]。ここでは、宮廷礼拝堂のみならず、チェファル、モンレアーレ、ラ・マルトラーナといった、シチリアの聖堂が複数とりあげられた。宮廷礼拝堂については、モザイクの修復過程が丹念にたどられるとともに、モンレアーレとの図像比較と、北翼廊北壁面の改変について、多くのページが割かれている[107]。

宮廷礼拝堂では、14世紀以降頻繁に修復が行われてきた。北側廊の使徒伝サイクルには、修復の年代を記すモザイクの銘文が複数箇所に見られる。15世紀の修復は、オリジナルに近い図像を再現することをめざして行われたものの、技術的に劣っていたために、容易に見分けることができる。16世紀に礼拝堂内で施行された修復作業を記録する史料はない。18世紀初頭には、大々的な改修が行われ、

1753年モザイク修復のための工房が作られた。身廊アーケード北壁面東端ならびに北翼廊北壁面は、1798年カルディーニによって修復されたが、この部分の修復はオリジナルのモザイク図像を反映したものではないと考えられる。修復の時点で、オリジナルはすでにあとかたも残されていなかったためである。つまり、身廊北壁面の創世記の３場面（「レメクとその妻たち」「エノクの昇天」「ノアとその家族」の３場面）は、オリジナルを再現したものではなく、カルディーニの創作による補填である可能性が高い。14世紀以降19世紀にいたるまで、宮廷礼拝堂では、なぜこれほどまでに多くの修復が加えられたのかという点について、デムスは、この場所が宮廷礼拝堂として使い続けられ、古びて壊れかけた状態のまま放置しておくわけにはいかない場所であったことを指摘している[108]。

現在、北翼廊北壁面下段（「洗礼者ヨハネの説教」の下）には、５人の聖人立像が描かれている。その真正面にある南翼廊南壁面下段には、「エルサレム入城」が描かれている。デムスは、もともと南壁面下段には、（現状のような「エルサレム入城」ではなく）北壁面下段と同じように、聖人立像をおくことが計画されていたと推測している[109]。南翼廊南壁面のモザイクの様式は、ロゲリウス２世（在位1130-1154年）の時代とみなされている内陣のモザイクよりも、ウィレルムス１世（在位1154-1166年）の時代と考えられる身廊や側廊に近い。そのためデムスは、南翼廊南壁面について、ロゲリウス２世の計画が、ウィレルムス１世によって変更された部分であると考えている[110]。

それではなぜ、ロゲリウス２世の計画は変更されたのだろうか。ここでデムスは、キッツィンガーの仮説であるロイヤル・バルコニー（北翼廊北壁面の開口部）に注目する。デムスはこれを、ウィレルムス１世が新たに追加挿入したものであると考えている。この変更にともない、南翼廊南壁面のモザイクは、正面のロイヤル・バルコニーから見られることを想定して、当初の計画（父ロゲリウス２世の計画）とは別のものにさしかえられた。

つまり、宮廷礼拝堂のモザイク装飾は、ロゲリウス２世の即位後、1143年（ドーム基部の銘文に記されている）以前に着工され、1154年のロゲリウス２世の死によって一時中断、ウィレルムス１世により引き継がれた際、ロイヤル・バルコニーが新たに挿入され、それにともなって南翼廊南壁面のモザイク図像にも変更が加えられた。身廊と側廊の創世記サイクル、使徒伝サイクルはウィレルムス１世の時代、そして西壁面の聖ペトロ・パウロとキリストの像はウィレルスム２

世（在位1166-1189年）の時代に制作された、というのが、デムスによって再構成される宮廷礼拝堂のモザイクの制作過程である[111]。

　そのため、礼拝堂の各箇所はそれぞれの王の好みを反映しており、モザイクは一貫性のある総体として作られたものではないという。デムスによれば、3サイクル＋西端壁面はそれぞればらばらに制作されたものであり、サイクルどうしは、聖書に記されている歴史的説話という以上のつながりを持つものではない。これは、礼拝堂全体のモザイクが当初より一貫したプログラムを持つものとして計画されたと考えるキッツィンガーとは正反対のとらえ方である。デムスは、旧約サイクルの「アダムの創造」の構図を、キリストの「冥府降下」と対比して記述しているが、一方で、旧約サイクルにタイポロジーを表明する意図はなかったと断言している[112]。

　デムスはさらに、宮廷礼拝堂の旧約サイクルと使徒伝サイクルを、現存するイタリアの聖堂壁画や写本と比較することによって、図像の源泉を探ろうと試みた[113]。たとえば、イタリアにはサンタ・マリア・アンティカ、サン・ジョヴァンニ・ア・ポルタ・ラティーナ、サンタ・チェチリア・イン・トラステーヴェレ他、いくつかの聖堂に旧約サイクルが描かれている。ところが、旧約サイクルはモーセまで続くのが一般的で、宮廷礼拝堂のようにヤコブの途中で物語が終わっている例は他にない。また使徒伝サイクルについても、同様のことが言える。サン・パオロ・フオリ・レ・ムーラなどの例を見ると、使徒言行録に忠実にそった説話場面が描かれるのが一般的で、宮廷礼拝堂とは異なる点が多い。後者が、使徒言行録の記述からはずれて場面を入れかえたり、奇跡場面を余計に描いたりしているためである。

　デムスによる図像の源泉探しは、現存する作例だけを手がかりとしているために、宮廷礼拝堂のモデルとなったものが何であるのか、明確な解答を得られないまま終わっている。旧約サイクルや使徒伝サイクルを描いた作品は失われたものも多く、現存作例の数は限られているため、これ以上源泉を探し求めることには限界があるように思われる。それよりもむしろ、宮廷礼拝堂が創世記あるいは使徒言行録から何を取捨選択し、どのように組み合わせ、いかなる配置を作り上げ、それらは全体として何を伝えようとしていたのか、といった点を筆者は問うていきたい。現存する他の類例には見られない、宮廷礼拝堂独自の選択について、デムスは特にその意味を問うていないが、それらの中にこそ、制作者（寄進者）の意図が込められ

ていると筆者は考えている。

〔3〕 ベック

　1970年に発表されたベックの論文は、それ以前の先行研究のように宮廷礼拝堂をビザンティン帝国の聖堂装飾から派生したもの、あるいはビザンティンに依存するものとみなすのではなく、ノルマン独自の法則と論理に支えられて制作されたものとみなそうとしている[114]。

　ベックは第1に、デムス批判を行っている。ベックによれば、礼拝堂北翼廊のモザイクに見られる不自然な点（北壁面の開口部、ならびに南翼廊と対になっていない図像の選択・配置）は、ロゲリウス2世の死後変更が加えられたためである、というデムスの説明は不十分である。こうした不自然な要素は、ビザンティンからの派生という視点から見る者からはネガティブにとらえられていたが、ノルマンの法則にのっとって見ると、そこに積極的な意味を見いだすことができるという[115]。

　キッツィンガーとデムスはともに、北壁面の開口部が当時ロイヤル・バルコニーとして機能し、王はここに立って典礼に参列したと推測している。デムスはまた、ロゲリウス2世の死後、ロイヤル・バルコニーを挿入すべくプログラムに変更が加えられたために、北翼廊北壁面のモザイク図像は、南翼廊南壁面と非対称の、不自然な画面になってしまったと考えている。

　それに対してベックは、ロイヤル・バルコニーはデムスが主張するようにウィレルムス1世の計画変更にともなって挿入されたものではなく、ロゲリウス2世によって当初より計画されていたものであったと主張する[116]。北翼廊は大きく改変されたために、ひとつのまとまりあるユニットとして、一貫したプログラムを見いだすことが困難であるとするデムスに対して、ベックは、ここにロイヤル・バルコニーの王を巻き込んだ、一連のモザイク・プログラムが展開していると主張する。そのプログラムとは、北翼廊東壁面に描かれた聖母像に向かって、聖ニコラオスら北翼廊北壁面に描かれた聖人たちが行進し、王もまたその行列に加わる者となる、というものである。ベックはここに、ロイヤル・バルコニーのある北翼廊と、キリスト伝のある南翼廊とを結ぶ、明確な南北軸を見いだす[117]。

　さらにベックは、礼拝堂西端壁面の使徒聖ペテロとパウロ、キリストのモザイク図像を、「法の授与」と解釈する[118]。西端壁面の足下

には、高座（玉座をすえるための幅広い壇）が設けられている。ベックによれば、西端壁面のモザイク図像（キリストから法を授与される使徒）と、その下の高座に立つ王は分かち難く結びついているという。言い換えれば、「法の授与」のモザイクは、キリスト再臨の日まで、キリストに代わって法を遂行する役割が王に与えられているのだ、というメッセージを表明するものである。ビザンティン聖堂装飾体系が、集中式聖堂に適合するものとして、円環状の視覚運動と垂直軸を強調するのに対して、ここ宮廷礼拝堂では、南北軸の導入や、西端壁面の強調といった、ビザンティン的ではないところの、ノルマン独自の聖堂装飾の法則がうちたてられた。

〔4〕 チュルチッチ

1980年代に入ると、ノルマンの独自性に重点を置くベックに対して、宮廷礼拝堂はビザンティン帝国からの直輸入であり、中期ビザンティン宮廷建築の伝統に従うものであるという解釈が提出された[119]。その根拠として、チュルチッチは、コンスタンティノポリスの宮廷を描いているとされる、キエフの聖ソフィア大聖堂フレスコを比較材料として取り上げている。また、宮廷礼拝堂の西端にすえられた高座を、ビザンティン皇帝ユスティヌス2世（在位565-578年）によってコンスタンティノポリスの大宮殿内に建設されたクリソトリコリノス（ドームつきの八角堂、ビザンティン皇帝の玉座を据える場として機能していた）と比較している。さらに、ビザンティン皇帝バシリオス1世（在位867-886年）の建設によるカイヌルギオン（同じく大宮殿内のホール）の構造が、宮廷礼拝堂と酷似していることを指摘する。コムネノス期に建設されたムクロタスとよばれる大ホール（前出大宮殿内クリソトリコリノスの西側に位置する）には、木製天井が架けられていた。複数のドームを持ち、鍾乳石や金箔によって装飾される彩色天井は、ペルシア人の手によるものと伝えられ、宮廷礼拝堂の天井と比較しうるものであるという。以上のような類例をあげながら、チュルチッチは宮廷礼拝堂がこれまでに考えられてきたような、ノルマン独自のもの、あるいはビザンティン・ノルマン・イスラムのハイブリッドというよりはむしろ、ビザンティン帝国からの直輸入であることを主張している[120]。

チュルチッチの主張は主に、建造物の構造に着目するものであるが、モザイクについての言及もある。キッツィンガーは、南翼廊南壁面の「エジプト逃避」ならびに「エルサレム入城」を、王の到来

と結びつけようとした。チュルチッチはさらに、同壁面に描かれた「キリストの変容」に注目し、「変容」の場面と、それを正面から眺めるロイヤル・バルコニーの王とを結びつけようとしている。ロイヤル・バルコニーにおいてロゲリウス2世は2人の息子あるいは廷臣にはさまれて立ったと考えられる。その姿は、「キリストの変容」の場面で、預言者エリヤとモーセにはさまれて立つキリストの姿を鏡像のように写し取るものであった、というのがチュルチッチの推測である[121]。

〔5〕 ネルセシアン

1981年、ネルセシアンは宮廷礼拝堂をテーマとする博士論文を提出した[122]。ネルセシアンによれば、先行研究はいずれも、各々の研究者の特定の関心にしたがって、礼拝堂全体の中からあるセクションだけを個別に取り出して論じてきた。そのため、ひとつのまとまりある全体として注意深く構築されていたはずの礼拝堂装飾プログラムは、ばらばらに解体されてしまった。たとえこれらの解体されてしまった細部をつなぎあわせたとしても、礼拝堂の全体像を浮かび上がらせることはできない[123]。

宮廷礼拝堂は、ビザンティン聖堂装飾システムを大きなよりどころとしているものの、必ずしもそれとは合致しない点もあり、さまざまな芸術的伝統が源泉となっていることがうかがわれる。とはいえ、礼拝堂の装飾は一貫性に欠けているというわけではない。ネルセシアンはこのような前提に立って、宮廷礼拝堂の装飾が計画・考案された当初のすがたを、礼拝堂の統一的全体を視野におさめた上で論じようとした。

デムスも指摘しているように、身廊に旧約サイクルを配置するというやり方は、ビザンティン聖堂装飾の伝統にはないもので、むしろ西ヨーロッパにその源泉が求められる。ネルセシアンはデムス同様、各場面の類似作例を列挙する作業を丹念に行ったが、現存する先行作例に照らして見た場合、宮廷礼拝堂の創世記サイクルには、特異な細部が散見される。ネルセシアンは、大バシリオスの説教『ヘクサメロン』（創造の6日にかんする9編の講話）をひもとくことによって、聖書の記述ではなく『ヘクサメロン』が図像の下敷きとなっていることを指摘している[124]。

礼拝堂西端のモザイク（キリストとともに描かれる使徒聖ペトロとパウロの立像）について、ネルセシアンは、宮廷礼拝堂が聖ペトロに献堂

された礼拝堂であること、また毎年6月29日の聖ペトロとパウロの祝日に、献堂を記念する典礼が執り行われていたことを指摘し、礼拝堂における図像の位置づけについて論じている[125]。

続いてネルセシアンは、側廊の使徒伝サイクルには、使徒言行録の記述に合致しない細部が散見されることを指摘している。たとえば、「サウロの回心」の場面にキリストの半身像が現れる作例は、宮廷礼拝堂と共通のモデルを用いて制作されたと考えられるモンレアーレのモザイクを除いて、他に類例がない。「パウロの洗礼」の場面に、キリストの手や聖霊を表す鳩、助祭が描かれることも珍しい。牢獄に囚われたペトロの場面に、盾と槍を手に座り込んで眠りこける番兵が描かれるのも、宮廷礼拝堂独特の描き方である。これらの要素はいずれも、使徒言行録の中では語られていない。さらに、使徒言行録の記述にしたがうなら、牢獄からのペトロ解放は、数々の奇跡の後に描かれるべき場面であるが、宮廷礼拝堂では、その順序が入れかえられ、解放の場面が先に配置されている。このことについて、ネルセシアンは、本来2つの別々の物語であるはずのパウロ伝とペトロ伝が、宮廷礼拝堂では1つにまとめられて単一の説話サイクルとして再構成されたためではないか、と推測している[126]。

また、側廊の使徒伝サイクル最後の3場面には、使徒言行録にはなく、外典にのみ見られるエピソードが選択された。外典は、パウロがローマに到着し、ペトロと出会い、2人がローマの地で殉教し埋葬されるまでを語っているが、宮廷礼拝堂のモザイクは、物語の途中で唐突に終わっており、殉教と埋葬の場面は含まれない。このことについてネルセシアンは、キッツィンガーによる仮説（宮廷礼拝堂のモザイク制作の際にモデルとして用いられた粉本中に、それらの場面が含まれていなかったためではないか、とする説）を紹介するにとどまっている[127]。

最後にネルセシアンは、ノルマン宮廷の礼拝堂において、聖ペトロとパウロはいかなる意味を持つものであったか、という問題提起を行っている。ネルセシアンによれば、聖ペトロとパウロは、ローマ教皇を守護する聖人であるとともに、礼拝堂の創建者ロゲリウス2世を守護する者たちでもあった。ノルマン王国の合法性をローマ教皇に認めさせるために、交渉を重ねてきたロゲリウス2世にとって、この2聖人を賞賛することはすなわち、一方で教皇への追従であるとともに、他方で教皇に対抗してノルマン王国の自立性を表わそうとするものであったと考えられる[128]。

使徒言行録の記述と使徒伝サイクルのモザイクを照合し、その齟齬を指摘するとともに、他の類例との比較を行い、宮廷礼拝堂にのみ見られる特異点を抽出したネルセシアンの丹念な作業は、研究の土台として欠かせないものである。しかしながらネルセシアンは、それらの細部がいったい何を意味しているのかという点について踏み込んだ考察をするよりはむしろ、ノルマン王国における聖ペトロ・パウロの意味に焦点を当てて、12世紀の政治的文脈の中に位置づけてイメージを解読しようと試みた。一方筆者は、宮廷礼拝堂のみに見られる細部にこそ、モザイク中に込められたメッセージ解読の鍵が含まれていると考えている。

〔6〕 ボルスーク

1990年に刊行されたボルスークの著作は、デムス（1950年）と同じく、宮廷礼拝堂のみならずノルマン王国のシチリアにおける諸聖堂（チェファル、モンレアーレ）をとりあげている[129]。ボルスークは、モザイク装飾中に、ノルマン王国の正当性・合法性を打ち出すメッセージが織り込まれていると考えた。その結論をひとことで述べるとすれば、モザイクのイコノグラフィーはビザンティンの聖堂装飾に従っているが、プログラムは新王国の正当性を表明するものに作りかえられたために、ビザンティンの装飾体系に必ずしも沿わない編成となった、というものである。

1060年以降ノルマン人による南イタリアへの攻勢が始まり、1091年ノルマン人のロベルトゥス・グィスカルドゥスによってシチリア島征服が完了した。1098年ロゲリウス（ロベルトゥス・グィスカルドゥスの兄弟で、ロゲリウス2世の父）は、教皇ウルバヌスより、シチリア島における教皇特使の特権（教区創設、司教任命の権利）を与えられた。その後ノルマン人はシチリア島のみならず、マルタ島、イタリア半島南部にまで勢力の拡大をはかったために、教皇やビザンティン皇帝らによって脅威ととらえられるようになっていく。ロゲリウスは、このような教皇やビザンティン皇帝との確執を乗り越えて、ノルマン王国の独立と、確固たる王権の確立を切望した。1130年、ロゲリウスは教皇アナレクトゥス2世によってノルマン王国の王として戴冠された。戴冠の背景には、この2人が、神聖ローマ帝国とフランク王という共通の敵を有していた、という事実があった。共通の敵を有する者どうしが結託を計ったものの、神聖ローマ帝国とフランク王はいずれもアナレクトゥス2世の教皇着任を承認していなかっ

たために、その教皇による戴冠もまた、確固たるものとは言えず、ロゲリウスの王権は当初より危ういものであった。そこでノルマン王朝の王権を確かなものとすることが、ロゲリウスの急務であった。そのために、ロゲリウスは、ガリアの典礼やフランク王戴冠の儀式を取り入れたり、ビザンティン皇帝の称号バシレオスを自らの称号として用いたり、ビザンティン皇帝の像をまねて印章や硬貨に刻印したりすることによって、自らの王権の正当化をはかろうとした。ロゲリウスは、新興のノルマン王国に、ローマ帝国、ビザンティン帝国、フランク王国の伝統を積極的に取り入れるとともに、宮廷礼拝堂の装飾にもまた、それらの伝統を取り込もうとしたという[130]。

　デムスをはじめとする先行研究は、礼拝堂西端の高座と壁面のモザイク（聖ペトロとパウロ、玉座のキリスト）について、礼拝堂完成の最終段階（1170-80年代）に制作されたものとみなしてきた。ところがボルスークは、礼拝堂内陣のドーム基部に見られる1143年の銘文中に、すでにその高座とモザイクの意味が語られていると主張している。すなわち、ドームのモザイクが制作された礼拝堂創建当初から、西端壁面についても現状のような図像が念頭に置かれていたことになる。西端の高座とモザイクは、付け足しとして数十年後に補われたものでは決してないというのがボルスークの主張である[131]。

　ボルスークは、北翼廊北壁面のロイヤル・バルコニーからの視点を重視して、南翼廊南壁面のモザイクのテーマが選択されたと説明しているが、この主張はキッツィンガーの仮説に基づくもので、特に新しい見解ではない。ボルスーク独自の新しい指摘は、北翼廊のヴォールト天井に配される「キリストの昇天」についての解釈である。ボルスークによれば、この図像はロゲリウス2世の願いを代弁するものであるという。昇天のとき、キリストは使徒たちに「あなたがたの上に聖霊が降ると、あなたがたは力を受ける。そして、エルサレムばかりでなく、ユダヤとサマリアの全土で、また、地の果てに至るまで、わたしの証人となる」と語った（使徒言行録第1章8節）。教皇特使の特権を与えられたロゲリウス2世は、同様のことばをキリストから与えられることを切望していたであろう、とボルスークは推測している[132]。

　側廊の使徒伝サイクルについて、ボルスークはネルセシアン同様、使徒言行録の順序とは異なっていることを指摘している[133]。使徒言行録において、ペトロの伝道はパウロの物語よりも前に語られるが、モザイクではパウロの物語が先行する。このようなテキストにそぐ

わないモザイクの配列について、ボルスークは次のように解釈している。使徒伝サイクルは南側廊から始まっている。南側廊東端の小アプシスには、パウロ像が配されているため、サイクルを南側から始めるに当たって、小アプシスとの連続を意識して、パウロの物語を先行させたのではないか。こうしてパウロの物語を南側廊に、ペトロの物語を北側廊に配置し、聖ペトロが礼拝堂の北側（ロイヤル・バルコニーと同じ側）を占めるような工夫がなされたという。ボルスークはさらに、側廊のモザイクの意味について、「エルサレムからローマへと向かう使徒のミッション」というひとことによってまとめようとしている[134]。

　身廊の旧約サイクルの分析に当たって、ボルスークは上段と下段に並ぶ場面どうし、あるいは南北で向かい合う場面どうしの呼応（天地創造の第1日と「ノアの洪水」、梯子を上るノアと下りるヤコブ）を指摘している。またボルスークは、旧約サイクルがヤコブの物語で終わっている点について、次のように解釈している。ギリシア正教においてヤコブはキリストの原型とされ、降誕日の典礼で朗読される聖書の中にもヤコブが登場する。その降誕日に、ロゲリウス2世は戴冠された。そのため、ここに王とヤコブとのつながりを見いだすことができるという[135]。

　ボルスークは、旧約サイクルのメイン・テーマを「選ばれた民が約束の地をめざす」ものという一文によってまとめている[136]。一族の支配者たちが次々に登場する旧約サイクルは、新王国を正当化するために好都合であったという。しかしながら、身廊モザイクのメイン・テーマが、「選ばれた民が約束の地をめざす」ということであるとすれば、その主役たるモーセ（放浪の末、約束の地へと到達した人）がモザイク中に登場しないのはなぜだろうか。

　ボルスークはまた「旧約サイクルの本質は、人々の楽園への帰還である」としている[137]。この解釈に、筆者は異論がない。しかしながら、このような解釈は、ともすれば、宮廷礼拝堂だけではなく、旧約サイクルを有するすべての聖堂壁画や写本にあてはまってしまうようなまとめ方である。宮廷礼拝堂では特に、旧約の中からどのような場面が選択され、どのように配列されているか。それらは他の聖堂や写本に見られる旧約サイクルに比べて、どのような独自性を有しているか。宮廷礼拝堂独自のサイクルから、わたしたちはどのようなメッセージを読みとることができるのだろうか。それをこそ考えるべきだろう。

〔7〕 トロンゾ

　トロンゾ（1997年）は、宮廷礼拝堂について、礼拝堂内の説教壇・祭壇・内陣障柵・高座が、本来の位置に今日まで留められている希有な例であると指摘している[138]。そのため、宮廷礼拝堂では、12世紀の人々が体験したような仕方で、今日その内部空間を体験することができる。トロンゾによれば、説教壇や高座は、独立した作品として個別に鑑賞するために制作されたものではなく、典礼や儀式のために作られたものであり、礼拝堂という大きなアンサンブルの一部であった。

　先にとりあげたボルスークによれば、宮廷礼拝堂には長年にわたってさまざまな要素が付加されていったが、礼拝堂自体は、ロゲリウス2世のもとで計画された、統一的なプログラムに基づいている。一方、トロンゾは、このような見解を否定している。礼拝堂には、構造上一貫しない点が見られるためである。トロンゾの結論とは、宮廷礼拝堂の建設は、ロゲリウス2世の主導によるものと、ウィレルムス1世・2世の主導によるものの2つに分けられる。前者と後者は、互いにまったく異なる機能と意味を建造物に与えるものであったという[139]。

　モザイク装飾についてトロンゾは、内陣・身廊・側廊は単一のプログラムを構成している、とする見解に反論している。なぜなら、身廊アーケード上段のモザイクは、パネルの数と大きさが統一されているが、身廊アーケード下段のモザイクは、アーチや柱にさえぎられて、パネルの数や大きさがまちまちだからである。もともと上下2段にモザイクを挿入するつもりであったとすれば、身廊と側廊を区切るアーケードの柱を低くして、モザイクのためのスペースを現状よりも多く確保することができたはずである。側廊ではペトロの奇跡場面など、重複が多く、不自然な登場人物が見られる場面がある（盲目のサウロの側に立つ目撃者、パウロ逃亡の場面の門番など）。このような観察結果から、トロンゾは、身廊と側廊のモザイクは、ロゲリウス2世の計画にはなかったものであり、もともとここに作られることが計画されていたわけではない、としている[140]。

　トロンゾは、宮廷礼拝堂建設の諸段階を以下のようにまとめている[141]。第1段階は、ロゲリウス2世によるもので、内陣のモザイク装飾が制作された（1140年代）。この時点で、身廊・側廊がどのようなものであったのかを記している史料はない。続いて、ウィレルム

ス1世により、身廊・側廊のモザイクが制作された（1150-1160年代）。最後に、ウィレルムス2世によって、礼拝堂西端壁面にモザイク装飾がほどこされ、説教壇や燭台がしつらえられた（1180年代）。つまり、トロンゾによれば、創建者ロゲリウス2世の時代、宮廷礼拝堂は現在あるような姿では決してなく、説教壇や燭台もなかった。ロゲリウス2世のモザイクは、礼拝堂東部分（内陣ならびに翼廊）の南北軸に強調点をおくものであり（このような南北軸の強調については、ベックがすでに70年代に指摘している）、身廊・側廊には現在のような形での装飾は施されていなかった。それでは、モザイク装飾を有さないこのような空間は、どのような機能をになうものであったのか。

　西ヨーロッパの宮廷礼拝堂と比較してみると、王の席は通常2階ギャラリーにもうけられ、宮廷礼拝堂のように礼拝堂西端に高座がもうけられる例はない。ノルマンの宮廷は当時、西ヨーロッパよりもビザンティンの宮廷儀礼を模範としていたためであろう。ロゲリウス2世は、ビザンティンの例にならい、キリストと自らのつながり（天上の支配者と地上の支配者）を宣言、北翼廊北壁面のロイヤル・バルコニー（神の領域に近いところ）から、西端の高座（地上の領域）に降り立つことによって、天上と地上とを結びつける役割を自ら演出したという。王だけが、この二領域にまたがって存在し、両者をつなぐことができるものであった。トロンゾの主張を要約すれば、ロゲリウス2世にとって、宮廷礼拝堂の東部分（内陣ならびに翼廊）こそが礼拝堂としての機能を担うものであり、一方、説教壇などを備えておらず、聖書を題材とする壁面装飾もない身廊・側廊は、礼拝堂というよりはむしろ、宮廷のレセプション・ホールであったと推測される[142]。

　トロンゾは、ロゲリウス2世によって宮廷礼拝堂が建設された時点での建造物の機能を考える材料として、床や壁面の腰羽目板、内陣障柵に着目した。それらをつぶさに観察し、同一工房の手による同時代のものであると結論づけている[143]。

　ロゲリウス2世の死後、12世紀後半の大改造によって、身廊・側廊に旧約サイクルと使徒サイクルが挿入された。旧約サイクルはビザンティンというよりは西ヨーロッパのモデルにしたがうものであり、このことは、宮廷礼拝堂がこれまでのようにビザンティンではなく、西ヨーロッパにそのモデルを求めるようになったことを示している。その際、新たな基軸（旧約サイクルと使徒伝サイクルによって作り出された東西軸）が聖堂内にとりこまれたために、ロゲリウス2世

が導入した南北軸は薄められ、建造物の機能そのものに大きな変革がもたらされたという[144]。

　以上、宮廷礼拝堂の主な先行研究を概観してきた。キッツィンガー（1949年）はモザイク装飾について、チュルチッチ（1987年）は建造物の構造について、それぞれとりあげているが、両者ともにビザンティン帝国からの影響を強調する視点は類似している。逆にベック（1970年）のように、ビザンティンの影響ではなく、ノルマンの独自性を強調する立場もある。デムス（1950年）は、モザイク装飾に、世代間の分断が見られることを指摘し、その視点はトロンゾ（1997年）に引き継がれている。逆に、ボルスーク（1990年）は分断を認めない説を唱える。ボルスークはまた、ネルセシアン（1981年）同様、モザイク装飾の中にノルマン王朝の正当性を主張するメッセージを読みとろうとする。

　このように先行研究は、多方面にわたって展開しているように見えるが、実のところ、誰もが似たような出発点を共有している。宮廷礼拝堂は、ローマの伝統であるバシリカ、ギリシア正教の円蓋、イスラムの天井意匠を有しているために、「ハイブリッド」とみなされてきた。ハイブリッドな全体を構成するそれぞれの要素が、部分ごとに個別の研究対象としてとりあげられてきたために、礼拝堂をひとつの全体としてとらえる見方がなされてこなかった。先行研究はいずれも、このような批判を出発点として共有するものであり、事実、各々の研究は、異なる視点から礼拝堂の全体像をとらえようとしている。

　ところが、どの研究を読んでみても、内陣のキリスト伝サイクル、身廊の旧約サイクル、側廊の使徒伝サイクルが互いにどのように連関しあい、いかなる一貫性のもとに統合されているのか、という点について、説得力ある説明がみられない。聖書に慣れ親しんできた欧米の研究者にとって、旧約の創世記、新約の福音書と使徒言行録は、聖書というひとつの書物の中に含まれるものとして、つながりをすでに十分に有しており、そこに何らかの問題を見いだすことがなかった、ということかもしれない。3サイクルのつながりはしかし、はたして自明のものと言えるだろうか。

　筆者は、宮廷礼拝堂を、「新興王国の王としての威信表明」という、ボルスークまたはネルセシアンのような視点ではなく、ノルマンの王たちが1人のキリスト者として、神からのどのような語りか

けを聞きとることを願っていたかということの表明、という視点か
らモザイクを解読していきたい。モザイク装飾は単なる社会的威信
の記号ではなく、物語を無尽蔵に内に抱え込んだ器であるように思
われるからである。

　またロゲリウス2世の1代だけでは完成を見なかった礼拝堂の装
飾に、世代間の分断が存在するかしないかという論争について、筆
者は、ロゲリウスに続くウィレルムス1世や2世は、先代からの物
語を語り継ぐ者としてそこに加わっていった、と考えている。

　北翼廊北壁面のロイヤル・バルコニーに立つ王の視点についても、
複数の研究者が繰り返し言及しているが、王がどこに立って何を見
たのか、キリスト伝サイクルの特定のシーンが王とどのようなつな
がりを持っていたか、という見方は、各々のシーンをプログラムか
ら切り離して個別に王と結びつけようとするものであって、各場面
をモザイク・プログラム全体の中に位置づけて理解しようとするの
ではない。そこで筆者は、各シーンが各サイクルの中でどのように
位置づけられ、サイクルどうしが互いにどのように結び合い、調和
ある全体を形づくっているのか、という視点から、プログラムをも
う一度見直していきたい。

✥ 4　モザイク・プログラムの解釈

　創世記サイクルの出発点となる、身廊南側のアーケードを、順を
追って見ていこう。身廊の上下2段、あるいは身廊とその奥に見え
る側廊の諸場面には、同じような構図の繰り返しや、意味内容上の
対比が散見される。以下に、その具体例をいくつかあげたい。

　身廊南側アーケードの天地創造第1日では、水の面が場面の下方
を占めている（図43）。真下の「ノアの箱舟」にも、同じように水が
繰り返される（図60）。神は、地上に人の悪が増したことを見て、人
を創造したことを後悔し、洪水を引き起こされた。いわば、洪水は
世界を創造の始まりの時点まで戻そうとするものであった。そのた
め、「ノアの箱舟」と、天地創造の始まりが呼応しあうものとして配
置することは、理にかなったものである。創造の第2日、地と水が
分けられ、真下の「ノアの箱舟」の場面でも、水が引いて地面が現
れている（図44、図61）。ここにも、上下の呼応を認めることができ
るだろう。続いて、「アダムの創造」では、裸で腰を下ろすアダムに
向かって、神が息を吹き込んでいる（図49）。その奥に見える側廊の

「パウロの洗礼」では、やはり裸で洗礼槽の中に身を屈めているパウロに向かって、神の右手から聖霊が降る（図74）。洗礼は１度死んでキリスト者としてよみがえる「再生」を表すものであることから、ここに「アダム誕生」との並行関係を読み取ることができるだろう。聖霊（πνεῦμα）には息という意味があることから、アダムに吹き込まれる神の息と、パウロに注がれる聖霊は、同じ意味をになうものと考えられる。

　南側廊の「パウロの洗礼」はまた、身廊南側アーケードの「ノアの洪水」とも、水というキーワードによって結びつけられるだろう。アレクサンドリアの総主教キリロス（378-444）によれば、洗礼はノアの洪水の対型（アンティタイプ）だからである[145]。洪水は洗礼を予型するものであり、ここにも新約・旧約の対比を読み取ることができる。「洪水」の場面にも、「洗礼」同様鳩が描かれている。

　身廊南側アーケードでは、アダムに続いてエバの創造が描かれる。楽園で善悪の知識の木から実をもいで食べるアダムとエバの画面の真下には、神によって滅ぼされるソドムの町が描かれている。そのソドムの町から、正しき人ロトとその家族だけが神の御使いに導かれて脱出する。ここでは、御使いによって楽園から追放されるアダムとエバ（上段）（図55）と対比的な意味内容を有するものとして、下段にロトとその家族が対置されている（図66）。楽園の扉口に立つ炎のようなケルビムと、炎上するソドムの町もまた対比的である。

　身廊アーケードの上段・下段に、意味内容的に類似した場面を対置する例としては他にも、カインとアベルの争い、エサウとヤコブの争いという２組の兄弟間の争いが見られる。

　このように一方向に展開していく身廊の旧約サイクルは、同時に、上下段の間に意味内容上の対比を意識した場面配置を行っている。ただし、このような対比は、あくまで個々の場面どうしの間に見られるものであって、旧約サイクル・キリスト伝サイクル・使徒伝サイクルの３つのサイクル全体の根底に貫かれるような統一的原理というわけではない。

　それでは、３サイクルを根本においてつなぐような一貫したプログラムとは、いったいどのようなものなのだろうか。ここでは、各サイクルの終点に注目することによって、サイクルどうしがどのようにつながっているのかを見ていきたい。各サイクルの終点は、次のサイクルへの橋渡しをになう場面であり、サイクルどうしをつなぐ鍵がそこにあると考えられるからである。

旧約サイクルは、身廊北側アーケード東端の「ヤコブの夢」と、ペヌエルでの格闘場面で終わっている（図70、図71）。ヤコブの物語はこの後も、創世記最終章（第50章）に至るまで語られているにもかかわらず、この場面を旧約サイクルの終着点としたことには、制作者の意図が反映されている、と筆者は考えている。

ヤコブは梯子の夢を見て、天へと通じる柱を立て、石に油を注ぎ、この石は神の家となるだろうと語った。このことは、宮廷礼拝堂が献堂されたところの聖ペトロと結びつくものであるように思われる。ペトロとはキリストによって使徒の1人に与えられた名であり、岩を意味する。キリストは「わたしはこの岩の上にわたしの教会を建てる」と語り、使徒ペトロに天国の鍵を授けた（マタイ第16章18節）。身廊に描かれた旧約のヤコブの石は、新約のペトロの岩をも暗示するものであり、ヤコブがこの石を神の家と宣言したように、まさにこの岩石の上に、礼拝堂（宮廷礼拝堂）が建設されたことを表明していると考えられる。

ヤコブによって油を注がれた石のある場所は、ベテル（神の家）と名付けられた。さらに、格闘の後で、ヤコブは「わたしは顔と顔を合わせて神を見た」と語り、その場所をペヌエル（神の顔）と名付けた（創世記第32章23-31節）。石の上の神の家は、ペトロの岩とその上に建てられた礼拝堂を想起させ、神の家（ベテル）でヤコブが神を見たように、この礼拝堂もまた、神と顔を合わせる場所であるという含意が、ここに込められているように思われる。

言い換えれば、宮廷礼拝堂の身廊アーケードの旧約サイクルの終着点が、ヤコブの夢とペヌエルでの格闘となっているのは、スペースが途中で足りなくなったため、ヤコブの物語を最後まで描くことができなかったという消極的な理由からでは決してなく、宮廷礼拝堂の中核をかたちづくる意味が、ここに込められたためであると考えられる。

身廊アーケードの旧約サイクルに続いて、側廊の使徒伝サイクルについて見ていきたい。南側廊の使徒伝サイクルは、エルサレムのサウロから始まっており、これは南翼廊南壁面におけるキリスト伝サイクルの最後の場面、キリストの「エルサレム入城」を引き継いで、同じエルサレムを舞台とする場面を使徒伝サイクルの出発点として選択した結果であるように思われる。

使徒伝サイクルの問題点をここでもう一度繰り返すなら、必ずし

第1章 楽園へとふたたび帰りゆくために——パレルモ宮廷礼拝堂

も使徒言行録の順序に従っていないこと、そのため、ペトロよりもパウロの物語が先に配置されていること、いくつかの場面に使徒言行録の記述には出てこない要素が描き加えられていること、似たようなペトロの奇跡の場面が繰り返されること、使徒言行録ではなく新約外典のエピソードが挿入されていること、そして2人の使徒ペトロとパウロの殉教と埋葬までは描かれず、「シモン・マゴスの失墜」で使徒伝サイクルが終わっていることである。このようなサイクルの特異点は、偶然の産物や制作者の計画不足から生じたものでは決してなく、当初から入念に計画された結果であり、そこには何らかの意図が込められている、と筆者は考えている。

その意図とは、2人の使徒ペトロとパウロの生涯を描くにあたって、それがキリストの生涯をなぞるものであることを浮かび上がらせようとするものだった、というのが筆者の推測である。2人の生涯を描くモザイクを丹念に追っていくと、そこには南翼廊に描かれたキリストの生涯が、巧みに織りこまれていることが浮かび上がる。以下に、いくつかの具体例をあげながら、ペトロとパウロの生涯がいかにキリストの足跡を繰り返す形で練り上げられているのか、という点を見ていく。

使徒伝サイクルの出発点である、南側廊東側からモザイクを見ていくと、「サウロの回心」の場面では、光線に打たれたパウロが地面に向かって前のめりに倒れかかっている。そのようすは、南翼廊南壁面の「キリストの変容」で山の下に伏せる弟子たちと類似している（図82）。

また、「サウロの回心」には、本来この場面には描かれることのない、キリストの半身像が右上に加えられている。「キリストの変容」の場面で、地面に伏せる弟子たちを貫く光線は、彼らの頭上に立つキリスト自身から発している。パウロが打たれる光線もまた、キリストから直接放出されていることから、モザイク制作者は、キリストの半身像を加えることによって、変容の暗示を「サウロの回心」の場面中に織り込もうとしたのではないかと考えられる。

「サウロの回心」に連続して描かれる「パウロの洗礼」が、「キリストの洗礼」をなぞるものであることは疑いない（図83）。ここでは、パウロに洗礼を授けるアナニアは、キリストに洗礼を授けるヨハネの役割を担っている。また、アナニアに加えて、使徒言行録の記述にはない助祭が左側に描かれている。「キリストの洗礼」の場面では、洗礼を授ける洗礼者ヨハネの他に、水から上がるキリストを

図82　パレルモ　宮廷礼拝堂　［上］サウロの回心　［下］キリストの変容

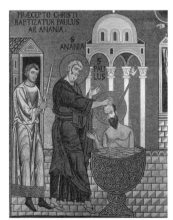

図83　パレルモ　宮廷礼拝堂　［上］パウロの洗礼　［下］キリストの洗礼

図84 [上]パレルモ 宮廷礼拝堂 城壁から吊り下ろされるパウロ [下]ネレズィ聖パンテレイモン聖堂 十字架降下

図85 [上]パレルモ 宮廷礼拝堂 牢獄のペトロ [下]モンレアーレ大聖堂 空の墓

迎える天使たちが描かれるため、天使に代わるものとして、「パウロの洗礼」の中に、助祭の姿が加えられたのかもしれない。助祭の役割と天使の結びつきについて、ヨアンニス・クリソストモスは、助祭が身につけるオラリオン（白いストール）は、天使を模倣したものである、と述べている[146]。このことから、洗礼場面の助祭を天使の代用とみなすことは、それほど不自然ではないだろう。

続いてパウロは、塔の上から籠に乗せられて地面へと降ろされる。高いところから降ろされるパウロのようすは、キリストの「十字架降下」を想起させる（図84）。キリストは、十字架上で息を引き取った後、弟子たちの手によって十字架から降ろされ、墓に葬られた。パウロはこの時点で処刑されたわけではないが、パウロを殺そうとたくらんで昼夜町の門で見張りをしていたユダヤ人から逃れて塔から吊り降ろされた。籠を下ろす場面と「十字架降下」を対比する見方については、牽強付会との反論もありうるが、キリストの足跡をたどる使徒の行いは、続く場面においても一貫して見られる。

籠に続く、「牢獄のペトロ」を見てみよう。ここでは、牢獄の外に見張りの兵士たちが描かれているが、みな座り込んで眠りこけている。この兵士たちについてもまた、使徒言行録には登場しないため、制作者が意図的にここに加えたものであると言える。

狭い牢獄と眠りこける兵士たちから真っ先に連想される場面といえば、キリストの埋葬された墓であろう（図85）。福音書によれば、女たちが香油を持って墓を訪れたとき、大きな地震が起こり、主の天使が天から降って石をわきへ転がし、その上に座った。天使は空の墓を指して、「あの方は、ここにはおられない。かねて言われていたとおり、復活なさったのだ」と告げる。その姿は稲妻のように輝き、衣は雪のように白かったので、墓を見張っていた番兵たちは、恐ろしさのあまり震え上がって、死人のようになった（マタイ第28章1-6節）。「空の墓」の図像では、一般に、番兵たちは墓の前で眠りこける姿で描かれる。

ここ側廊の使徒伝サイクルでは、墓に見立てられるような狭い牢獄の中に、ペトロが閉じ込められている。墓に埋葬されたキリストが復活して墓から出たように、ペトロもまた兵士たちが眠りこけている間に、牢獄を抜け出すのだということが暗示されている。天使と眠りこける兵士たちの描写は、2つの場面（「空の墓」「牢獄のペトロ」）に共通の要素であり、両者の結びつきをほのめかすものであるように思われる。

「牢獄のペトロ」の後には、病の人たちを癒すペトロの奇跡の場面が続いている（図77、図78）。病の床に伏せる者たちの腕を取って起き上がらせるペトロの動作は、当然のことながらキリストの行った数々の奇跡を想起させるものであるが、この構図は奇跡のみならず、キリストの「冥府降下」を想起させる（図86）。墓におさめられた後、3日目によみがえり、冥府に降ったキリストは、キリストの降誕以前に地上に生まれ、すでに亡くなって冥府において眠り、キリストの到来を待ち続けていた旧約の人々（ソロモン王とダビデ王、アダムとエバ）を冥府から引き上げる。キリストが石棺に横たわっていたアダムの手を取って起こすときの動作は、病の人の手を取って起こすペトロのしぐさによって繰り返される[147]。このように、パウロとペトロの行いは、キリストの姿を模倣し、その足跡をたどるものとして描き出された。

　外典のエピソードを描いた、ローマでのペトロとパウロの出会いの場面で、2人は互いに歩み寄り、頬を寄せ合って抱き合っている。このような出会いと抱擁は、キリストの生涯を描くキリスト伝サイクル、ことにキリストの幼児伝サイクルに慣れ親しんできた者にとって、即座にある場面を想起させる。それは、聖母マリアと洗礼者ヨハネの母エリサベトの出会いの場面である（図87）。懐妊の告知を受けたマリアは、当時すでに洗礼者ヨハネを身ごもっていたエリサベトのもとを訪れ、挨拶を交わし合う（ルカ第1章39-45節）。エリサベトはヨハネを生み、半年後にマリアはキリストを生んだ。ヨハネは後に成人したキリストに洗礼を授けることになる。

　その後、エリサベトの子、洗礼者ヨハネは捕えられて斬首刑に処せられ、キリストは磔刑に処せられた。宮廷礼拝堂には、ペトロとパウロの殉教場面は描かれていないが、外典によれば、ペトロはキリストにならって磔刑に、パウロは洗礼者ヨハネにならって斬首刑に処せられた。ローマにおけるペトロとパウロの出会いは、第1にマリアとエリサベトの出会いを想起させ、ひいては、彼らがキリストとヨハネ（それぞれの死）を繰り返すものであることを、見る者に伝えようとしているのではないだろうか[148]。

　パウロは、ガラテヤの信徒に宛てた手紙の中で、「あなたがたは皆、信仰により、キリスト・イエスに結ばれて神の子なのです。洗礼を受けてキリスト・イエスに結ばれたあなたがたは皆、キリストを着ているからです」と述べている（ガラテヤの信徒への手紙第3章26-27節）。使徒の生涯は、宮廷礼拝堂において、キリストの生涯（翼廊）

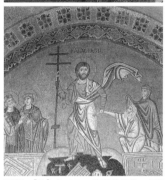

図86　[上]パレルモ　宮廷礼拝堂　タビタを蘇らせるペトロ　[下]フォキス　オシオス・ルカス修道院　カトリコン　冥府降下

図87　[上]パレルモ　宮廷礼拝堂　ペトロとパウロの出会い　[下]クルビノボ　聖ゲオルギオス聖堂　ご訪問

の延長線上（側廊）に配置され、キリストの生涯を模倣するものとして描き出された。ペトロとパウロの生涯はまさに、キリストという衣を身にまとうかのように、その生き方をなぞるものだったのではないだろうか。

　旧約サイクルから始まる宮廷礼拝堂のモザイク装飾を物語の順序どおりに見ていくために、見る者は礼拝堂内の身廊・側廊を時計回りに3周歩くことになる。わたしたちは歩きながら、旧約の登場人物とともに創世記の物語をたどり、旧約に続いて内陣のキリストの生涯へと移行し、さらにキリストの復活と昇天の後を引き継ぐ使徒たちが、キリストの生涯を繰り返すかのように生きる物語を目にする。それでは、旧約→福音書→使徒言行録をたどりながら礼拝堂内を歩き続けるわたしたちがめざすところとは、いったいどのような場所なのだろうか。

　筆者の考えによれば、それは楽園である。つまり、一度は楽園から追放された身であるわたしたちが、ふたたび楽園へと帰りゆくための道筋が、旧約サイクル、キリスト伝サイクル、使徒伝サイクルをつないで展開するモザイクによって、示されているように思われる。

　このことは、側廊の使徒伝サイクルの最終場面であるシモン・マゴスのエピソードによって明確に示されている。旧約サイクルに描かれているように、アダムとエバは、蛇の誘惑に負けて楽園を追放された。以降、人は楽園を遠く離れて地上を旅することになる。が、3サイクルの終着点として、ペトロとパウロはサタンの手先であるシモン・マゴスを退けることに成功する。

　皇帝ネロとシモン・マゴスを前にしたパウロは、ペトロに向かって右手を控えめに差し出し、ペトロはパウロのほうを振り返り、頭をややパウロのほうに傾けて、その右手でシモン・マゴスを指差すようなしぐさをしている。このしぐさは、楽園を追放されるときの、アダムとエバの動作を再現するものである（図88）。エバは蛇を指差している。2つの場面は類似しているが、使徒伝サイクルのほうに描かれているのは、蛇の誘惑に負けて楽園から追放される者ではなく、サタンを打ち破って楽園へと再び帰りゆく者たちの姿である。

　サタンによってかつて楽園から追放された者たちが、そのサタンを打ち負かすことによって、再び楽園へと帰りゆくことが可能になった。宮廷礼拝堂のモザイク装飾は、このようなメッセージを見る

者に伝えようとしているのではないだろうか。

❖ おわりに

　本章では、宮廷礼拝堂のモザイク装飾をとりあげ、内陣・翼廊・身廊・側廊の、旧約サイクル・キリスト伝サイクル・使徒伝サイクルが、互いにどのように連関しあい、ひとつの大きな物語を作り上げているのか、という点を解明することを試みた。筆者の結論を繰り返し述べるとすれば、宮廷礼拝堂は「キリスト者はどこに向かって歩みを進め、どこをめざし、どこに到達するのか」という問いに対するひとつの答えとして紡ぎ出された物語だったのではないか、ということになるだろう。

　第1に、3サイクルの図像を記述し、聖書のテキストと照合しつつ、そこに語られている物語をたどった。続いて、先行研究を概観した。先行研究の多くは、モザイクや礼拝堂からどのようなメッセージを読みとることのできるのか、という問題意識を持つものであった。ところが、いくつかの先行研究に見られるような、ロイヤル・バルコニーからの王の視点に立ってモザイクを解読するやり方は、視点をひとつのところに固定化してしまう。一方、宮廷礼拝堂のモザイク装飾は、見る者に礼拝堂内を歩き回ることを要請するものであるように思われる。視点は一箇所に固定されず、礼拝堂内を歩き続けることによって初めて、連続する物語をたどることができるのである。創世記から始まるモザイク装飾を、物語の順序どおり見ていくために、見る者は礼拝堂内の身廊・側廊を時計回りに3周歩く。歩きながら創世記の物語をたどって身廊を2周し、続いて側廊を1周することで、キリスト亡き後を引き継ぐ使徒たちが、キリストの生涯を繰り返すかのように生きる物語を目にする。

　ここに語られているできごとをたどりながら歩く者は、「わたしたちはいったい何のために、またどこに向かって歩みを進めているのか」という思いを抱きながら歩き続け、それに対してモザイクは、「かつてそこから追放されてしまったところの、その楽園へとふたたび帰りゆくために」と答えているように思われる。一度は楽園から追放された身である、アダムとエバの子孫であるわたしたち人間が、ふたたび楽園へと帰りゆくための道筋が、旧約サイクル・キリスト伝サイクル・使徒伝サイクルをつないで展開するモザイクによって、示されているように思われる。

図88　パレルモ　宮廷礼拝堂　［上］魔術師シモンを指差すペトロ　［下］蛇を指差すエバ

第2章
箱舟は死者をのせて
―― モンレアーレ大聖堂

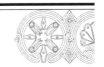

✥ はじめに

　モンレアーレ大聖堂は、シチリア島パレルモに近い標高310メートルの小高い山の上に位置するバシリカ式の聖堂で、1174年ノルマン・シチリア王国の王ウィレルムス2世によって建立された。モザイク装飾の総面積は7,500平方メートルに達し、イタリア聖堂建築の中で最大の規模を誇る。モンレアーレ大聖堂は、他のノルマン王たちの寄進によるチェファル大聖堂やパレルモの宮廷礼拝堂を凌ぐ莫大な富をつぎ込んで、短期間に建設された。

　モンレアーレ大聖堂の身廊、交差部、翼廊、アプシスは、新約・旧約聖書の物語を描き出すモザイク装飾によって埋め尽くされている。本章では第1に、聖堂建立時の社会状況と、聖堂のモザイク装飾について、それぞれ概観する。第2に、モンレアーレ大聖堂をめぐる厖大な先行研究の中から、近年の成果をいくつか紹介したい。第3に、モンレアーレ大聖堂が模範としたパレルモ宮廷礼拝堂との比較を行うことによって、モンレアーレ独自の図像を浮かび上がらせる。さらに、当時のノルマン・シチリア王国とローマ・カトリック教会、ローマ教皇との関係を探ることによって、モザイク・プログラムの中に織り込まれたメッセージを読み解くことを目的とする。

　パレルモの宮廷礼拝堂を飾るモザイク・プログラムは、しばしばモンレアーレ大聖堂との比較対象としてとりあげられる。宮廷礼拝堂のモザイク・プログラムについて、前章で詳細に論じた。本章では、建築上の枠組みによって規定される採光とモザイク装飾の関係を探ることによって、宮廷礼拝堂の根幹をなすメッセージについて今一度考えてみたい。それをふまえた上で、宮廷礼拝堂のプログラムを拡充し、ますます絢爛豪華なものをめざして作られた、モンレアーレ大聖堂のモザイクに目を向けてみたい。モデルとなった宮廷礼拝堂とは異なるモンレアーレの独自性は、いったいどこに見いだ

され、その独自性は何を意味しているのか。筆者は、モンレアーレ大聖堂のモザイク装飾の中に、当時の社会状況を反映するような、王のある意図が横たわっていたのではないかと推測している。当時、ノルマン王ウィレルムス2世とパレルモ大司教との間には、大きな確執が生じていた。モンレアーレ大聖堂の寄進者であるウィレルムス2世は、パレルモ大司教に対する対抗的姿勢を、モザイク装飾の中に巧みに織り込んでいたように思われる。本章では、一見先例（パレルモの宮廷礼拝堂）に従って新約・旧約の物語を描くモザイク装飾の中に、何らかの隠されたメッセージを読み取ることができるのではないかという仮定を提示し、メッセージの解読を試みたい。

✣ 1　モンレアーレ大聖堂建立をめぐって[149]

　モンレアーレ大聖堂は、建立当初から大聖堂（司教座聖堂）だったわけではなく、ベネディクト派の修道院として建立された。この地はパレルモからほど近い山の上で、ここにはもともと、イスラム教徒の支配下で存続していたギリシア正教会の主教座聖堂（聖主日大聖堂）があった。標高310メートルの小高い山の上からは、海岸線に近いパレルモの町並みをはるか足下に見下ろすことができる。この立地が、モザイク装飾と緊密な関連性を有していたのではないか、という筆者の推測については、プログラムを検討する際に立ち戻って論じたい。

　1174年の教皇勅書には、当時建設中だった修道院についての記録が残されている。この教皇勅書は、建設中の修道院が司教区の管轄から除外されること、修道院は教皇にのみ従属することが述べられている。教皇直属ということは、実質上教皇の特使である王の管理下に、修道院が置かれることを意味していた。こうして王は、大修道院長叙任の権限を得た。

　1176年、王の招きによって、100人のクリュニー会修道士がモンレアーレに移り住んだ。彼らは、モンレアーレの初代修道院長となるテオバルトとともに、サレルノ近くのラ・カーヴァにある聖三位一体大修道院（ブルゴーニュ地方クリュニーのベネディクト派改革教団の姉妹修道院）からやってきた。王は、モンレアーレ修道院にシチリア島中西部の広大な土地と、免税特権を与えた。こうしてモンレアーレは修道院として出発したが、1183年、教皇ルキウス3世が修道院を大司教区として承認したために、大修道院長が大司教を兼務すること

となった[150]。

　モンレアーレは、修道院として建立された後、司教座聖堂となったが、寄進者ウィレルムス２世の意図は、パレルモ大司教の管轄からの自主独立と、王家の埋葬所を建設することであったと言われている。ウィレルムスはその意図のとおり、母をモンレアーレに埋葬し、別所に埋葬されていた祖父と父の石棺をここに移送、1189年に亡くなると、自らもまたこの地に埋葬された。王家の墓所として建設された聖堂といえば、パリ近郊のサン・ドニ大聖堂があり、代々のフランス王（ギロチンにかけられたマリー・アントワネットも含めて）がここに葬られたが、同じ王家の墓所モンレアーレに葬られた王は、聖堂建立者であるノルマン王朝のウィレルムス２世が最後となった。

❖2　モンレアーレ大聖堂のモザイク装飾

　大聖堂は、東西102メートル、南北40メートルの巨大なバシリカ式で（図89）、西側扉口の両側に見える２つの塔は、18世紀に加えられた。聖堂内に一歩足を踏み入れると、身廊の幅の広さに圧倒される。身廊と側廊を分ける大アーケードのアーチ先端はやや尖っており、はるか先に見える東端のアプシスへと続く。柱身や柱頭は、古代建造物を再利用したものである。身廊の柱身のうち、紫の斑岩から作られたものが７本あって、旧約の中で語られるソロモンの神殿の７本の柱を想起させることから、ウィレルムス２世の大聖堂は、ソロモンの神殿の偉業にたとえられた[151]。交差部には４つの巨大角柱がそびえ、交差部とその南北に位置する翼廊からさらに東に進むと、内陣に達する。メイン・アプシスと南北のサイド・アプシスによって構成される内陣は、バレル・ヴォールト（半円筒形のトンネル状天井）

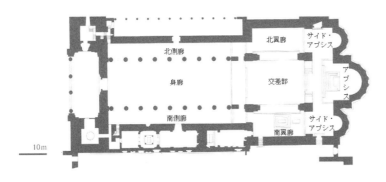

図89　モンレアーレ大聖堂　平面図

図90　モンレアーレ大聖堂　木製天井

によって覆われているが、身廊、側廊はすべて木製天井によって覆われている（図90）。バシリカ聖堂身廊天井が、同時代のロマネス聖堂のような石造りのバレル・ヴォールトや交差ヴォールトではなく、木製の天井で覆われたことについては、モザイク装飾プログラムとの連関を読み取ることができるだろう。この点については、以下に立ち戻って検討したい。身廊アーケード上の壁面は大きな広がりを持ち、帯状に東西に伸びてゆく。旧約聖書に基づく連続説話場面を展開するにあたって、こうした幅広い帯状の壁面は好都合であることから、建設当初より聖堂全体に大々的にモザイク装飾を施す計画があったことがうかがわれる。

モザイク装飾は、身廊の創世記から始まる。身廊アーケード上の壁面は、上層と下層の2段に分けられ、身廊を2周することで、旧約の物語を順番に読み進むことができる。「天地創造」は身廊南壁面東端上部から始まり、東から西へと進み、続いて身廊北壁面上部を西から東へと進む。続いて、旧約物語は身廊南壁面下部を、上部と同じ方向へと進む。北壁面も同様に進み、旧約の物語は北壁面東端下部で完結する[152]。一方、新約聖書に基づいてキリストの生涯を描く、いわゆるキリスト伝サイクルは、南北の側廊と交差部、翼廊に展開している。身廊に見られる旧約の諸場面（「天地創造」から「ヤコブと神の御使いの格闘」まで）は、ほぼパレルモの宮廷礼拝堂に準拠しているが、そもそも建築的枠組みはモンレアーレのほうがはるかに巨大であったために、宮廷礼拝堂のモザイク・プログラムは、壁面の大きさに合わせてさらに拡張された。

集中式のビザンティン聖堂に欠くことのできない聖堂中央のドームは、モンレアーレには見当たらない。聖堂の交差部が正方形ではなかったために、ここに正円のドームを架けることができなかった。そのため、本来ドームに描かれるはずのパントクラトール（万物の支配者）のキリストは、アプシスに移された（図91）。身廊アーケード上部に、途切れることなく帯状の連続説話場面を展開するという点も、ビザンティン聖堂装飾には見られない特色である。壁面はモザイクに覆われ、物語場面の見られないところには、天使、預言者、聖人の姿がくまなく描き出されている。

西側壁面のモザイクは、1770年に取り壊されたが、聖母マリアの生涯とキリストの幼子伝が描かれていたことが知られている。加えて、イタリアの殉教者カストレンシス、カッシウス、カストゥスの聖人伝が描かれていた[153]。イタリアゆかりの聖人が描かれたのは、

図91　モンレアーレ大聖堂　メイン・アプシス　パントクラトールのキリスト

1177年カストレンシスの聖遺物がウィレルムス２世に贈られたためであったと言われている[154]。

　集中式のビザンティン建築では、キリストの生涯を描く場合、主要な場面が建築的枠組の中で目立つ位置に配され、聖堂内の位置付けによって、場面の重要性を見る者に伝えている。一方、モンレアーレ大聖堂のキリスト伝サイクルには、こうした工夫の跡は見られず、むしろ連続する物語を、絵巻物をひもとくように、途切れることなく提示することが優先される。南北側廊の長い帯状の壁面は、キリストの奇跡の諸場面で覆われている[155]。交差部には、主にキリストの幼子伝サイクルが見られる[156]。南北の翼廊壁面はそれぞれ3層に分けられ、キリストの公生涯と受難伝の中から、南翼廊に「荒野の誘惑」から「キリストの捕縛」までが、北翼廊に「十字架降下」から「聖霊降臨」までが描かれる[157]。

　イコノグラフィーはビザンティンのモデルに従っているが、銘文はギリシア語ではなく、ラテン語で記されている。身廊の旧約サイクルがパレルモの宮廷礼拝堂に逐一従っているのに対して、交差部と両翼廊には宮廷礼拝堂に見られない場面が多く含まれている。場面配列はややぎこちなく、流れるように展開する身廊や側廊の連続説話場面に比べると、試行錯誤の跡を感じさせるものとなっている。こうしたぎこちなさが生じたのは、身廊や側廊のような、参照すべきモデルがなかったためであると言われている[158]。

　メイン・アプシスの両側に位置するサイド・アプシスに目を移すと、北にパウロの生涯、南にペトロの生涯（ペトロとパウロの出会いを含む）が描かれる。パレルモの宮廷礼拝堂では、ペトロとパウロの生涯が１つの物語の中に織り込まれ、側廊に展開していた。一方、モンレアーレでは、南北のサイド・アプシスに分けて表現されている[159]。サイド・アプシス手前の壁面には２人の殉教の場面、「ペトロの磔」（南）と「パウロの断頭」（北）が、それぞれ表されている。

　交差部の北東角柱には、キリストから戴冠されるウィレルムス２世の姿が描き出される。一方、それと左右対称の位置にある交差部南東角柱では、ウィレルムス２世が大聖堂を聖母マリアに捧げている。

　以上、聖堂各所のモザイク装飾を概観し、新約・旧約の物語と使徒伝によって形づくられる聖堂装飾の全体を紹介した。場所によって、モザイクの様式に多少違いが見られるものの、人体の量感を表す技術、顔つき、身振り手振りの描き方は聖堂全体を通して一貫性

があり、複数のモザイク職人がかかわりながら、全体を統括する単一のプロジェクトのもとで制作が進められたことがうかがわれる。様式が途中で大幅に変化したり、場面が重複したり、プログラムが変更された痕跡はなく、モザイク装飾は比較的短期間に、途中で中断されることもなく、ウィレルムスの没年（1189年）までに完成していたと考えられる[160]。

宮廷礼拝堂の様式と比較してみると、モンレアーレのモザイクはより生彩に溢れ、リズミカルで、はためく衣の襞や、膝や腰の量感が目立つ。ハイライトと影の対比が明確である点も特徴的である。複数の人々が1つの集団を形成して描かれる場合、人物は共通の輪郭線によって囲まれ、集団の統一感が意識的に表出される。こうした様式上の特徴は宮廷礼拝堂には見られないことから、モンレアーレ大聖堂のモザイクは、宮廷礼拝堂のイコノグラフィーを参照したが、様式は必ずしもモデルに従っていなかったことがわかる。同時代のコンスタンティノポリス（ビザンティン帝国の首都）には、聖堂装飾の現存例が少ないため、比較は困難である。一方、セルビア、ロシア、キプロスの聖堂フレスコ壁画には、モンレアーレ大聖堂と並行する作例が見られることから、モンレアーレの様式は、各地に伝播するビザンティン美術との新たな接触の結果生み出されたものであることがうかがわれる[161]。

モンレアーレ大聖堂は、ノルマン・シチリア王国の芸術の最高点と最終局面を同時に表すものとされる。建立から1世代ほど後に大聖堂を訪れたサン・ジェルマノのリッカルドは、ウィレルムス2世が、全世界のあらゆる王にも勝るほどの規模で、モンレアーレ大聖堂に装飾を施したと述べている[162]。その規模の大きさは、コンスタンティノポリスを凌ぐことさえ目指す、王の野望を反映したものであったと言われる。一方、現場でモザイク制作に携わった職人は、主にノルマン・シチリア王国の外から雇い入れた外国人であり、王家の後ろ盾によって支援されたモザイク工房は、政治抗争による王家の衰退のために、シチリアの地に根付くものとはなりえなかった。大聖堂は、王国の栄華を余すところなく体現し、比類なき規模を誇るものとして人々の注目を集めたが、12世紀ノルマン・シチリア王国の新様式が、イタリアからヨーロッパ各地へと体系的に伝えられることはなく、また後世の作例に影響を与えうるような継続的伝統を生み出すこともなかった。

✥ 3　ノルマン・シチリア王国の成立と展開

　ノルマン人が南イタリアに定着したのは11世紀初頭のことで、以降ノルマン・シチリアの王たちと教皇庁との確執や和合は、双方の利害に左右されて、何度となく繰り返された[163]。教皇の当初の目論見は、シチリア島をイスラム教徒の手から奪回することであり、ノルマン人の軍事力を利用するために、教皇はすすんで彼らと手を結んだ。1059年、教皇ニコラウス2世（在位1059-1061年）はノルマン人ロベルトゥス・グィスカルドゥスをアプーリア、カラーブリア、そして将来のシチリア公爵とすることを承認した。その後、ロベルトゥスの弟であるロゲリウスが、ビザンティンの軍隊やイスラム教徒との戦いを経て、1091年シチリア島全土を制圧した。ロゲリウスは、征服したシチリアにおいて、自由に司教を叙任することを望むが、当初教皇はその要求を拒んでいた。しかしながら1098年、教皇ウルバヌス2世（在位1088-1099年）は、ロゲリウスがシチリア島の司教叙任権を行使することを認め、実質的に王が島におけるローマ・カトリック教会の支配者となった。

　1101年のロゲリウスの死後、次男ロゲリウス2世が王国を引き継いだ。ロゲリウス2世は、アプーリア公であった従兄弟が後継者を残さずに亡くなると、アプーリア公国の継承権をも主張し、教皇の承認を待たずにサレルノでアプーリア公として戴冠してしまった。教皇ホノリウス（在位1124-1130年）は、当初このロゲリウスの戴冠に対抗しようと試みたが、その企ては失敗に終わり、1128年ロゲリウスのアプーリア公継承を承認せざるをえなかった。

　教皇ホノリウスの死後、2人の教皇が同時に選出されると、ロゲリウス2世は教皇アナクレトゥス2世（在位1130-1138年）のほうを支持したために、対立教皇インノケンティウス2世（在位1130-1143年）との間に競合関係が生じた。教皇アナレクトゥス2世は、1130年ロゲリウス2世をシチリア王として叙任、戴冠式がパレルモ大聖堂で行われた。一方、対立教皇のインノケンティウス2世は、南イタリアの都市や領主を味方につけてロゲリウス2世を制圧しようとしたが、ロゲリウスは軍事力によってこれに対抗した。こうした攻防の末、1139年インノケンティウス2世は、ロゲリウスをシチリア王、アプーリア公、カープア領主として叙任することを余儀なくされた。

教皇エウゲニウス 3 世（在位1145-1153年）もまた、ロゲリウス 2 世のシチリア王位の正当性に異を唱えたために対立関係が生じたが、教皇は、ローマ人の反乱を押さえるためにロゲリウスと同盟関係を結ぶほうを選択し、結果としてロゲリウス 2 世の教皇代理権を更新せざるを得なかった。このように、ノルマン王朝と教皇との確執は、王朝成立当初から王国史全体を通じて、何度となく繰り返されるものであったことがうかがわれる。

　以上、ノルマン・シチリア王国史概説の中から、王家と教皇の関係にかかわる部分を中心に紹介した。マシューは、モンレアーレ大聖堂建立前後の国王、カトリック教会、教皇の関係をさらに詳しく解説している[164]。
　1130年、ウィレルムス 2 世の祖父であるロゲリウス 2 世の戴冠式が、パレルモ大聖堂で執り行われた。このときパレルモの大司教は、今後とも代々の王たちの戴冠の権限を自らが握ることを期待した[165]。こうした期待に反して、ロゲリウスは、自らの栄光を誇示すべく、宮廷礼拝堂の建設に着手した。未来の戴冠を、パレルモ大聖堂ではなく、ここ宮廷礼拝堂で執り行う意図があったとも言われている[166]。1132年、パレルモ大司教ペトロは、宮廷内に教区礼拝堂を設立する許可を与え、礼拝堂は使徒聖ペトロに献堂された。その後、パレルモ大司教の座は空席が続き、王が選ぶ大司教は、教皇による承認を得ることができなかった。
　ロゲリウス 2 世は、シチリア島のチェファルに司教区を新たに作ろうと目論むが、この計画もまた教皇による承認を得ることができなかった[167]。ロゲリウス 2 世は、チェファルに王家の墓所となる聖堂を建立しようとしていた。その際彼は、周囲の動向を明確に意識していたという。ロゲリウス 2 世のライバルであった教皇インノケンティウス 2 世が、かつてハドリアヌス帝が所有していた紫斑岩の石棺に葬られたことを知った王は、自らの埋葬のために、同じく紫斑岩の石棺を入手した。また、コンスタンティノポリスでは、皇帝ヨアンニス・コムネノスが自らの墓所としてパントクラトール聖堂を建立、1143年に聖堂内に埋葬された。こうした周囲の動向が、ロゲリウス 2 世の墓所建設計画に影響を及ぼしていたとマシューは考えている[168]。チェファルの聖堂を王家の墓所とした王は、母、妻、先に亡くなった息子をここに埋葬した。ロゲリウス本人が1154年に亡くなったとき、チェファルはいまだに教皇による聖別を得ていな

かったために、彼の遺体はパレルモの大聖堂に運び込まれた。チェファルが司教座聖堂として聖別されたのは、1166年、教皇アレクサンドル3世の時代であった。ノルマン王たちは、王家の墓所について、ウィレルムス2世の祖父であるロゲリウス2世の代から、すでに問題を抱えていたことがうかがわれる。

　1172年、ウィレルムス2世の弟が亡くなったとき、彼の墓所をどこにすべきかということをめぐって、王家の墓所問題が再燃した[169]。そこでウィレルムス2世は、祖父の建立したチェファル大聖堂とは別の埋葬場所を計画、候補地としてモンレアーレを選び、ここを最終的な王家の墓所と定めることで、長年の問題に決着をつけることを望んだ。1174年、モンレアーレは教皇の承認を得たが、このとき、モンレアーレは大聖堂ではなく修道院と呼ばれ、大司教の管轄下ではなく、教皇の直接の庇護のもとに置かれた。ところが、1174年の時点ですでに、修道院長テオバルトは、実質上「司教」の称号で呼ばれていた。このことから、修道院を大聖堂とする意図は、ウィレルムスの中に創建当初からあったと考えられる[170]。

　1178年、大修道院長テオバルトの没後、副修道院長であったウィレルムス（王と同名の別人）が大修道院長に就任、王ウィレルムス2世は、新しい大修道院長を司教として聖別するよう、教皇に要請した。教皇は、王からの要請に抵抗することはなく、こうしてパレルモとモンレアーレという、あまりにも近い距離に2つの大司教区が並び立つことになった。モンレアーレはもともと教皇の直轄で、パレルモ大司教の管轄下になかったことから、2大司教区の競合は避けようがなかった。ウィレルムス2世は当初の計画どおり、ここを王家の墓所として母を埋葬し、祖父と父の遺体もまた、ここに移送した。

　マシューは、美術史家が聖堂装飾モザイクのイコノグラフィーに注目し、その神学的意味を探ろうとすることに対して、批判の眼差しを向けている。王にとって重要であったのは、モザイクの細部についての神学的解釈というよりは、王の富と豊かさを存分に体現し、見る者を圧倒する建造物を作り上げることのほうであった、というのがマシューの主張である[171]。筆者はしかし、モザイクのイコノグラフィー中には王の明確な意志が織り込まれていたという立場をとり、装飾プログラムの解釈を試みたい。

✥ 4　モンレアーレ大聖堂の先行研究

〔1〕　ディッテルバッハ

　以上、大聖堂建立当時のノルマン・シチリア王国と教皇、大司教らの関係について、マシューの論考に依拠しながら概観した。次に、2003年に出版されたディッテルバッハの著作を紹介したい[172]。モンレアーレ大聖堂の建築とモザイク装飾について、宮廷儀礼の観点から論じた大著で、巻末に300を超える文献表を付し、モンレアーレ大聖堂研究の土台となる著作である。第1部では、モンレアーレ大聖堂建立以降の文書史料をひもとき、14世紀以降の記録を詳らかにするとともに、19世紀以降の研究史をていねいにたどることによって、さまざまな観点から大聖堂をめぐる論考が重ねられてきたことを明らかにしている。第2部では、大聖堂の建築と内部装飾をとりあげ、建設技術、絵画様式、イコノグラフィーについて論じている。第3部では、建造物の機能にかかわる諸問題がとりあげられる。王朝史、政治史、宮廷外交史、教会史、経済史、建築史、美術史といった観点から、モンレアーレ大聖堂の全体像をとらえようとするモノグラフはこれまで出版されておらず、ディッテルバッハの大著は、こうした包括的研究をめざすものであった。

　ディッテルバッハの先行研究検討は、19世紀以降、近代学問の手法が確立した後の研究をとりあげるだけではなく、14世紀以降の現存する文書史料の全貌を明らかにした点で有用である[173]。大勅書や登記簿など、12世紀から17世紀までの文書史料は345点にのぼる。19世紀に入ると、鑑定家の美術批評を出発点とする美術史研究が始まった。モンレアーレ大聖堂の着工年代について、初めて具体的な年代を示したのは19世紀の建築家ヒストーフで、彼は1170年頃との仮説を提案した。初期キリスト教のバシリカ式とギリシア十字式を混合した、シチリア・ノルマン建築の形態上の独自性を初めて指摘したのは、19世紀の建築家にして考古学者ロ・ファソであった。シチリアのサヴォイ家が革命を経てイタリア王国に併合された時代、パレルモに生まれた美術史家アマリは、尖塔アーチの源泉が8世紀のメッカにあると考え、十字軍や聖地への巡礼者らによって、こうした建築形態がノルマン・シチリアに取り入れられたと考えた。同じく美術史家のグラヴィナは、6世紀以降のシチリア芸術の展開につ

いて概観し、モンレアーレ大聖堂をシチリア・ビザンティン様式と名付けた。

　ディッテルバッハは、大聖堂の3つの大きな基軸を、以下のように集約している[174]。第1の軸は、アプシスに描かれた「パントクラトールのキリスト」、「空の御座」、北翼廊の「キリストの昇天」という、キリストにかかわる3つの主要図像によって形成される。第2の軸は、大聖堂内に設けられた王の墓所と「ウィレルムス2世の戴冠」の図像によって明示される。第3の軸は、一連の図像プログラム中に見られる、首都コンスタンティノポリスやビザンティンの先行作例とは本質的に異なる、新しい視覚言語であるという。

　ディッテルバッハの功績は、ノルマン・シチリア王家の墓所という位置づけであったモンレアーレ大聖堂を、戴冠式の聖堂という新たな観点から見直した点である[175]。主役である王の視点に立ち返って、モザイクのプログラムを検討してみると、そこには政治的な志向性を読み取ることができるという。第1にディッテルバッハは、旧約の登場人物のうちヤコブの重要性に注目する。旧約の中でヤコブは若き獅子と呼ばれ、獅子を家紋とするウィレルムスと結びつけられるからである[176]。身廊北壁面東端（アプシスに近いところ）に描かれる「ヤコブの眠り」は創世記第28章に基づくもので、ディッテルバッハは、ヤコブが枕にした石について、戴冠のとき王が油を注がれる大聖堂の主祭壇と結びつくものと解釈している。

　ディッテルバッハは、年間儀礼規定書の中から、戴冠儀礼の箇所を抜き出して検討し、王となる者が2人の司教をともなって大聖堂の身廊を西から行進し、内陣へと歩みを進め、司教の導きによって祭壇へと至る過程を明らかにしている。戴冠の儀礼は、錫杖と十字架付きの宝珠が手渡されるという細部に至るまで、交差部角柱に描かれる「ウィレルムス2世の戴冠」のモザイクに、正確に再現されているという[177]。

〔2〕　デムス、キッツィンガー

　ディッテルバッハによる最新にして最大の研究成果を紹介した。続いて時代をやや遡り、20世紀半ば前後に刊行されたデムス、キッツィンガーらの基本研究を紹介したい。1949年に出版されたデムスの著作は、モンレアーレ大聖堂を含む、シチリアの4つの聖堂（他は宮廷礼拝堂、ラ・マルトラーナ、チェファル大聖堂）をテーマとするもので、各聖堂の建立の経緯、建設の過程、修復の記録、モザイクのイ

コノグラフィー、銘文を書き記している[178]。デムスは、ノルマン・シチリアの4つの聖堂を、ビザンティン美術のモザイク装飾の伝統の中に位置づけた。身廊を飾る創世記サイクルのモデルとして、デムスは、『コットン創世記』や『ウィーン創世記』、旧約五大書など挿絵入りビザンティン聖書写本をあげている。また写本挿絵を壁画に移しかえた先行例として、ローマのサンタ・マリア・マッジョーレ聖堂をあげている。デムスによれば、モデルとなったビザンティンの原型をそのまま模倣したために、紋切り型の人物、同一モティーフや同一構図の繰り返しが生じた。大聖堂の建築形態について、デムスは、円蓋を有するビザンティンの集中式と、アプシスを志向する南イタリアのバシリカ式の混合であると解説し、イタリアのバシリカ式については、サンタンジェロ・イン・フォルミス聖堂やサン・パオロ・フオリ・レ・ムーラ聖堂の例をあげている。

1960年代、キッツィンガー、サルヴィーニ、クレーニッヒの3人が、モンレアーレ大聖堂の3部作とも呼びうる著作を次々に刊行した。各書のテーマは、モザイク（1960年）、回廊の柱頭彫刻（1962年）、建築（1965年）であった[179]。クレーニッヒは、モンレアーレ大聖堂建築に見られる3つの主な特色を指摘した。第1に、西ヨーロッパのラテン文化圏の潮流、第2に、初期キリスト教とビザンティン様式、第3に、イスラム建築の要素である。クレーニッヒによれば、聖堂、回廊、修道院を1つにまとめあげる複合建造物と、三廊式バシリカ聖堂は、いずれも西ヨーロッパの特徴である。

建築についての考察をさらに押し進めたのは、トリッツィーノであった。彼は、1982年まで行われていた大聖堂の修復事業を指揮した人物で、建築技術の推移を観察し、それに基づいて、大聖堂の建設が具体的にどの箇所から施行され、どのようなプロセスを経て進められたか、という点について考察している[180]。

モザイクの制作年代について、デムスとキッツィンガーの間には差異が見られる。デムスが1185年の開始を提案しているのに対して、キッツィンガーは1170-80年頃を提案している。後者は、1171年にウィレルムス2世が戴冠、1177年にイングランド王の娘と政略結婚したことに注目している。モザイク装飾中に肖像が含まれているトマス・ベケットは、イングランドの大司教であり、1173年に列聖された。婚姻を介してイングランドとノルマン・シチリアとの間に新たなつながりが生じ、それによってビザンティンにはなじみのないイングランドの聖人像がモザイク装飾の中に挿入された、とキッツィ

ンガーは考えている[181]。

　キッツィンガーはまた、モザイクの構図と展開が、建築上の枠組みと緊密にかかわり合うものと考えている。筆者はこの見解に賛同し、以下に宮廷礼拝堂を例にとって論じる際、両者の具体的なかかわりについて指摘したい。

〔3〕　ボルスーク

　続いて、ボルスークを紹介する。ボルスークの貢献は、前出のデムス、キッツィンガーらに依拠しつつ、先行研究にない新しい観点からモザイク装飾プログラムを解釈したことである[182]。ボルスークによれば、モンレアーレ大聖堂は、ウィレルムス2世がめざしたところの「天上のエルサレム」のヴィジョンと、「新しいダビデ」としての王の表象を視覚化するための手立てであった。以下に、ボルスークの主張を見ていきたい。

　ボルスークは、ウィレルムス2世とパレルモ大司教との関係について、以下のように記述している[183]。父ウィレルムス1世が死去したとき、残された2人の息子たちはまだ幼かったが、母が後ろ盾となって、1166年ウィレルムス2世が戴冠された。幼いウィレルムス2世の師となったのはアイエロのマテウスで、加えてイングランド出身であるミルのウォルターが家庭教師の役に就いた。ウォルターはもともとアグリジェントの助祭であったが、1169年、ウィレルムス2世の母の反対を押し切って、パレルモ大司教の座に就いてしまう。このことから、王のもう1人の師であったマテウスとウォルターとの間に確執が生じた。ウォルターは以降20年間の長きにわたってパレルモ大司教としての力を行使し、王家にとって扱いにくい相手となったが、2人の師の間に立つ王ウィレルムス2世は、ウォルターとマテウスのうちどちらか一方を退けることはなかった。マテウスはウォルターとの対立を続ける一方、王に敵対する封建諸侯を押さえるべく尽力した。さらに、モンレアーレに修道院を建立する際、精力的に働いた。モンレアーレ修道院設立は、王家の反対にもかかわらず大司教の座についたパレルモのウォルターを押さえるべく、入念に計画されたものであったという[184]。修道院の立地には、パレルモにほど近い王の所領にある、ギリシア正教会の主教座跡が選ばれた。マテウスは、ウォルターが力を振るうパレルモ大聖堂を、パレルモの平地に建てられたモスクの代替にすぎない、と揶揄することによって、モンレアーレの優位性を誇示しようとしたと言われ

ている。修道院として着工されたモンレアーレの建造物が、後に司教座聖堂として教皇の承認を得たことは、すでに述べたとおりである。このような経緯を経て、パレルモとモンレアーレという競合する2つの司教区が、隣接して並び立つことになった。

　パレルモ大司教のウォルターも、黙ってこうした動向を眺めていたわけではなかった。モンレアーレ着工と同時期、ウォルターはパレルモ司教座聖堂（大聖堂）再建に着手した。モンレアーレ大聖堂は、1176年8月15日聖母被昇天を記念する日に献堂された。パレルモ大聖堂が同一の献堂名を有していることからも、両者の競合関係は明らかであろう[185]。ウィレルムス2世は、母が亡くなると、モンレアーレ大聖堂に埋葬した。それから数年後の1187年、ウィレルムス2世は祖父と父の石棺をモンレアーレに移送した。大勢の修道士たちが絶え間なく祈りを捧げる場所は、王家の墓所としてふさわしいものであった。これまで、パレルモ大聖堂とチェファル大聖堂が、王の墓所という特権的な地位をめぐって競合してきたが、モンレアーレ大聖堂の完成によって、長年の墓所問題に最終的な決着がつけられた。

　大聖堂は、着工から10年ほどの短い施行期間を経て、1186年頃までに完成した。一方、モザイク装飾完成の年月日については、文書史料が残されておらず、デムスは、1185年ノルマンによるテッサロニキ攻略の後、モザイク職人がモンレアーレに連行され、彼らの手によって、大聖堂の装飾が行われたと考えている。ボルスークは、同時代のビザンティン・モザイクに類例が見当たらないことから、モンレアーレ大聖堂のモザイク制作はギリシア人の手によるものではなく、シチリアまたは南イタリアでビザンティンのモザイク技術の訓練を受けた人たちが手がけたと考えている[186]。ボルスークによれば、モザイク職人の出自と制作年代はいまだに解決のつかない問題として残されている。また、身廊と側廊に壮大なモザイク装飾を施したことも、不可解であるという。モンレアーレ修道院設立にあたって、クリュニーのベネディクト派修道会、ラ・カーヴァの聖三位一体大修道院より、修道院長と多数の修道士が招かれた。クリュニーの典礼は内陣で執り行われ、身廊や側廊には重きが置かれなかったため、そこに展開される豪華絢爛なモザイクは、典礼とは直接かかわりのないはずのものであった[187]。

　ボルスークは、17世紀まで内陣と身廊の間に仕切りが設けられていたこと、大司教の座は現存しないが、王の玉座は修復を受けなが

ら今日に至るまで12世紀当時のものが残されていること、交差部が長方形であったために円蓋を造形することができなかったこと、木製天井は完成から何度も取り替えられたために、ノルマン王朝当時の天井は残されていないこと、側廊の大理石腰板は19世紀のものであることなど、大聖堂の内装の変遷を概観している[188]。

　ボルスークはまた、聖母被昇天にささげられた大聖堂の中で、聖母のイメージが各所に繰り返され、聖堂内における主要軸を形づくっていることを明らかにしている[189]。聖母は、第1に大聖堂西側出入口上の半円形リュネットに描かれ、アプシス両脇の凱旋門アーチに「受胎告知」、アプシスの「パントクラトール」下に玉座の聖母が描かれ、身廊中央を西から東に貫く主軸を形作っている。

　メイン・アプシス両側のサイド・アプシスは、聖ペトロと聖パウロの連続説話場面によって飾られている。両者は、クリュニーのベネディクト派の守護聖人であったことから、アプシスという重要な位置を占めることになった[190]。すべてのクリュニー会修道院が教皇直属であるように、モンレアーレもまた教皇の管轄下にあり、モンレアーレ大修道院長は、パレルモ大司教ではなく教皇による支持を得ていた。教皇は使徒ペトロを引き継ぐ者、王は使徒から遣わされたものと見なされていたために、使徒を代表するペトロとパウロの図像は、王の大聖堂にふさわしいものであったと言える[191]。ただし、南北の翼廊に聖ペトロと聖パウロの礼拝堂を置く先行例はあっても、サイド・アプシスに玉座の聖使徒を描く先例は見当たらない。メイン・アプシスのキリストを挟んで、両側にペトロとパウロが配された意味については、以下に立ち戻って考察したい。ボルスークによれば、モンレアーレの使徒サイクルは、パレルモの宮廷礼拝堂の使徒サイクルと同じモデルを参照しているが、様式上の相違が明らかに見てとれる[192]。

　身廊に配された、創世記に基づく連続説話場面についてもまた、ボルスークは、パレルモの宮廷礼拝堂との比較を行っている[193]。宮廷礼拝堂では、創世記サイクルが合計32の場面によって構成されたのに対して、モンレアーレには42の場面が見られる。物語の出発点「天地創造」と終点「ヤコブと神の御使いの格闘」は共通である。場面数が増えているのは、モンレアーレのモザイク・プログラムに新しいテーマが挿入されたためではなく、パレルモと共通する場面を、聖書の物語により忠実に描き、拡充したからである。「ノアの箱舟」が、その一例としてあげられる。パレルモの宮廷礼拝堂では、箱舟

から下船する場面と、ノアと神との間に結ばれる契約の場面とが1つの画面にまとめられる。一方、モンレアーレでは2つの画面に分割される。場面数が倍増していることからも、モンレアーレの創世記サイクルの中で、「ノアの箱舟」が強調されていることがうかがわれる。ボルスークは、古来教会教父らによって、「ノアの箱舟」が聖母の予型と解釈されてきたことから、聖堂の主要基軸を形成する聖母図像、ひいては大聖堂の献堂先としての聖母を際立たせるべく、「ノアの箱舟」が強調されたと考えている[194]。ボルスークの主張は、聖母は新しい契約（イエス・キリスト）を納める契約の箱（kibotos tou marturiou）であり、旧約の箱舟（kibotos）が、新約の聖母（契約の箱）を象徴的に指し示す、という予型論的聖書解釈に基づくものである[195]。モンレアーレ大聖堂身廊の創世記サイクルにおいて、ノアの物語が重点的に描き出されていることは明らかであるが、その意図について、筆者は、聖母の予型をここに見いだすボルスークとは異なる見解を有している。その解釈については、先行研究を概観した後に改めて提示したい。

　ボルスークは、創世記サイクルのヤコブにも、聖母との対比を読み取ろうとしている[196]。旧約のヤコブと神の御使いとの組み合わせは、「受胎告知」の聖母と大天使ガブリエルの組み合わせと対比しうるという主張である。ボルスークは、身廊の創世記サイクルのテーマを「楽園の創造、喪失、回復」であるとし、パレルモの宮廷礼拝堂と共通するものと結論づけている[197]。

　ボルスークは、王の玉座が据えられている交差部の巨大角柱近くに、ダビデを始めとする旧約の歴代の王たちが描かれていることに注目し、これらの図像は、ウィレルムス2世が地上において旧約の王を引き継ぐ者であることを示す、と解釈している。また、王の玉座を、サイド・アプシスの聖ペトロと聖パウロの祭壇より高い位置に据え、キリストから冠を授与される王の姿を描き出すことによって、王権がローマ教皇を超えて、神に直接由来するものであることを主張しているという[198]。

　ボルスークは、モンレアーレ大聖堂のモザイク装飾を総括して、「エルサレムの幻視」と名づけている[199]。黙示録第21章10節、第18章21節で記述される、純金と透き通ったガラスのような天上の都市エルサレムを視覚的に再現しようとした、という結論である。天上のエルサレムを地上に反映させるというモザイク・プログラムの主題は、宮廷礼拝堂と共通するものであるという。宮廷礼拝堂では、使

徒の代理者としての王を讃えるメッセージが織り込まれていたのに対して、モンレアーレ大聖堂では、献堂名に従って、聖母マリアが中軸に据えられた。当時エルサレムでは、ラテン王国の王たちが、聖地の本来の姿を再建すべく、力を尽くしていた。ノルマン・シチリアの王もまた、聖地エルサレムの映しをこの地に実現すべく、聖堂の建設を行った。モンレアーレは、エルサレムと同じように丘の上に位置していることから、エルサレムの神殿に例えられた。皮肉なことに、モンレアーレの完成とほぼ同じ時期の1187年、聖地エルサレムは異教徒の手に落ちた。その2年後、後継者を残さなかったウィレルムス2世の死去によって、シチリア島におけるノルマン王朝の支配もまた、終焉の時を迎えた。

〔4〕エミリオ

　以上、モンレアーレ大聖堂のモザイク装飾を「エルサレムの幻視」と解釈するボルスークの主張を紹介した。続いて、身廊アーケード上部の「ノアの箱舟」に焦点を当てたエミリオの研究を紹介したい[200]。筆者が以下に提案するモザイク・プログラムの解釈もまた、「ノアの箱舟」をキーワードとするものであるため、ディッテルバッハやボルスークに比べて短い論考であるが、ここでエミリオの主張を見ておきたい。

　エミリオは、11-13世紀の南イタリアにおいて、旧約サイクルが聖堂装飾の主要な要素となったことを指摘している。これまでの聖堂装飾研究は主に、時代の流れに沿って、各場面のイコノグラフィー上の変遷をたどるもので、図像間の類似に焦点が当てられることが多かった。そのために、創世記サイクル、キリスト伝サイクルといった、特定の説話サイクルを構成する各場面の配列や選択には、それほど注意が払われてこなかった。図像間に相違が見られる場合、それは単に、複数の図像の合成や混合、圧縮の結果であると説明されてきた。こうした説明の背後には、制作者はモデルとなった図像を単純に模倣していた、という思い込みがある。しかしながら、モザイクによって装飾される聖堂は、規模も、重要度も、それぞれに異なっている。実際のところ場面の配置や選択は、聖堂ごとに大きく異なる。制作者は、単なる模倣ではなく、モデルを参照しながらも、その聖堂に合うよう工夫を重ね、場面選択を行っている。エミリオは、宮廷礼拝堂との比較において、モンレアーレの装飾面積がはるかに大きく、大聖堂と宮廷礼拝堂では機能も大きく異なってい

ることを指摘している。エミリオによる一連の先行研究批判は、的を射たものであるように思われる。

　エミリオは、モンレアーレ独自の場面選択や配置に注目し、各場面の構図上の創意工夫について、新しい見解を示している。エミリオの着眼点は、観者の視線の動きに注目する、というものである。モンレアーレでは、西の出入口から東のアプシスに向かう動線と、アプシスのキリスト像が強調される。ところが、身廊南壁面の物語をたどる動線は、連続説話場面の展開上、それと逆向き（東から西へ）にならざるを得ない。この逆向きの動線が、焦点となるアプシスから逸れないような工夫が見られる、という主張である。

　ボルスークと同じように、エミリオもまた、宮廷礼拝堂の創世記サイクルとの比較によって、モンレアーレに見られる違いを指摘している。モンレアーレのモザイク装飾面積は、宮廷礼拝堂に比べてはるかに大きいため、空間に余裕が生じた。そのため、混み合っている人物の重なり合いを引き離したり、人物の歩幅を広げるなど、動作がよりダイナミックに表されるようになった。宮廷礼拝堂では、身廊と側廊を隔てるアーケードのアーチが高いために、2層に分けられたアーケード上部の壁面のうち、下段の場面は、しばしばアーチの尖った山によって分断されてしまった。人物の向きもばらばらで、観者の視線を一定方向に運ぶよう促しているとは言いがたい。一方、モンレアーレの身廊アーケード上部の画面は、アーチによって分断されることなく、帯状に続いていくため、場面どうしのつながり、一貫性、統一感がより強く感じられる。北壁面では、意識的に登場人物の歩みを西から東に進めさせることによって、観者の視線をアプシスの方向に導こうとしている。ところが、南壁面の旧約の物語は、アプシスから遠ざかるほうに向かって、すなわち東から西に向かって展開する。ここでは、画面の構図は、動きを促す北側とは対照的に、静的で正面観を強調するものが採用された。

　エミリオによれば、モンレアーレは、パレルモの宮廷礼拝堂に見られる旧約サイクルの全場面を忠実に引き継いでいる中で、「バベルの塔の建設」の中に含まれている「言語の混乱」の場面だけを省いている。この省略について、エミリオは、構図を左右対称に保ち、場面の正面性を崩さないための工夫であったと解釈している。南身廊の「ノアの箱舟」でも、同じように正面観が強調される。このような観察は、エミリオの指摘のとおりである。確かに正面観の連続は、見る者の足をそこにとどめ置く。それでは、観者の視線をある

特定の場面に押しとどめようとした、その意図は何であったのか。

⁂5　宮廷礼拝堂のモザイク図像と高窓の採光

　モンレアーレ大聖堂のモザイク・プログラム解釈に立ち入る前に、モンレアーレが模範とした宮廷礼拝堂について、短く検討しておきたい。エミリオの論考の中に、宮廷礼拝堂では、身廊アーケードの尖頭アーチによって、連続する場面が分断されてしまった、という指摘があった。身廊アーケードや聖堂内陣の高窓、そして側廊に一定の間隔をおいて並ぶ窓もまた、本来連続する場面どうしの間にあって、一見場面を分断しているようにも見える。しかしながら、各々の窓から差し込む光は、図像が表す内容に直接働きかけ、場面の一部を形作る重要な役割を担っている。言い換えれば、連続する説話場面の配置を計画する際、窓の位置を十分考慮に入れた上で、全体のプログラムが作り出された、ということである。ここでは、窓からの採光を場面中に巧みに織り込んだ宮廷礼拝堂について見てゆきたい。採光とモザイク・プログラムのかかわりを読み解くことで、宮廷礼拝堂のメッセージを今一度確認し、宮廷礼拝堂の図像を多く模倣しながらも、それとはまったく異なるメッセージを打ち出そうとする、モンレアーレ大聖堂の独自性を浮かび上がらせるための一助としたい。

　宮廷礼拝堂内陣南壁面には、合計4つの窓があって、一見キリスト伝サイクルを描く諸場面の連続性を途切れさせているようにも見受けられる（図92）。しかしながら、横たわるヨセフが天使の夢を見ている場面では、天使があたかも左側に位置する窓から眠るヨセフのもとに舞い降りたかのような視覚効果を生み出している。天使のお告げに従ってエジプトに逃避する聖家族は、ヘロデの幼児虐殺を逃れて、明るい窓の方に向かって歩みを進めている（図92上段）。「キリストの洗礼」で、キリストの頭上に降る聖霊は、場面の真上に位置する窓から注がれているかのような視覚効果が生み出される。死んで葬られ、「ラザロよ、起きなさい」というキリストの呼びかけによって復活したラザロは、石の墓から、足元の明るい窓の光のほうに向かって立ち上がる。あたかも、光に向かって歩みだすかのように（図92中段）。キリストの神性が初めて弟子たちの前に示された「キリストの変容」の場面では、キリストの顔は太陽のように光輝いたと伝えられる[201]。「変容」場面の上下には合計4ヵ所に窓があって、

図92　パレルモ　宮廷礼拝堂　内陣南壁面　ヨセフの夢　エジプト逃避（上段）　洗礼　変容　ラザロの蘇生（中段）　エルサレム入城（下段）

そこからの光がX線状に、「変容」の光輝くキリストの上で交差する（図92中段）。キリストは、アーモンド型の光背によって全身を覆われ、窓から注ぐ現実の光が、モザイクの光背をますます際立たせる。内陣南壁面に描かれる他の場面と比べて、「変容」がいちばん多く窓からの光を注がれるところに置かれていることがわかる。こうして、変容のキリストが太陽のように光輝いたという福音書の記述が、ありありと見る者に伝えられる。

宮廷礼拝堂の身廊南壁面第1層に展開する「天地創造」を見てみると、「光あれ」ということばを発する神の目の前に窓があって、神のことばのとおり、窓から差しこんだ光は今ここに現れたかのように見える（図93）。「アダムの創造」の場面で、神はアダムに息を吹き込んでいる（図94）。その息は、一筋の光の帯のようにも見え、神とアダムとを結ぶ。アダムの背後にもまた窓があって、息を吹き込まれたアダムに宿る命が、背後からの光によって包まれるかのように見える。身廊北側では、アダムとエバを叱責する神の背後に窓があるために、あたかも正義と悪を分断する審判の光が、ここから下されるかのように見える（図95）。楽園から追放されるアダムとエバと、地上で労働の苦しみに苛まれるアダムとエバの間にも、窓がある（図96）。窓によって示唆される光の領域（楽園）から追い出されて、2人が地上にやってきたことが伝えられる。「アベルの殺害」で、アベルは岩かげに隠れながら、兄弟カインの手によって殺害さ

図93　パレルモ　宮廷礼拝堂　身廊南壁面　天地創造

図94　パレルモ　宮廷礼拝堂　身廊南壁面　アダムの創造

れる（図97）。場面の左隣には窓があって、明るい窓との対比により、岩陰の兄弟殺しの暗さが際立つ。

　宮廷礼拝堂南側廊の使徒パウロとペトロの物語でも、窓からの採光が効果的に場面中に織り込まれている。ダマスカスへの道の途中、パウロは光に打れて回心するが、盲目となってしまう。目が見えず、人に手を引かれるパウロに隣り合う窓は、パウロの目の前の闇と、光との対比を生み出している。「パウロの洗礼」は、「キリストの洗礼」と同じように、窓から聖霊の光が降るかのような視覚効果をもたらす（図98）。牢獄に捕われたペトロの左にも窓があるために、盲目のパウロ同様、明るい光との対比によって、ペトロが閉じ込められた牢獄の闇が浮かびあがる（図99）。北側廊では、ペトロが病の人々を癒す奇跡が描かれ、病の人（あるいはそれを癒すペトロ）の背後に位置する窓は、神の光が病の人を照らし、病が癒されていくようすを示唆しているように見える（図100）。魔術師シモン・マゴスと対決するペトロとパウロの背後にも窓があって、2人は確かに明るさに満ちた神の後ろ盾を得ている。その光の力があったからこそ、使徒サイクルを締めくくる最後の場面に見られるように、サタンは梯子から真っ逆さまに落ちて闇へと葬られた（図101）。

　宮廷礼拝堂の内陣、身廊、側廊の採光を見てきた。ここでドームに目を移してみよう（図102）。ドームを支えるドラム（円形胴部）には合計8つの窓があって、窓と窓の間に天使の立像が1人ずつ配されている。円形の胴部に、天使、窓、天使、窓、天使、と交互に配列され、円陣を作っているために、アーチ型の窓の上部に、左右に立つ天使の翼が覆いかぶさっているように見える。窓の左に立つ天使の翼と、窓の右に立つ天使の翼、この2枚の翼が、窓の上で折り重なる。そのために、天使の翼のもと、神の光が日だまりのように集まりとどまっているかのように見える。ドームの下に立って真上

図95　パレルモ　宮廷礼拝堂　身廊北壁面　楽園追放

図96　パレルモ　宮廷礼拝堂　身廊北壁面　生みの苦しみと労働の苦しみを負わされたアダムとエバ

図97　パレルモ　宮廷礼拝堂　身廊北壁面　アベルの殺害

図98　パレルモ　宮廷礼拝堂　側廊南壁面　サウロ（パウロ）の回心　パウロの洗礼

図99　パレルモ　宮廷礼拝堂　側廊南壁面　牢獄のペトロ

図100　パレルモ　宮廷礼拝堂　側廊北壁面　病の人々を癒すペトロ

図101　パレルモ　宮廷礼拝堂　側廊北壁面　シモン・マゴスの失墜

図102　パレルモ　宮廷礼拝堂　ドーム

を見上げるわたしたちは、頭上の窓から差す光の中にあると同時に、天使の翼のもとに立っている。内陣、身廊、側廊のモザイクに織り込まれた窓から取り込まれる光の働きは、礼拝堂に足を踏み入れる者が、主の御翼のもとに覆い守られ、神の光の中に包まれるというメッセージを、見る者に伝えているように思われる。それはまさに、詩編において歌われている1節を視覚化したものに他ならない。「神よ、慈しみはいかに貴いことか。あなたの翼の陰に人の子らは身を寄せ（中略）あなたの光にわたしたちは光を見る」（詩編36編8-10節）。

✥6　モザイク・プログラムの解釈

　ここまで、聖堂内の採光と新約・旧約の物語とを連動させる宮廷礼拝堂の例を、具体的に指摘した。建造物の枠組みの中にモザイク・プログラムを配置していく上での工夫を、ここに見て取ることができる。外光を物語の中に巧みに取り入れることによって、宮廷礼拝堂は独自のメッセージを作り出していた。モンレアーレ大聖堂には

そもそもドームがなく、宮廷礼拝堂の図像に大きく依拠しながらも、モデルとなった宮廷礼拝堂とはまったく異なるプログラムを作り出している。ここから、モンレアーレ大聖堂のモザイク・プログラムの独自性について考えてみたい。

〔1〕 ペトロ伝サイクル、パウロ伝サイクルの含意

　第1に、南北のサイド・アプシスに展開する聖ペトロと聖パウロの物語を見てゆく。2人の使徒の物語は、一見独立したサイクルであるようにも見えるが、南北翼廊のキリストの生涯からの連続が、巧みに作り出されている。南翼廊のキリスト伝サイクルは、キリストの公生涯の始まりを示す「荒野の試み」から始まり、「ペトロの否認」を含む「キリストの捕縛」で終わる。ペトロは、逮捕されたキリストのことを知らないと言って師を裏切るが、鶏の鳴き声によって自らの誤りに気づく。南翼廊に続く南サイド・アプシスには、半円形の弧を描く壁面に、大きなペトロの座像が描かれている（図103）。つまり、南側の翼廊に描かれたキリスト伝サイクルは、その中に含まれる「ペトロの否認」を手掛かりとして、キリスト伝からペトロ伝の流れを途切れさせることなくつなげ、それによって南サイド・アプシスのペトロ像へと、見る者の視線を導いていく。

図103　モンレアーレ大聖堂　南サイド・アプシス　使徒聖ペトロ

　同じような手法が、北翼廊と北サイド・アプシスのパウロにも見られる。パウロはキリスト教徒を迫害していたが、神の光に打たれて回心し、ペトロと同じ殉教の死を遂げる。北翼廊のキリストの生涯は「聖霊降臨」で終わり、ここに描かれる使徒たちの中にパウロは含まれない（図104）。しかしながら、使徒たちの頭上に降ったのと同じ聖霊が、回心したパウロの洗礼場面で彼自身に降り（図105）、こうした図像間の連関を巧みに利用して、キリスト伝（北翼廊）はパウロ伝（北サイド・アプシス）へと途切れることなく引き継がれてゆく。見る者は、キリストの生涯から連続するパウロの生涯をたどり、最終的に北サイド・アプシスの大きなパウロの座像へと至る。

図104　モンレアーレ大聖堂　北翼廊　聖霊降臨

　南北の翼廊とサイド・アプシスに共通するのは、第1に、キリスト伝からパウロ伝、あるいはペトロ伝へと自然な流れを作り出していること、第2に、ペトロ、パウロ両者ともに、キリストから離反する場面が含まれていること、第3に、キリストからの離反を覆し、殉教の死を経てアプシスの座像に至るという点である。南北のサイド・アプシス手前にそれぞれ描かれる2人の殉教場面では、ペトロは頭を逆さまにして十字架にかけられ、パウロは前に倒れこむ姿で

図105　モンレアーレ大聖堂　北サイド・アプシス　パウロの洗礼

145

図106　モンレアーレ大聖堂　南サイド・アプシス　ペトロの殉教

図107　モンレアーレ大聖堂　北サイド・アプシス　パウロの殉教

図108　パリ　フランス国立図書館　『ヨアンニス・カンタクジノスの神学著作集』写本

断頭される（図106、107）。この2場面が、メイン・アプシスのキリスト（図91）を挟んで、アプシスよりもやや低い位置の左右に配置されていることを強調しておきたい。

　ここで大聖堂の立地を振り返ってみると、ライバルであったパレルモ大司教区をはるか足下に見下ろす、山の上であったことが思い出される。山頂において、使徒が倒れこむ、あるいは上下逆さまに覆される、という2つの要素は、福音書において語られる「キリストの変容」を想起させる。キリストは、タボル山で、弟子たちの前に初めて神としての自らの姿を明かされた（マタイ第17章1-13節、マルコ第9章2-13節、ルカ第9章28-36節）。キリストの変容を見たのは、弟子のうちヨハネ、ヤコブ、ペトロであった。彼らは、キリストに連れられて山に登り、師の神性を目の当たりにして、驚きのあまり山の斜面を転げ落ちる姿で描かれる（図108）。山から転げ落ちるという一見奇妙な図像は、キリストの変容が弟子たちを根底から覆すほどの体験であったことを伝えている。モンレアーレ大聖堂のサイド・アプシスに描かれるのは、ヨハネ、ヤコブ、ペトロではなく、ペトロとパウロの2人であるが、山上に顕われる神の姿（メイン・アプシスのキリスト）と、前に倒れこみ逆さまに覆された使徒たち（ペトロとパウロ）、その両方の要素を内陣に擁する大聖堂は、福音書で語られる「キリストの変容」との類比を思わせる。

　それでは、「キリストの変容」との並行を暗示することによって、大聖堂のモザイクは、いかなるメッセージを語っているのだろうか。英語のmartyr（殉教者）の語源は、ギリシア語のmartureoで、この語は「証言する、目撃する」という意味を有している。つまり、殉教とは神を見ることに他ならない。殉教のとき、ペトロとパウロは確かに神の姿を見ただろう。こうして、殉教のとき神を見た使徒たち（ペトロとパウロ）が、「変容」において神を見た弟子たちに重ねられたと考えられる。

　山を転げ落ちながら、弟子たちが変容するキリストの神としての姿を見たように、わたしたちは今、山の上に姿を顕す、アプシスのキリストを目の前に見ている。平地のパレルモ大聖堂では見ることのできない神の姿が、ここ山上のモンレアーレにおいて顕される。聖堂の立地とモザイクのプログラムは、パレルモ大司教区に対するモンレアーレ大聖堂の優位を物語っているようにも見える。

〔2〕「ノアの洪水」の含意

　ここでパウロとペトロの物語をいったん離れて、身廊の天地創造に立ち戻りたい。天地創造の始まりを示す場面では、水面に顔のようなものが浮かび上がっている（図109）。「闇が深淵の面にあり、神の霊が水の面を動いていた」（創世記第1章2節）という旧約の文言を視覚化したものであろう。旧約の文言は視覚化しにくく、具体的に表現しようのない世界の始まりを、水に顕われた神の顔として表わそうとしているように思われる。神がすべてを覆い尽くし、すべてと一体の存在であって、ここからあらゆるものどもが分化して世界が始まったことを示すために、あたかも神自身が水に溶けこんでいるかのように表されたと想像される。

　それゆえ、ノアの洪水の場面では、創造の場面で水の面に浮かんでいた神の顔が怒り狂い、箱舟の下の水を大きく揺さぶっているかのように見える。波型を繰り返す連続アーチの形状との相乗効果で、波はアーチの盛り上がりに乗ってますます大きな波となる（図110）[202]。

　モンレアーレの「ノアの箱舟」を、宮廷礼拝堂との比較によって、さらに見てゆきたい。モンレアーレの箱舟の物語は、宮廷礼拝堂の3場面を拡充し、「箱舟の造船」（図111）、「乗船」（図112）、「洪水」（図113）、「乾いた地に乗り上げる箱舟」（図114）、「契約の虹」（図115）の合計5場面によって構成される。宮廷礼拝堂では、南壁面東端に水面上の箱舟が描かれるが、船体後部は壁面の枠内に収まりきらず、途切れてしまっている（図116）。続く場面では、アーチとアーチの間の壁面を谷間に見立て、乾いた岩に乗り上げた箱舟が描かれている。梯子からは動物たちが乾いた地へと降り立ち、箱舟には神との契約の虹がかかっている。箱舟と山との間にかかる虹の下に、アーチの弧に沿って山を下る神の姿が描かれる。

図109　モンレアーレ大聖堂　身廊南壁面　天地創造

図110　モンレアーレ大聖堂　身廊南アーケード　ノアの洪水

図111　モンレアーレ大聖堂　身廊南壁面
箱舟の造船

図112　モンレアーレ大聖堂　身廊南壁面
箱舟への乗船

図113　モンレアーレ大聖堂　身廊南壁面
洪水

図114　モンレアーレ大聖堂　身廊南壁面
乾いた地に乗り上げる箱舟

図115　モンレアーレ大聖堂　身廊南壁面
契約の虹

　箱舟の描き方を見てみると、宮廷礼拝堂では、一定の進行方向に向かって進むように描かれている（図116）。乗船している人が、みな西を向いていることから、舟は東から西に向かって進み、その結果岩の上に辿り着いたことが表される。一方、モンレアーレの箱舟は、梯子の立てかけ方が左右対称で、水に浮かんで描かれる場面でも、一定方向に向かって流されているというよりは、水面上に静止しているように見える（図113）。宮廷礼拝堂の箱舟は側面から描かれ、モンレアーレの箱舟は、それに倣って下部を側面から描いているが、上部（船室にあたる部分）は、側面からではなく、船体を正面からとらえたかのような描き方をしている。つまり、正面観や中心軸を強調するという、先行研究で紹介したエミリオの観察は正しい。しかしながら、こうした作為的な構図は、聖堂東端のアプシスから遠ざかる観者の視線を押しとどめるためであったとするエミリオの解釈に、筆者は必ずしも賛同しない。

　箱舟の造りを見ると、宮廷礼拝堂のほうが、はるかに自然な舟の形に見える。モンレアーレの箱舟は、正面観を強調するのには好都合であっても、舟の形としてはかなり不自然である。テッセラの色から、箱舟の材質は木材であることがうかがわれるが、木製というよりは、むしろ方形の石板を組み合わせて船体が構成されているように見える。石製のような板の表面には、線刻によって浮き彫りが施されているように見える。そのため、木の板を張り合わせたというよりは、大理石の薄い腰板を思わせる。石の船が水に浮くとは考えにくく、このような造形は箱舟としては不自然なものである。それではなぜ、宮廷礼拝堂のモデルから離れてこのような形が作り出されたのか。また、モンレアーレの箱舟のモデルとなったものはいったい何であったのか。

　モンレアーレの箱舟の真のモデルは、意外な所に見いだされる。それは、パレルモの文化財監督局に所蔵される石の墓碑である（図117）。墓碑に刻まれた銘文から、1148年に制作されたものであることが知られている。1148年といえば、モンレアーレ大聖堂着工よりも30年近く前のことであり、モザイク制作者が、パレルモでこの墓碑を直接目にしていた可能性は高い。墓碑は方形の上部に、切妻屋根の先端を切り落とした台形を付け足している。中央の円形内には十字架が配され、十字架の上下左右に、ラテン語、ギリシア語、ヘブライ語、アラビア語の4カ国語による銘文が見られる。方形と台形を組み合わせた形状、全体をいくつかの区画に分割し、浮彫りを

第2章　箱舟は死者をのせて――モンレアーレ大聖堂

図116　パレルモ　宮廷礼拝堂　身廊南壁面　ノアの洪水

施す点において、モンレアーレの箱舟との間に、ある種の類似を認めることができるだろう。

　箱舟を描くにあたって、素材の異なる、しかもおよそかかわりのない墓碑という物体をあえて参照したのは、いったいなぜだったのだろうか。こうした特殊な描き方の中に、制作者の何らかの意図が込められていると筆者は考えている。

　モンレアーレの「ノアの箱舟」の最終場面である「契約の虹」を見てみよう（図115）。「契約の虹」は、宮廷礼拝堂では、箱舟の屋根から山に向かって弧を描いてかかり、虹の下に神の姿が描かれていた（図116）。一方、モンレアーレでは、箱舟ではなく祭壇が虹の起点となっており、虹はノアとその家族の頭上に弧を描いている。宮廷礼拝堂で、虹の下に全身で描かれていた神の姿は、モンレアーレでは右上の半円に半身像で小さく描かれ、宮廷礼拝堂にはなかったいくつかの要素（祭壇、ノアとその家族の立像）が新たに加えられた。宮廷礼拝堂では、虹が神の光背をかたどっているかのようにも見え、全身像で描かれる神の姿が強調されていた。一方モンレアーレでは、ノアとその家族が虹によって囲まれ、神の祝福が頭上から降り注ぐかのように描かれる。こうした細部における宮廷礼拝堂との違いもまた、墓碑をモデルとする特殊な箱舟の造形と同じように、制作者の意図に基づくものであったと筆者は考えている。

　ウィレルムス2世は、モンレアーレ大聖堂に母を埋葬し、祖父と父の石棺もここに移送した。このことから、「ノアの箱舟」が墓碑（石棺）を真似た造形であることの意味を読み取ることができるのではないか。当初、ここは大修道院として教皇の承認を得ていたが、

図117　パレルモ　文化財監督局　墓碑

上に紹介した先行研究が指摘しているように、ウィレルムス2世は、完成の暁にここを王家の墓所とし、ノルマン王家の石棺を運び入れることを初めから意図していた。箱舟の中で洪水を生き延びる人々の姿は、石棺の中に眠る王家の人々の姿を代弁しているように思われる。石棺の中で眠る王家の人々が、いずれここモンレアーレに運び上げられることを、モザイクがあらかじめ語っていたということである。墓碑（石棺）を模した箱舟の特殊な造形は、王家の人々の石棺を移送することを目論むウィレルムス2世の意志を反映したものであった、と筆者は考えている。

　さらに、岩の上に乗り上げた箱舟は、山上に立つ大聖堂と重ねられるだろう。大聖堂の木製天井（図90）は、何度も取り替えられ、建立当時の部材は残されていない。とはいえ、同時代西ヨーロッパのロマネスク聖堂に多く見られる石積みのバレル・ヴォールト（半円筒形のトンネル状天井）や交差ヴォールトではなく、木製の木組み天井に覆われた身廊は、木製の船体を想起させる。ギリシア語で、聖堂の身廊を表すnaosという語は、もともと船体を意味していた。したがって、聖堂に船体を重ねる見方は自然であろう。木製天井は、聖堂を船体に見立てる、特別の意図に基づいた視覚効果を生み出しているように思われる。つまり、大聖堂それ自体が、洪水を生き延びて山上に漂着した船を象徴的に表すものと解釈される。見下ろせば、足下にはパレルモの港と海辺の街、はるかかなたに広がる青い地中海を見渡すことができる。たとえ海から津波が押し寄せたとしても、聖堂＝船体は山上に漂着し、ノアが洪水を生き延びたように、聖堂＝船体もまた、この世の荒波を生き延びるだろう。そして生き延びたノアたちが神の祝福を受けて契約の虹に覆われたように、この山上の聖堂にこそ、神の祝福が注がれる。それが、モンレアーレ大聖堂に描かれた「ノアの箱舟」の含意ではなかったか。聖堂建立を箱舟の造船にたとえ、箱舟によって洪水を生き延びたノアとその家族に自らの姿を重ね、神の契約の虹が自らの頭上に注がれることを願う、聖堂建立者の意志をここに見てとることができるだろう。

　12世紀のシチリア島には、洪水に見舞われた痕跡が残されている[203]。島内陸部のピアッツァ・アルメリーナには、ローマ帝国時代の遺跡があり、構内には、ローマ皇帝の別荘を飾る大規模な舗床モザイクが残されている。舗床モザイクは、2,000年近い年月を経た今もなお良好な保存状態であることが知られている。その要因として、12世紀の洪水があげられる。洪水のもたらした堆積が、モザイクの施さ

れた床面を厚く覆い隠し、風雨や戦争のような人災からモザイクを守り抜いたと言われている。島内における大規模な洪水が、12世紀の人々にとって、大いなる脅威であったことは疑いない。モンレアーレ大聖堂の建立にあたって、パレルモを見下ろす立地が選ばれたことの意味の1つを、ここに見いだすことができるだろう。たとえ海辺の街パレルモが大波や洪水に飲み込まれ水面下に沈められることがあっても、山上の大聖堂とウィレルムス2世の一族は、あらゆる天災、人災を生き延びるだろう。ノアとその家族だけが、洪水を生き延びたように。長年パレルモ大司教との確執を続けてきた王家による高らかな勝利の宣言を、ここに読み取ることができるかもしれない。

〔3〕 写本挿絵との比較

　ここで、写本挿絵に描かれたノアの箱舟について検討してみたい。取り上げる写本は、以下の4点である。Dublin, Trinity College MS 117 (fol. 110r), Windsor, Eton College MS 96 (fol. 2 v), Oxford, Bodleian Library 270b (fol. 9 v), Paris, Bibliothèque de l'Arsenal MS 1186 (the Psalter of Blanche of Castille, fol. 13v).[204]

　トリニティ写本の挿絵（Dublin, Trinity College MS 117, fol. 110r）は、ノアの箱舟を3つの異なる視点から図式的に描いている（図118）[205]。箱舟は、いくつかのパーツを組み合わせて作られた台形で、パレルモの石棺に少し似ているかもしれない。モンレアーレ大聖堂に収められたウィレルムス2世の石棺もまた、台形と長方形の組み合わせである。箱舟と石棺は、そもそもまったく異なるものであるが、こうした比較からは、両者の共通項が浮かびあがる。

図118　ダブリン　トリニティ・カレッジ　トリニティ写本（Trinity College MS 117, fol. 110）

　大変興味深いことに、トリニティ写本の箱舟には、汚物を貯めておく場所が設けられており、ラテン語の銘がそれを明示している。汚物を貯めこむ場所は地獄と対比され、銘はそれを「地獄の原型」と説明している[206]。つまり、箱舟の内部に地獄に相当する場所が含まれているということである。このことは、箱舟によって墓を暗示しようとした、という筆者の仮説の妥当性を補強する1つの材料となるだろう。死者が墓から起き上がるように、箱舟もまた、死者のいる場所（地獄）を内に抱えているからである。

　次に取り上げるイートン写本挿絵（Windsor, Eton College MS 96, fol. 2 v）は、ノアの箱舟を聖堂になぞらえている（図119）[207]。小尖塔や十字架が箱舟に取り付けられていることから、箱舟が聖堂に見立てられ

第Ⅱ部　イタリアの聖堂装飾

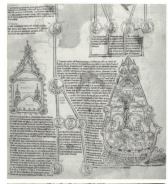

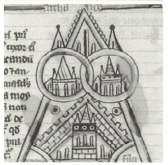

図119　ウィンザー　イートン・カレッジ
［上］イートン写本（Eton College MS 96, fol. 2v）［下］拡大図

ていることがわかる。このような対比は、サン・ヴィクトルのユーグの記述に従うものである[208]。サン・ヴィクトルのユーグは、箱舟＝聖堂と記しているからである。イートン写本の箱舟は、小尖塔に加えて、アーチや柱頭を有している。そのために、箱舟が身廊のアーケードに重ねられているように見える。円形のメダイヨン中に動物の頭部が描きこまれ、ロマネスク彫刻を思わせる。さらにイートン写本の箱舟は、堅固な石の城壁と銃眼を備えている。あたかも箱舟が、城砦に守られた城を表しているかのような描き方である。言い換えれば、箱舟は聖堂のみならず、城をも暗示するものであるように見える。このような対比は、箱舟が洪水を生き延びたように、城が外敵からの攻撃を生き延びるだろうと語っているように見える。

続いてボドリアン写本（『ビブル・モラリゼ』）の挿絵を見てみたい（Oxford, Bodleian Library 270b, fol. 9 v）。ここでは箱舟が天上の都市エルサレムを示唆する建造物と対置されている（図120）。天上の都市エルサレムのアーチの下には、キリスト、聖母、そして使徒たちが描かれている。箱舟と天上のエルサレムを対置する描き方は、何を意味しているのだろうか。第1に、箱舟の造船が、天上の都市エルサレムの建築になぞらえられている。箱舟を造るという作業が、天上のエルサレムの都市建設を想起させるものとして描かれている。第2に、箱舟への乗船が、人々や動物たちが天上のエルサレムへと迎え入れられることを暗示しているように見える。こうした比喩を呼び起こすために、箱舟と天上のエルサレムが対置されたのではないだろうか。洪水の後、箱舟は山の頂に漂着した。高いところに留まる箱舟は、まさに天上のエルサレムを喚起させるのにふさわしい。

ここで、箱舟を聖堂と城に重ね合わせたイートン写本に立ち戻ってみよう（図119）。イートン写本の箱舟＝城もまた、天上のエルサレムを喚起するものと解釈できるかもしれない。写本挿絵の箱舟は、写本を注文した寄進者自身の住まう城を表すものかもしれず、その城が、天上の都市エルサレムと重ねあわされる。つまり、城の主の願い──自らの住まう城が外敵の攻撃を生き延びて、やがて天上へと運ばれ、天上の都市エルサレムとなるようにという願い──を、ここに読み取ることができるかもしれない。

よく見るとイートン写本の箱舟の外枠は、円形と直線状の帯の組み合わせによって描かれている。これらは、箱舟の隣に描かれた系図を構成する要素と同一である。系図中の円形メダイヨンには聖書の登場人物たちが描かれ、各々のメダイヨンが直線の帯によって結

第2章　箱舟は死者をのせて――モンレアーレ大聖堂

ばれ、長い系図が作り出されている。それと同じ直線と円形が、箱舟の尖った屋根を表している。なぜ画家は、系図と箱舟の外枠を似せて描いたのだろうか。その問いに答えるために、もう1つ別の作例を、ここで見てみることにしたい。

『コットン・ロール』と呼ばれる巻物に描かれた系図である（London, British Library Cotton Roll XIV. 12）[209]。『コットン・ロール』の系図は、神の前に立つアダムとエバの円形メダイヨンから始まっている（図121）。2人は、楽園の木の前に立つ姿で描かれている。直線状の帯が、複数の円形どうしをつなぎ、系図を形づくる。系図の始まりのメダイヨンに木が描かれていることから、あたかも楽園の木がさらに大きく伸びて、それによってキリストのファミリー・トゥリー（系図）を形成しているように見える（系図の木は、上に向かってではなく、下方に伸びていくのだが）。『コットン・ロール』の系図と同じ系図が、イートン写本にも描かれており、同じ円形メダイヨンと直線状の帯が箱舟の描写に転用されている。『コットン・ロール』の系図が楽園の木から始まっていることを確認した。このことから、イートン写本の箱舟は、系図の始まりにある、楽園の木の木材を用いて作られているのではないか、という推測が成り立つ。ノアの箱舟がノアとその家族の命を洪水から守り、そのために系図は途絶えることなく続き、ついにはキリスト誕生へと至る。

先に紹介したサン・ヴィクトルのユーグは、箱舟の中心に立てられた柱が、楽園の木を意味すると述べている[210]。サン・ヴィクトル

図120　オックスフォード　ボドリアン図書館　[上]ボドリアン写本『ビブル・モラリゼ』（Bodleian Library MS. Bodl. 270b, fol. 9v）［下］拡大図

図121　ロンドン　大英図書館　『コットン・ロール』（British Library Cotton Roll XIV.12）

153

のユーグによれば、箱舟の四隅には、12の梯子が掛けられ、その1つに次のような文言が記されている。「悪の灼熱を逃れた者たちが、ここから命の木へと登ってゆく」[211]。このことから、イートン写本の画家が、意図的に系図と同じ円形と直線状の帯を用いて、箱舟を描いたのではないか、と推測される。箱舟は、楽園の木へとさかのぼる材料によって造形されたのだ、ということが、箱舟の外枠の描写によって伝えられる。このような描写は、寄進者の意図によるものだったと解釈することができる。寄進者は、箱舟を自らの城になぞらえ、それが命の木によって造形されたことを暗示することによって、城（箱舟）が天上へと運ばれていくことの確証にしようとした。サン・ヴィクトルのユーグは箱舟を次のように描写している[212]。「箱舟は円の弧によって囲まれている。その弧は、地球の軌道を表し、箱舟の船頭へと伸びていく。箱舟の船頭は東方すなわち楽園へと向かう」。長い旅ののちに楽園にたどり着いた箱舟は、やがて天上の都市エルサレムへと変容させられる、ユーグはそのように結論づけている[213]。

続いて、『ブランシュ・ド・カスティーユの詩編』と呼ばれる写本に描かれた、箱舟の例を見ていこう（Paris, Bibliothèque de l'Arsenal MS 1186, fol. 13v）[214]。円形の枠内に挿絵を描きいれるやり方は、『ビブル・モラリゼ』写本挿絵と共通であるが、『ビブル・モラリゼ』のように複数の円形を2列に並置させるやり方ではなく、大きな円形を2つだけ、上下に配している、シンプルな挿絵である（図122）。ここでは、「ノアの箱舟」が上に、「アブラハムの犠牲」が下に描かれている。2つのテーマは、どのように関連づけられるものなのだろうか。

この問いに答えようとするとき、サン・ヴィクトルのユーグによる箱舟についての記述が、再び大きなヒントを与えてくれる。ユーグによれば、ノアの箱舟は、アブラハムの膝にたとえられるからである[215]。挿絵を見ると、確かに箱舟の下部は大きな弧を描き、それがアブラハムが膝の上に広げた布のひだを想起させる。しばしばアブラハムは、膝の上の布に死者の魂を載せて、天国で聖母らとともに席に着く姿で描かれる（図167［上］）。

一方、「アブラハムの犠牲」は、愛する息子イサクを神のためにささげることをためらわなかったアブラハムの信仰の強さを表すできごとである。その信仰の強さは、死を前にしても決して信仰を捨てようとしなかった殉教者の強さにもつながる。殉教者たちは、天国に迎え入れられ、アブラハムの膝上に抱えられることになる。ここ

図122　パリ　アルスナル図書館　『ブランシュ・ド・カスティーユの詩編』(Bibliothèque de l'Arsenal, MS 1186, fol. 13v)

に、箱舟とイサクを上下に配した挿絵の意図を読み取ることができるだろう。2つの場面は、旧約聖書に基づく2場面というだけで、一見関連のないもののように見えるが、「アブラハムの犠牲」が確固たる信仰を表す一方、箱舟の弧がアブラハムの膝上の布を示唆する。それによって、信仰を守り抜いた者たちが、天国のアブラハムの膝に抱えられたことを見る者に伝えているのではないだろうか。

　最後に、もう1度ボドリアン写本 (Oxford, Bodleian Library 270b, fol. 9v) に立ち戻ってみよう（図120）。洪水のとき、ノアは鴉と鳩を外に向かって放った。乾いた地を見つけるためである。挿絵は、鴉と鳩の両方を描いており、銘は鴉が罪びとを表すと説明している。罪びとは箱舟から追い出されてしまうが、罪のない人を表す鳩は、箱舟に留まることができる。すなわち、ノアの箱舟は、罪びとと罪のない人とを分ける、最後の審判と対比されるものとしてここに描かれていることがうかがわれる。罪びとは地獄へと落とされ、罪のない人だけが、箱舟に乗って天国へと運ばれていく。

　ここまで、いくつかの写本挿絵に描かれたノアの箱舟を見てきた。各々の写本において、ノアの箱舟はさまざまな含意をまとって描かれていることを指摘した。たとえば、箱舟は聖堂であり、同時に城を含意するものでもあり、さらに天上の都市エルサレムとも重ね合わされる。箱舟は命の木を材料にして建設され、罪なき人を天国へと運び、箱舟の弧は、天国の宴席に着くアブラハムの膝を喚起させる。写本挿絵のこうした作例は、モンレアーレのモザイクに描かれた箱舟が、墓石と重ね合わされていたと考える筆者の推論を補強する傍証となるものだろう。箱舟は、天へと運ばれることを切に願う寄進者の祈りを表すものであるように思われる。

　ここでモンレアーレ大聖堂に隣接する回廊に出てみたい。本章では、回廊の柱頭彫刻についてまったく触れてこなかったが、ロマネスク様式の柱頭彫刻もまた、美術史家らの関心を集めてきた。ここでは、柱頭彫刻ではなく柱身の象嵌について触れておこう（図123）。石造りの柱身の表面には、金、赤、黒、ターコイズブルーのテッセラが嵌め込まれている。黒のテッセラは、一見色がきつすぎるようにも思われるが、シチリアの強烈な太陽光のもと、黒の濃さはいっそう際立って見え、その結果、黒と隣合わせに置かれる金は、いちだんと輝きを増す。少し離れたところに立って眺めてみると、あたかも無数の金の粒を集めることによって柱の形が作られているか

図123　モンレアーレ大聖堂　回廊

ように見える。黒、金、赤のテッセラのところどころにターコイズブルーが混じっているために、柱と柱の間に垣間見える青々とした空の色が、柱に穿たれた穴を通して透けて見えるかのように感じられる（実際に柱に穴があるわけではなく、ターコイズのテッセラが嵌め込まれているだけなのだが）。

　象嵌によって装飾が施された柱身と、装飾の施されていない石の柱身が、交互に配され、回廊を取り囲んでいる。象嵌のある柱身も、ない柱身同様石を素材としていることに変わりはないのだが、微細な装飾文様のために、細かい金の粒によって形作られた柱であるかのように見え、屋根を支えるために地上から上に向かって立てられた柱（石の柱）と、天上から注がれる恩寵の光の柱（象嵌の柱）が、交互に並び立つかのように見える。人がどれだけ多く、高い柱を立てて屋根を支え、回廊を作ったとしても、そこに神の祝福と恩寵が降ることがなければ、それは神の庭とはなりえない。人が力をどれだけ尽くし、莫大な富を積み上げたとしても、それだけでは神に届き得ない。

　洪水の後、ノアとその家族の上にかかる契約の虹の鮮やかな彩が、大聖堂を出た回廊の象嵌の柱身において繰り返されているようにも見える。ノアに向かって「産めよ、増えよ、地に満ちよ」と語る神の契約（創世記第9章1節）は、ウィレルムス2世の王朝繁栄を約束することばとして読み替えられたかもしれない。ウィレルムスの願いに反して、ノルマン王朝は彼の代で空しく途絶えることになるのだが。

✤　おわりに

　本章では、モンレアーレ大聖堂のモザイク装飾について論じた。第1に、大聖堂建立時の社会状況と、モザイク・プログラムを概観するとともに、王家、教皇、大司教の関係についてまとめた。第2に、先行研究を紹介した。第3に、モンレアーレの模範となった宮廷礼拝堂を例にとって、連続説話場面の中に巧みに織り込まれた、建造物の窓からの採光に注目した。宮廷礼拝堂ドームでは、神の光が天使たちの翼のもとに集めたたえられ、見る者はその翼によって覆い守られながら、さまざまな場面に介入する神の光を直に体験することになるだろう。

　一方、ドームをともなわないモンレアーレ大聖堂のモザイクは、

宮廷礼拝堂の図像に依拠しながら、特定の部分において独自性を打ち出し、モデルとは大きく異なるメッセージを語るものであった。南北サイド・サイドアプシスに配されたペトロ伝、パウロ伝は、アプシスのキリスト像とともに、山上の聖堂ならではのメッセージ、すなわち「キリストの変容」との類比を示唆しているように思われる。続いて身廊の創世記サイクルの中から、「ノアの箱舟」に注目し、そこに聖堂建立者の意図を読みとることを試みた。墓碑（石棺）を模した箱舟、そして箱舟を模した聖堂が、山上において洪水を乗り切り、神による祝福の虹がかかる場所となることを、モザイクの物語はわたしたちに語っているように思われる。

　王の墓所としての機能をはたしてきた聖堂は、モンレアーレ大聖堂の他にも数多く現存している。たとえば、パリ近郊のサン・ドニ大聖堂、モスクワ・クレムリンのアルハンゲリスキー大聖堂、セルビアのストゥデニツァ修道院などである。聖堂建立に至るまでの経緯、建築や装飾の年代、建立のために選ばれた立地、周囲の都市景観、王朝とそれを取り巻く社会のありよう、王家と教会のかかわりは、それぞれ大きく異なっている。また、装飾の媒体も、モザイク（モンレアーレ）、フレスコ（アルハンゲリスキー、ストゥデニツァ）、ステンドグラス（サン・ドニ）と多岐にわたる。こうした各所の聖堂装飾を精査することによって、墓所に表された王たちの意志を読み解くことが、今後の課題となるだろう。

第3章
新たなる木へと
生まれ変わる──オトラント大聖堂

✣　はじめに

　オトラント大聖堂舗床モザイクの最大の特徴は、キリスト教図像に加えて、世俗的なモティーフが数多く描きこまれていることである（図124）。たとえば、月暦と月ごとの労働、狩猟、戦闘、楽隊、神話上あるいは空想上の動物（ケンタウロス、サテュロス、グリュプス、

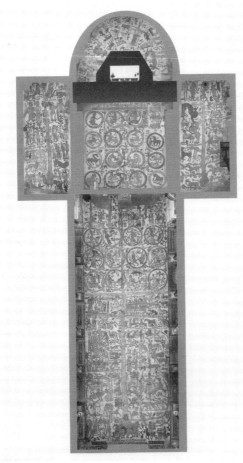

図124　オトラント大聖堂　全体図

セイレン、有翼獣、一角獣、犬頭人、人面鳥）といったモティーフが多く登場する（図125）。こうした世俗モティーフは、初期キリスト教時代に由来するもの[216]、北イタリアやフランスの聖堂彫刻に類似するもの、シチリア・アラブ様式の影響を受けていると考えられるものなどがあり、図像の源泉を1つに限定することはできない[217]。

聖俗混在する図像群のために、オトラントの舗床モザイクは謎に満ちたものと思われてきた。本章は、オトラント大聖堂の身廊と南翼廊に焦点を当て、舗床モザイクがいかなるメッセージを見る者に語りかけているのかを明らかにすることを目指す。

第1に、オトラント大聖堂の概要を紹介する。第2に、聖堂の各部分に描かれた図像の記述と同定を行うことによって、舗床モザイクの全体像を把握する。第3に、モザイクに関する先行研究を概観し、これまでに提出されてきた数々の解釈を検討する。近年の研究成果としては、アプシスのモザイク図像に対する新解釈を提出したアングルの論文がある。北翼廊の図像（最後の審判）は、比較的わかりやすく、先行研究の見解も一致している。一方、身廊と南翼廊の中には、説明のつかない図像がいまだに複数残されている。そこで第4に、身廊・南翼廊の舗床モザイクについて、筆者独自の新しい解釈を提出したい。

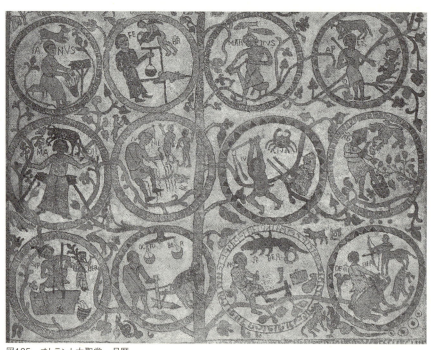

図125　オトラント大聖堂　月暦

✤ 1　オトラント大聖堂の概要[218]

　オトラントは、南アプーリア地方の一港湾都市で、イタリア半島のかかとに位置する。オトラント海峡を挟んで、バルカン半島のイピロス地方はすぐ目の前で、南伊からギリシアに渡るには、オトラント港からの海路が最短距離である。本港は、ゴート戦役以来、対ランゴバルト戦や対アラブ戦などの際、ビザンティン側の駐屯地としての機能を果たしてきた。オトラントは1068年までビザンティン帝国の支配下におかれ、以降1480年にオスマン帝国の支配下に入るまでの400年間、ノルマン王朝ほか複数の王朝の支配下にあった。

　大聖堂建立については、1088年の献堂式の記録が残されている。記録によれば、オトラント大司教の願いにより、ベネヴェント大司教、シチリア伯ロゲリウス１世、バーリ、ブリンディシ、ターラントの大司教が献堂式に参列した。ただし、献堂式の際にモザイクはまだ敷かれていなかったらしい。モザイクの制作年代は、銘文に1163年、1165年と記されているからである。

　大聖堂の平面図（図126）を見ると、あちこちに不自然な箇所が見受けられる。南北翼廊に続く東端の２祭室は、大きさが異なっている。南側の祭室は北側よりもかなり大きく、中央のアプシスよりやや東に突き出ている。一方、クリプタには柱頭を頂かず、天井の交差ヴォールトに直接突きささる柱身が見られる。西側ファサードの扉口周辺には、明らかにロマネスクとは異なる様式の装飾が見られる。聖堂建設中にプランの変更が行われたか、あるいは完成後、聖

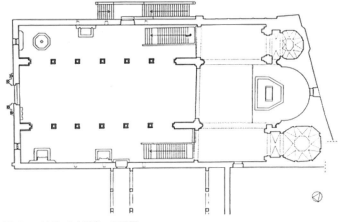

図126　オトラント大聖堂　平面図

堂の複数箇所に改変が加えられたらしい。17世紀にイコノスタシスが取り除かれ、18世紀に入ると主祭壇の拡張、司教の墓の設置、ファサードの改変が施工されたことが知られている。こうした工事の際、舗床モザイクに部分的に欠損が生じた[219]。

　モザイクの銘文は、複数の箇所に見られ（アプシス、身廊メダイヨンの周囲、身廊ほぼ中央にあたる「ノアの箱舟」の上下、身廊西端）[220]、その内容は重複している。「ノアの箱舟」の上下に敷かれた帯には「わたしたちの主イエス・キリスト降誕から1165年後、第14インディクション（1165年9-12月）のとき、わたしたちの支配者ウィレルムス大王の治世下、キリストの僕オトラントの大司教ヨナタンは、司祭パンタレオンの手により、この作品を施行させた」とある。一方、アプシスの祭壇下の帯には「わたしたちの主イエス・キリスト降誕から1163年後、第11インディクション（1163年1-8月）のとき、強大なる勝利者ウィレルムス王の治世下、キリストの僕ヨナタンは……」となっている。つまり、モザイクの制作年代について1163年と1165年の2つが記されている。銘文に出てくるヨナタンは、1179年までオトラントの大司教を務めていた。パンタレオンなる人物に関する記録は、この銘文以外の史料には残されていない。

✢2　舗床モザイクの記述、図像の同定

　舗床モザイクは、大きく5つに分けることができる。身廊（図127、128）、アプシス（図129）、プレスビテリー（図130）[221]、北翼廊（図131）、南翼廊（図132）、である。それでは、身廊西側から順に図像を確認していきたい[222]。

〔1〕　身廊

　大聖堂西側扉口付近に、2頭の象が互いに背を向けて立っている（図133）。岩のように膨らんだ木の根元が、2頭の象の背中に挟まれている。ここが、扉口からプレスビテリーまで、身廊をえんえんと東に向かって伸びる大きな木の出発点である。象と並んで、北側には盾を持って戦う人、南側には角笛を吹く人が見られる（図134）。続いて、矢によって射ぬかれた鹿、人面獣、駱駝のような首とひづめを持つ鳥、有翼獣、とぐろを巻く太い蛇を丸ごと飲み込もうとする獣が次々と現れる。弓矢を手にした女は、ディアナあるいはアマゾネスだろうか（図135）[223]。空想上の動物たちが互いにどのように

図127　オトラント大聖堂　身廊

第3章 新たなる木へと生まれ変わる──オトラント大聖堂

図128　オトラント大聖堂　身廊

第Ⅱ部　イタリアの聖堂装飾

図129　オトラント大聖堂　アプシス

図130　オトラント大聖堂　プレスビテリー

第3章 新たなる木へと生まれ変わる──オトラント大聖堂

図131　オトラント大聖堂　北翼廊

図132　オトラント大聖堂　南翼廊

図133　オトラント大聖堂　身廊西側入口　木の根元で背を向けあう象

図134　オトラント大聖堂　身廊　角笛を吹く人

図135　オトラント大聖堂　身廊　矢で射抜かれた鹿

図136 オトラント大聖堂　身廊　アレクサンドロス大王

図137 オトラント大聖堂　身廊　バベルの塔建設

図138 オトラント大聖堂　身廊　バベルの塔と身廊の大きな木

関連しあうものなのか、あるいは特に関連性を有しない充塡モティーフなのか、定かではない[224]。

　身廊南側のアレクサンドロス大王は、2頭のグリュプス（鷲の頭と翼、獅子の胴を有する怪鳥）の背に椅子を据え付けて座り、両手に串刺し肉を持っている（図136）[225]。グリュプスは肉に食らいつこうとして、くちばしを上に向けている。アレクサンドロスは、肉に向かって飛びつこうとするグリュプスを利用して、空高く昇っていくことを試みたと伝えられる。アレクサンドロス大王の頭上には、木の枝にからみつく人、枝から逆さまにぶらさがる人、枝に食らいつく動物、首から上が二股あるいは三股に枝分かれした動物、ひづめの代

図139　オトラント大聖堂　身廊　ノアの箱舟

わりに人の手足を持つ動物、尾が人の足のように2つに分かれているあざらし、人を飲み込む魚、魚にまたがる人など、空想上の動物たちがひしめき合う。

　アレクサンドロスと左右対称の位置にあたる身廊北側には、1つの頭に対して4つの身体を持つ獅子が描かれている。

　さらに身廊北側では、バベルの塔の建設が進行している（図137）。人々は塔に立てかけた梯子を登り、レンガを積み上げていく。塔の南側にある身廊中央の大きな木の幹を見てみると、塔の建つ地面と同じ高さのあたりから、5本の枝が短く水平に伸びている（図138）。5本の枝は、塔に立てかけられた梯子の段を繰り返しているように見える。枝と枝の間には、うさぎを捕らえた鳥、人の死体をわしづかみにする鳥が描かれている。鶏は、2つあるくちばしを別々にぱくつかせ、死体をつつこうとしている。尾は蛇のように長くとぐろを巻いて、尾の先端は死体の足首にからみつく。

　「ノアの箱舟」に目を移すと、「バベルの塔」とは対比的な描き方が見られる（図139）。バベルの塔はレンガ積みであったが、箱舟は板張りである。人々はトンカチ、ノコギリ、斧といった大工道具を手に、箱舟を造っている。身廊中央の幹に斧が立てかけられていることから、あたかも身廊の大きな木の枝から、木材が切り出されているかのように見える（図140）。身廊の木を切り出して造った船に乗り、ノアは洪水を生き延びたということかもしれない。

　身廊をさらに東に進むと、次に現れるのは黄道十二宮である（図141、142）。1月から12月までの月暦と星座、各月にちなんだ行事、あるいは労働や生活のようすが合わせて描かれる。身廊中央の東西軸上に描かれた大きな木の枝々は、メダイヨンの間をぬってさらに

図140　オトラント大聖堂　身廊　[上]箱舟の造船　[下]木に立てかけられた斧

図141 オトラント大聖堂　身廊　月暦　1月〜6月

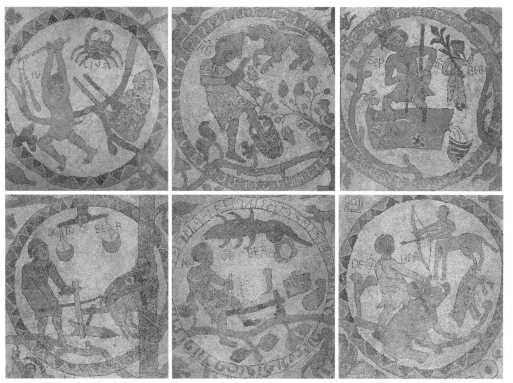

図142 オトラント大聖堂　身廊　月暦　7月〜12月

東へと伸びている。そのため、高く伸びた枝の間から星々を仰ぎ見ているような視覚効果が生みだされる（図128）。

1月の女は、火に手をかざす。2月には、豚の丸焼きと鍋が描かれ、調理する女が見られる。3月の男は、低い椅子に腰掛けて足の汚れを落としている。4月には、羊飼いが群れを放牧している。5月の男は、両腕を広げて枝を握りながら立っている。6月には、前かがみの男が小麦を鎌で刈っている。7月の男は、棒を振り上げて脱穀を行っている。8月にはぶどうの収穫、9月にはぶどう絞りが行われる。男が桶の果実を足で踏みつけ、バケツに果汁が注がれる。10月の男は、牛にすきを引かせて畑を耕している。11月には、男が衣の裾をつまんで種まきをしている。12月の労働は、豚の畜殺である。

黄道十二宮を越えてさらに東へ進むと、「楽園追放」、「カインとアベル」の2つの創世記場面が描かれる。中央の大きな木の幹をはさんで、天使がアダムとエバを追い払う（図143）。彼らの足下に見えるアーチ状の窓は、天国の扉であろう（図144）。扉の北側に立つ人物について、ヴィレムゼンは、トルチェロの楽園の図像や、パレルモの宮廷礼拝堂の創世記サイクルとの比較により、キリストとともに十字架にかけられた良き盗人であると同定している[226]。さらに、主にささげものをするカインとアベル（図145）、アベルを殺すカイン（図146）が隣合わせに配列される。

ここで注目すべきなのは、創世記の物語の中に唐突に挿入されたアーサー王の姿である（図147）。王は大猫に戦いを挑む。続く場面には、大猫によって噛み殺される王の姿が描かれている。アーサー王の頭部近辺から身廊東端にかけて、モザイクが大幅に欠損している。17世紀末、イコノスタシスが取り除かれた際に欠損したものであることが知られている[227]。

図143　オトラント大聖堂　身廊　楽園追放

図144　オトラント大聖堂　身廊　楽園の扉

図145　オトラント大聖堂　身廊　カインとアベル
図146　オトラント大聖堂　身廊　アベルの殺害
図147　オトラント大聖堂　身廊　アーサー王

〔2〕　プレスビテリー

　身廊中央を東に伸びる大きな木の幹は、今やプレスビテリーにまで到達し、木の最先端には蛇がからみついている。木の左右に立つアダムとエバは、黄道十二宮と同じ、メダイヨンに囲まれている。牛、熊、駱駝、象、豹、山羊、鹿、一角獣など、合計16のメダイヨンが縦横各4列に並ぶ（図130）。16のメダイヨンのうち、最東端の4列には、北からシバの女王、ソロモン、セイレン、グリュプスが配置される（図148）。女王の足は、左右の色が異なっている。東南の端にあるグリュプスのメダイヨンを見ると、白い筋状のテッセラが縦に入っており、白い筋は、矢で射抜かれた鹿のメダイヨンに達するほど長く伸びている。

　1711年、大司教オルシによって主祭壇の土台が拡張された際、16のメダイヨンのうち東側の2列にまたがって土台が設置され、舗床モザイクは祭壇の下に隠されてしまった。1960年、祭壇をアプシスに戻すために土台が取り除かれたとき、下敷きになっていたモザイクの修復が行われた[228]。ヴィレムゼンによれば、東端2列のメダイヨンに見られる欠損部分は、そのときの痕跡であるという。

〔3〕　翼廊

　南北の翼廊に生える木は、身廊の大きな木とは別の根元から、それぞれ東に向かって伸びている（図131、図132）。北翼廊には大小2

第3章 新たなる木へと生まれ変わる——オトラント大聖堂

図148　オトラント大聖堂プレスビテリー　シバの女王　ソロモン　セイレン　グリュプス

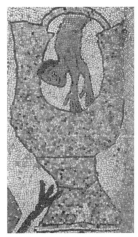

図149　オトラント大聖堂　北翼廊　地獄の釜に投げ込まれる人

本の木が生えており、大きな木の南側に地獄、北側に天国が描かれる。地獄には、サタン、手足をくくられた人、蛇にからみつかれた人、怪獣に飲み込まれる人、煮えたぎる釜に投げ込まれる人（図149）、裁きの天秤を持つ天使らが描かれている。一方、天国の側には別の小さな木があって、木の天辺には、二股に分かれた枝を両手でにぎる人が立っている。地獄で罪人にからみつく蛇と、天国で義人とともにまっすぐに伸びる枝との対比が表されているように見える。アブラハム、イサク、ヤコブは、ひざに裸の子供（救済された者の魂を表す）を抱えている（図150）。

　南翼廊には、口から木の芽を吐き出す動物（図151）、人面有翼獣、竜の尾にかぶりつく獅子（図152）、鹿を飲み込む竜などが見られる。南翼廊の東端には、巻物を持つ人々が登場する（図153）。そのうちの1人は椅子に座り、手を高くあげて巻物を垂らしている。人物の頭上に、Marcuacius（MabguaciusあるいはMarguaciusとする説もある）という名前が記されている[229]。マルクアキウス（マブグアキウスあるいはマルグアキウス）という人名は、聖書やその他の物語（アレクサンドロス大王やアーサー王の伝説）には見当たらないことから、修復の過程で元

図150　オトラント大聖堂　北翼廊　アブラハムとイサク

第II部　イタリアの聖堂装飾

図151　オトラント大聖堂　南翼廊　口から木の芽を吐き出す動物

図152　オトラント大聖堂　南翼廊　竜の尾にかぶりつく獅子

図154　オトラント大聖堂　南翼廊　アトラス

図153　オトラント大聖堂　南翼廊

の文字が変えられてしまった可能性も指摘されている[230]。ジャンフレーダは、これを旧約聖書のニムロデと同定しているが、正しい同定であるかどうか疑わしい[231]。一方、踊るように巻物をはためかせる人物は、サムエルと記されている。サムエルの南側には、大小2人の人物が描かれている。頭上にメダイヨンをかつぐアトラスは、両足を開いてふんばり、メダイヨンの重さによって頭が右に傾いている（図154）。ジャンフレーダは、アトラスの隣にいる裸の巨人を、エピアルテース（海神ポセイドンの息子）と同定しているが、決め手となる確たる証拠はない[232]。個別のモティーフを同定する試みはこれまでにもなされてきたが、南翼廊全体がいったい何を表しているのか、聖堂の他の部分とどのように関連づけられるのかという点について、決定的な解釈は出されていない。

〔4〕アプシス

　アプシスのモザイクは、身廊、プレスビテリー、翼廊に比べて、一見まとまりを欠いているように見える（図129）。縦長の身廊では、中心軸上に大きな木が描かれ、それに沿って各々のモティーフを配置しているため、空想上の動物が入り乱れているとはいえ、それほど雑然とした印象は受けない。また、身廊と側廊を仕切るアーケードの柱によって、身廊にはおおまかな区画がもうけられている。一方、アプシスの祭壇を取り囲む半円状の画面には、中心軸も区画もなく、登場人物の頭の向きもそろわず、各モティーフが浮き足立ってしまい、統一感のないばらばらな印象を与える。アプシスは、聖堂の中で最も重要な場所であるだけに、手抜きや計画不足の結果と

は考えにくい。制作者の苦労と工夫の痕跡が残されているということかもしれない。

　アプシス南側には、海を舞台とする旧約のヨナの物語が展開しており、船乗り、釣り人、船から海に落ちるヨナ（図155）、木の下のヨナ、ニネベの王が描かれている。旧約のヨナ書によれば、ヨナは巨大な魚に飲まれ、3日3晩魚の腹の中ですごした。巻物を持つヨナの姿には、モザイクの寄進者である大司教ヨナタンの姿が重ねられている、と解釈する研究者もいる[233]。旧約のヨナは、教会で教えを述べ伝える者（司教）の予型と考えられるためである。アプシス北側には、獅子退治に挑むサムソンが見られる。サムソンは、獅子に馬乗りになって、獅子の口をこじ開けようとしている。北端には、3人の裸の人が描かれ、そのうち2人はひざまずくような姿勢をとっている。3人の向かう先に何が描かれているのかは不明である。床面に置かれた祭壇のために、モザイクが途切れているからである。ヴィレムゼンは、この3人をノルマン王とするジャンフレーダの解釈を退けている。彼らが裸である必然性が見当たらないためである[234]。

図155　オトラント大聖堂　アプシス　ヨナ

　以上、身廊西側の扉口から順次奥へと進む形で、聖堂各部分の記述を行った。200を越える個々の登場人物、動植物すべてに言及したわけではないが、以上の記述から聖堂の全体図を把握することができるだろう。

3　オトラント大聖堂の先行研究[235]

　図像の同定を行う中で、先行研究の見解を部分的に引用してきたが、各研究者の成果をもう少し詳しく見ていくことにしたい。オトラント大聖堂舗床モザイクの写真が初めて出版されたのは20世紀初頭のことで、銘文の転写と図像の概観が、合わせて発表された[236]。1960年代後半、大聖堂の本格的な調査が開始された。ここでは、フルゴーニを始めとする60年代以降の諸研究を年代順にとりあげるが、中でも1970年代に出版されたハウクのモノグラフを重点的に紹介したい。

〔1〕　フルゴーニ

　フルゴーニは、各場面の解釈を行う中で、アレクサンドロス、アーサー、ソロモン、ニネベ、シバなど、王たちが複数登場する点に注目している[237]。また、空高く飛ぶアレクサンドロスとバベルの塔

は、いずれも傲慢の罪を表すものと解釈している。天に昇ったアレクサンドロスは、巨大な宮殿を見たと伝えられ、このことがアレクサンドロスとバベルの塔をつなぐ鍵であるという[238]。

　数々の動物モティーフを検討する際、フルゴーニは『フィシオログス』をひもといている[239]。月暦の図像についてはウェブスター[240]、アーサー王伝説についてはルミスやルジュヌらに依拠し[241]、図像の同定を行っている。ソロモンのメダイヨンについては、「彼（ソロモン）が樹木について論じれば、レバノン杉から石垣に生えるヒソプにまで及んだ。彼はまた、獣類、鳥類、爬虫類、魚類についても論じた」（列王記上第5章13節）という旧約聖書の記述を引用して、身廊中央の大きな木や動物たちとのつながりを説明している[242]。さらに、ソロモン、シバの女王（プレスビテリー）、ヨナ（アプシス）の3人を結びつける典拠として、マタイによる福音書の記述をあげている。「ニネベの人たちは裁きの時、今の時代の者たちと一緒に立ち上がり、彼らを罪に定めるであろう。ニネベの人々は、ヨナの説教を聞いて悔い改めたからである。（中略）また、南の国の女王は裁きの時、今の時代の者たちと一緒に立ち上がり、彼らを罪に定めるであろう。この女王はソロモンの知恵を聞くために、地の果てから来たからである」（第12章41-42節）。

　ソロモンとシバの女王を含む16のメダイヨンについて、フルゴーニはモンテヴェルジーネの司教座を比較作例としてあげている。司教座の背もたれに施された彫刻は、メダイヨンを縦4列横3列に配し、各メダイヨン中には、グリュプスなど空想上の動物が見られる。指摘のとおり、司教座と舗床モザイクの間には図像上の類似が認められる。しかしながら、図像の源泉が明らかになったとしても、なぜ司教座の浮彫が異なる素材（モザイク）に転用されたのか、司教座を飾るモティーフが新しいコンテクスト（聖堂床面）において何を意味しているのか、といった疑問が残る。

　フルゴーニは、南翼廊の謎の人物、マルクアキウスが手にする巻物についても言及してはいるが、修復が加えられているために、元の文字が損なわれてしまい、巻物の文字は意味をなさないとしている。そして、巻物の解読を試みたリベッツォの説を脚注で紹介するにとどまっている[243]。マルクアキウスとはいったい誰なのか、巻物には何が書かれているのか。南翼廊は謎に満ちており、プログラムの解釈は困難であると、フルゴーニは結論の中で述べている。

　2年後、同じ学術誌に掲載された論文の中でフルゴーニは、トラ

ーニ、ブリンディシ、ターラントの各聖堂をとりあげ、オトラント大聖堂との比較を行っている。また、4つの身体と1つの頭を持つ獅子の典拠を、聖テオドリクスの『ギヨーム修道院長への弁明』（*Apologia ad Guillelmum*）に求め[244]、当時よく知られていた異形の動物であることを解明している。

〔2〕 ファブリ

11-12世紀アプーリア地方の舗床モザイクをテーマとしたファブリの博士論文（1971年）は、オトラント大聖堂の舗床モザイク中に見られるさまざまなモティーフに注目し、その源泉を、南イタリアで制作された写本（ピサのエクスルテット・ロール2番）、シチリア・アラブ様式の織物、象牙小箱などの作例に求めている[245]。また、オトラントの動物モティーフを、パレルモ宮廷礼拝堂の天井と比較している。こうした図像比較をふまえ、舗床モザイクの中心をなす身廊の大きな木のモティーフについて、ノルマン王朝の権力を示唆するものという解釈を提出している[246]。エゼキエル書第31章やダニエル書第4章7-9節・17-19節は、王国の興亡を1本の樹木の隠喩によって表わす。ギリシア人神学者フィラガトスは、パレルモ宮廷礼拝堂で行った説教の中で、王は生命の木によって作られた筋をもって支配を行う、と述べている。ファブリによれば、ウィレルムス1世が発行した硬貨に刻印された木のイメージや、オトラントの木のモティーフは、フィラガトスの説教に基づいて生み出され、王権を象徴するものと解釈される。ファブリは、博士論文の成果に基づき、ブリンディシの舗床モザイクを、オトラントとの比較において検討する論文を出版した[247]。アプーリア地方の舗床モザイクについて、同年に博士論文を提出したバルジェリーニ[248]との共著を準備しているとのことだが、いまだに実現していない。

〔3〕 ハウク

1970年代後半に入り、ハウクによるオトラント舗床モザイクの論文が出版された[249]。ハウクの関心は、もっぱら身廊に見られるアーサー王の解釈に置かれている。そもそもアーサー王伝説は、キリスト教とどのような関わりがあるのか。

オトラントの図像には、特定の意味をになうグループと、装飾としてスペースを埋めるためのモティーフがあるというのがハウクの見解である。ハウクはさらに、前者（意味をになうグループ）を、時系

列順にできごとを配置しているグループ、テーマ上の並行関係を表すグループ、正反対のテーマをあえて組み合わせるグループなどに分類した上で、「アーサー王と猫との戦い」と「カインの兄弟殺し」の間に並行関係が見られることを指摘している。

　アーサー王伝説によれば、レマン湖の漁師は、最初の網で獲れた魚をすべて神にささげる約束をして漁に出た。ところが最初の投網にかかった魚が大量であったために、漁師は神にささげるという約束を破ってしまった。すると次の網に猫がかかり、猫は漁師を食い殺し、近隣のレマン湖畔の人々を食い殺した。そこにアーサー王が登場し、猫退治に挑んだ。ハウクは、約束どおり収穫物をささげなかった漁師と、ささげものを神に喜ばれなかったカインの並行関係を指摘し、アベルの死とアーサーの死には、いずれも悪が善を滅ぼすという共通点を見いだすことができるとしている。

　さらにハウクは、「楽園追放」「アベルとアーサーの死」「ノアの箱舟」の3テーマが、ひとつの完結したサイクルを形成するものと考える。洪水からの救済は、悪によって滅ぼされた者たち（アベルとアーサー）の救済を意味するからである。

　アーサー王のモティーフを解明した論文から2年後、ハウクは舗床モザイク全体についてのモノグラフを出版した[250]。全長58メートル、幅28メートルのモザイクを、端から端までていねいに記述し、比較作例をあげるとともに、図像の典拠を探っている。

　ハウクは、Leonem（獅子）といった、あってもなくてもかまわないような銘文が記されている一方、銘文がないために同定が困難なモティーフ、銘文はあるものの周囲との関連がよくわからない人物（たとえば南翼廊のサムエル）など、解釈の問題以前に、図像の同定の問題が横たわっていることを指摘している[251]。また、ある1つのモティーフが何らかの意味を担っているのか、あるいは単なる装飾なのか、判然としないものが散見される。したがって、モザイク・プログラム全体の構成をいったいどこまで解明しうるのか、プログラム全体を貫く一貫した原則が存在しているのかといった点については、仮説の域を越えることができない、としている。

　こうした前提に立って、ハウクは各モティーフを詳細に検討している。たとえば、北側の象の頭上に描かれた猫が靴を履いているという細部にいたるまで、ていねいに観察している。また、1頭4体の獅子については、ササン朝ペルシアの織物やヴェネツィアのサン・マルコ大聖堂に見られる類例をあげている[252]。チェス板の図像につ

いては、古フランスの叙事詩中に、チェスのモティーフがしばしば出てくることを指摘している。チェスをめぐる争いは、しばしば殺害を引き起こすきっかけとなったという[253]。魚の背にまたがる人などの一見変わった図像についても類例を探し出し、提示している[254]。

　ハウクは、各図像の同定にとどまらず、複数のテーマが互いにどのように関連し合っているのか、という点にも注目している。たとえば、ノアによって呪われた息子とその子孫がバベルの塔を建設することから、「ノアのぶどう畑」と「バベルの塔」の図像は連続するものととらえられる。創世記サイクルが月暦によって分断されていることについては、「楽園追放」以前と以降では、人々と自然が異なる関係を取り結ぶようになったためであると説明する[255]。ハウクはまた、マケドニアのアレクサンドロス大王をギリシア、1頭4体の獅子をペルシア、「バベルの塔」をバビロニアと対応させることによって、3大都市を舗床モザイク中に見いだそうとしている[256]。さらに、教会の予型である箱舟の上下に銘文が配され、身廊全体の中で箱舟（＝教会）によって体現される救済が最も強調されていることを指摘している[257]。

　ハウクは2年前の論文に引き続き、モノグラフにおいてもまた、アーサー王の伝説が旧約サイクルの中に置かれていることの意味を問い、アーサー王が肯定的な役割を担っているのか、あるいは否定的な内容を意味しているのか、その両方の可能性を検討している[258]。アーサー王が乗っている雄山羊は、悪霊に取りつかれた動物、あるいは好色を象徴することがあるため、アーサー王の役割を、肯定的なものだけに限定することはできないという。

　プレスビテリーに見られる16のメダイヨンについて、ハウクは「善悪の組み合わせ」という枠組によって解釈しようとしている[259]。たとえば、エバはアダムを誘惑に引き込んだ悪とみなされる。『フィシオログス』によれば、象（善）と竜（悪）は敵対し合う。神を求める魂を表す鹿（詩編42編）と、それを射ぬくサテュロス。キリストの予型であるソロモンと傲慢な王アレクサンドロスの乗り物であるグリュプス。教会の予型であるシバの女王と贅沢や快楽を表すセイレン。これらのモティーフは、善悪の対比としてとらえられる。ハウクはセイレンのメダイヨンを快楽や贅沢の象徴と見なし、オデュッセウスがマストに縛りつけられたように、キリストは十字架に架けられた、という対比を指摘している[260]。

　ハウクは左右の足の色が異なっているシバの女王のモティーフに

注目し、十字架伝説に典拠があることを突き止めた[261]。女王の左足は人間の足だったが、右足はガチョウの足であった。ソロモンを訪問するために、女王は川を渡らなければならなかったが、川に架けられた橋は、後にキリストの十字架となるべき木であったために、女王はその橋を足で踏むことをためらい、足を水にひたして歩いて渡ったという。ソロモンの前で足を見せると、神の奇跡によって女王の足は人間の足になったと伝えられる。

　北翼廊についてハウクは、バルトロマイの福音書（外典）に見られるキリストの冥府降下に関する記述との比較を行っている。ハウクは天秤の近くに銘文の痕跡があることを指摘し、「天秤皿のこちらは上に持ち上がり、あちらは下に下がる」と解読している[262]。一方、南翼廊についての記述は短く、新たな解釈は特に提出されていない。

　いくつもの解釈を積み重ね、つなぎ合わせた上でのハウクの結論は、パンタレオンが複数の異なる原則を並行して適用しながらプログラムを構成した、というものである[263]。それでは、舗床モザイク全体を貫く、一貫したプログラムを見いだすことはできないのだろうか。ハウクは、「善悪」という2つの軸によってそれを説明しようとした。すなわち、身廊の大きな木には、善悪2つの側面がたくされている。1つは、アレクサンドロスやバベルの塔に象徴される、傲慢の源となるような木である。同時に、身廊の木は原罪を克服する道を表している。身廊の木の東端に配される良き盗人が、天国への再帰を意味しているからである[264]。身廊には、この他にも善悪の対比が見られる。「楽園追放」「アーサー王を打ち倒す大猫」「バベルの塔」「カインの兄弟殺し」という一連の悪の系譜である。もう1つは、アベルとアーサー王によって表される善の系譜である。自らの命を犠牲にしたアベルとアーサーは、キリストに連なるものと解釈される[265]。このように善悪を対比的に表す図像の組み合わせには、当時の政治状況が反映されているという[266]。アレクサンドロスは、ノルマン王にとっての宿敵ビザンティン皇帝を含意するものであり、アーサーとアベルの殺害、すなわち善の一時的な敗退は、ノルマン人が一時的にビザンティン帝国の支配下に屈していたことを表しているという。

　プログラム全体を貫く大きな枠組を見いだそうとするハウクの試みはしかし、清濁（聖俗）を合わせ飲むようなオトラント舗床モザイクを、善悪という2つの要素に還元しているために、やや単純化しすぎているような印象をまぬがれない。

最後に、ジャンフレーダの著作に対するハウクの見解について触れておきたい。オトラントの聖職者であるジャンフレーダは、1980年代以降大聖堂に関する著作を複数出版してきた[267]。カラー図版を多数含み、参考文献のリストと脚注がつけられているため、一見研究書のような体裁であるが、内容的には先行研究をふまえた学術的探究の成果ではなく、個々の図像に解説文を付けた写真集である。ジャンフレーダは、舗床モザイクに対して独自の見解を有している。彼の解釈は、ダンテの『神曲』が、オトラントのモザイクからインスピレーションを得ているというもので、この信念に基づいて、ジャンフレーダは同定困難なモティーフを次々に解決しようとした。ハウクはしかし、これを学問的手続きによらない単なる空想に基づく主張であるとして退けている[268]。

〔4〕　ヴィレムゼン

　ヴィレムゼンのモノグラフは、1992年に出版された[269]。実地調査に基づき、クリプタを含むオトラント大聖堂全体に、均等に目を配っている。カラー図版を多数含み、南翼廊でマルクアキウスが手にする謎の巻物の文字に至るまで、鮮明な写真を見ることができる点で有用である。ヴィレムゼンの関心は、ハウク同様「舗床モザイク全体は一貫したプログラムを構成しているのか」という点に向けられている。また、各々のモティーフについて、先行研究が提出してきた解釈を検討し、それらに賛同したり反論を加えたりしている。

　ヴィレムゼンは、箱舟を教会の予型、あるいは洗礼の予型と見なし、モザイク中に救済のメッセージが込められていることを指摘するフルゴーニ説をあげ、救済を強調するあまり世俗モティーフを軽視し、それらを解釈に取り込まない点を批判している。ヴィレムゼンの解釈のうち、アベルとアーサー王がいずれも悪によって滅ぼされる善を表し、両者をキリストの予型とする考えは、ハウクの見解と一致している[270]。創世記サイクルと月暦のメダイヨンの関連については、自らが犯した兄弟殺しの罪のために、カインは月暦によって表されるような苛酷な労働に従事しなければならなかった、と解釈している。

　ヴィレムゼンのモノグラフは、大胆な新解釈の提出というよりは、先行研究の整理・批判にとどまっている。その結論は、タイトル『オトラントの謎』にも反映されているとおり、これまでに数多くの研究が出版されたにもかかわらず、大聖堂の舗床モザイクに関するさ

まざまな疑問は依然として解読されず、謎のまま残されている、というものである。大いなる謎を内包するオトラントの全体像を把握し、オトラント研究の動向を知るために、ハウクとヴィレムゼンのモノグラフは、格好の出発点となるだろう。

〔5〕 アングル

　オトラント舗床モザイクに関する近年の研究成果として、アングルによる論文（2002年）をあげたい[271]。アングルは、先行研究の概観をとおして、アプシスの図像に関する言及が大変に少ないことを指摘している。その上で、アプシスの北側から時計回りに、個々の人物や主題を同定していく。アプシスには、サムソン、バビロン、ヨナなどの旧約のモティーフが描かれるが、必ずしも旧約の時系列にそった配列とは言えない。そこでアングルは、場面選択の基準となったものは何か、という問題を提起している。

　アングルは、これまで船と思われてきたモティーフについて、黙示録に出てくる「ぶどう絞りの桶」（ヨハネの黙示録第14章19-20節）であることを指摘した。また、これまで記述されることすらなかった、アプシス北半分に20以上散在する灰色の円形モティーフについて、黙示録に書かれた「大粒の雹」（第11章19節）であると同定した。さらに、アプシス頂点の騎士がまとう衣の色が、黙示録の「血に染まった衣」（黙示録第19章13節）と合致することを指摘している。いずれも先行研究において見落とされてきた部分に注目する重要な指摘である。

　黙示録以外にも、アプシスには、ヨナやバビロンといった旧約のモティーフが見られる。アングルによれば、ヨナと黙示録、バビロンと黙示録との関連は、いずれも聖書の記述に基づくものである（マタイ第12章40-42節ならびに黙示録第16章18節）。アングルの結論によれば、アプシス図像の源泉となったのは、セニのブルーノ（セニの司教でモンテカッシーノの修道院長、1123年没）、ベレンガウドゥス（ベネディクト会修道士、840-892年）、オセールのハイモ（ベネディクト会修道士、878年没）らの黙示録註解であり、サムソン、バビロン、ヨナなどの旧約モティーフは、黙示録註解の各章冒頭をつなぎあわせたものであるという。

　さらにアングルは、身廊に描かれた大きな木が、聖書に登場する3本の木（創世記の知恵の木、キリストの十字架、黙示録の命の木）を同時に体現するものであると解釈している。キリストは木の幹、使徒た

ちはその枝であり、12の月暦のメダイヨンは十二使徒を表しているという。さらに12のメダイヨンは、黙示録に出てくる12回実をつける木とも見なされる（黙示録第22章2節）。

　アングルの功績は、アプシスのモザイクについて、これまで指摘されてきた旧約の登場人物に加えて、黙示録註解が図像の源泉となっていることを論証した点である。さらに、アプシスと身廊のモティーフを一貫したプログラムの中に位置づけようとする試みが行われている。こうした点において、アングルの研究は画期的なものであると言える。一方、南翼廊の図像については解釈を保留し、アプシスの黙示録図像と南翼廊の図像との間に関連は見られない、と結論づけている[272]。

　主な先行研究を年代順に概観してみると、オトラント大聖堂の舗床モザイクについて、すでに膨大な研究が積み重ねられてきたことがわかる[273]。これらの先行研究は、モザイクの様式、素材、個別のモティーフ、比較作例、図像の源泉を検討するとともに、モザイク全体を網羅する図像学的解釈にも踏み込み、各々の場面が全体としてどのようなプログラムを構成しているのか、という点を問うている。

　しかしながら、身廊、プレスビテリー、アプシス、北翼廊の図像解釈に対する言及はあっても、南翼廊についての記述は全般に短い。そのため、マルクアキウスの同定や巻物の文字に関する問題は棚上げにされたままである。身廊についても、ソロモンやセイレンが、なぜ聖堂の主要な場所（プレスビテリー）に配置されたのか、疑問に思われる。先行研究は、マタイ第12章42節や、列王記上第5章13節をソロモン図像の典拠としてあげているが、典拠をあげるだけでは、なぜソロモンがこの場所に描かれたのか、という疑問に対する解答にはならない。ソロモンと対置されるセイレンの登場も、唐突であるように思われる。ハウクが主張するように、これらのメダイヨンは単なる善悪の対比にすぎないのだろうか。

　身廊の大きな木は、見る者に何を伝えようとしているのか、聖堂の各部分はいかに有機的な全体を作り上げているかといった根本的な疑問について、ハウクやヴィレムゼンのモノグラフは必ずしも説得力ある解釈を提出しているとは言えない。そこで筆者は、先行研究の成果をふまえながら、舗床モザイクのうち、解釈の余地が残されている身廊の一部と南翼廊に注目したい。そして身廊の大きな木

の中に、「歩いてゆくことができる楽園」という、制作者の単純素朴な願いが見いだされることを指摘したい。

✣ 4　モザイク・プログラムの解釈

〔1〕　身廊とプレスビテリー

　ここでは、先行研究において明快な解釈が出されていないいくつかの点（なぜ身廊の旧約サイクル中にアーサー王が挿入されたのか、プレスビテリーの動物のメダイヨンは何を表しているのか、同じくプレスビテリー東端のソロモンやセイレンは何を意味しているのか）について筆者独自の解釈を提示するとともに、身廊の大きな木が見る者に何を伝えているのか、という点について今一度考えてみたい。

　大聖堂入口の大きな木の根元に、2頭の象が背中合わせに立っている。『フィシオログス』によれば、象はアダムとエバを象徴する[274]。雌象は、発情しない雄象に木の実を取って渡し、性交を果たした。そのため、象はアダムに知恵の木の実を渡したエバと対比される。木の根元の象に、アダムとエバの含意があるとすれば、このモティーフは、地上に根付いた楽園の知恵の木を暗示するものと言えるかもしれない。

　聖堂を1つの小宇宙と見なし、入口に近い部分を「地」、最奥部（アプシス）を「天」になぞらえる見方は、辻によって指摘されているとおりである[275]。オトラントにも、同じような見方をあてはめることができるだろう。たとえば入口に近い部分には、地上から飛び立ったアレクサンドロス大王の姿が描かれている（図136）。聖堂西側の入口に近いほど、地上に近い領域を表しているとすれば、大王は天を目指したが、天ははるか遠く、彼は地上からわずかに離れたにすぎなかった、と見ることができよう。

　アレクサンドロスの頭上には、首から上が二股あるいは三股に枝分かれした動物、ひづめの代わりに人の手足を持つ動物など、空想上の動物たちがひしめく。空高く上昇するアレクサンドロスも、この高さまでは到達していない。ヴィレムゼンは、ペルシアを征服したアレクサンドロスさえ踏み入ることがなかった未知の土地が、こうした未知の生物によって表されていると解釈している[276]。

　一方、身廊北側には「バベルの塔」が建設される。人々は塔にたてかけた梯子を登り、レンガを積み上げていく（図137）。彼らは「さ

あ、天まで届く塔のある町を建て、有名になろう」と言った（創世記第11章4節）。つまり、彼らもまたアレクサンドロスと同じように天を目指していた。聖堂西端を地上と見なし、東に向かって進むほど高度を増すという見方をここに当てはめてみると、塔はアレクサンドロスよりも少しばかり天に近づいている。しかしながら、天に届くほどの高さには到底届かない。

さらに東方向へ身廊を進むと、黄道十二宮と月暦の図像が現れる（図141、142）。地上（身廊西側）から星のまたたく空（身廊東側）に向かって、高く上昇してきたことがわかる。黄道十二宮とともに描かれる人物はいずれも労働に従事しているため、地上のできごとを表しているのではないか、という反論があるかもしれない。しかしながら、各月の労働はそれぞれメダイヨンに囲まれていることから、ここでは空に輝く星座のほうに重きが置かれているのではないかと考えられる。メダイヨン中の労働は、地上の日常生活の描写を介して、星座の動向に従う暦の移り変わりを表すものであるように思われる。12のメダイヨンは、あたかも大きな木の枝々の間から、またたく天上の星々を見上げているかのような視覚効果を生み出している。

次に目にとまるのは、旧約の物語中に唐突に挿入されたアーサー王の姿である（図147）。なぜ、アーサー王がこのような場所に登場するのだろうか。上に紹介したように、ハウクはアーサー王と旧約のアベルの共通項を善の系譜と説明しているが、筆者はそれとは異なる解釈を提示したい。アーサー王伝説によれば、彼の宮廷に集う騎士たちは、キリストが最後の晩餐に用いた聖杯、すなわちアリマタヤのヨセフが十字架上で流されたキリストの血を受けたという聖杯を探し求めて旅した。聖杯の主題が初めて文学に登場したのは、クレティアン・ド・トロワ著『ペルスヴァルまたは聖杯の物語』（*Perceval ou le Conte du Graal*）で、1185年頃であると言われている[277]。そのプロローグによれば、クレティアンは、フランドル伯フィリップ・ダルザス（1142-1191）のためにこの物語を執筆した。フィリップの父ティエリ・ダルザスは、1146年聖地から聖血を持ち帰って、センセーションを巻き起こしたと伝えられる。オトラント大聖堂においてモザイクの制作が進行していた1160年代前半、聖杯の物語がすでに知られていたとみなすことは、不自然な推量ではないだろう[278]。

ヘブライ人への手紙（第12章24節）に「新しい契約の仲介者イエス、そして、アベルの血よりも立派に語る注がれた血です」と記されているように、アベルの血は、しばしばキリストの流した血と重ねら

れる。オトラントの舗床モザイクにキリストの姿は描かれていないが、身廊のアベルの血はキリストの血を暗示するものと見なすことができるだろう。カインとアベルの住まうその土地は、「口を開けて（アベルの血を）飲み込んだ土」と呼ばれる（創世記第4章11-12節）。アベルの血を飲み込んだ土は、キリストの血を集めた聖杯と対比しうるものではないだろうか。アベルと併置されるところのアーサー王は、聖杯を求めてさまよう彼が、アベルの血を飲み込んだ土地（すなわちキリストの血の受け皿となった聖杯）にまでたどり着いたことを表しているのかもしれない。さらに、先行研究が繰り返し指摘しているように、身廊中央の大きな木は、十字架と見立てることができる。「磔刑」場面の天使は、十字架の横木付近で杯を差しだし、十字架上のキリストが流す血を集める姿で描かれることがある。血の注がれた器すなわち聖杯を探すアーサーは、こうした天使の姿に重ね合わされるものであったかもしれない。

　黄道十二宮を越えてプレスビテリーへ進むと、グリュプス、一角獣、山羊、駱駝、熊、牛、象、豹などの動物たちが描かれている（図130）。類似する図像として、11世紀半ばに制作された挿絵入り黙示録註解書、サン・スヴェール写本の装飾頁（Paris. lat. 8878, fol. 198）をあげたい（図156）[279]。サン・スヴェール写本では、11のメダイヨンに獅子を始めとする動物の姿が描かれている。そのうち、グリュプス、雄牛、駱駝、熊、山羊、象が、それぞれオトラントのモザイクと対応している。先行研究においてアプシスの図像と黙示録註解との連関が指摘されていることから、身廊の16のメダイヨンに黙示録註解の写本挿絵（サン・スヴェール写本）との共通点が認められたとしても、それほど不自然ではないように思われる。

　プレスビテリーの動物を囲むメダイヨンは、黄道十二宮同様天空の星座を表しているように思われる。メダイヨン中に星の形が散らされているからである。アレクサンドリアの天文学者プトレマイオスの著書『メガレ・シュンタキシス・マテマティケ』全13巻のうち第7・8巻は、千を越える恒星の位置と光度を記している[280]。プトレマイオスの48星座中には、雄牛座、射手座、竜座、山羊座、熊座が含まれており、モザイクのメダイヨンと合致している。メダイヨンに含まれる虎や駱駝と合致するような、虎座あるいは駱駝座と呼ばれる星座はないものの、虎と似ているものに山猫座がある。また、のちに麒麟座と呼ばれるようになった星座が、かつて駱駝座と言われていたことがある[281]。身廊の木が東に進むほど高さを増している

図156　［上］パリ　フランス国立図書館　黙示録註解書　サン・スヴェール写本（Paris. lat. 8878, fol. 198）［下］オトラント大聖堂　プレスビテリー

と仮定するなら、黄道十二宮よりもさらに東に位置するメダイヨンを、天上の星々ととらえることは、整合性のとれた解釈と言えるだろう。

身廊東部におかれた16のメダイヨンのうち東端の1列には、北側からシバの女王[282]、ソロモン、セイレン、グリュプスが描かれている（図148）。彼らは黄道十二宮や星座よりさらに天上に近いところに位置している。このことから、何らかの重要な意味を担うものであったと考えられる。4つのメダイヨンは身廊の木とどのように結びつくのであろうか。

それでは、ソロモンから順に検討していく。ソロモンは太陽との関連が深く、オトラントの身廊モザイクは、ソロモンの姿を太陽になぞらえたものであるように思われる。その理由を、以下に3点あげたい。第1に、ソロモンが著したというコヘレトの言葉には、「わたしは太陽の下に起こるすべてを見極めた」（第1章14節）を始め、「太陽の下」という句が繰り返し用いられる（第1章3・9・14節、第2章11・18・20節、第3章1節ほか多数）。ソロモンの詩編と言われる第71編（新共同訳72編）には、「王の名がとこしえに続き／太陽のある限り、その名が栄えますように」（17節）と記されている。こうした聖書の記述は、ソロモンと太陽とのつながりを示すものであるように見える。

第2に、アレクサンドリアのキリロスはマラキ書註解の中で、キリストを「地上に昇る義の太陽」と形容している[283]。ソロモンはキリストの予型とみなされることから、キリストを太陽にたとえる形容は、ソロモンと太陽との結びつきを導き出す、もう1つの傍証となるだろう。

第3に、ソロモンはエジプトから馬と戦車を輸入したと記され（列王記上第10章28節）、馬上の戦士として表されることがある[284]。一方、太陽神ヘリオスは、4頭立ての馬車を繰る姿で表されることが多いが、1頭の馬にまたがるヘリオスを表す作例も現存する[285]。また、太陽神ヘリオスが、ソロモンのように玉座に座る姿で表されることもある[286]。このことから、ソロモンと太陽神の図像間には、何らかの並行関係があったことを推測することができる。

オトラントのソロモンのメダイヨンは、黄道十二宮と数々の星座のいちばん上にすえられている。ソロモンのメダイヨンに太陽の含意があるとすれば、ソロモン（太陽）が天空の最も高い位置を表す場所（プレスビテリーの木の頂点）に配された理由を、合理的に説明する

ことができる[287]。ソロモンの名が、太陽を意味するラテン語のsolと重なり合うことからも、ソロモンを太陽の暗喩とみなす解釈の妥当性を主張したい。

　一方、ソロモンと並び配されるセイレンには、月の含意があったのではないだろうか。尾が二股に分かれたセイレンは、歌声によって船乗りを誘惑したという神話上の怪物であるが、アダムとエバの楽園よりもさらに上（東）に、しかも旧約の偉大なる王ソロモンと並んで配置されるため、神話の中で語られるような否定的な意味内容を持つ図像としてここに配されたとは考えにくい。そこでここでは、太陽たるソロモンに並ぶ、月を表す像であるという解釈を提出したい。セイレン（Seiren）という名は、月の女神であるセレネ（Selene）と語感が大変よく似ているからである。そのため海の怪物の姿が、月の意味を担って、太陽（ソロモン）と左右対称の位置に表されたと推測される。セイレンの二股に分かれた尾は、三日月の形を模しているようにも見える。

　セイレンは海に現われ、船乗りたちを惑わす。一方、セレネ（月）は海から上がり、徐々に高度を増して頂点に達すると、再び海へと沈んでいく[288]。海の満ち引きが、月の動きによって引き起こされていることは、アレクサンドロスの東方遠征の頃から知られていた[289]。セイレンとセレネは、両者ともに海との関わりが深いという共通点を有する。

　さらに、月の女神セレネの姿は、以下のように描写される。頭の上に花の冠をおき、「その中央には鏡の形をした平らな円盤がのせられている。それは月を模しており、そこから白い光線が放たれる」[290]。一方、セイレンのイコノグラフィーは、鏡を手に表されることがある[291]。海、そして鏡という両者の共通項、加えて語感の類似が、セイレンをセレネ（月）と読み替える発想を引きだしたのではないか。

　こうしてオトラントのプレスビテリーでは、黄道十二宮や星座のメダイヨンを越えたところに、太陽（ソロモン）と月（セイレン）が配されたと考えられる。「キリストの磔刑」場面では、しばしば十字架の左右に日と月を表すメダイヨンが配される（図157）。日は男、月は女の擬人像で表される。身廊中央軸の大きな木を十字架と見立てるなら、その北と南に配されたソロモンとセイレンが太陽と月を象徴的に表すという解釈は、まさに磔刑の図像と合致する。

　ソロモンの隣には、シバの女王が座している。シバの女王は、善悪を知る木すなわち後にキリストが磔にされる木を発見したと伝え

図157　ロンドン　大英博物館　象牙浮彫　磔刑

られ、身廊の木（＝十字架）との関連はゆるぎない。一方、セイレンの隣にはグリュプスが描かれる[292]。グリュプスに付されたPASCAという銘は、PaschaあるいはPasxa（復活）を意味するものかもしれない。毎年復活日は月の運行によって定められる（春分後、最初の満月の次の日曜日がその年の復活日となる）。そのため、パスカという銘は隣のセイレン（月）と密接に結びつく。

　教会教父によれば、シバの女王は、キリストに迎えられる花嫁としての教会を表すものと解釈される[293]。ソロモンがキリストの予型、ソロモンの隣に描かれるシバの女王が教会の予型であるとすれば、ここから読み解くことができるのは、復活（パスカの銘とグリュプスによって示唆される）後のキリスト（ソロモンによって予型される）が天高く昇天し、天上において教会（シバの女王）を花嫁として迎えるというメッセージではないだろうか。つまり、東端に並ぶ4つのメダイヨン（ソロモン、セイレン、シバの女王、グリュプス）は、互いに分ちがたいつながりを有しているように思われる。

　プレスビテリーには、星座を表す動物たちのメダイヨンに加えて、アダムとエバが描かれている（図130、最下段中央部）。つまり、この場所は地上を離れた天空であると同時に、楽園を同時に表わすものでもある。すなわち西の扉口から入り、聖堂の奥へと進むほどに、わたしたちは地上から天空、ひいては楽園へと近づいてゆく。西扉口の木の根元の象（アダムとエバの暗喩）は、天に届くほど高い木の先端において、その真の姿を明らかにしたかのように見える。

　同時に、入口に近い部分を現在に近い時点、奥へ進むほど天地創造に近い時点が表されていると見なすこともできるだろう。わたしたちは、西から東へと向かう過程で、「バベルの塔」の建設現場と「ノアの箱舟」を目撃する。こうして見る者は、旧約聖書を後ろから前へと遡ることになる。つまり、聖堂の東西軸は、天と地という空間軸を表すのみならず、時間軸をも示唆していると言える。聖堂に入る者はみな、地上から天上へと木を登っていくと同時に、現時点から時間軸をさかのぼる。それによって、はるかかなたの楽園、かつてアダムとエバのいた楽園へと帰りゆくことになる。楽園追放以前の状態、すなわち原罪以前の状態にまで立ち戻ることこそが救済であると考えられていた当時、聖堂に足を踏み入れる者たちにとって、オトラントの大きな木は、救済へと直接につながる「道」であったに違いない。

アレクサンドロス大王は、グリュプスを操って天へと昇ろうとした。バビロニアの人々は塔を建設することによって天に届こうとした。しかしわたしたちは、空を飛ぶことなく、歩いて楽園へとたどり着くことができるだろう。身廊中央の東西軸に伸びる大きな木の幹が、天へと至る具体的な道筋を示してくれるからである。天に届くほど高くまで昇ってゆきたい、しかも塔を建てることも空を飛ぶこともなく、自らの足で歩いてゆくことによって天にたどり着きたいという人々の素朴な願いに、この舗床モザイクは答えようとしているように思われる。

仮に、聖堂西正面の垂直壁面に、巨大な木を描いたとしよう。その巨木は聖堂の天井に達し、視覚的には天へと届くほど高いものとなるだろう。しかし、それでは見る者が木を登って天に至ることは不可能である。そのため、ここオトラントでは、木が壁面ではなく床面に置き換えられた。垂直方向ではなく水平方向に伸びるこの木を、わたしたちは根元から自分の足でたどってゆくことができる。言い換えれば、本来垂直方向に伸びるはずの木が横に寝かされ、床に敷かれることによって、その木は歩いてたどり着くことができる、天へと続く確かな道となった。

〔2〕 南翼廊

①南翼廊の先行研究

身廊に続いて、南翼廊の舗床モザイクを見てゆく（図132）。南翼廊には、解読不可能な文字列が記された巻物、謎の人物マルクアキウスが描かれていることから、先行研究は南翼廊の解釈に対して消極的であった。ここでは、南翼廊部分の記述を行うとともに、図像解釈に言及する先行研究を検討したい。その上で、巻物の文字について筆者独自の仮説を提出し、南翼廊の舗床モザイクがいかなるメッセージを見る者に伝えようとしているのかを明らかにすることを試みたい。

南翼廊の東端には、巻物を持つ人々が登場する。そのうちの1人は椅子に座り、左手を高くあげて巻物を垂らしている（図153）。この人物の頭上には、Marcuacius（MabguaciusあるいはMarguaciusとする説もある）という名前が記されている。ところが、マルクアキウス（マブグアキウス、マルグアキウス）という人名は、聖書あるいはその他の物語（アレクサンドロスやアーサー王伝説）を見てもどこにも見当たらず、人物が誰であるのか、先行研究も説得力ある説を出せずにきた。

1960年代後半、オトラント大聖堂舗床モザイクの実地調査を行ったフルゴーニは、南翼廊のマルクアキウスが手にする巻物に言及しているが、修復が加えられているために、もとの文字が損なわれてしまい、巻物の文字はまったく意味をなさない、と述べている[294]。

　リベッツォは、巻物の文字を "Sarà resa colei, aut"（女あるいは要塞の降伏・引き渡しを命じる）と転写し、地元で発見された古文書に出てくる一文と一致することを指摘している[295]。しかし、フルゴーニは巻物の文字を "Rara rosa aulet (tulet) aut…" とも読めると主張、リベッツォの解読を否定している。仮にリベッツォの読み方が正しかったとしても、この巻物の一文が、南翼廊全体の図像の中でいかなる意味を持つものなのか、合理的に説明することはできない。

　1975年、ハウクによるオトラント舗床モザイクの論文が出版されたが、ハウクの関心は身廊に見られるアーサー王伝説の解釈におかれているために、南翼廊の記述は短い[296]。ハウクは、南翼廊で天球を担ぐ人物をアトラスとみなす解釈に賛同せず、これを幼子キリストであると同定した。円盤を掲げる人物が樹上に立つミトラ教のモティーフを比較作例としてあげ、こうした先行図像が原型となってキリスト教図像に利用されたと主張した。ところが、1977年に出版されたモノグラフにおいて、ハウクは自説を撤回している[297]。モノグラフに出てくる南翼廊についての記述は、前掲の論文同様短く、聖と俗の対比を軸としてモザイク・プログラムを解読しようとするハウク独自の試みが、ここにも適用されている[298]。すなわちアトラスは俗を、サムエルは聖を表し、サムエルの姿は獅子や竜らによって表される悪魔的領域に対する勝利を表すものであるという。

　ハウクは、マルクアキウスについて脚注で触れているだけで、巻物の文字への言及はない[299]。ハウクは "Certe videtis quem elegit Dominus,"（「見るがいい、主が選ばれたこの人を」サムエル記上第10章24節）をあげて、マルクアキウスの名は、こうした呼びかけの名残ではないかと推測するが、どの語からマルクアキウスという名前が派生したのかという説明はない。ハウクは、サムエル記上第10章を典拠として、サムエル、サウル（？）、ダビデ（？）、マルクアキウスという４人について説明しようとするが、マルクアキウスが誰なのか、巻物の文字は何を意味するのか、という謎は依然として解かれていない。

　オトラントの聖職者であるジャンフレーダは、1980年代以降大聖堂に関する著作を複数出版してきた[300]。ジャンフレーダは、ダンテがオトラントの舗床モザイクからインスピレーションを得て『神曲』

の執筆を行ったと主張する。ジャンフレーダはあくまで自らの主張に固執し、ニムロデが神に反逆してバベルの塔を建てたという1節をダンテの『地獄編』第31編から引用し、マルクアキウス＝ニムロデと解釈する[301]。しかしながら、そもそもオトラントとダンテを結びつけようとする前提そのものが疑わしい。ハウクはこれを学問的手続きによらない、単なる空想に基づく主張であるとして退けている[302]。またジャンフレーダは、中世には謎かけ文字がしばしば用いられたと説明するが、なぜマルクアキウスという十文字のアルファベットが「ニムロデ」と解読されるのかという、肝心の点には触れていない。

　1990年代、ヴィレムゼンによるモノグラフが出版された[303]。ヴィレムゼンの関心は、ハウク同様「舗床モザイク全体は一貫したプログラムを構成しているのか」という点に向けられている。ヴィレムゼンのモノグラフは、大胆な新解釈の提出というよりは、先行研究の整理・批判にとどまるもので、南翼廊についても新解釈は出されない。ヴィレムゼンは、竜（悪）に飲み込まれる子山羊（人）を獅子（キリスト）が救済するというジャンフレーダの説に賛同する一方、口から枝を吐き出す犬が、教皇の家臣ノルマン人を体現するという主張については、受け入れがたい解釈であるとしている[304]。

　上に紹介したように、オトラント舗床モザイクに関する近年の大きな研究成果に、アングルの論文（2002年）がある[305]。アングルは、黙示録註解がアプシスを彩る図像の源泉となったことを指摘した。アプシス図像に関して画期的な新説を提出したアングルでさえも、南翼廊の図像については解釈を保留し、アプシスと南翼廊の図像との間に関連は見られない、と結論づけている[306]。

　オトラント大聖堂の舗床モザイクについて、すでに膨大な研究が積み重ねられてきたが、南翼廊についての記述は短い。南翼廊に点在する、個別のモティーフを同定する試みはこれまでにもなされてきたが、南翼廊全体がいったい何を表しているのか、聖堂の他の部分とどのように関連づけられるのかといった点については、決定的な解釈が出されていないのが現状である。マルクアキウスという人物の同定や巻物の文字に関する問題もまた、依然として宙づりのままである。文字が解読されない限り、南翼廊に描かれた木が何を指すものなのか、仮説を立てることさえ困難である。

第3章　新たなる木へと生まれ変わる——オトラント大聖堂

②黙示録写本挿絵との比較

　マルクアキウスの同定と巻物解読に先立って、南翼廊の木のモティーフについて検討することにしたい。旧約中には、木を主要なテーマとして語る預言書がある。バビロンの王ネブカドネツァルの夢の中に現れた木の意味をダニエルが解読するという、ダニエル書の物語である。夢の中の木は大きく成長し、実りを結び、動物たちが木の周りに集うが、やがて天使の命令によって木は伐り倒され、鳥や獣は追い払われる。ダニエルは、木が王自身を表していると解釈する。夢の中で木が大きく成長したように、王はその威力を伸ばし、王の支配は遠く地の果てまで及ぶが、やがて木が切り倒されたように、王は王国から追放されることになるだろう、というのがダニエルによる夢解釈である。ダニエルは、罪を悔いて施しを行い、悪を改めて貧しい人に恵みを与えるよう王に忠告するが、王はその忠告に従わず、ダニエルの預言どおりのできごとが、ネブカドネツァルの身に起きた。追放された王は、牛のように草を食らい、毛は鷲の羽のように、つめは鳥のつめのようになったと伝えられる。王が理性を取り戻し、神をたたえると、王は王国に再び戻ることをゆるされた（ダニエル書第4章）。

　ベアトス写本の中に、こうしたダニエル書の物語を絵画化した挿絵がある。挿絵中に、南翼廊の木と比較しうる図像が含まれているため、ここにあげておきたい。トリノ写本 (Turin, Biblioteca Nazionale Universitaria, Sgn I. II. 1, fol. 197v) には、枝葉を茂らせた大きな木の下に、牛と葉を食らう裸体の人が描かれている（図158［上］）[307]。裸体の人はネブカドネツァルで、「あなた（王）は人間の社会から追放されて野の獣と共に住み、牛のように草を食べ、天の露にぬれ、こうして七つの時を過ごすでしょう」（第4章22節）というダニエルの預言を表している。

　一方、サン・スヴェール写本 (Paris. lat. 8878, fol. 235r) には、ダニエル書第7章を絵画化した挿絵があって、天球に座す日の老いたる者、天使の軍勢、海から現れた4頭の獣が描かれている（図159）[308]。天球から流れ出て蛇行する水の表現は、「天の四方から風が起こって、大海を波立たせた」（第7章2節）というダニエル書の記述に基づく。南翼廊の場合、構図上の中心軸を形づくっているのは水ではなく木であるが、中心軸の左右に動物を配し、頂点にメダイヨンを置くやり方は、サン・スヴェール写本と共通している。

　南翼廊のアトラスは、サン・スヴェール写本の日の老いたる者に

図158　［上］トリノ　国立大学図書館　黙示録註解書　トリノ写本 (Turin, Biblioteca Nazionale Universitaria, Sgn I. II. 1, fol. 197v)　［下］オトラント大聖堂　南翼廊

図159　パリ　フランス国立図書館　黙示録註解書　サン・スヴェール写本 (Paris. lat. 8878, fol. 235r)

相当する位置に配されている。モザイク制作者は、神を表す図像（日の老いたる者）ではなく、アトラスをここに配置した。もとより足で踏まれる舗床モザイク図像として、（キリスト教の）神の姿はふさわしいものとは言いがたい。代わりにここに表されたのは、フェニキアにおいて信仰されていた神々の１人、アトラスではないだろうか。フェニキアはレバノン山脈の西、シリア地方の地中海沿岸に沿う地域で、旧約の神はここカナンの地をアブラハムとその子孫に与えることを約束した。フェニキアは、ダニエル書に記されているバビロニアの王ネブカドネツァルによって、紀元前７世紀に征服された土地である。アトラスといえば、天空をかつぐギリシア神話の巨人であるが、２世紀の著述家ビュブロスのフィロン（141年没）によれば、古代フェニキア神話に登場するエロヒム（神々）の中にも、アトラスが含まれていた。このことから南翼廊のアトラスは、フェニキアの神々の１人を表すものと仮定したい。

　さらに南翼廊の東端で、アトラスの隣に描かれる２人の裸体の人々（図153）もまた、フェニキアの人々が信仰していた神々ではないか。先行研究は、アトラス同様、裸体の２人の同定についてもまた、確たる解答には至っていない。聖書の中に、裸体の２人に該当するような人物が見当たらないためである。一方、フェニキアの神々の中には、タルギズィズィとタルマギという双子の巨人の神がおり、２人は大きな山で、天空を支えていた。そこで、南翼廊に描かれたアトラスや裸の巨人たちは、キリスト教ではなく、こうした神たちの姿だったと仮定したい。それではなぜ、異教の神々を示唆するような人々がここ南翼廊に描かれたのだろうか。その意味について、さらに問うていきたい。

③巻物の解読

　マルクアキウスの手にする巻物の文字はこれまでのところ、自明の前提としてラテン語とみなされてきた（図160）。しかしながら筆者は、ヘブライ語の発音をローマ字のアルファベットに置き換えたものではないかと考えている。モザイクには修復が施されているために、人物の銘と巻物の文字はオリジナルの状態から隔たったものかもしれない。また、モザイクのテッセラによって記された文字にはゆがみやあいまいな線があって、アルファベットの同定自体が困難なものも含まれている。これまでに、Sarà resa colei, aut（リベッツォ）、Rara rosa aulet (tulet) aut（フルゴーニ）、Sara resa lolet aut（ファブリ）

第3章　新たなる木へと生まれ変わる——オトラント大聖堂

といった読み方が提案されてきた。そのため、筆者の解読が唯一の正しい解であるという主張はしがたい。とはいえ、解読がほとんど進んでいない現状において、これまでとは異なる視点から新しい提案を行うことは、無意味ではないと考える。

第1に、筆者は巻物の文字を以下のように転写した。「IARA RESA IOEEL ADT」。この中で、第3語は比較的容易に「イオエエル」と読むことができるだろう。これは、ヘブライ語のヨーエールをラテン・アルファベットに置き換えたもので、旧約の歴代誌に登場する人物、ヨエルの名を表すものと仮定したい。

第3語と同じように、第1語、第2語もまた、旧約の人名を表すものと仮定して、解読を進めていく。第1語のIARAは、歴代誌上巻第5章14節に登場する人名、ヤロアを表すものではないか。ヤロアはヘブライ語の人名で、ラテン・アルファベットに置き換えた表記では、JaraまたはJaroahと綴られる。IARAという綴りは、ヤラの発音に極めて近い。

続く第2語は、ルカによる福音書第3章27節に記されているレサという人名ではないか。レサは、ラテン・アルファベットで表記する場合、Resaと綴られる。ちなみにレサは、歴代誌上巻第3章21節に登場するレファヤと同一人物である。巻物の文字はRPSAにも見えるが、レファヤはRephayahと綴られるため、EとPの混同が生じるようなことがあったのかもしれない。つまり、第1語から第3語はいずれも人名を表し、それぞれヤロア、レサ（レファヤ）、ヨエルを表すものと推測される。

第4語（ADT）は、集まり、共同体、一族を意味する、アダトというヘブライ語ではないだろうか。アダトという語は、ラテン・アルファベットの表記では、adatと表される。巻物に記された綴りでは、Dに続く母音がないために発音しにくいが、ヘブライ文字はもともと子音によって表され、母音は子音の上下に付される点や線の記号によって示されるため、ラテン・アルファベットに置き換えられた際、母音が省かれたとしても不自然ではない。この語は、出エジプト記第12章3節、同第16章1-9節、民数記第27章17節、ヨブ記第16章7節、同第15章34節など、旧約聖書中に頻繁に出てくる。

以上の解読から、巻物の第1語から第3語はヘブライ語の人名（ヤロア、レサ、ヨエル）を表し、彼らはイスラエルの共同体（第4語、アダト）に属する者たちであるという仮説を導き出すことができるだろう。巻物の謎のアルファベットは、イスラエルの一族を体現するも

図160　[上]オトラント大聖堂　南翼廊　マルクアキウス　[下]筆者による文字の転写

193

のではなかったか。

　巻物に関する筆者の解読には、反論も予想される。はたしてここでヘブライ語を引きあいに出す必然性はあるのだろうか。当時オトラント周辺において、ヘブライ語はどの程度知られていたのだろうか。

　南イタリアでは、ラテン語とヘブライ語の2言語が刻まれた墓碑が複数見つかっている[309]。また、人名を墓碑に刻むにあたって、ヘブライ語の綴りがラテン・アルファベットに置き換えられた例も見られる。したがって、巻物のアルファベットをヘブライ語の音訳とする仮説は、それほど不自然ではないだろう。さらに、セイレンのメダイヨン周囲の不可思議な文様に注目したい。これらの文様はヘブライ文字を思わせ、ヴァヴ（ו）、ヘット（ח）に似た形状が認められる[310]。10-11世紀のオトラントにおけるユダヤ人コミュニティーは、かなり大きな規模であったことも知られている[311]。このことから、ヘブライ語が未知の言語ではなかったことが推測される。

　ただし、ヘブライ語は本来右から左に綴られるため、巻物の文字を左から右に読むことが、はたして妥当であるかどうかが問われるかもしれない。ここでは、ラテン・アルファベットに置き換えられたために、後者の書き方に従って左から右に書かれたと考えたい。

　それではなぜ、ヤロア、レサ（レファヤ）、ヨエルという3人の名前が、巻物に記されたのだろうか。3人の名は、南翼廊の木やフェニキアの神々とどのように関わりがあるのだろうか。3人の名はいずれも旧約の歴代誌に出てくるもので、特にレサは新約のルカによる福音書第3章23-38節に記されているとおり、キリストの家系に直接連なる者である。ルカはここで人名を羅列することによって、神に至るまでのイエスの家系を順にたどっている。一方、旧約の歴代誌上巻に列挙される人名は、イスラエルの諸部族の系譜を表すもので、アダムからアブラハムに至る系図（第1章）、ヤコブの子らの子孫（第2章）、ダビデの子孫（第3章）、ユダの子孫（第4章）、ルベンとガド、マナセとレビの子孫（第5章）の人名がえんえんと続く。巻物の人名のうち、レサは第3章、ヨエルは第4章、ヤロアは第5章にそれぞれ登場する。第3章のダビデの系譜は、直接にキリストへと至る。第5章の系譜は、イスラエルの宗教儀礼を司る重要な家系である。つまり3人は、いずれもイスラエルの共同体に属する者たちであり、イスラエルの民の繁栄と永続を体現するものと解釈できる。

　キリストの系譜と言えば、エッサイの木の図像が真っ先に想起さ

れる（図161）。エッサイの木とは、イザヤ書第11章1-2節に基づく図像で、「エッサイの株からひとつの芽が萌えいで／その根からひとつの若枝が育ち／その上に主の霊がとどまる」という記述に従って、年老いたエッサイが木の根元に横たわり、そこから大きな木が伸び、枝々にキリストの祖先らの肖像が配される。南翼廊の大きな木もまた、エッサイの木、ひいてはキリストへと至る系図を暗示するものではなかったか。つまり、巻物の文字と南翼廊の木は、いずれもキリストの家系を想起させるものとして、ここに配されたと推測される。フェニキアの神々を擁していた木（ダニエル書のネブカドネツァルの木）は、やがて巻物の文字が示すように、キリストの家系を表すエッサイの木へと変貌する。それが、南翼廊の木の真の意味であったと筆者は推測している。

図161　カストリア　パナギア・マヴリオティッサ修道院　エッサイの木
©iStock.com/RnDms

ところで、南翼廊の中には、銘文からサムエルであることが明白な人物がいる。サムエルは、王たちに油を注ぐ者としてここに描かれたと考えられる。サムエルの母ハンナは、生まれたばかりのサムエルを神殿にささげたとき、「主は逆らう者を打ち砕き／天から彼らに雷鳴をとどろかされる。主は地の果てまで裁きを及ぼし／王に力を与え／油注がれた者の角を高く上げられる」と語っている（サムエル記上第2章10節）。そして、サムエルは神によって退けられたイスラエルの王サウルに代わる新しい王、ダビデに油を注いだ。エッサイの木の図像にはダビデ王とそれに続く代々の王たち（キリストの祖先）が描かれる。このことから、南翼廊の木とサムエルとのかかわりを説明することができるだろう。

それでは、マルクアキウスなる人物はいったい誰なのだろうか。筆者はこれを固有名詞ではなく、ヘブライ語の使者（メッセンジャー）という単語をもとにして作られた、一種の造語ではないかと考えている。ヘブライ語のメッセンジャーはマラク（mal-awk）と発音される。これをローマ字の表記に置き換え、MarciusあるいはMarcianusなどラテン語の人名に一般に用いられる語尾（-us）を加え、人名らしく仕立てあげたものがマルクアキウスだったのではないか。つまり、マルクアキウスは特定の人物を表す固有名詞というよりは、メッセンジャーを意味する、神から送られた使者の擬人像とでも言うべきものなのではなかったか。その使者が、イスラエルの一族とキリストの家系を記した巻物を見る者に示し、キリストの到来を告げているように思われる。

南翼廊の木は、ネブカドネツァルの夢に現れた木であり、木の頂

点に立つアトラスは、異教の神々の1人であろう、という解釈を上に提示した。預言者ダニエルは、ネブカドネツァル王の見た夢を解釈してこう言った。「王様は聖なる見張りの天使が天から降って来るのを御覧になりました。天使はこう言いました。この木を切り倒して滅ぼせ」（ダニエル書第4章20節）。こうして傲慢の木は切り倒される。

ダニエル書に加えて、イザヤの預言にも、傲慢の木を切り倒すたとえが見られる。「見よ、万軍の主なる神は／斧をもって、枝を切り落とされる。そびえ立つ木も切り倒され、高い木も倒される」（イザヤ書第10章33節）。こうして木は倒されるのだが、しかし、続く第11章冒頭において「エッサイの株からひとつの芽が萌えいで／その根からひとつの若枝が育ち／その上に主の霊がとどまる」（イザヤ書第11章1-2節）。すなわち、神に従わない驕り高ぶりの木が切り倒され、そこに新たにキリストの祖先であるエッサイの木が芽吹く。

ネブカドネツァルの夢に現れた南翼廊の木が、いったん切り倒され、そしてキリストの家系図を表すエッサイの木へと生まれ変わるとき、頂点のアトラスは、キリストに取って代わられるだろう。すなわち、異教の神々が住まう木、獣たちによって囲まれていた木が、今やキリストの祖先たちに囲まれる新しい木へと生まれ変わる。

✣　おわりに

本章では、これまで謎に満ちたものと思われてきたオトラント大聖堂を覆う舗床モザイクが、いかなるメッセージを見る者に伝えようとしているのかを明らかにすることを試みた。第1に、オトラント大聖堂の概要を紹介するとともに、聖堂の各部分に描かれた図像の記述と同定を行い、舗床モザイクの全体像を明らかにした。第2に、舗床モザイクの先行研究を年代順に概観し、これまでに提出されてきた数々の解釈を検討した。第3に、先行研究が解決しえなかった諸問題を指摘した上で、身廊の一部と南翼廊の舗床モザイクについて、筆者独自の新しい解釈を提出した。

聖堂の東西軸は、地上から天上へと上昇する垂直線を横倒しに表したものであると同時に、現時点から創造の時点へとさかのぼる時間軸でもあった。同時に、その時間軸は終末の時（アプシス）へ向かうものでもある。この世の始まりであり終わりであるところ（それは「わたしはアルファであり、オメガである」と語るキリスト自身にほかならな

い）に向かって、見る者は歩みを進めてゆく。天へと向かってのびる木を、高いほうを目指して登りゆく（聖堂を西の扉口から東のアプシスへと歩いてゆく）ことによって、わたしたちは楽園へと招かれる。本来垂直方向に伸びるはずの木が横に寝かされ、床に敷かれることによって、その木は歩いてたどり着くことができる、天へと続く確かな道となった。この道を歩き続ける者の目の前に、やがて楽園の姿が立ち現れる。楽園へと歩いてゆこう。それが、オトラント舗床モザイク制作者の願いであったかもしれない。

第III部

カッパドキアの聖堂装飾

第1章
主よ、わが岩よ
——カッパドキアの諸聖堂

✢ はじめに

　カッパドキアの聖堂装飾は、十二大祭（「受胎告知」「降誕」「磔刑」他、キリストの生涯を表す12の場面）、キリストの幼児伝、マリア伝、旧約の主題を表すものが多くを占めており、原則として時系列順に場面が配列されているため、どの聖堂の装飾も一見よく似ているように見える。しかしながら、場面選択や配置には聖堂ごとの独自性が見てとれる。たとえば「キリストの洗礼」図像は、必ず洗礼者ヨハネと天使、そしてヨルダン川に身を浸すキリストの姿を含む。ところが、同じ「キリストの洗礼」であっても、聖堂内での位置づけは聖堂ごとに大きく異なっている。そのため「洗礼」を表す場面は、隣り合う場面との関連性など、置かれた文脈によって異なるメッセージを伝えているように思われる。聖堂ごとに「洗礼」の図像が担う役割について問う必要があるかもしれない。

　たとえばニケフォロス・フォカス聖堂とカルシュ聖堂はいずれも「洗礼」場面を含んでおり、加えて両聖堂の「洗礼」はある共通点を有している。「洗礼」がナラティヴ・サイクルの順序を外れ、時系列に従って進むはずの説話が、「洗礼」の不規則な配置のために部分的に乱されてしまっているという点である。ニケフォロス・フォカス聖堂では、南壁面にキリストの公生涯、北壁面に受難伝が配されているため、「洗礼」は本来であれば南壁面に含まれるべきである。ところが公生涯の中から「洗礼」だけが時系列を離れて西壁面に配され、「冥府降下」と対になる位置に置かれている。カルシュ聖堂では、まったく不可解なことに、「ユダの裏切り」の直後に「洗礼」が配されている。「最後の晩餐」「ユダの裏切り」に続く「洗礼」というのはいかにも奇妙である。これは、装飾プログラムを正しく理解していない画家の誤りによって、意味をなさない配置がなされてしまった結果なのだろうか。あるいは何らかの意図があって、あえて

「洗礼」の位置を本来とは異なる場所に移動させたということだろうか。筆者は「何らかの意図があった」という前提に立って、「洗礼」の場所が移動させられたことの意味を読み解くことを試みたい。ニケフォロス・フォカス聖堂とカルシュ聖堂の「洗礼」の意味をそれぞれ異なる仕方によって解釈することによって、同じ「洗礼」場面が聖堂ごとに異なる意味を有していた可能性を提示してみたい。

　「洗礼」に続く第2の例として、カランルク聖堂とムスタファパシャの聖バシリオス聖堂におけるアブラハムの図像および銘に注目する。カランルク聖堂のナルテックスには「アブラハムの歓待」が描かれ、加えてサイド・アプシスにはアブラハムの胸像が配されている。このことから、本聖堂においてアブラハムが何らかの特筆すべき役割を担っていたことが推測される。一方、聖バシリオス聖堂は、アブラハムの肖像やアブラハムにまつわる説話場面を含んでいるわけではない。が、本聖堂においてもまたアブラハムが大きな役割を担っていたと考えられる。なぜならアプシスに並んで描かれた3つの十字架に、アブラハム、イサク、ヤコブの銘が記されているからである。銘が示すとおり、3つの十字架は旧約の3人を表している。それではなぜ聖バシリオス聖堂では、カランルク聖堂のようなアブラハムの肖像や説話場面ではなく、十字架と銘によってアブラハムを示唆するやり方が選択されたのだろうか。ここでは図像と銘を手がかりに、2聖堂におけるアブラハムの役割を読み解くことを試みたい。カランルク聖堂と聖バシリオス聖堂を比較することによって、同じアブラハムであっても聖堂ごとに体現するメッセージが大きく異なっていることを提示する。そこには聖堂を寄進した者たちの願いが、文字史料には残らないような仕方で図像を介して語られているように思われる。

　本章では、上記の「洗礼」と「アブラハム」に加えて、カッパドキア聖堂装飾の2つの特質について論じたい。第1に、聖堂の床面あるいは壁面に穿たれた墓周辺に見られるフレスコ装飾、第2に、聖堂とその周辺の景観とのかかわりについて考察する。たとえば「冥府降下」や「空の墓」といった、復活に直結する図像であれば、墓の装飾として比較的わかりやすい。一方、「受胎告知」やキリストの幼児伝が墓周辺を装飾している場合、墓との関連において図像をどのように解釈すればよいのだろうか。それらの図像は、単に身廊を飾る幼児伝とは明らかに異なる意味を担うものと考えられる。2点目として、聖堂壁画が周囲の景観を背景の一部として取り込む、「借

景」に似た工夫がなされていることを指摘したい。カッパドキア独自の地形が、聖堂装飾に巧みに利用されているということである。各々の聖堂は、寄進者の祈りや願いを独自の仕方によって表現している。それらを1つひとつていねいに読み解くことが、本章の目的である。

✢ 1　カッパドキア聖堂装飾研究の意義

　本章は、カッパドキア岩窟聖堂の装飾を個別に取り上げ、図像解釈を行うことを目的とするが、カッパドキアの作例について論じる上で、芸術的規範にかんする首都（コンスタンティノポリス）の覇権がどこまで辺境の一地方（カッパドキア）に及んでいたのか、首都の正統な描き方に対して、地元の伝統や独自性をどこまで表現の中に読み取ることができるのか、という視点を忘れることはできない。

　従来、聖堂装飾研究は大きく2つの要素（様式と図像）に分けて行われてきた。特に、様式分析に当たっては、一地方の聖堂画家が、地元出身者だったのか、首都出身の者だったのか、首都で訓練を受けた地方の画家だったのか、画家が首都の規範的な描き方をどこまで理解していたのか、入念に組み立てられた首都の装飾プログラムをどこまで目の前の聖堂に当てはめることに成功しているのか、といった点についての検討が行われてきた。先行研究では、全体の図像配列が合理的な意味をなさない場合、決して一流とは言えない地方の画家が、プログラムの意味を正しく理解せずに制作に当たったために、首都の規範から大きくはずれたものが作り出された、という推測がなされてきたが、妥当な解釈と言えるだろうか。本章では、この点について再検討したい。筆者の結論を先取りして述べるとすれば、カッパドキアの画家は、技術的には首都の一流の画家の水準に達していなかったとしても、決して無秩序かつ非合理的な配列で聖堂装飾を行ったわけではなく、何らかの考えに基づいて装飾を行い、独自の装飾プログラムを作り出していたと考えられる。カッパドキアの作例をとりあげ、一貫性ある聖堂装飾プログラムのありようを浮かび上がらせることによって、首都と地方の画家との関係について一石を投ずる試みとしたい。

　ビザンティン帝国の覇権が及んだ地域、また帝国の影響下に置かれていた地域は広大であり、中央（首都コンスタンティノポリス）に対して周辺または辺境と位置づけられる地方は、何もカッパドキアに

限らない。ビザンティウムから正教が伝えられた諸地域（ロシア、アルメニア、グルジア、シリア、エジプト、セルビア、マケドニア、ブルガリア）もまた、カッパドキア同様、帝国の周辺と位置づけられる。こうした諸地域の中から特にカッパドキアに焦点を当てる理由は、以下の4点である。

　第1に、カッパドキアの地形が大変にユニークであることがあげられる。アナトリアの火山噴火により形成された奇岩は独特の景観を生み出し、カッパドキアの岩窟聖堂は、こうした周囲の景観を「借景」とも言えるような仕方で巧みに取り込みながら、聖堂装飾を生み出した。首都の影響下にありながら、辺境の独自性を如実に体現した事例が、カッパドキアにおいて数多く生み出されたということである。

　第2に、聖堂装飾の保存状態があげられる。岩窟を掘削して形成された聖堂は、侵食や風化のために崩壊しやすい反面、厚い壁面によって直射日光から守られているために、壁画はしばしば制作当時の鮮やかな色彩を保っている。今後さらなる風化によって図像の判別が困難になる前に、聖堂全体の装飾プログラム研究を進めたい。

　第3に、カッパドキアに現存する聖堂数の多さがあげられる。以下に紹介するジョリヴェ＝レヴィの大著は、150を超えるカッパドキアの聖堂をカタログ化したものである。本章において、カッパドキアに現存する全聖堂を対象とすることは困難であるが、当地が首都コンスタンティノポリスに勝るとも劣らない宗教活動の拠点であったことは疑いない。

　第4に、従来のカッパドキア観を覆すような斬新な研究が、近年研究者の間で注目を集めており、カッパドキア研究の今後の可能性を示唆していることがあげられる。第3の理由で述べたように、カッパドキアには膨大な数の聖堂が現存することから、聖都エルサレムへの巡礼の拠点として機能するとともに、修道者たちが多く根付いた土地であったと考えられてきた。ところが、聖堂建築の精査が進むとともに、修道院であると思われてきた建造物が、実は教区聖堂あるいは貴族の所有地に内包された私的礼拝堂である可能性が指摘されるようになった。聖堂の機能に着目する新研究が着々と進み、新解釈が提出される現在、カッパドキアを調査対象として取り上げる意義は大きいと考えられる。

✛2　カッパドキア聖堂群の先行研究

　各聖堂のフレスコ壁画の検討に入る前に、カッパドキア聖堂群にかんする先行研究について、短く触れておきたい。カッパドキア聖堂群の体系的研究は、1920年代まで遡る。ジェルファニオンは、1920年代から40年代にかけて全7巻に及ぶ大著を著し、建築様式の比較、絵画様式の比較を通して制作年代の推定を行った[312]。ジェルファニオンによる制作年代の推定は確定的なものではなく、ラフォンテーヌ＝ドゾーニュやレストレら、1960年代の研究者の中にはジェルファニオンとは異なる制作年代を提唱する者もあった[313]。1970年代に入り、ティエリやエプスタインら、むしろジェルファニオンに近い年代を提示する見解が出された[314]。1980年代のロドリーは、建築史的観点から制作年代を再検討した[315]。銘文や文字史料が残されていない聖堂の制作年代は、これまで多くの議論を呼んできた[316]。こうした研究成果をふまえ、現在では、カッパドキアにおいて聖堂が最も盛んに建設されたのは、10世紀から11世紀半ば頃（アラブによるアナトリア侵攻が中断されてから、カッパドキアがセルジューク・トルコの征服に屈するまで）と考えられている。

　ジェルファニオンは、カッパドキア聖堂群のフレスコ壁画に、首都コンスタンティノポリスの絵画様式の影響が認められることを指摘した。後に続く研究者らの多くは、建築形態、装飾プログラム、絵画様式のいずれの点においても、首都の芸術規範上の主導権と、カッパドキア独自の芸術的伝統との間に、ある種の緊張関係があったと考えている。

　ジョリヴェ－レヴィによる体系的なカタログは、典礼上重要度の高い、アプシスの装飾に焦点を当てたものである[317]。カッパドキア全域を7地区に区分し、全体で150を超える聖堂が取り上げられている。この他、各々の研究者が個々の聖堂について論じた論文は膨大な数にのぼり、図像学的な分析、修復に関する報告書を含め、カッパドキア聖堂研究の層は厚い。

　近年の成果として特記すべきなのは、クーパーとデッカーの共著[318]、そしてテトゥリアトニコフの単著[319]で、いずれもカッパドキアの地方性、独自性に焦点を当てるという点で示唆に富んでいる。テトゥリアトニコフは、聖堂建築の個々の部位（ベーマ、ナオス、ナルテックス他）が、典礼においていかなる機能を果たしていたのか、という

観点からカッパドキア岩窟聖堂群の造形を分類した。建築上の分類にとどまらず、聖堂を実際に典礼の場として用いていた地元村落の共同体や、その構成要員についても検討の対象としている。さらに、典礼のみならず埋葬の機能をも担っていた聖堂の形態が、年月を重ねる中でどのような変化をとげていったか、という点について検討がなされている。地元の聖職者、修道士、信徒らが互いにどのようなかかわりを有していたのか、教会や修道院がどの程度財政的支援を受けていたのか、いかなる地位の者たちが寄進を行ったのか、といった社会的・経済的側面が、典礼や聖堂の形態に影響を与えていたことを指摘している。

クーパーとデッカーの共著は3部構成で、第1部はカッパドキアにおける種々の経済活動、第2部は教会と修道的共同体、第3部は世俗の軍事貴族に充てられている。特に第2部において、著者らは従来の見解（岩窟聖堂は押しなべて修道士らの共同体によって用いられていたとする見解）に疑問を投げかけている。彼らは、造り付けの長い食卓や座席を備えた食堂の有無を手がかりとして、岩窟聖堂を中心とする複合施設が、修道士らによって構成される共同体のためのものだったのか、村落に住まう人々の集う教会だったのか、あるいは上層の地位に属する者たちの邸宅内に含まれる宗教的施設だったのかを判別した。こうした検証の結果、カッパドキアに存在する無数の岩窟聖堂は、当地に修道士の共同体が並外れて多く存在していたことの証であるとする従来の見解が覆された。言い換えれば、岩窟聖堂の多くは村落に住まう世俗の人々の祈りの場であり、帝国の支配下にあった他の諸地域に比べて、カッパドキアに修道的共同体が格段に多く存在していたわけではない、という結論が導き出された。

テトゥリアトニコフ作成の地図上には、167の岩窟聖堂が記され、うち54の聖堂に寄進者の情報を含む銘文が記されている[320]。大半の銘文は9世紀から13世紀にかけて記されたもので、銘文の解読から、修道士、修道女、聖職者の名や、世俗の寄進者の職格が判明した。寄進を行っていた平信徒の数は、修道士や聖職者のほぼ倍にのぼる。

このように先行研究は、カッパドキア聖堂群の寄進者に関する情報を収集し、地方出身の軍事貴族、帝国の皇帝一族、地元中・下層階級の信徒などが寄進を行っていたことを明らかにした。しかしながら、銘文が残されていない場合、寄進者がどのような者であったのかという議論は、推測の域を越えない。たとえ銘文から寄進者の名や社会的地位が判明したとしても、銘文は総じて定型化された言

い回しが多く、寄進者個人が何を考え、何を願い、自らの死をどのようにとらえていたのかを伝える史料とは言いがたい。そこで本章では、寄進者の意志や願いが、文字よりもフレスコに如実に反映されていたという前提に立って、装飾プログラムを読み解くことを試みたい。図像自体は銘文と同じように定型化されたものであったが、複数の図像の組み合わせや配置には、聖堂ごとにさまざまな工夫がこらされている。そこで、装飾プログラムの組み立てに込められた寄進者の願いを読み取り、彼らのありようを浮かび上がらせることを目指したい。

✣ 3　ニケフォロス・フォカス聖堂(チャウシン)[321]

ニケフォロス・フォカス聖堂（965-969年）は単廊式の建造物で、内部を装飾するキリスト伝サイクルは、多数の場面を有している（図162）。キリストの幼児伝によって飾られるヴォールト天井のフレスコは、マリアの純潔を試す「水の試み」から始まり、「訪問」「受胎告知」「ベツレヘムへの旅」「降誕」「ヨセフの夢」「エジプト逃避」「ザカリアの殺害」「エリサベトの逃避」「幼児虐殺」へと続く。壁面のフレスコはキリストの公生涯と受難伝で、「盲目の人の癒し」「ラザロの蘇生」「エルサレム入城」（南）、「最後の晩餐」「ユダの裏切り」（西）、「ピラトの前のキリスト」「十字架への道」「磔刑」（北）が描かれている。サイクルは南側の下段の「十字架降下」「空の墓」「香油を運ぶ女たち」へと続く。「香油」と隣接する西壁面に「冥府降下」が配され、ここまでは南→西→北→南下→西の順に物語をたどることができる。「冥府降下」に続く「使徒の祝福」と「昇天」は、ヴォールト天井の東半分を占めている。

ニケフォロス・フォカス聖堂の説話場面の中で、キリスト伝サイクルの順序に合わない変則的な位置を占めているものが2つある。「洗礼」（西側）と「変容」（東側）である。「変容」が説話場面からはずれて特別の位置を占める例は、本聖堂以外にもしばしば見られる。本聖堂では、アプシスの「再臨」のキリスト、アプシス手前の「変容」のキリスト、ヴォールト天井の「昇天」のキリストが、いずれもマンドルラに包まれた姿で、聖堂の中軸上一直線に配置される。「変容」は、「昇天」や「再臨」の予兆と理解されるため、3図像が隣接するところに配されたと考えられる。このように「変容」が説話場面の順序からはずれている理由は、合理的に説明することができる。

図162　チャウシン　ニケフォロス・フォカス聖堂　［上］天井　［下］西壁面

図163 チャウシン ニケフォロス・フォカス聖堂 ［上］冥府降下 ［下］洗礼

図164 チャウシン ニケフォロス・フォカス聖堂 皇帝ニケフォロス・フォカスとその家族

図165 チャウシン ニケフォロス・フォカス聖堂 聖母子

　一方、「変容」に比べて「洗礼」が説話場面の順序からはずれる例は大変珍しい[322]。本聖堂の「洗礼」は、出入口を挟んで「冥府降下」と対になる場所を占めている（図163）。説話場面の順序をはずれた「洗礼」は、何らかの意味を有しているように思われる。以下に、その意味について考察していきたい。

　第1に、メイン・アプシスを挟む2つのサイド・アプシスから見てゆく。北側のサイド・アプシスには、ニケフォロス・フォカスの肖像が描かれている（図164）。ニケフォロス・フォカスはカッパドキア出身の軍事貴族で、ビザンティン帝国の軍司令長官として活躍した。対イスラーム戦で大きな功績を残したことで知られ、963年皇帝の座に着いた。このことから、サイド・アプシスに描かれた皇帝ニケフォロスに対して祈りを捧げる者は、戦いが勝利へと導かれることを祈念したのではないかと想像される。

　北側のニケフォロスと対になる南側のサイド・アプシスには、聖母子が描かれている（図165）。福音書によれば、キリスト降誕の日、羊飼いにメシアの到来を告げた天使に、天の大軍が加わって、神を賛美して言った。「いと高きところには栄光、神にあれ、地には平和、御心に適う人にあれ」（ルカ第2章13-14節）。そのため、南サイド・アプシスの聖母子の姿は、天の大軍と地の平和を想起させるものであったかもしれない。サイド・アプシスに描かれたニケフォロス・フォカス（北）に勝利を祈願し、聖母子（南）に天の大軍の守りと地の平和を祈って戦いへと出向く者は、出入口に配された「洗礼」を見ながら、いよいよ聖堂の外へと踏み出すことになる。ナオスの壁面下部には戦士聖人たちが並び立つ姿で描かれている。戦いを前にここで祈る者は、戦士聖人と天の軍勢が戦いに加勢し、勝利がもたらされることを確信したことだろう。

　ここで、ニケフォロス2世フォカスの著作である『プラケプタ・ミリターリア』について触れておきたい。本書は戦争戦略について書き記したもので、歩兵、重装歩兵、重装騎兵などの章立てのもと、さまざまな作戦について論じるとともに、野営地の設営、スパイ、偵察などに言及している。

　ニケフォロス2世フォカスは有能な軍人であると同時に、熱心なキリスト者であったことが知られており、『プラケプタ・ミリターリア』の中でも、軍の宗教儀式について述べている[323]。一例を挙げるなら、作戦が決定された後、司令官は兵士らを集め、罪を浄め、3日間断食することを彼らに命じるよう記されている[324]。この場合の

断食はドライ・ファーストと呼ばれるもので、完全な絶食ではなく、パン、ハーブ、塩、水だけを1日1回、夕刻に食することを言う。このような断食は、聖週間（復活祭の前の1週間）に行われる慣習があった[325]。

実戦を直前に控えた3日間、パンと水だけの粗食を1日1回摂るだけでは体力的に持たず、戦う気力を保てないようにも思われる。しかしながら、これと同じ断食の慣習が復活日を1週間後に控えた聖週間に行われていたことから、実戦に赴く前の3日間に同じ断食を行うことによって、戦いの前の一定期間を、磔刑に先立つキリストの受難にたとえようとしていることがうかがわれる。実戦前の数日間をキリストの受難にたとえるとするなら、実戦それ自体はキリストの磔刑にたとえられることになるだろう。キリストの歩んだ道筋をたどるかのように、断食（受難）の日々をすごし、そして実戦（磔刑）へと向かう。これが、実戦前の断食を命じるニケフォロスの真の意図だったかもしれない。

断食に加えて、実戦を前に罪を浄めるようにとの命令は、洗礼を想起させる。使徒言行録に記されているように、洗礼とは「罪を洗い清める」ことだからである（第22章16節）[326]。本聖堂の出入口に描かれた「洗礼」の図像は、勝利を祈りながら今まさに戦いへと出向いて行く者にとって、特別の意味を有するものだったかもしれない。「洗礼」が説話場面の順序からはずされて出入口に配された理由とは、ニケフォロスが説く実戦前の罪の浄化を、見る者に思い出させるための工夫ではなかったか。

たとえ戦場において命を失うことがあったとしても、それはキリストの磔刑に倣った行いであり、磔刑のキリストが3日目に甦ったように、亡くなった兵士らは、キリストによって冥府から引き上げ

図166　チャウシン　ニケフォロス・フォカス聖堂　西壁面　洗礼と冥府降下の対置

られることになるだろう。出入口の「洗礼」と対になる場所に描かれた「冥府降下」の場面は、ここから戦いへと赴く人に、そう語りかけていたかもしれない（図166）。一見「洗礼」は、キリストの生涯を順序どおりに描く連続説話場面からはずれているように見えるが、寄進者の願いを伝えるための手立てとして、意図的に「冥府降下」と対になる位置に動かされたことが推測される。

✥ 4　カルシュ聖堂（ギュルシェヒール）[327]

　カルシュ聖堂は、ギュルシェヒールの南1.5キロの地に位置する、単廊式の聖堂である。銘文によれば、本聖堂は1212年に献堂された[328]。聖堂内の装飾に目を向けてみると、キリスト伝サイクルは、本来含まれているはずの場面を大胆に省略している。ナオスとベーマの境に「受胎告知」が配されているが、それに続くはずの「降誕」はナオスのどこにも見当たらず、「エジプト逃避」や「神殿奉献」といった幼児伝サイクルの主要場面も含まれない。「受胎告知」の次は、「最後の晩餐」と「ユダの裏切り」で、「裏切り」に続いて「洗礼」が配されている。「洗礼」は「最後の晩餐」よりも前の出来事ゆえ、ここでは明らかに順序が逆転している。「洗礼」に続くはずの「ラザロの蘇生」や「変容」「エルサレム入城」など、キリストの公生涯を描く場面はまったく含まれていない。「晩餐」と「ユダの裏切り」の後には「磔刑」「空の墓」「冥府降下」が続く。この部分については、特に目立った順序の逆転は見られない。

　「冥府降下」に続くはずの「昇天」も欠けているが、その代わりに「天国」の描写がヴォールト天井の大きな画面を占めている。「天国」には、聖母子、アブラハム、イサク、ヤコブが描かれている。「天国」の向かい側の壁面には、「聖母の眠り」と「炉の中の三童子」が見られる（図167）。3人の童子は、大きく広げられた天使の翼によって覆い守られ、目の前に描かれた天国へと迎え入れられる者たちであることがわかる。北側の壁面を占める「天国」に対して、「地獄」の場面は西側の壁面を大きく占めている。ジョリヴェ－レヴィによれば、南壁面の「聖母の眠り」は復活を予兆し、最後の審判の日に告げられる死者の復活を先取りするものであるという[329]。

　大々的に「地獄」を描き出す西壁面の上部には、騎乗の聖テオドロスと聖ゲオルギオスが向き合って描かれる（図168）。ジョリヴェ－レヴィによれば、向き合う騎士聖人の図像はカッパドキアにおいて

図167　ギュルシェヒール　カルシュ聖堂　[上]天国の聖母とアブラハム、イサク、ヤコブ　[左下]聖母の眠り　[右下]炉の中の三童子

よく知られているものであり、悪に対するキリスト教徒の勝利を表明するとともに、聖堂を悪から守る機能を有しているという[330]。

　ジョリヴェ-レヴィは、「キリストの洗礼」の図像についても詳細に検討している（図169）[331]。カルシュ聖堂の「洗礼」には、ラッパを吹く川の擬人像が含まれている。これは、カッパドキアにしばしば見られる図像である。一方、川の擬人像の反対側に、三脚の上に据えられた蠟燭が描かれているが、水中で蠟燭が燃えている描写はいかにも奇妙である。

図168　ギュルシェヒール　カルシュ聖堂　騎乗の聖テオドロスと聖ゲオルギオス

図169　ギュルシェヒール　カルシュ聖堂　洗礼

　水中で燃え続ける蠟燭など、実際にありうるのだろうか。松明の一種に、水中で用いられるものがある。松明は、長い棒に布を巻き付けたもので、布を松脂に浸して燃えやすくしている。この部分に樟脳、硫黄、灰、硝石を混入することで、水をはじき、雨に濡れても炎が消えない松明が作られる。日本では、上泉信綱伝の『訓閲集』（兵法書）の中に、水中用松明の秘方が記されている[332]。そのため、水中の松明というのはまったく非現実的なものとは言い切れないが、「洗礼」場面に含まれる水中の蠟燭の描写は、不自然な印象を否めない。

　ジョリヴェ-レヴィによれば、洗礼とは「光の祝祭」であり、ヨルダン川の蠟燭は、洗礼のときキリストに降った神の炎を示唆するものと解釈される[333]。さらにジョリヴェ-レヴィは、この蠟燭と、「洗礼」場面の真下に描かれる「3人の童子」とを比較している。洗礼を記念する1月6日の典礼において、ダニエル書の「燃え盛る炉」をテーマとする頌歌が用いられる[334]。このことから、「洗礼」と「三童子」とのつながりを推し量ることができるという。このように、ジョリヴェ-レヴィは、「洗礼」場面の蠟燭の意味、ならびに「洗礼」場面の不自然な配置の意味について、説明しようとしている。が、この2点については、さらなる検討が必要であるように思われる。

　カルシュ聖堂の壁画に見られるもう1つの特異点として、ジョリヴェ-レヴィは、西壁面に展開する地獄の場面に描かれた、主教らを腕に抱えるユダの図像をあげている。ユダは、「最後の晩餐」と「ユダの裏切り」、そしてここ「地獄」の場面に三たび登場すること

図170　ギュルシェヒール　カルシュ聖堂　［左上］最後の晩餐　［右上］ユダの裏切り　［下］地獄のユダ

から、カルシュ聖堂においてユダが特別の役割を担っていることがうかがわれる（図170）[335]。セルジューク・トルコによるカッパドキア征服の後、地元の聖職者が次々にこの地を見捨てて去って行ったことが、ユダに抱えられた主教たちという特殊な図像の中に反映されているという[336]。カッパドキアが常に異端の温床であったことから、罪人、呪われた者、異端を体現するユダが、繰り返し描かれたという推測も成り立つ[337]。

　ここまで見てきたように、カルシュ聖堂において、天国（北）と地獄（西）、受難（南）と復活（北）に焦点を当てるプログラムが組まれていたことは明らかである。その中で説話の順序を無視して挿入された不自然な「洗礼」は、どのように解釈すればよいのだろうか。筆者は、カルシュ聖堂が重きを置くところの、「天国」と「地獄」という文脈から「洗礼」をとらえ直す必要があるのではないかと考えている。

　第1に、「地獄」の場面の上に描かれた騎乗の騎士たちに注目したい（図168）。聖人たちの騎馬像は、下の「地獄」の場面と何らかのつながりを有するものとしてここに配置されたと推測される。騎乗のテオドロスとゲオルギオスが上から抑え込む巨大な竜は、あたか

も黙示録の竜が地上に這い上がってきたかのように見える。また黙示録によれば、竜と戦ったのは大天使ミカエルとその使いたちである（黙示録第12章7節）。天が開かれて白い馬が現れ、それに乗っている者は「誠実」および「真実」と呼ばれ、正義をもって裁き、戦った（第19章11節）。さらに、天の軍勢が白い馬に乗ってそれに続いた（第19章14節）。壁面に描かれたテオドロスとゲオルギオスは、白馬に乗って駆けつけた天の軍勢に加わり、ともに戦う者たちであるようにも思われる。

聖人同士が向き合う姿は、西のティンパヌムに描かれた2人の騎士聖人に加えて、ナオス中心部の南北にも見られる（図171）。細長く狭い画面に描かれた、2人の柱上行者である。南北に向き合って描かれる柱上行者の姿は、「天国」と「地獄」を強調するカルシュの聖堂装飾において、重要な役割を担っているように思われる。というのも、北側の柱上行者ダニエルの頭上には、まさに「天国」の光景が展開し、その柱は天国を下から支えるための柱のように見えるからである。向かい側の柱上行者の頭上に描かれるのは「聖母の眠り」と「三童子」であり、やがて天国に迎え入れられる者たちである。それゆえ南側の柱もまた、天国を支える柱であると言えよう。黙示録には、「勝利を得る者を、わたしの神の神殿の柱にしよう」と記されている（第3章12節）。このことから南北において向き合う2人の柱上行者は、西側のティンパヌムで向き合う騎乗の聖人たち同様、黙示録の文脈に照らして説明することができるだろう。騎乗の聖人が黙示録の竜を上から抑え込む一方、柱上行者は天国を下から支える。騎士たちはやがて、白い馬に乗った天の軍勢とともに、勝利の柱によって支えられた天国へと駆け上がって行くだろう。

ここまで、騎乗の聖人と柱上行者の図像を黙示録に照らして解釈してきた。カルシュ聖堂を彩る図像の中で、際立って奇妙に見える「洗礼」の位置と水中の蠟燭もまた、同じような文脈から解釈できるのではないだろうか。

「洗礼」の図像を検討する前に、「最後の晩餐」「ユダの裏切り」そして「地獄」の大画面において3回繰り返されるユダについて触れておきたい。言うまでもなくユダは罪を犯し、地獄行きを定められた者で、天国に入ることを約束された聖母と三童子の、いわば対極に置かれた者である。三童子は天使の翼によって覆われ、彼らには目の前に描かれた天国への道が約束されている。西壁面に描かれた寄進者の親子を見ると、彼らは三童子の図像をそっくりそのまま繰

図171　ギュルシェヒール　カルシュ聖堂
[上]柱上行者　[下]南壁面

第1章 主よ、わが岩よ——カッパドキアの諸聖堂

り返している。寄進者は中央に立って両手を緩やかに広げ、2人の子供たちの頭上に掌を載せている（図172）。つまり、寄進者が天使のしぐさを真似ることによって、子供たちを三童子に重ね合わせ、三童子が天国へと迎え入れられたようにこの子たちを天国へと導いてくださいという、寄進者の切なる願いを語っているように思われる。

　天国へと迎え入れられる聖母、三童子、寄進者の親子とは逆に、キリストを裏切ったユダは地獄へと向かう。「ユダの裏切り」と「地獄」との間に、説話場面の順序を無視して配置された「洗礼」は、「地獄」の手前に位置していることから、ユダの地獄行きを決定するところ（煉獄に相当するところ）を暗示しているのではないか、と筆者は考えている。水中の蠟燭は、火による浄化を表し、煉獄を想起させるものとして、「洗礼」の図像に加えられたように思われる。

　ル・ゴフによれば、「煉獄」という語は12世紀末まで存在していなかった[338]。とはいえ、天国に入るために罪の浄化が必要であるという考え方は、初期キリスト教の教父の時代から存在していた。オリゲネスは「イエス・キリストは（中略）死後天国に行くはずでありながら罪の清めを欠く人々のために、彼らをこの川に浸してバプテスマを授け、待ち望まれる場所へと至らしめる」と語っている（『ルカ註解』講話24）[339]。また、カッパドキア三教父の1人であるニュッサのグレゴリオスは、「死者について」と題された説教の中で、次のように述べている。「肉体を離れたとき、人は善悪についての知識を得、彼の魂のけがれを浄化の炎によって清めなければ、神に近寄れないことを知るようになる」[340]。初期キリスト教の教父たちは、天国と地獄の間に存在する中間的な「場所」（すなわち煉獄）について語っているのではなく、罪が浄化された「状態」について語っているのだが、ル・ゴフは、このような土壌から12世紀に煉獄が誕生したと主張している[341]。

　ニュッサのグレゴリオスによれば、罪は火による浄化によって清められる。その典拠は、マタイによる福音書に求められる。「わたし（洗礼者ヨハネ）は、悔い改めに導くために、あなたたちに水で洗礼を授けているが、わたしの後から来る方（中略）は、聖霊と火であなたたちに洗礼をお授けになる」（マタイ第3章11節）。火による洗礼は、炎によって罪が浄化されることを意味し、それが煉獄における火による罪の浄化の源となった[342]。

　ラテン語のpurus（純粋な、汚れのない）は、ギリシア語のpur（炎）

図172　ギュルシェヒール　カルシュ聖堂
［上］炉の中の三童子　［下］寄進者とその家族

を語源としている[343]。古来、火によって浄化が行われていたためと言われる。ラテン語のpurgatorium（煉獄）はpurus（純粋な、汚れのない）を語源とし、煉獄が魂のけがれ（すなわち罪）を清めるための場所であったことを表している。死後、煉獄において犯した罪を浄化し、神とは異質なもの（すなわち罪）を一掃することで、人は神の本質と１つになるための準備を行う。それを経た上で、神と一致したところの永遠に幸福な場所、すなわち天国へと迎え入れられることになる。

本聖堂の「洗礼」図像に描き加えられた、水中の蠟燭の奇妙な表現は、「火による洗礼」すなわち「火による浄化」を、見る者に示唆するための工夫だったのではないか[344]。説話場面の順序をあえて無視し、「ユダの裏切り」と「地獄」との間に挟まれた場所に、火による浄化（煉獄）を示唆するものとして「洗礼」を挿入することで、キリストを裏切るという大きな罪を犯したユダの罪が浄化されることなく、彼が地獄へと落ちて行ったことを表しているように思われる。「ユダの裏切り」を南壁面の中央に置くことによって彼の存在を強調し、「地獄」に再度ユダを描く。裏切りと煉獄を経て地獄への道をたどったユダとの対比によって、三童子の姿を模した寄進者の家族が天国へと迎えられることを際立たせる。それが本聖堂の装飾プログラム中に込められた、寄進者の願いであったと考えられる。

❖ 5　カランルク聖堂（ギョレメ）[345]

カランルク聖堂（11世紀）は内接十字式の建造物で、内部に多くの装飾を有している。本来聖堂は、アプシスを東に向けて東西軸上に置かれるが、本聖堂のアプシスは北東を向いている。一方、ナルテックスは従来どおり東西軸上に位置するため、ナルテックスとナオスの向きが食い違い、両者のつながり方にずれが生じている。ベーマ部分は、メイン・アプシスと２つのサイド・アプシス（ディアコニコンとプロテシス）から成る。ディアコニコンは、典礼に用いられる祭具を保管するための小室である。一方、プロテシスでは、聖餐に用いられるパンと葡萄酒の準備が行われる。プロテシスのほうがやや大きく、メイン・アプシスと直結している。ここプロテシスには、聖母子が描かれている。ディアコニコンには、アブラハムの胸像とマンディリオンが描かれている。この組み合わせは大変珍しく、カランルク聖堂独自の図像選択である（図173）。

図173　ギョレメ　カランルク聖堂　［上］聖母子　［中］アブラハム　［下］マンディリオン

ジョリヴェ-レヴィは、聖堂内で執り行われる典礼とカランルク聖堂のフレスコ壁画との関係について論じている[346]。ジョリヴェ-レヴィによれば、教父が典礼註解の中でプロテシスをベツレヘムにたとえていることから、聖母子の図像はこの場所にふさわしいものであると言える[347]。

　アブラハムが登場する旧約の説話場面といえば、「アブラハムの歓待」、あるいは「アブラハムの犠牲」などがある。ジョリヴェ-レヴィは、サイド・アプシスの大きさが十分ではなかったために、物語場面よりもアブラハム単独の胸像が描かれたのではないかと考えている[348]。彼女は、ディアコニコンのアブラハムと対になる場所に描かれたプロテシスの聖母子に注目し、両者の関係性を読み解くことによって、アブラハムがここに配された意味を説明しようとしている[349]。降誕日に先立つ日曜日の典礼において、マタイによる福音書の中から、キリストの系図が朗読される（マタイ第1章1節以下）。この系図中にキリストの祖先であるアブラハムの名が含まれていることから、両サイド・アプシスの図像（アブラハムと聖母子）は、キリストの系図とそれに続くキリストの降誕というつながりを持つものと解釈される。加えてジョリヴェ-レヴィは、アブラハムが終末論的な含意を有することを指摘している。「最後の審判」の図像において、アブラハムは、イサク、ヤコブとともに、救われた人々の魂を腕に抱えた姿で描かれるからである。

　それでは、アブラハムの肖像は、その下に描かれるマンディリオンとどのようなつながりを有しているのだろうか。ジョリヴェ-レヴィの解釈によれば、サイド・アプシスを飾る3つのイメージ（聖母子、アブラハム、マンディリオン）は相互補完的な役割を持ち、真の受肉を宣言するものであるという[350]。その傍証として、コンスタンティノポリスの主教ゲルマノスが挙げられている。ゲルマノスによれば、マンディリオンはキリストの受肉を直に表すものだからである。サイド・アプシスのアブラハムとマンディリオンのつながりを、「受肉の宣言」とするジョリヴェ-レヴィの解釈に異論はない。が、この場所にアブラハムが描かれた理由とは何か、マンディリオンとの組み合わせは何を伝えようとするものなのか、両者の関係をさらに探ってみたい。

　ナルテックスからナオスに入る扉口には「受胎告知」が配され、向かい側（ナルテックス西壁面）には「アブラハムの歓待」（図174）、ナルテックスのヴォールト天井には「使徒の祝福」と「キリストの

図174　ギョレメ　カランルク聖堂　アブラハムの歓待

図175　ギョレメ　カランルク聖堂　[上]使徒の祝福　[下]昇天

昇天」（図175）が描かれる。ジョリヴェ-レヴィは、ナルテックスの図像選択について検討し、次の3点を指摘している。第1に、ナルテックスの南側に葬礼室が設けられていることから、「昇天」の図像は葬礼という文脈にふさわしいものであるという点[351]。第2に、「受胎告知」と「キリストの昇天」の2図像は、地上に降り立ち、再び天上へと帰り行くという、キリストのたどる道筋を端的に示しているという点[352]。第3に、「受胎告知」と対置される「アブラハムの歓待」は、「受胎告知」の予型とみなされるという点。アブラハムの元を訪れた客人（神の御使い）が、妻サラの懐妊を予告するためである[353]。

　それでは、ナルテックスの「アブラハムの歓待」は、隣接する葬礼室と何らかのつながりを有する図像なのだろうか。またナルテックスに描かれた寄進者像からは、どのようなメッセージを読み解くことができるだろうか。まずは、ナルテックスの「受胎告知」から見てゆく。ナルテックスからナオスへと続く扉口に描かれたカランルク聖堂の「受胎告知」は、他の聖堂に多く見られるような、ナオス内部に描かれる「受胎告知」とは異なる視覚効果を有しているように思われる。「受胎告知」は「キリストの降誕」に先立つ場面であり、「降誕」の図像には、飼い葉桶のキリスト、そのかたわらに身を横たえる聖母が描かれ、2人の背後には洞窟が描かれる。そのため、ナオス入口の「受胎告知」を経てナオスに足を踏み入れるとき、洞窟を掘削して造られたナオス全体が、降誕の洞窟と重なり合うかのように感じられる。見る者は、「受胎告知」（ナルテックス）に続く、降誕の洞窟（ナオス）へと招き入れられる。洞窟聖堂ならではの、建築空間を巧みに巻き込んだ視覚効果であると言えよう。

　洞窟という独特の建築空間を図像と重ね合わせる工夫は、ナルテックスのアブラハムにおいても指摘することができるだろう。アブラハムは長寿を全うし、息子たちの手によってマクペラの洞穴に葬られたと伝えられる（創世記第25章9節）。このことから、「アブラハムの歓待」の図像に隣接する葬礼室は、アブラハムが葬られたマクペラの洞穴を思い起こさせるものだったかもしれない（図176）。『モーセ五書』の註解書として知られる『ゾーハルの書』によれば、マクペラの洞穴はエデンの園へと至る扉口であった[354]。すなわち、亡くなって葬られたアブラハムはマクペラの洞穴を経て楽園へと至り、天国での宴会の席に着いて人々を迎えることになる。マタイの福音書によれば、「東や西から大勢の人が来て、天の国でアブラハム、イサク、ヤコブと共に宴会の席に着く」（マタイ第8章11節）からである。

図176　ギョレメ　カランルク聖堂　「アブラハムの歓待」に隣接する葬礼室

したがって、客人を迎え入れるアブラハムの食卓の図像（ナルテックス西側壁面）は、マクペラの洞穴に続く神の国の宴席を示唆するものと解釈できるかもしれない。

次に、ナルテックスのヴォールト天井に描かれる「使徒の祝福」の場面で、2人の寄進者がキリストの足元に跪く姿で描かれていることに注目したい（図177a）。昇天を前にキリストは、使徒たちをベタニアのあたりに連れて行き、手を上げて彼らを祝福し、祝福しながら天へと上げられたと伝えられる（ルカ第24章50-52節）。

ベタニアと言えば、マルタ、マリア、ラザロたち兄弟の住まうところである。ラザロは死んで洞穴に葬られ、その洞穴は石でふさがれていた。ところがキリストはその石をどけるように命じ、「ラザロ、出てきなさい」と大声で叫んだ。すると死後すでに4日もたっていたラザロが手足に布を巻かれた状態のまま、洞穴の外へと出てきた（ヨハネ第11章1-45節）（図177b）[355]。「キリストの昇天」はベタニアあたりでの出来事であったことから、ナルテックスに隣接する葬礼室は、マクペラの洞穴に加えて、ベタニアのラザロの洞穴をも想起させるものであったかもしれない。

使徒たちを祝福するキリストの足元に跪く2人の寄進者（図177a）は、「ラザロの蘇生」の図像において、キリストの足元に跪いて兄弟ラザロの復活を願うマルタとマリアの姿を思わせる（図177b）。マルタとマリアがラザロの復活を祈ったように、寄進者もまた自らの復活を願い、これから天へと上げられるキリストに向かって、わたしたちを一緒に天へと運んでくださいと頼んでいるように見える。寄進者はまた、わたしたちをアブラハムと共に天国の宴会の席に着く大勢の人たち（マタイ第8章11節）のうちの1人にしてくださいと、キリストに願いをささげているのかもしれない。ナルテックスを装飾するいくつかの場面は、葬礼室をアブラハムやラザロの墓に見立てて一貫したプログラムを形づくり、寄進者の願いを端的に視覚化しているように思われる。

それではナルテックスからナオスに移動し、サイド・アプシスのアブラハムに注目してみたい（図173 ［中］）。アブラハムの胸像とキリストの顔が刻印された布（マンディリオン）は、いかなるつながりを持つものなのだろうか。筆者は、アブラハムとマンディリオンをつなぐキーワードは「エデッサ」であると考えている。第1に、マンディリオンとエデッサのかかわりは明白である[356]。エデッサの王アブガルは、病を患っていた。アブガル王は、奇跡によって多くの

図177a　ギョレメ　カランルク聖堂　ナルテックス　寄進者

図177b　ギョレメ　カランルク聖堂　ラザロの蘇生

病人を癒していたキリストの噂を知り、キリストのもとへ使者アナニアを送った。アナニアは、エデッサを出立し、パレスティナの地を旅してキリストを探し出し、キリストに王アブガルからのメッセージを伝えた。すると、キリストは顔を布に押し当て、自らの顔が写り込んだ布をアナニアに手渡した。この布を王のもとへ持ち帰ったところ、アブガルの病は癒された。これがマンディリオンの由来である。したがって、マンディリオンとエデッサとのつながりは明白である。

一方、アブラハムは、エデッサの生まれであったと伝えられる。アブラハムは、家族とともにカルデアのウルを出発し、カナンの地へと向かった（創世記第11章31節）。一説によれば、このウルという地名は、トルコ南東部の都市シャンウルファと同定される。シャンウルファは通称ウルファと呼ばれ、別名エデッサとして知られている。ウルファ（エデッサ）には、アブラハムが生まれたと伝えられる洞穴があり、現在観光名所の1つとなっている。

ただし、創世記で語られるカルデアのウルという地名は、トルコ南東部のウルファ（エデッサ）ではなく、メソポタミアの古代都市ウル（イラク南部）を指しているという説もある。そのため、アブラハム生誕の地がウルファ（エデッサ）であったと断定することはできない。しかしながら、エデッサをアブラハム生誕の地であるとする伝承は（史実であったか否かにかかわりなく）両者の間に強いつながりがあったことを示している。

アブラハムの肖像が描かれたサイド・アプシスをエデッサ（アブラハムが生まれたと伝えられるエデッサの洞穴）とみなすなら、アブラハムとマンディリオンとのつながりをここに見出すことができるだろう。アブラハムはここエデッサからカナン（約束の地）へと出立した。アブガル王から派遣されたアナニアもまた、キリストと出会うためにエデッサを旅立った。アブラハムとマンディリオンの組み合わせは、サイド・アプシスをエデッサと重ね合わせるための工夫であったと考えられる。見慣れない組み合わせであるが、マンディリオンとアブラハムの両方に共通する特定の地名（エデッサ）を思い出させるために、あえて並列されたのではないか。ここディアコニコン（エデッサ）から出て行く者は、アナニアのようにキリストと出会い、アブラハムのように約束の地へと導かれる。それが特殊な図像の組み合わせが語るメッセージではなかったか。

ナルテックスとディアコニコンの図像について検討してきた。最

後に、カランルク聖堂の「変容」の位置について言及しておきたい。カッパドキアの諸聖堂において、「変容」の図像はしばしば他の説話場面から切り離され、アプシスの上部やアプシスと向き合う西側の入口上部などの特別な位置を占めることがある。本聖堂の「変容」は西側壁面に描かれている（図178）。そして、「変容」を特別扱いしたために、説話場面が順序どおりに進まなくなってしまった。しかしながら、何らかの意図のもと、このような配置が作り出されたと考えられる。ここでは、「変容」と向き合うアプシスの図像との対応関係を指摘したい。アプシスには、キリストと聖母、洗礼者ヨハネによって形づくられる「デイシス」の図像が描かれ、キリストの足元に寄進者がうずくまるような姿勢で描かれている（図179）。一方、アプシスと対面する西側壁面の「変容」において、弟子たちは寄進者と同じようにうずくまる姿勢で描かれている。キリストを中央に配し、その左右に預言者エリヤとモーセが立つ「変容」の構図もまた、アプシスの3人（キリストとその左右に立つ聖母、洗礼者ヨハネ）を鏡像のように繰り返している。「変容」のとき、弟子たちはキリストの神性を初めて目の当たりにした。アプシスの図像は、向かい側の「変容」とよく似た構図を繰り返すことによって、寄進者が「変容」の弟子たちと同じように、今まさに目の前で神の姿を見ていると語っているように思われる。「変容」の位置をあえて説話場面から切り離し、アプシスと対置させることによって、アプシスの寄進者と「変容」の弟子たちを鏡像の関係に取り結ぶこと。これが、特殊な配置の背後に横たわる、寄進者の意図であったと推測される。

図178　ギョレメ　カランルク聖堂　変容

図179　ギョレメ　カランルク聖堂　デイシス

　カランルク聖堂の装飾プログラムは、洞窟を掘削して造形された聖堂ならではの空間構成を存分に利用し、新約・旧約に出てくる洞窟を、実際の聖堂空間と重ね合わせた。ベツレヘムのキリスト降誕の洞窟、アブラハムが生まれたエデッサの洞窟、アブラハムが埋葬されたマクペラの洞穴、そしてラザロが埋葬されたベタニアの洞窟である。上に指摘したように、アブラハムが埋葬されたマクペラの洞穴は天国への扉口であった。サイド・アプシスとナルテックスの両方にアブラハムの図像を配するカランルク聖堂の装飾プログラムは、天国でアブラハムらとともに宴席に着きたいと願う、寄進者たちの祈りを伝えるために特別に作り出され、練り上げられたものであったと言えるだろう。

✥ 6　聖バシリオス聖堂（ムスタファパシャ）[357]

　カランルク聖堂において、アブラハムが特別の機能を担っていたことを指摘した。続いて聖バシリオス聖堂（8-9世紀）を取り上げたい。ここでもまた、アブラハムが重要な役割を果たしていたと考えられるからである。本聖堂は、乾ききった岩山に囲まれるギョレメ野外博物館のような地形とは大きく異なり、小さな川を渡って、緑の木々や背の高い植物の中を通り抜け、岩場をかなりの高さまで登ったところに位置している（図180）。二連単廊式の小さな聖堂である。本聖堂には、「降誕」や「磔刑」といったキリスト伝サイクルは見られない。フレスコ壁画のモティーフは、主に十字架や幾何学文、植物文で、その中にひっそりと聖人の立像が含まれている。聖堂装飾における人物表現を否定したイコノクラスム期の装飾、という解釈もありうるが、筆者は、寄進者があえて説話場面を含まない装飾を選択したという仮定に基づいて考察を進めたい。

図180　ムスタファパシャ　聖バシリオス聖堂周囲の景観

図181　ムスタファパシャ　聖バシリオス聖堂　天井の十字架

　平らな天井に大きな十字架が描かれ（図181）、十字架の周囲を飾る、小さな四角形を組み合わせた多彩色の幾何学文は、モザイクのテッセラを思わせる。

　アプシスには3つの十字架が描かれ、キリストや聖母などの人物は一切含まれない。3つの十字架はそれぞれ銘を有しており、中央はアブラハム、北はイサク、南はヤコブと判読できる（図182）。つまりアプシスに描かれた3つの十字架は、十字架の形を取りながら、同時に旧約の3人を表している。先に論じたカルシュ聖堂の例に見られるように、アブラハム、イサク、ヤコブの3人は、しばしば天国において死者の魂を膝に抱える姿で描かれる（図167［上］）。アプシスに描かれた3つの十字架は、天国に座す3人の姿を想起させるための工夫であったかもしれない[358]。仮にアプシスに旧約の3人を配したとすると、アプシスに通常配される定型図像（「デイシス」や「聖母子」）を見慣れた者にとっては、唐突で違和感を否めないものになっただろう。一方、アプシスに十字架を配するのであれば、それほど不自然ではない。アプシスの3つの十字架によって示唆されるアブラハム、イサク、ヤコブは、天国においてわたしの魂をその膝に抱えてくださいという寄進者の願いを、間接的に伝えているように思われる。

　本聖堂は、岩山を登り切った高い場所に位置している。そのため、

図182　ムスタファパシャ　聖バシリオス聖堂　［上］アプシス　［下］アプシスの十字架

アブラハムが息子イサクを神にささげるために登ってきた高い山を連想させる。神はアブラハムに「あなたの息子、あなたの愛する独り子イサクを連れて、モリヤの地に行きなさい。わたしが命じる山の１つに登り、彼を焼き尽くす献げ物としてささげなさい」と命じた。アブラハムは神から命じられた場所に祭壇を築き、薪を並べ、息子イサクを縛って祭壇の薪の上に載せた（創世記第22章 2-18節）。聖堂内の実際の祭壇は、アブラハムがイサクをささげるためにしつらえた祭壇と重なって見える。そして天井に描かれた十字架は、焼き尽くすささげものとして祭壇に載せられることになったイサクと呼応している。イサクの犠牲は、キリストの磔刑の予型と解釈されるからである。父アブラハムによって犠牲のささげものとして神に差し出されたイサクは、十字架に架けられた神の御子キリストを先取りするものと見なされる[359]。

創世記によれば、アブラハムは木の茂みに１匹の雄羊が角をとられているのを見つけ、その雄羊を息子イサクの代わりに焼き尽くす献げ物としてささげた。本聖堂の周囲を見回してみると、乾いた岩と緑の木々が混在し、アブラハムの物語と聖堂周辺の景観が合致していることに気づかされる。

アブラハムが刀を手にイサクを屠（ほふ）ろうとした瞬間、神の御使いが現れてアブラハムに呼びかけ、その手を押しとどめた。それと同じように、この聖堂にも神の御使いが舞い降りるだろう。そして、ここはアブラハム、イサク、ヤコブの座る天国となり、寄進者の魂は彼らの膝の上に抱えられることになるだろう。十字架とそれを取り巻く装飾は、説話場面をあえて入れなかった寄進者の意図を、周囲の景観を巻き込みつつ見る者に物語っているように思われる。

✧7　カッパドキア聖堂の特色

岩を掘削して形成されたカッパドキアの諸聖堂は、はるかかなたまで連なる岩々を見渡せるような場所に位置していたり、周囲を尖った岩山に囲まれていたり、聖堂出入口のすぐ目の前まで崖が迫り来るような場所に造られている。聖堂内部の装飾は、洞窟というカッパドキア独自のセッティングを最大限に活用して行われた。カッパドキアの地形は、聖書の物語を描く壁画にとって、特にふさわしい景観であると言える。モーセが律法を受け取った山、アブラハムがイサクを捧げるために登った山、キリスト変容の山など、聖書に

は岩や山の描写が数多く記されているからである。聖堂を形づくる岩窟と聖堂内の壁画が、相互補完的に機能している具体的な作例を、以下に見ていくことにしたい。

〔1〕 **トカル聖堂（ギョレメ）**[360]

トカル聖堂は、旧聖堂（10世紀）と新聖堂（950年代）の2つの部分によって構成される。新聖堂は、横断ヴォールト付き単廊式の建造物で、岩窟とは思えないほど高い天井を有し、壁面を飾るキリスト伝サイクルは、ギョレメ野外博物館の他の聖堂に比べて、はるかに多くの場面を含んでいる。カッパドキアの聖堂アプシスには、「デイシス」や「マイエスタス・ドミニ」、聖母子が描かれることが多い。ところがトカル聖堂では、アプシスの中心に「磔刑」が選ばれた（図183）。なぜアプシスに説話場面が配されたのか、またこのような変則的な図像選択の意図は何であったのかという点について、以下に考察していく。

図183　ギョレメ　トカル聖堂　磔刑

ナオスの壁面に描かれた他のキリスト伝サイクルに比べて、ヴォールト天井に描かれた「キリストの昇天」（東側）と「使徒の祝福」（西側）の大画面は、大変大きく目立っている（図184）。それ以外の説話場面はみな比較的小さな画面の中に収められ、連続して壁面に配列されているために、天井全体を占める2つの大画面がことさらに大きく感じられる。

キリストの生涯を時系列順にたどってみればわかるように、アプシスの「磔刑」は、天井の「使徒の祝福」と「昇天」に先立つ場面である。「磔刑」をアプシスに描いたのは、この3場面の連続性を意識し、後続の2場面（「使徒の祝福」と「昇天」）と「磔刑」が、聖堂中軸の一直線上に並ぶようにするための意図的な配置だったのではないか。アプシスに説話場面を置くという特殊な選択は、「磔刑」に続く2場面を天井の大画面に展開するための、いわば前奏曲として「磔刑」を位置付けようとする工夫だったかもしれない。

図184　ギョレメ　トカル聖堂　［上］使徒の祝福　［中］昇天　［下］ヴォールト天井

「昇天」は天上と直結する場面であることから、聖堂の天井を飾るのにふさわしい。「昇天」を天井に配する聖堂は他にも存在するが、トカル聖堂ではラピスラズリが用いられたために、天井の「昇天」と「使徒の祝福」が、他の聖堂には見られない特別な視覚効果を生み出している。ラピスラズリは金よりも価値があるとされるほど高価で、他の顔料には出すことのできない鮮やかな青色の発色が見られる。深く濃い青は、広大な空を表すのにふさわしい。「使徒の祝

福」と「昇天」は、いずれも屋外の場面であり、天井の大画面にこの2つを配することによって、本物と見まがうような大きな青空が聖堂の天井に作り出された。ラピスラズリならではの、青を最大限に生かすことのできる屋外の2場面（「使徒の祝福」と「昇天」）が、意識的にここに選ばれたと考えられる。洞窟を掘削して作られた聖堂だというのに、見上げるとそこには洞窟内部とは信じがたい、抜けるような青空が広がっている。こうして、キリストが洞窟の天井を突き抜けて昇天していくかのような視覚効果が作りだされた。

フレスコ壁画によって飾られた新・旧聖堂の地下には、墓所が設けられている（図185）。地下の墓所には装飾が一切なく、自然の洞窟と変わらない暗さが感じられる。小さな階段を下って地下の墓所に足を踏み入れると、上階の聖堂に描かれたラピスラズリの青空は、まさにこの墓所洞窟の暗がりを突き破ろうとするものであったことが実感される。青空の中を天高く上昇するキリストの姿は、頭上すぐ近くまで迫りくる洞窟の天井を突き抜けたところに見えるであろう、広大な空を暗示している。ラピスラズリの青によって表された、天井全体を覆う鮮やかな空は、暗がりの墓所に埋葬された人たちに、低く迫り来る岩の天井がやがて突き破られ、天上へと直結することを約束しているかのように思われる。岩窟聖堂という地形上の特質を聖堂装飾に生かした一例として、トカル聖堂を紹介した。

図185　ギョレメ　トカル聖堂　墓所への入口

図186　ギョレメ第一聖堂　変容

〔2〕　ギョレメ第一聖堂[361]

ギョレメ第一聖堂（エル・ナザール聖堂）は、10世紀前半の装飾を有する十字型の建造物で、「キリストの変容」が、西側扉口上部のティンパヌムに描かれている（図186）。福音書の記述によれば、「変容」は山の上でのできごとであった。そのため、「変容」の図像には多くの場合、山の描写が含まれている（たとえば図178）。ところが本聖堂の「変容」では、登場人物がティンパヌムの大半を占め、山の描写は省かれている。「変容」の図像自体には山が含まれていないものの、すぐ下の扉口を外に向かって開けば、目の前にある岩山が自ずと目に入る（図187）。つまり「変容」の図像は、実際の山の光景を、いわば借景のように図像の一部として取り込んでいるように見える。本聖堂は階段を十数段上った高いところに位置しており、目の前に岩山が連なるさまを見渡すことができ、借景の効果は一目瞭然である。

西側扉口上部の「変容」と並ぶ西壁面には、「エリサベトの逃避」

図187　[上]ギョレメ第一聖堂　リュネット（変容）と西側の扉口　[下]ギョレメ第一聖堂からの眺め

図188 ギョレメ第一聖堂 エリサベトの逃避

（南）と「ラザロの蘇生」（北）が配されている（ただし「ラザロ」のフレスコは現存しない）（図188）。アプシスを背にして西壁面に目を向けると、岩や山と関連する3場面が西1列に並び配され、壁面に描かれた3場面おのおのが、それぞれ外の岩山の光景と結びついていることがわかる。「変容」が山上のできごとであったことは、上に指摘した。「ラザロの蘇生」に含まれるラザロの墓は、縦長の洞穴である。「エリサベトの逃避」の場面では、ヘロデ王の命令による幼児虐殺を逃れて、エリサベトが幼い洗礼者ヨハネを連れて岩場に身をひそめている。これらの場面に含まれる岩山が目の前に広がる実物の岩山とひとつに連なることで、描かれた場面の臨場感は倍増する。借景の工夫は、キリスト伝サイクルを効果的に伝えるための格好のセッティングとして作り出されたものであったように思われる。岩窟聖堂というカッパドキアならではの立地を生かした聖堂装飾の一例として、ギョレメ第一聖堂をここに紹介した。

〔3〕 カラバシュ聖堂[362]、ユランル聖堂[363]（ソーアンル渓谷）

聖堂のロケーションと壁画とをリンクさせる工夫や、岩山と一体化した聖堂が借景の効果を作り出していることを指摘した。岩窟聖堂ならではの特質は、借景にとどまらない。次に紹介するのは、聖堂内部の床面に掘削された墓である。墓の内部には土が堆積しているために、本来の墓の深さが判然としないものが多い。まれに墓底が露出しているものを見ると、かなりの深さであることがわかる。洞窟聖堂は、言うまでもなく天井も壁面も床面もすべて岩である。それゆえ床面に深く掘られた墓は、聖堂の形に掘削された岩それ自体と一体化している。このことは、詩編の「主はわたしの岩、わたしの救い」（62編3節）という1節を思い起こさせる。岩窟聖堂に埋葬された者は、まさに岩である主と1つになるだろう。岩窟を穿って造形された聖堂の岩の墓所は、自立して立つ石積みあるいはレンガ積みの聖堂に、外から運び込まれた石棺とは比べようのない、まさしく主なる神との一体感をもたらすものであったことが想像される。

さらに、聖堂内の墓の周囲はしばしばフレスコによって飾られ、フレスコの図像は、墓に埋葬された人々の願いや祈りを代弁しているように思われる。ソーアンル渓谷のカラバシュ聖堂（1060年／1061年）は二連単廊式の建造物で、アプシスに「使徒の聖体拝領」、西側扉口上部に「変容」、南壁面に「降誕」「神殿奉献」、北壁面に「磔

刑」「空の墓」「冥府降下」を描いている。聖堂の天井が低く、壁面の人物はほぼ等身大で、目の高さに近いところに描かれているために、目の前で展開している場面は、見る者にとって大変近くに感じられる。たとえば、北壁面の「冥府降下」に描かれた2つの石棺は、聖堂南側の床に実際に掘られた2基の墓によって繰り返されているように見える（図189）。

　南北の各場面は説話の順序に従って配列されているが、両隣の場面に比べて北の「空の墓」の人物だけがかなり大きく目立っている。「磔刑」に描かれたヨハネの身長は、隣接する「空の墓」の女性の、肩の高さほどしかない。人物が際立って大きく描かれているために、北壁面の3場面のうち中央の「空の墓」が特に強調されているように見える（図190）。同一壁面に3つ並ぶ場面のバランスをあえて崩してまで、「空の墓」に重きが置かれた意味とは何だったのだろうか。

　北壁面の3場面（「磔刑」「空の墓」「冥府降下」）のうち、「空の墓」が中央に配され特に強調された理由は、南側の床に設けられた寄進者の墓が、図像が示しているのと同じように、やがて空になることを予兆するためであったと推測される。寄進者は亡くなってこの墓に埋葬されたが、もはやここ（墓）にはいない。墓の目の前の壁面に描き出されているように、ここは今や空の墓である。なぜならキリストが死者（寄進者）をここから引き上げてくださったから。こうして墓から引きあげられ、空の墓を後にした寄進者は、天へと迎え入れられることになるだろう。聖堂床面に設けられた墓は、目の前に展開する壁画と一体になって、寄進者の願いを直に伝えているように思われる。

　ソーアンル渓谷のユランル聖堂は、カラバシュ聖堂と同じように、ナオスの南側に2基の墓を有している。アプシスに「使徒の聖体拝領」が描かれている点も、カラバシュ聖堂と共通である。ユランル聖堂では「使徒の聖体拝領」に加えて、上部に「デイシス」の図像が配されている。ヴォールト天井は東西2区画に分けられ、東側に椅子に座る使徒たち、西側に「日の老いたる者」が描かれている。「日の老いたる者」の南側には死者の魂を膝に抱えたアブラハム、イサク、ヤコブ、北側には玉座の聖母と天使、よき盗人が描かれ、南北ともに天国を表現している。

　2基の墓の上部には、それぞれ半円形の画面が設けられ、一方に

図189　ソーアンル渓谷　カラバシュ聖堂
［上］冥府降下　［下］床面の墓

図190　ソーアンル渓谷　カラバシュ聖堂
［上］磔刑　［下］空の墓

図191　ソーアンル渓谷　ユランル聖堂
[上]壁面の墓所　[下]冥府降下

「冥府降下」、もう一方にオランスの姿勢で祈る聖人の姿が描かれている。「冥府降下」において、キリストは右手を差し伸べ、今まさにエバを墓から引き上げようとしている（図191）。よく見るとキリストのもう片方の手は空いている。こちら側の手を下方に少し伸ばせば、「冥府降下」の真下に設けられた、実際の墓に横たわる死者の手を握ることができるほど、キリストは死者と近い距離に立つ姿で描かれている。あたかもキリストがもう一方の手を伸ばし、足元に埋葬された死者を起き上がらせることによって、「冥府降下」の場面が完成するかのような描き方である。墓と連動したユランル聖堂の壁画は、カラバシュ聖堂とはまた別の形によって、寄進者の願いを端的に示しているように思われる。

〔4〕エスキギュムシュ修道院（ニーデ）[364]

聖堂内の墓と壁画との関連性を指摘してきた。最後の例として、ニーデのエスキギュムシュ修道院の壁画（1025-28年／1055-56年）をあげたい。本聖堂は内接十字式の建造物で、ナオス北側に墓所が設けられ、その周囲がフレスコ壁画によって装飾されている。本来、アプシス手前の凱旋門型アーチに描かれることの多い「受胎告知」が、墓の入口を囲む北側アーチの左右に描かれている（図192）。「受胎告知」の上部には「降誕」が、さらにその上部には「神殿奉献」が見られる（図193）。最上部の「神殿奉献」はヴォールト天井に達するほど高い場所に位置し、描かれた神殿の円蓋は、実際のヴォールト天井のアーチ型を繰り返しているかのように見える。カラバシュ聖堂やユランル聖堂の例のように、墓と組み合わせる図像として、「空の墓」や「冥府降下」など墓に関連する図像が描かれることは比較的理解しやすい。一方、「受胎告知」「降誕」「神殿奉献」という3つの幼児伝は、墓を飾る図像としてはたしてふさわしいと言えるだろうか。なぜ墓の周囲にこの図像が選択されたのか、その意味について考えてみたい。

エスキギュムシュ修道院の聖堂は、西側の出入口に加えて南側にも階段と扉口が設けられ、ここから直接外に出られるような作りとなっている。南側から外へ出てみると、四方を高い壁面に囲まれた、中庭のような場所に出る（図194）。中庭には屋根がなく、修道院の回廊を思わせる。中庭の四方を囲み、垂直に高く立つ壁面もまた、岩を下方へと深く掘削して形成されたものである。四方の壁面は、下方に掘り下げられると同時に、それぞれさらに奥に向かって掘り

図192　ニーデ　エスキギュムシュ修道院
[上]受胎告知　[下]北壁面の墓所

進められ、内部には居住空間が設けられている。洞窟内部を奥へとたどって行くと下方へと降る小さな階段があって、下に行けば行くほど天井が低くなる（図195）。洞窟の最も奥深くに設けられた小さな室は、身を屈めて入るほど天井が低く、独房のように狭い。洞窟内部には、訪れる観光客のために照明が取り付けられているが、明かりがなければここは完全な闇に包まれるだろう。想像するだけで、地中深くに沈められたかのような息苦しさを感じさせる。洞窟最奥部の完全な闇は、月明りのない夜空よりもはるかに深く濃い闇であり、まさに闇に飲み込まれるという表現を直に体感することができる。ここエスキギュムシュ修道院で、地の底へと深く降って行き、闇の中にとどまる修道僧は、天高く柱の上で修行を重ねた柱上行者の対極にある者たちだったかもしれない[365]。

これほどまでに深く濃い闇の中で、瞑想するうちに神の光を見たとすれば、その光は日中の太陽のまぶしさをはるかに凌ぐ、太陽の何百倍、何千倍もの輝きを放つものであったに違いない。その神の光を直に見るために、修道僧は暗闇の中にあえて降って行ったと想像される。

まさにここに、墓の周囲を飾る幼児伝サイクルの意味を見出すことができるように思われる。暗闇に包まれた洞窟の最奥部（墓）は、聖母マリアの胎内と重ね合わされるものであったかもしれない。その胎内に、「受胎告知」によって神の子（光の子）が宿る。それは、最も暗い闇の中に神の光がもたらされた瞬間である。そのとき、修道士（あるいは墓に葬られた死者）は、暗闇の中に神の光を確かに見出す。墓を聖母の胎内と見立てるなら、周囲の「受胎告知」の意味をこのように読み解くことができるだろう。一見、墓や死とは結びつかない図像（「受胎告知」）が、墓の周囲を装飾するために選択されたのは、このように意図的なものであったと考えられる。

「神殿奉献」の場面で、シメオンは幼子を腕に抱き、神をたたえて言った。「主よ、今こそあなたは、お言葉どおり／この僕を安らかに去らせてくださいます。わたしはこの目であなたの救いを見たからです」（ルカ第2章29-30節）。年老いたシメオンは、メシアに会うまでは決して死なないというお告げを受けていた。「神殿奉献」が描かれた壁面の下に埋葬される人は、自らをシメオンになぞらえ、メシアをその目で確かに見て死んでいったシメオンのように、救いを確信して死を迎えたことだろう。墓の中は洞窟の最奥部と同じ暗い闇に包まれた場所である。しかしながら、神の光はその暗闇の中に、必

図193　ニーデ　エスキギュムシュ修道院
[上]神殿奉献　[下]降誕

図194　ニーデ　エスキギュムシュ修道院
中庭

図195　ニーデ　エスキギュムシュ修道院
洞窟奥部への階段

ずや見出されるだろう。「受胎告知」「降誕」「神殿奉献」の図像は、墓の周囲を飾ることによって、闇の中に神の光を見出だそうとする、寄進者の願いを見る者に伝えているように思われる。

✣ おわりに

　本章では、カッパドキアに現存する多数の聖堂の中から、ニケフォロス・フォカス聖堂とカルシュ聖堂の「洗礼」図像、カランルク聖堂と聖バシリオス聖堂のアブラハムの図像／銘を検討した。また、カッパドキア聖堂装飾の特質として、借景の工夫と、墓所周辺の図像に注目した。

　文字史料による裏付けをともなわない図像解釈は、実証性に欠けるために、妥当性を主張することが難しい。しかしながら、文字史料の裏付けに基づく実証研究に留まり続ける限り、目の前に広がる豊かな聖堂装飾がわたしたちに向かって投げかけている数々の謎を、解明することはできない。文字史料がほとんど残されていないカッパドキアの場合、図像解釈は、失われてしまった当時の人々の声を再生する重要な手立てとなりうる。また、特異な図像配置や組み合わせの背後には、作り手の何らかの意図があったと考えられることから、たとえ仮説であったとしても、その1つを提示することが、今後の研究への足がかりとなりうる。こうした考えに基づき、本章ではカッパドキア諸聖堂の装飾プログラム解釈を試みた。

　聖堂内部を飾るフレスコ壁画は、岩窟聖堂というカッパドキア独自のセッティングを最大限に活用しながら、各々の聖堂において独自のキリスト伝サイクルを作り上げた。洞窟という特殊な空間は、周囲の雑音をことごとく吸い込み、とてつもない静けさを作り出す。たとえば、ギョレメ野外博術館のトカル聖堂は、車道に面した場所に位置しており、絶えず車の往来する音が聞こえてくる。加えて、観光客やガイドの出入りする足音、話し声が聞こえてくるが、洞窟にはそれらの雑音をことごとく吸収し消し去る効果がある。周囲の雑音を打ち消すのみならず、人の内面をかき乱すさまざまな雑念もまた、洞窟聖堂の内部にしばらくとどまるうちに、静かに鎮められていく。同じ石造りであっても、石のブロックを積み上げて作られた聖堂とは比べようのない、洞窟ならではの静けさがここにある。そこにしばらくのあいだ留まるうちに、やがて人はその静けさに導かれ、自らの内面の最も深いところへと降っていくことになる。ま

さにその静寂の場所で、人は神と出会うことになるだろう。それが、岩窟聖堂という特殊なセッティングが内包する、真の力であるように思われる。

第 IV 部

ビザンティン旧約聖書写本挿絵

第1章
エッサイの木の双葉
―― 旧約八大書写本挿絵

✥ はじめに

　ビザンティン帝国では、新約・旧約聖書全文を1巻に収める、今日わたしたちが日常手に取る書物としての聖書は必ずしも一般的なものではなく、新約聖書、あるいは旧約聖書の一部分を、独立した1巻の書物におさめる写本が数多く制作された。たとえば、旧約聖書の最初の5書（創世記、出エジプト記、レビ記、民数記、申命記）を1巻に収めたものは、五大書（ペンタテウク）写本と呼ばれる。また、五大書に続く3書（ヨシュア記、士師記、ルツ記）を加えて、合計8つの書物を1巻に収めた写本は、八大書（オクタテウク）写本として知られている。新約聖書のうち、マタイ、マルコ、ルカ、ヨハネによる4つの福音書部分を1巻におさめた四福音書写本は、2,000以上現存している。この他の聖書写本には、詩編を収めたもの、オクタテウクに続く列王記全4巻（サムエル記上下と列王記上下）を収めたもの、典礼用に編纂された四福音書抄本（レクショナリー）などがあり、ジャンルによって現存する写本数は異なっている。ここではビザンティン旧約聖書写本の中から、八大書写本の挿絵をとりあげたい。

　オクタテウク（oktateuxos）という語は、ガザのプロコピオス（538年没）によって初めて用いられた。旧約八大書を1巻の写本に収めた、ギリシア語オクタテウク写本の最古の例は10世紀のものであり、それ以前の作例は現存しない。ビザンティン帝国で八大書写本が複数制作されたのに対して、西ヨーロッパのラテン・カトリック文化圏では、八大書写本が制作、利用された痕跡を見いだすことができない。したがって八大書写本は、ギリシア・オーソドックス文化圏に特有の現象であったことがうかがわれる[366]。

　ビザンティン帝国で制作された挿絵入り八大書写本のうち、6点の存在が知られている（1点は20世紀に焼失）。制作年代は、1050年頃から1300年頃にわたっている。年代順にあげていくと、ローマ、ヴ

ァティカン聖使徒図書館所蔵Vat. gr. 747（11世紀後半）、スミルナ（現イズミール）、ギリシア福音学校所蔵A/ 1（12世紀前半）、イスタンブール、トプカプ宮殿図書館所蔵Cod. gr. 8（12世紀前半）、ローマ、ヴァティカン聖使徒図書館所蔵Vat. gr. 746（12世紀前半）、アトス山、ヴァトペディ修道院所蔵Cod. 602（13世紀後半）、フィレンツェ、ラウレンツィアナ図書館所蔵Laur. Plut. 5. 38（12世紀末または13世紀初頭）の6点である。このうち5点の写本は多数の挿絵を有し、互いによく似通っている。6点目のラウレンツィアナ写本は、他の5点との共通点がほとんど見られない。

÷1　挿絵入りビザンティン旧約八大書写本の概観

〔1〕　ヴァティカン747番[367]

　ヴァティカン聖使徒図書館所蔵Vat. gr. 747（以下、ヴァティカン747番または747番）は、1481年以前より聖使徒図書館に所蔵されていたが、写本がいつどのようにビザンティン帝国からイタリアに渡ってきたのか不明である。写本のサイズは36×28.5cmであるが、制作当初はそれよりも大きかったはずである。再製本の際に、ページの端が切り落とされた痕跡が見られるためである。ビザンティン写本では、各ページのことをフォリオ（複数形はフォリア）と呼び、複数のフォリアをひとまとめにしたものを、クワイヤと呼ぶ。一般に、8フォリアが1クワイヤを構成する。こうして作られたクワイヤを、複数綴じ合せることによって1冊の写本が作られている。747番は260フォリアから成り、334の挿絵を有している。写本のそこかしこでフォリアが失われており、合計18フォリアの欠損が見られる。筆記体の特徴から判断するに、写本が11世紀の制作であることはほぼ確実である。写本中に見られる挿絵には、1頁につき1挿絵といった規則性はなく、写本全体にバランスよく挿絵が配分されているということもない。挿絵は、テキストとの連動を考慮したうえで配置され、挿絵の内容について語るテキストが、挿絵の上部または下部に来るよう工夫されている。写字生が文字を書き写す際、挿絵用の枠を文中に設けて空白のまま残し、それを画家に手渡し、そこで画家が挿絵を描き入れた、という制作過程がうかがわれる。第36フォリオのヴェルソ（見開きページの左側）まで、挿絵は入念に描きこまれている。人物の量感が表現され、数多くの色彩が用いられている。ところが、

続く第37フォリオ以降、急に挿絵が簡素化される。画家が、作業速度を急に早めたらしい。フッターが述べているように、写本前半の挿絵には、後世の手による修復の跡が見られる[368]。

〔2〕 スミルナ写本[369]

スミルナ（現イズミール）ギリシア福音学校所蔵 A/1（以下、スミルナ写本）は、1922年までギリシア福音学校に所蔵されていたが、1922年以降行方不明となっている。希土戦争（1919-1922年）により、スミルナ旧市街の福音学校が焼失し、それ以降写本を見た者はいない。それゆえスミルナ写本の研究は、1922年以前に撮影、刊行された挿絵のカタログにもっぱら依拠している。

スミルナ写本は、ヴァティカン747番に近い外観を備えていた。全262フォリアを有し（747番のフォリオ数は260）、サイズは37×30cm（747番は36×28.5cm）であった。テキストの途中に挿絵枠を差しはさむレイアウトもまた、747番に類似している。

スミルナ写本の特徴は、1冊の写本中に異なる挿絵様式が混在しているという点である。中でも画家の高い技量を物語る、洗練されたスタイルの挿絵が他から際立っている。この画家はコキノバフォスの画家と呼ばれ、同画家の手による写本挿絵は、スミルナ写本以外にも現存している。画家は、1130年代から1150年代にかけて首都コンスタンティノポリスで写本挿絵制作に従事していたことが知られている[370]。

〔3〕 トプカプ写本[371]

トプカプ宮殿図書館所蔵 Cod. gr. 8（以下、トプカプ写本）は、セラリヨ（後宮）写本と呼ばれることもある。1907年にウスペンスキーが314点の図版とともにトプカプ写本の研究書を刊行するまで、写本が存在することすら世には知られていなかった[372]。写本のサイズは42.2×31.8cmで、現存する八大書写本中最大である。全569フォリアを有し、その数はヴァティカン747番の260フォリアの2倍以上にあたる。ヴァティカン747番と比較してみると、テキストを記す文字1つひとつの大きさがはるかに大きく、ページ・レイアウトもかなり単純化されている。トプカプ写本の特徴は、本文（セプトゥアギンタ）の文字の大きさとカテナ（註釈）の文字の大きさがほとんど変わらないという点である。ヴァティカン747番とスミルナ写本では、本文の文字は大きく、周囲のカテナの文字は小さく書き込まれているために、本

文の重要性が一目でわかる。ところが、トプカプ写本では、こうした文字の書き分けがなされなかった。

　トプカプ写本のレイアウトは、本文をフォリオの左側に、カテナを右側に配置している。見開きページの場合、左側のページ（ヴェルソ）も、右側のページ（レクト）も、同一のレイアウトである。そのため、見開きのレイアウトは、左右対称にならない。本文を取り囲む形でカテナが配置される、より複雑なレイアウトでは、ヴェルソではカテナをフォリオの左側に、本文をフォリオの右側に配する。一方、レクトでは逆に、カテナをフォリオの右側に、本文をフォリオの左側に配する。すると、見開きの状態で見たとき、本文が写本ののど側を占め、カテナが写本の両端側を占めるという、整った左右対称のレイアウトができあがる。こうしたレイアウト上の工夫は、トプカプ写本には見られない。

　挿絵もまた、左右対称を意識せずに、ヴェルソ、レクトともにフォリオの左側に配置されている[373]。そのため、見開きの状態で見たとき、ヴェルソの挿絵はページの外端近くに置かれ、レクトの挿絵はページの内端近くに来ることになる。見開きのページ全体のレイアウトを左右対称とするためには、ヴェルソ、レクトともに、挿絵を写本ののどに近いところに配する必要があるが、こうした配慮はなされていない。

　現存する八大書写本のうち、1フォリオも欠損がない写本は、トプカプ写本のみである。スミルナ写本の挿絵の一部を担当したコキノバフォスの画家が、トプカプ写本の制作にもかかわっていた[374]。ところが、挿絵用に準備された枠のうち、86のスペースが空白のまま残されている。未完成の挿絵は278にのぼる。

　これだけの大きさを備え、羊皮紙をふんだんに用い、高い技量の画家が手がけた写本は、大変高価なものであったに違いない。それが、未完成の状態のままであったことは謎である。ラウデンはその理由について、写本の寄進者の動向にかかわるのではないか、と推測している[375]。トプカプ写本には、ビザンティン皇帝アレクシオス1世コムネノスの三男、イサキオス・コムネノスが注文者であったことを示す痕跡が残されている。イサキオスは1139年首都コンスタンティノポリスを逃れ、1152年以降没している。注文者の逃避または死去のために、写本が未完成のまま残された、というのがラウデンの推測である。

〔4〕 ヴァティカン746番[376]

　ヴァティカン聖使徒図書館所蔵Vat. gr. 746（以下、ヴァティカン746番または746番）は、1481年以前より聖使徒図書館に収められていたが、どのような経緯で聖使徒図書館にたどり着いたのか、それ以前の所有者は誰であったのか、という点については何も知られていない[377]。

　ヴァティカン746番と、同じ聖使徒図書館所蔵のヴァティカン747番との間には、ほとんど類似点が見られない。746番は、500以上のフォリアを有し、サイズも大きく（39.5×31.3cm）、むしろトプカプ写本に近い。ただし、トプカプ写本に含まれる挿絵すべてが746番にも含まれているというわけではない。746番は355点の挿絵を有しているが、序文挿絵が欠損している他、写本のそこかしこでフォリオが失われた痕跡がある。また、いくつかの挿絵が、間違った位置に配置されている。

　書写を行った写字生は1人ではなく、複数で作業を分担している。筆記体の特徴から、誰がどの部分を担当していたのかを判別することができる。また各々の写字生が、異なるレイアウトを採用したために、写本全体を通して一貫した字体、レイアウトは見られない[378]。

　挿絵もまた、複数の画家が分担していた。この点については、スミルナ写本、トプカプ写本と同様である。スミルナ写本とトプカプ写本の挿絵を部分的に担当していたコキノバフォスの画家は、746番の制作には参加していなかったが、コキノバフォスの画家の様式を模倣する、画家の助手（または工房）のスタイルが認められる。スミルナ写本、トプカプ写本と同じく、746番もまた、首都コンスタンティノポリスにおいて、12世紀第2四半期に制作されたと考えられる。もともとの所有者についての情報は残されていない。

〔5〕 ヴァトペディ写本[379]

　ヴァトペディ修道院所蔵602（以下、ヴァトペディ写本）の存在が知られるようになったのは、セヴァスチャノフがアトス山探索を行った1860年以降のことであった。写本がどのような経緯で修道院に運ばれてきたのか、という点については知られていない。

　ヴァトペディ写本は、現存するどの挿絵入り八大書写本よりも小さく、そのサイズは34×24cmである。フォリオ数は470を超え、本文は八大書後半のレビ記とルツ記のみを含んでいる。そのため、ヴァトペディ写本は、上下2巻により八大書を構成していたもののう

ち、第2巻であると言われている[380]。この仮説が正しければ、制作当初、八大書写本は上下2巻で合計950フォリア以上を有していたことになる。

ヴァトペディ写本は、160の挿絵を有し、現在5フォリアが欠損している。2人の写字生が書写を担当する一方、画家は1人ですべての挿絵を描いたらしい[381]。これまで見てきた他の八大書挿絵と同じように、ヴァトペディ写本の挿絵もまた、テキストの途中に挿絵用の枠を設けている。が、見開きのページを見ると、印象がまったく異なっている。なぜなら、他の八大書写本では、テキストがほとんどを占めるフォリオの中に挿絵が配されるのだが、ヴァトペディ写本では、挿絵がフォリオの大半を占め、数行のテキストが挿絵にともなって書き込まれているためである。なぜ、このようなレイアウトが生じたのかといえば、写本自体のサイズが大きくかかわっている。ヴァトペディ写本は、写本のサイズが他と比べてかなり小さいにもかかわらず、挿絵のサイズは、他の八大書写本とほとんど変わらない。そのために、テキストではなく挿絵がフォリオの全体を占めるようなレイアウトとなったのである[382]。

ヴァティカン747番のように、画家が写本の完成を急ぐあまり、あわてて作業を行った痕跡はなく、ヴァティカン746番のように、挿絵の配置場所を間違っているということもない。挿絵の様式から、ヴァトペディ写本は13世紀末に制作されたと判断される。

〔6〕ラウレンツィアナ写本[383]

ラウレンツィアナ図書館所蔵 Laur. Plut. 5. 38(以下、ラウレンツィアナ写本)は、図書館の開館に合わせて1571年6月11日に製本が行われた[384]。写本のサイズは21.5×29.0cmで、342フォリアを有する。うち13フォリアは羊皮紙ではなく紙である。本文を取り囲むカテナは含まれておらず、序文、結語といった、他の八大書写本に見られる要素が、まったく含まれていない。ラウレンツィアナ写本もまた、挿絵入り八大書写本であることに違いはないが、上に概要を述べてきた5点の写本とは大きく異なっている。これまでラウレンツィアナ写本は、研究者によって11世紀の制作とみなされてきたが、近年古文書学の観点から制作年代の見直しが行われ、現在では、1275年から1300年頃にかけての制作と言われている。

挿絵は冒頭の6点のみで、1つ目は全頁挿絵、続く4つはテキスト・コラムの途中に挿絵枠を設ける形のレイアウトである。最後の

挿絵も全頁大に近く、テキストが2行のみ含まれている。6点の挿絵は、1人の画家によって描かれたものと言われている[385]。

テキスト・コラムに、典礼の中で朗読される際に必要な、読み始めと読み終わりを示す印が残されている。このことから、写本が典礼で用いられたことがわかる[386]。

ここまで、ラウデンによる旧約八大書研究の成果に依拠しつつ、6点の挿絵入り八大書写本の概要を見てきた。ラウレンツィアナ写本を除く5点は、互いによく似ているために、共通のモデルを参照していたことが推測される[387]。写本を制作する際、各写本の制作者がまったくゼロから八大書写本を作り出したのではなくて、必ずモデルとなる先行例を手元に置き、それを模倣しながら制作していたということである。

5点の写本が互いにどのようにつながっているのか、ラウデンは以下のようにまとめている[388]。第1に、1075年頃ヴァティカン747番が制作された。このとき747番のモデルとなった写本は現存しない。続いて、1125年から1155年頃にかけて、次々に八大書写本の制作が行われ、このうち3点の存在が知られている（スミルナ写本、トプカプ写本、ヴァティカン746番。ただしスミルナ写本は焼失）。3写本は共通のモデルを参照していたと考えられる。3点のうちいちばん早い時期に制作されたのはスミルナ写本で、続くトプカプ写本とヴァティカン746番は、共通モデルのレイアウトを変更したために、フォリオ数が倍増した。スミルナ写本とトプカプ写本には、コキノバフォスの画家がかかわっていた。ヴァトペディ写本は、5点のうち最も遅く、1275年から1300年頃に制作された。ヴァティカン746番をモデルとしているが、写本のサイズが小さいために、より多くのフォリアを要した。上下2巻のうち下巻のみが現存している。

ヴァトペディ写本が、ヴァティカン746番を直接のモデルとしていたことは、2写本の比較からも明らかである[389]。746番には複数の欠損フォリアがあって、その部分がそっくりのままヴァトペディ写本でも抜け落ちているためである。2写本のサイズは、大きく異なっている（746番は39.5×31cm、ヴァトペディ写本は34×24 cm）が、挿絵の大きさはほとんど変わらない。ヴァトペディ写本の特徴は、モデルとなった746番を単に模倣するだけではなく、モデルに散見される、急ぎ足で雑に書かれた（あるいは描かれた）部分を、写字生と画家が、改善しながら書き写したという点である[390]。画家は、モデルに見られ

るあいまいなイメージの意味をより明確にするために、挿絵に細部を描き加えた。

　画家と写字生がどのように制作を進めていったのか、ラウデンはその過程を以下のように再構成している[391]。第1に、新しい写本の制作者は、モデルとなる写本を前に、1フォリオごとに（あるいは1クワイヤごとに）まったく同じものを作るのか、あるいは大幅にモデルを変更して新しいものを作るのかを決定した。モデルとなった写本のクワイヤ構成やレイアウトとまったく同じものを新しい写本に採用すれば、文字を書き写す過程で、手本のテキストを誤って省略してしまったり、同じ部分のテキストを2度書き写してしまったりするミスを防ぐことができる。こうしてクワイヤ構成とレイアウトが決められ、写字生が書写にとりかかり、挿絵のための枠を残しながら、本文とカテナを書き写した。挿絵の内容を説明するテキストが、挿絵のすぐそばに配されるよう工夫がなされた[392]。

✢2　旧約八大書写本挿絵の先行研究

　ヴァイツマンは、八大書写本挿絵の原型となった図像は、コンスタンティヌス帝時代以前にまで遡ると考えた[393]。それに対してラウデンは、八大書写本挿絵は、中期・後期ビザンティン時代に作り出されたものと考えている[394]。ヴァイツマンとラウデンは、写本挿絵を研究するにあたって、まったく別のアプローチを取った。そこでここでは、両者の違いについて見てゆくことにしたい。

〔1〕　ヴァイツマン

　ヴァイツマンは、文献学の本文批評の手法を、ビザンティン写本挿絵研究に適用した[395]。本文批評とは、ある1つの文書を書き記した複数の写本から、その文書の元来の形（原本）を復元する作業のことを言う。写本は人の手によって書き写されたために、誤記や脱字が生じたり、原本とは異なる書き換えが意図的に行われたりすることがあった。それが次々に別の写本へと書き写され、その結果、オリジナルから少しずつ逸れて、多くの写本が生み出された。これらの写本のことを、異本と呼ぶ。数多く存在する異本の中から、オリジナルを復元することが、本文批評の目的である。

　ヴァイツマンは、本文批評の手法を挿絵研究に応用することによって、セプトゥアギンタ（七十人訳聖書）写本挿絵の系譜を再構築す

ることを試みた。ヴァイツマンは、現存する複数の写本に含まれる挿絵どうしを比較し、類似性を指摘することによって、写本間の縁戚関係を探った。このような手法により再構築された写本挿絵の系譜の大もとには、アーキタイプと呼ばれる、挿絵サイクルの原型（本文批評でいうところの原本に当たる）が存在している、とヴァイツマンは想定した。セプトゥアギンタ写本挿絵はすべて、このアーキタイプから枝分かれしながら生み出されていったということである。しかしながら、肝心のアーキタイプは現存せず、それを元に描き写された挿絵のみが現存している。

　ヴァイツマンはさらに、失われたアーキタイプこそ最も詳細で、最も充実した挿絵サイクルを有していたと考える。挿絵は本来文章に沿って付けられるものであり、ヴァイツマンの想定するアーキタイプは、たとえ文章がなくてもすべて理解できるほどに、細かく隙のない挿絵サイクルであった。言い換えれば、テキストを一語一句視覚化するものが、アーキタイプとして想定される。アーキタイプこそ、テキストを最も忠実に、詳細に絵画化したものだったはずである。アーキタイプが写本から写本へと描き写される過程で、挿絵の詳細は徐々に省略され、簡略化され、隣り合う挿絵どうしは融合あるいは合体させられ、挿絵サイクルは壮大なものからより規模の小さなものへと圧縮されていった。ヴァイツマンの理論によれば、テキストに忠実であればあるほど、その挿絵は失われたアーキタイプに近い、ということになる。ヴァイツマンはこれをリセンション理論と名付け、失われたアーキタイプと、そこから派生した挿絵の系譜を再構築した。また、現存するビザンティン写本挿絵の原型が、古代末期にまで遡ることを主張した。

　ヴァイツマンのもう1つの主張は、写本挿絵があらゆるイメージの源泉となったというものである。ビザンティン美術は、写本挿絵にとどまらず、聖堂壁画（モザイク、フレスコ）、象牙浮彫、板絵、七宝など多岐にわたる。ヴァイツマンの主張によれば、こうした作例を手がけた画家、職人はみな、写本挿絵をモデルとして参照していた。聖堂壁画などの図像のモデルとなったのは、あくまで写本挿絵のほうであり、その逆ではなかったという主張である。

〔2〕ラウデン

　ラウデンは、挿絵入り八大書写本研究において、こうしたヴァイツマンの仮説の妥当性に疑問を投げかけ、彼の理論に挑んでいる。

ヴァイツマンの考えるアーキタイプと、そこから枝分かれする写本挿絵の系譜の再構築は、仮説を積みかさねたものにすぎない、というのがラウデンの批判である。ラウデンは、存在自体を立証することが困難な失われたアーキタイプではなく、あくまで現存する写本挿絵を対象として、実証可能なことがらに焦点を当てて、研究を推し進めた。

　類似する図像間の比較や、図像の変遷を時代の流れに沿ってたどる研究は、これまでにも行われてきた。加えて、写本工房、画家と写字生による作業工程の再現、写本の寄進者、写本制作の動機や目的、写本の利用と再利用など、写本研究における新たな視点が、ラウデンにより次々に導入された。

　こうした新しい視点に加えて、ラウデンは、コディコロジーの手法を本格的に挿絵研究に取り入れた。コディコロジーとは、写本の形態そのものを研究対象とするもので、「本の考古学」とも呼ばれる。素材（羊皮紙、紙、インクの種類、顔料）、クワイヤ構成、ルーリング・パターン、挿絵の配置とテキストとの関連、製本、表紙や裏表紙、欠損フォリオ、銘文、余白のメモに至るまで、1冊の写本を形づくる、ありとあらゆる要素に目を留める。それによって写本の全体性が浮かび上がり、ひいては写本それ自体が経てきた歴史そのものが見えてくる。ラウデンは、挿絵研究という伝統的な美術史の一分野に、コディコロジーの手法を取り入れた点で画期的であり、コディコロジーはあくまで現存する写本の観察に基づくものであることから、仮説を積み重ねることで構築されたヴァイツマンの挿絵研究の手法を、一挙に実証研究へと転換させた。

〔3〕 八大書写本挿絵の源泉について

　ヴァイツマンは、『ヨシュア画巻』（ローマ、ヴァティカン聖使徒図書館所蔵Palatinus graecus 431、10世紀）の制作者が、八大書写本挿絵をモデルとして参照した、と主張する。一方、ラウデンは、ヴァイツマンとは逆に、『ヨシュア画巻』が八大書挿絵のモデルとなったと考えている。ヴァイツマンはまた、ヴァティカン747番が、他の八大書写本とは別の系譜に属するものと考えたが、ラウデンは、747番を含む5点の八大書写本が、共通のモデルに基づいて制作されたとしている[396]。ラウデンは、先に紹介したコディコロジーの手法に基づいて研究を進め、『ヨシュア画巻』と八大書写本の挿絵、テキストと挿絵との連関を1つひとつていねいに検証した結果、このような結論に至って

いるため、実証性が高く、ヴァイツマンの仮説を退けるに足る主張となっている。

八大書写本挿絵のモデルについては、『ヨシュア画巻』に加えて、コスマス・インディコプレウステースの『キリスト教地誌』写本挿絵があげられる[397]。逆に、コスマスの挿絵が八大書写本挿絵をモデルとした、と唱える研究者もいる[398]。ラウデンは、11世紀後半、八大書写本挿絵の原本（現存する写本の共通モデル）が作り出された際、コスマスが参照されたと考えている[399]。ラウデンによれば、1050年代から1070年代にかけて制作された挿絵入り聖書写本、神学写本の中には、これまでの写本制作のように、既存のより古い写本を手本としてそれを模倣するのではなく、この時期にまったく新しく創り出されたものが含まれていた。八大書写本挿絵の原型もまた、このような潮流の中で新たに生み出された、とラウデンは考えている[400]。

〔4〕 ラウデンによる問題提起

ここまで研究を重ねてきたラウデンは、さらに大きな問いを投げかけている。挿絵入り八大書が、ビザンティン固有の現象であるなら、それはいったいどのような意味を持つものであり、わたしたちに何を語っているのか[401]。

八大書写本には、他のジャンルの聖書写本には見られないような特徴がある。写本自体が非常に大きく、膨大な量の羊皮紙と挿絵を有する、大変高価な写本だったということである。このことから、挿絵入り八大書写本が、特別の注文によって制作されたものであることがうかがわれる[402]。トプカプ写本には、写本の注文者が皇帝アレクシオス１世コムネノスの息子であったことを示す痕跡が残されている[403]。また、八大書写本が、聖書本文のみならず膨大な量のカテナを含んでいることも、特色の１つとして上げられる。カテナを必要としたのは、聖書について学ぶことを目的とする、知識階級だったはずである。

西ヨーロッパのラテン・カトリック文化圏では、八大書が制作され、利用された痕跡がない[404]。八大書の挿絵は、西ヨーロッパで多く制作された『ビブル・モラリゼ』写本挿絵と多くの共通点を有している[405]。しかしながら、ラウデンは、共通点よりも共通しない点のほうが多いことを指摘している。たとえば、八大書が聖書全文を含むのに対して、『ビブル・モラリゼ』は聖書の短い抜粋のみを含む。八大書では、挿絵がテキストに従属する二次的なものとなって

いるのに対して、『ビブル・モラリゼ』では、挿絵が主役である。『ビブル・モラリゼ』のテキスト（聖書本文からの抜粋）は、イメージに付随するキャプションとしての役割を果しているに過ぎない。

　ラウデンは重ねて、八大書写本がビザンティン世界において特別の役割を担っていたことを強調する。ラウデンによれば、上記に紹介した5点の八大書写本に見られるような、モデルにそっくりの写しを再生産することは、ビザンティン写本制作の実態から見て、大変に特殊かつ例外的なことであった[406]。基本的に、写本はモデルを書き写すことによって制作されるため、モデルによく似たものが再生産されるのは、当然と言えば当然のことである。しかしながら、工房によって、利用できる羊皮紙の質や枚数、写字生の筆記体、画家の技量、制作時間、製本の技術など、条件はさまざまに異なっていた。したがって、同じテキストを書き写したものであっても、写本自体の様相は1つひとつ違っていることのほうがむしろ自然である。

　ラウデンは、今後の八大書写本挿絵研究の課題について、以下のようにまとめている[407]。①八大書写本の画家が、手本となる先例をほぼそのまま描き写している場合、彼は無自覚に古いスタイルをそのまま写したのか、あるいはこうした古いスタイルが、八大書写本挿絵の歴史の中で重要な役割を担ってきたことを十分に自覚した上で、それを新しい写本に取り入れたのか。②忠実に先例を描き写す中で、まれにモデルに従わない描き方や図像が見られる場合、なぜそのような違いが生じたのか。こうした違いは、写本制作者にとって、また写本の所有者にとって、何を意味していたのだろうか。③八大書写本の創世記サイクルのイコノグラフィーには、類似例が見当たらない。このような現象は、どう解釈すればよいのか。④大量のテキスト（本文とカテナ）が大部分を占める八大書写本において、イメージの役割とは何であったのか。それは、読者にとって単なる目の楽しみのために挿入されたものだったのか。なぜ挿絵が必要だったのか。

　ラウデンによる緻密な先行研究は、今後、こうした問いに対する答えを探求しながらビザンティン写本研究を進めていく上で、重要な出発点となるだろう。

3　八大書写本挿絵の解釈

　ラウデンによる八大書写本研究の4つの課題を上にあげた。ここ

第1章　エッサイの木の双葉——旧約八大書写本挿絵

で、さらに根本的な疑問をあげておきたい。そもそもなぜ、旧約聖書の中で、最初の8書（創世記、出エジプト記、レビ記、民数記、申命記、ヨシュア記、士師記、ルツ記）を1巻に収めたものが、「オクタテウク」という特別のジャンルを形成したのだろうか。旧約聖書の最初の5書（創世記、出エジプト記、レビ記、民数記、申命記）を1巻に収めたものは、旧約五大書写本（ペンタテウク）と呼ばれ、オクタテウク同様1つの独立したジャンルを形成している。ただし、ペンタテウクを構成する5書は、いずれもモーセによって記されたものであると考えられ、ユダヤ教の伝統においてトーラー（律法）として守られてきたことから、5書をひとまとまりと考えるのは自然である。

一方、オクタテウクの8つの書のうちルツ記は、ユダヤ教では、雅歌、哀歌、コヘレトの言葉、エステル記とともに諸書（クトビーム）と名付けられ、分類される。つまり、ルツ記を含む八大書はあくまでキリスト教のくくり方であり、しかも西ヨーロッパには見られない、ビザンティン独自のジャンル分けである。したがって、この特殊なジャンル分けの意味について考察することは、八大書研究の基盤として、探求に値するように思われる。

それでは、どのようなアプローチによってこの問いに取り組めばよいのだろうか。写本研究の基礎的な手法は、研究対象となるジャンルの写本をすべて実見し、コディコロジカルな観点から記録を行い、各写本の挿絵を検討するとともに写本間の比較を行い、その差異の意味を問うという、膨大な作業を含んでいる。しかしながら、女人禁制であるアトス山のヴァトペディ修道院に所蔵される写本は、そもそも筆者には実見不可能であり、複数の写本の中に含まれる、300を超える挿絵を1点ずつ比較検討することは、限られた紙面の中では困難である。

そこで本章では、ヴァティカン747番の最後の挿絵に注目することによって、上の問いに答えるための1つの手がかりとしたい。747番の最後の挿絵は、ルツ記に付けられたもので、ルツとボアズが地面に横たわっている。2人は足先を向け合い、互いに顔を見交わすことなく横たわっている。背後には3つの岩山が描かれている（Vat. gr. 747, fol. 258）（図196）。挿絵は、関連するテキストのすぐ下に正しく配置されている。この挿絵は、ルツ記の最後を飾るもので、第3章1節から14節を絵画化したものである。ここでルツ記の物語を要約しておきたい。

図196　ヴァティカン聖使徒図書館　[上] Vat. gr. 747, fol. 258.　ルツとボアズ [下]拡大図

247

〔1〕 ルツ記の物語

　ルツ記に先立つ士師記の時代、ユダのベツレヘム出身者のエリメレクは、妻ナオミと2人の息子たちとともに、モアブの地に移り住んだ。2人の息子たちは、モアブの地で結婚した。その後、エリメレクは妻ナオミを残して亡くなった。2人の息子たちもまた、それぞれの妻オルパとルツを残して亡くなった。残されたナオミは故郷ユダに帰ることを決め、未亡人となった義理の娘たちにもまた、故郷に帰ることをすすめた。ところが、義理の娘のうちの1人ルツは、義母であるナオミとともに留まることを望み、2人はともにベツレヘムへと旅することになった。ルツは義母を助け、畑で麦の落穂を拾って食糧とした。その畑の所有者は、亡くなった夫エリメレクの遠縁にあたるボアズであった。

　ある日ナオミはルツに、「わたしの娘よ、わたしはあなたが幸せになる落ち着き先を探してきました。ボアズはわたしたちの親戚です。あの人は今晩、麦打ち場で大麦をふるい分けるそうです。体を洗って香油を塗り、肩掛けを羽織って麦打ち場に下って行きなさい。ただあの人が食事を済ませ、飲み終わるまでは気づかれないようにしなさい。あの人が休むとき、その場所を見届けておいて、後でそばへ行き、あの人の衣の裾で身を覆って横になりなさい。その後すべきことは、あの人が教えてくれるでしょう」と告げた。ルツはナオミに言われたとおり、夜になってボアズのもとへ出かけた。

　夜中、ルツが足元にいることに気づいたボアズに対して、ルツは「わたしは、あなたのはしためルツです。どうぞあなたの衣の裾を広げて、このはしためを覆ってください。あなたは家を絶やさぬ責任のある方です」と語る。ボアズは「今あなたが示した真心は、今までの真心よりまさっています。わたしの娘よ、心配しなくていい。きっと、あなたが言うとおりにします。この町のおもだった人は皆、あなたが立派な婦人であることをよく知っている。確かにわたしも家を絶やさぬ責任のある人間ですが、実はわたし以上にその責任のある人がいる。今夜はここで過ごしなさい。明日の朝その人が責任を果たすというのならそうさせよう。しかし、それを好まないなら、主は生きておられる。わたしが責任を果たします。さあ、朝まで休みなさい」と語った。

　ルツを帰らせた後、ボアズは、親戚の者と町の長老らとともに、交渉の場を持った。ボアズが親戚の者に、「ナオミが一族エリメレク

第1章　エッサイの木の双葉——旧約八大書写本挿絵

の所有する畑地を手放そうとしている。貴方が責任を果たすつもりがあるなら、買い取ってください。もし果たせないのならわたしが考えます。わたしはその次の者ですから」と言うと、親戚は「責任を果たしましょう」と答えたので、ボアズは「畑地を買い取るときは、故人の息子の妻、モアブ人のルツも引き取らなければならない」と言った。親戚は「そこまで責任を負うことはできない」と答え、履物を脱いでボアズに渡した。履物を脱いで渡すという行為は、譲渡の証である。こうしてボアズに権利が渡り、彼はエリメレクの遺産を買い取り、ルツと結婚した。ルツは息子オベドを産んだ。

　兄が子を残さずに亡くなったとき、弟が兄の妻をめとることで家系を存続させる仕組みを、レビラト婚という。ルツ記では、モアブ人であるルツがイスラエル人の慣習に従って、亡くなった夫の親戚であるボアズと再婚したために、イスラエルの子孫は断絶を免れた。ルツは、義母ナオミと別れて自分の故郷に戻り、モアブ人と再婚することもできたはずであるが、あえて義母とともにイスラエル人として生きることを選択した。こうしてルツはオベドをもうけ、オベドからエッサイが生まれ、エッサイから、イスラエルの王ダビデが生まれた。

　以上が、八大書の最後に配された、ルツ記のあらましである。挿絵は、ルツ記最後の挿絵であると同時に、ヴァティカン747番の最後の挿絵として、八大書全体をしめくくっている。ルツ記の最後に配する挿絵として、これ以外の場面を描くこともできたはずであることを、まずは指摘しておきたい。たとえば、ルツとボアズの結婚や、オベドの誕生の場面などである。こうした華やかな場面ではなく、岩山を前に横たわる2人の姿を描く挿絵をルツ記の最後に選択したことは、意図的なものであったように思われる。

　ここで、同じ主題を描く、別の写本挿絵の例をいくつかあげて、ヴァティカン747番との比較を行う。横たわるルツとボアズを描くにあたって、747番とは異なる構図がいくつも見受けられる。異なる描き方を複数比較することによって、747番の挿絵に見られる特異な点について探ってゆきたい。

[2]　『ビブル・モラリゼ』写本との比較

　パリ、アルスナル図書館所蔵の『ビブル・モラリゼ』写本（MS 5211, fol. 364v）では、ボアズは刈り取られた麦の山の隣に横たわっている

図197　パリ　アルスナル図書館　[上]MS 5211, fol. 364v.　[下]拡大図

（図197）⁴⁰⁸。麦打ち場に出かけるという、ルツ記の記述に沿った挿絵である。ボアズは目を閉じて休んでいるが、布の端を片手で握っている。一方、ルツは、ボアズの足元に膝をつき、ボアズが身体に掛けている布の端をたくし上げ、身をかがめて頭から布の中に入ろうとしている。足元のあたりで布が引っ張られれば、もう一方の端を手で握っていたボアズは、気づいてすぐに目を覚ますだろう。

一方、747番（fol. 258）を見ると、刈り入れた麦の山が3つの岩山に置き換えられ、身体に掛ける布も見当たらない（図196）。ルツが、布で身体を覆って横になりなさいという義母ナオミの助言に素直に従うようすを表すためにも、この場面において布は重要な事物である。にもかかわらず、747番にそれが含まれていない、ということに留意すべきであろう。747番では、ルツとボアズはともに片方の足を伸ばして向き合い、もう片方の膝を曲げている。ルツのつま先が、ボアズのかかとに触れている。ルツが義母ナオミの助言に従ったことが、物語全体の展開において鍵となることは明らかであり、この点を伝えようとするなら、747番よりもアルスナル写本の描き方のほうがはるかに効果的である。2人の姿勢にしても、アルスナル写本のほうが自然である。747番の構図は図式的で、左右対称を形づくるために、2人の配置を人為的に操作しているように見える。

続いて、アルスナル写本とは別の『ビブル・モラリゼ』、ボルチモア写本に目を移してみよう。この写本は、アメリカ合衆国メリーランド州ボルチモアにあるウォルターズ美術館に所蔵されている（MS W. 106, fol. 18r）（図198）⁴⁰⁹。ここでは、ボアズが寝台から身を起こして、ルツに語りかけている。ルツもまた身を起こし、ボアズのほうを振り返っている。麦打ち場の麦の山の前にしつらえた、仮の寝床のようなアルスナル写本に比べてみると、ボルチモア写本の寝台は、ヘッドボード、フットボードを備えた、家具らしい造りである。フットボードは布で覆われており、ルツは布をたくしあげて中に入り込もうとしたようには見えない。むしろ、寝台の隣の床に、別の布を掛けて横になっていたところ、ボアズに話しかけられて身を起こしたかのように見える。ボアズはルツよりもやや高い位置から、教え諭すかのようなしぐさで腕を伸ばしている。ルツはボアズよりもやや小さく描かれ、床に縮こまって横たわっていたようすがうかがわれる。麦の山は見られず、アルスナル写本に比べると、聖書の記述からやや離れているように見える。それでもなお、ヴァティカン747

図198　ボルチモア　ウォルターズ美術館
［上］MS W. 106, fol. 18r.　［下］拡大図

番の人為的に左右対称のバランスを作り出した構図に比べれば、物語の一場面を自然に伝えている。

『ビブル・モラリゼ』写本の中には、この他にもいくつか、同主題の挿絵を含む写本が現存している。たとえばウィーン写本では、ルツとボアズは向き合って横になり、2人の身体は1枚の布で覆われている。(Vienna 1179, fol. 84r)（図199）。ここでは、アルスナル写本とは逆に、ルツのほうが目を閉じて眠っている。ボアズは両腕を伸ばして布の端を持ち上げ、足元に眠っているルツの存在に気づいた瞬間を描いているように見える。2人が向き合って足と足を重ね合わせているという点で、ウィーン写本はヴァティカン747番の構図に近いとも言えるが、ウィーン写本では、ルツは両肘を曲げて眠り、ボアズは身を起こして腕を伸ばしているために、2人の対照的な姿によって、より自然な印象が生み出されている。

トレド写本では、ルツとボアズが並んで横たわり、ボアズがルツに布を広げて掛けようとしている（図200）。朝まで安心して休むようにとルツを諭す、聖書の一節を思い起こさせる。ルツがボアズの庇護のもとにあることが示される。

〔3〕 ヴァティカン747番と「エッサイの木」

『ビブル・モラリゼ』写本との比較によって、ヴァティカン747番の構図がいかに不自然であるか、ということが明らかになった。それではなぜ、ヴァティカン八大書では、不自然かつ図式的な構図が生み出されたのか。このような構図によって、挿絵はいったい何を語ろうとしているのだろうか。写本制作者は、なぜこのような特異な場面を、ルツ記の最後にあえて配したのだろうか。

子供をもうけることなくルツの夫が亡くなったとき、家系は断絶の危機を迎えた。しかしながら、ルツがイスラエルの律法に従って、亡くなった夫の親戚であるボアズと再婚したために、一時存続を危ぶまれた血筋も、生き永らえることができた。ルツの子オベドからエッサイが生まれ、エッサイからイスラエルの王ダビデが生まれ、まさにこの家系からイエス・キリストが生まれた。

ルツ、ボアズ、エッサイの3人が、奇妙な挿絵を解読する鍵であるように思われる。なぜなら、顎を手の上にのせて身体を横たえるルツとボアズの姿（図196）は、キリストの家系を表現する「エッサイの木」の図像に描かれたエッサイと共通するからである。「エッサ

図199　ウィーン　オーストリア国立図書館
Vienna 1179, fol. 84r.

図200　トレド大聖堂　聖王ルイの聖書
fol. 96r.

イの木」を描くビザンティン聖堂壁画を、1点あげておきたい。カストリアのパナギア・マヴリオティッサ修道院の壁画である(図161)[410]。聖堂壁画の制作年代は、11世紀頃と考えられる[411]。木の幹には、王冠をかぶる歴代の王たちが縦に並び描かれている。フレスコの劣化が激しく、壁面のひっかき傷のために判別しにくいが、木の根元には、エッサイが横たわっている。

「エッサイの木」は、旧約のイザヤ書に基づく図像である[412]。「エッサイの株からひとつの芽が萌えいで／その根からひとつの若枝が育ち／その上に主の霊がとどまる。／知恵と識別の霊／思慮と勇気の霊／主を知り、畏れ敬う霊」(イザヤ書第11章1-2節)。マタイによる福音書冒頭には、アブラハムから綿々と、途切れることなく続いてきたキリストの系図が記されている。当然のことながら、ボアズ、ルツ、オベドの名前も、この系図中に含まれている(マタイ第1章1-17節)。一方、ルカによる福音書第3章の系図は、逆にイエスの父ヨセフから時代を遡り、ダビデ、エッサイ、オベド、ボアズを経てアブラハムへと続き、アダム、ついには神へと至る(ルカ第3章23-38節)。

ヴァティカン747番のルツとボアズは、大きな岩山の前に横たわる。ルツ記に記されている麦打ち場の麦の山は、岩山に置き換えられた。ごつごつの岩山は、人の手によって耕された麦畑とは対照的な、乾いた荒地を思わせる。岩がちの荒れた地で、麦などの作物を栽培することは、およそ不可能であるように見える。しかしながら、いわばルツとボアズが肥沃な大地となって耕され、そこに種がまかれ、やがて芽(2人の子オベド)が出て、大きく育つことになる。オベドはエッサイの父となる。言い換えれば、地面に左右対称に横たわるルツとボアズの姿は、イスラエルの地に根付き、ここから大きく育っていくであろうエッサイの木の、芽吹いたばかりの双葉を表しているようにも見える。この双葉からさらに枝葉が伸びて、エッサイの木がすくすくと伸びていき、キリストの家系を形成することになるだろう。

ところで、「エッサイの木」の図像が、キリストの系図を表すにあたって、アダムからではなく、エッサイから始まるのはなぜだろうか。ルカによる福音書は、系図がアダムまで遡ることを記しており(第3章38節)、木の根元に横たわるのは、エッサイではなく、アダムとエバでもよかったはずである。2人を出発点とすると、キリストに至るまでの系図が長くなりすぎて図像中におさまりきらないということだろうか。

一般に、「エッサイの株からひとつの芽が萌えいで」（第11章1-2節）というイザヤの預言が、エッサイの木の典拠と言われているが、筆者はそれに加えて、以下のような理由があったのではないかと考えている。福音書に書かれているように、キリストは、来るべき神の国について人々に宣べ伝えた。キリストは、イスラエルの王（ヨハネ第1章49節）、あるいは神の国の王と呼ばれ、その玉座は永遠に続くとされる（ヘブライ人への手紙第1章8節）。王としてのキリストへと至る家系図は、同じく王たちによって形づくられることがふさわしい。エッサイ自身は、王ではなく長老であったが、エッサイの子ダビデが、イスラエル王国の王として油を注がれる。エッサイ以前の人々はみな、オベドやボアズを含め、王というわけではない（彼らの時代、イスラエルは王政ではなかった）。イスラエル王国初代の王となったのはサウルであったが、王国建設の途中で、サウルは神によって王位から退けられた。サウルに続いてダビデが王となった。ダビデはペリシテ人を破り、都をエルサレムに定め、イスラエル王国の礎を築いた。つまり、キリストの系図の中で初めて王となった者、それがダビデである。ダビデこそ、神の国の王、キリストへと続く王の系図の出発点にふさわしい。キリストの系図が、アダムとエバよりもむしろ、ダビデの父エッサイを根本としたことの理由はここにあるのではないか。

　エッサイは、旧約聖書のサムエル記上に初めて登場する。預言者サムエルは、サウルに代わる王を探すために神から遣わされ、エッサイのもとを訪れる。エッサイは、息子たちを1人ずつサムエルに紹介するが、彼らの中に、神から選ばれる者はなかった。エッサイが末息子のダビデを連れてくると、神は預言者サムエルに「立って彼に油を注ぎなさい。これがその人だ」と告げた（サムエル記上第16章1-13節）。こうしてダビデは、神によって退けられたサウルに続き、イスラエル王国の王となった。

〔4〕 旧約八大書写本の意味とは何か

　エッサイが初めて登場するサムエル記上巻は、旧約八大書の最後に収められたルツ記の直後から始まる。つまりサムエル記は八大書には含まれないが、旧約聖書全体を通して見ると、ルツ記とサムエル記は隣り合う書である。現在、わたしたちが手にする新共同訳聖書は、ルツ記に続く2つの書のタイトルを、サムエル記上、サムエル記下としている。サムエル記上下巻の後に、列王記上、列王記下

が続く。ところがセプトゥアギンタ（七十人訳聖書、ヘブル語旧約聖書のギリシア語訳）は、この4巻をまとめて列王記と呼ぶ。したがって、セプトゥアギンタでは、新共同訳のサムエル記上が列王記第1巻、サムエル記下が列王記第2巻、列王記上が列王記第3巻、列王記下が列王記第4巻となる。言い換えれば、サムエル記上下と列王記上下が、全4巻からなる王の書とみなされる。

このことから、ビザンティンの旧約八大書（オクタテウク）は、全4書からなる王の書に先立つ8書、と位置づけることができる。八大書はいわば、王の書に至るまでの、長いプレリュードとも言えるだろう。八大書を経て、イスラエルの王たちが初めてここに登場し、王たちの系譜は新約のキリストへと直結する。

それゆえ、八大書をひもとく者は、王の系譜が芽生え出ずる、その土壌となるものを、ここから学ぶことになる。王の系譜の土壌は、王国（ひいては神の国）の礎となる。だとすれば、地上における神の国をめざしたビザンティン皇帝にとって、八大書が必読の書となったとしても不思議ではない。

「エッサイの木」のイコノグラフィーは、西ヨーロッパのラテン・カトリック文化圏に多く、ビザンティンの作例は、パレオロゴス朝時代のものに偏っている[413]。そのため、図像の起源をビザンティンではなく、西ヨーロッパに求める見解もある。ビザンティンの作例として、11世紀と言われる、カストリアのパナギア・マヴリオティッサ修道院の聖堂壁画をあげたが、壁画の制作年代に関する研究者らの見解は、必ずしも一致していない。したがって、八大書写本の共通のモデルとなる写本挿絵が制作された11世紀、「エッサイの木」の図像が、ビザンティン帝国においてどれだけ知られているものであったか、証明することは難しい。また、八大書写本の読者が、ルツとボアズの不自然な姿勢から、本当に「エッサイの木」を想起することがありえたのか、という点についてもまた、反論の余地が残されている。しかしながら、『ビブル・モラリゼ』写本に見られる同主題の挿絵との比較から明らかであるように、八大書のルツとボアズの構図は明らかに不自然で、何らかの意図が背景にあったことは疑いない。それゆえ、筆者は解釈の1つの可能性として、「エッサイの木」の双葉によって、この図像を説明することを提案したい。

✥ おわりに

　本章では、挿絵入り旧約八大書写本をとりあげ、第1に各写本の概要を紹介した。また5点の写本がどのような過程を経て制作されたのか、互いにどのようなつながりを有しているのか、ラウデンによる見解を合わせて紹介した。第2に、文献学の本文批評の手法をビザンティン写本挿絵研究に適用したヴァイツマンを紹介した。続いて、ヴァイツマン以来の伝統的写本挿絵研究を、まったく新しいものに書き換えたラウデンの手法を紹介した。ラウデンによってここまで進められてきた八大書写本挿絵研究は、今後の研究者にとっての基盤となるだろう。こうした先行研究を踏まえた上で、本章では、筆者独自の問題提起を行った。そもそもなぜ、旧約聖書の中で、最初の8書（創世記、出エジプト記、レビ記、民数記、申命記、ヨシュア記、士師記、ルツ記）を1巻に収めたものが、「オクタテウク」という特別のジャンルを形成したのか、という問題である。筆者は、ルツ記最後の挿絵に注目し、『ビブル・モラリゼ』写本との比較を通して、八大書挿絵の特異点を浮かび上がらせた。旧約八大書を締めくくる、ルツ記最後の挿絵において、ルツとボアズの2人は、そこからさらに伸びていく樹木（エッサイの木）の双葉を象徴する。この木は旧約の王たちを経て高く育ち、やがて新約のキリストをその先頭に頂くことになるだろう。旧約八大書はルツ記で終わっているが、その最後には、（描かれない）樹木の根が確かに根付き、芽を吹く。八大書を締めくくるにあたって、これほどふさわしい挿絵は他にないだろう。挿絵は、八大書が王たちの書へと続く豊かな土壌となったこと、そこにまかれた種が芽吹いたことを、見る者に伝えているように思われる。

第2章
正しき道は東へと向かう
―― 旧約預言書写本挿絵

❖ **はじめに**[414]

　本章でとりあげるビザンティン預言書写本は、旧約聖書の一部分（預言書）を1巻の写本に収めた写本ジャンルである。旧約聖書の預言書には、12の小預言書（ホセア、ヨエル、アモス、オバディア、ヨナ、ミカ、ナウム、ハバクク、ゼファニア、ハガイ、ゼカリア、マラキ）と、4つの大預言書（イザヤ、エレミヤ、エゼキエル、ダニエル）が含まれている。

　ビザンティン預言書写本の特色として第1にあげられるのは、聖書本文に加えて、膨大な量の註釈（カテナと呼ばれる）が書き込まれていることである。カテナは、本文を取り囲む形で配置され、本文よりも小さな文字によって記されたため、本文と註釈が混同されることはない。膨大な量のカテナが加えられたために、預言書本文のみを記す場合と比べて、写本はより多くのページ数を要することになり、写本自体の厚みもさらに増した。

　15世紀までに制作されたビザンティン預言書写本は、50冊程度現存している。そのうち7写本が挿絵を有しており、本章ではそれら7つの預言書写本に付された挿絵をとりあげて論じたい。現存する最古の預言書写本（Vat. gr. 2125）には、挿絵は見られない。筆記体の特徴から、700年頃あるいは8世紀初頭の制作と考えられる[415]。

　7冊の挿絵入り預言書写本のうち、2写本には、12の小預言書、4つの大預言書、カテナが含まれている。別の2写本には、同じく12の小預言書と4つの大預言書が含まれているが、この2写本にカテナは見られない。上記の4冊に加えて、12の小預言書のみを含む写本が1冊、4つの大預言書のみを含む写本が1冊現存しており、いずれもカテナを含んでいる。最後の1写本は、カテナつきで、16の預言書のうちイザヤの預言のみを含む特殊な写本である。

　預言書写本に付された挿絵の大半は、預言者の肖像であった。肖像の種類（全身像または半身像）や、背景（金箔、青、山岳風景）など、

多少のバリエーションは見られるものの、各預言書を書き記した著者の姿を描いている、という基本的な点において共通する。以下に、挿絵にはどのようなバリエーションが見られるのか、列挙しておきたい。1つ目のタイプは、全頁挿絵（ページ全体を挿絵のために割く）に、預言者の立像を単独で描くもの。2つ目のタイプは、同じく全頁挿絵の円形メダイオン中に、預言者の胸像を描き入れたもの。預言者の全身を表す立像と、半身を表す胸像の2種類が、一揃いの写本の中で使い分けられているケースもある。預言者の肖像に加えて、説話的な場面を含む写本も見られる。全頁挿絵に対して、テキスト・コラムの一部に挿絵用の枠を割り込ませ、預言者の肖像を描くというレイアウトも見られる。このように、預言書写本挿絵には複数のバリエーションが見られる。7冊の挿絵入り預言書写本は、「預言書写本」という1つのジャンルにカテゴリー分けされるが、写本中に含まれるテキストの種類、挿絵のタイプは、必ずしも同一というわけではない。

✤ 1 挿絵入りビザンティン預言書写本の概観

〔1〕 チャイジヌス写本[416]

　ヴァティカン聖使徒図書館所蔵Vat. Chisi. R. VIII. 54（以下、チャイジヌス写本）は、現存する7冊の挿絵入り預言書写本のうち、最古の作例である。1923年、ヴァティカン聖使徒図書館により購入された。写本のサイズは40.2×31.3cmで、ビザンティン写本の中では大型の部類に属する。総フォリア数493で、大量のフォリアを擁する羊皮紙の写本は、紙の書籍に比べて重量感がある。写本の内容としては、12の小預言書と4つの大預言書すべてを含み、本文に加えてカテナを有している。現存する預言者の肖像は11で、16の肖像のうち5点が欠けているが、制作当初は16人すべての預言者の肖像がそろっていたと考えることが自然であろう。

　全頁挿絵は時に、クワイヤの中に含まれない、単独フォリオに描かれて、挿入されることがある。チャイジヌス写本においても、預言者の肖像は、クワイヤ中に組み込まれたフォリオではなく、クワイヤから独立した単独のフォリオに描かれている。

　挿絵が独立したフォリオに描かれる場合、挿絵とテキストが同時期に制作されたものであると安直に判断することはできない。なぜ

なら、本来挿絵を持たない写本を、後の時代に製本し直す際、新たに挿絵を挿入することがあったためである。チャイジヌス写本の挿絵は、テキストと同時代とみなすことができる。預言者ハガイの肖像を見ると、彼が手にしている巻物に記された文字が、本文と同一の写字生によって書かれたと断定できるからである[417]。

〔2〕 トリノ写本とフィレンツェ写本[418]

　トリノ国立大学図書館所蔵 Taur. B. I. 2（以下、トリノ写本）とフィレンツェ、ラウレンツィアナ図書館所蔵 Laur. Plut. 5.9（以下、フィレンツェ写本）は、現在別々の図書館に所蔵されているが、かつて一揃いの預言書写本を構成していたらしい。前者は小預言書、後者は大預言書を書き記した写本で、10世紀後半に制作された。トリノ写本は33.8×29.5cm、フィレンツェ写本は35.5×27.5cmである。写本の大きさが近いことからも、2写本が小預言書と大預言書から成る1つのセットであったことがうかがわれる。

　2写本のサイズは似ているが、フォリオ数は大きく異なっている。トリノ写本のフォリオ数93に対して、フィレンツェ写本は339フォリアを有している。挿絵の入れ方も異なっている。トリノ写本は、小預言書のテキストに先立って、12人の預言者全員の胸像が、見開きのビフォリアに描かれている。一方、フィレンツェ写本は、4つの大預言書各書の冒頭に、著者である各預言者の肖像が挿入された。ただし、フィレンツェ写本において現存しているのは、4人の預言者のうちエレミヤの肖像のみである。

　ベルティングとカヴァッロの研究によれば、トリノ写本は制作当初、現在コペンハーゲンにある1写本（王立図書館所蔵 Cod. GKS 6）の一部であったが、後に何らかの事情によってコペンハーゲン写本から切り離されて、別の独立した写本となったらしい[419]。コペンハーゲンとトリノの2写本は、ルーリング・パターンと呼ばれる、テキストを書き記すための罫線の引き方や行数が一致している。また、クワイヤのナンバリングが連続している。コペンハーゲン写本は、第11クワイヤから始まっている。本来写本は第1クワイヤから開始されるものであるため、コペンハーゲン写本から、前半の一部分（第1-第10クワイヤ）が欠損していることは疑いない。一方、トリノ写本のクワイヤは、第1から始まって、第10までのナンバリングがふられている。それゆえ、トリノ写本がコペンハーゲン写本の前半の一部を占めていたと言える。コペンハーゲン写本は、知恵の書（ヨブ

記、箴言、コヘレトの言葉、雅歌、ソロモンの知恵の書、ソロモンの詩編、シラ記）を1巻のうちに収めたものである。小預言書と知恵の書を収めた2写本が、かつて1冊の写本を形成していたと考えられる。

〔3〕 ヴァティカン755番[420]

ヴァティカン聖使徒図書館所蔵 Vat. gr. 755（以下、ヴァティカン755番）は11世紀前半に制作された写本で、1455年にはすでにヴァティカン聖使徒図書館に収められていたことが知られている。この他の挿絵入り預言書写本が、四大預言書あるいは十二小預言書、またはその両方を含んでいるのに対して、この写本に含まれるテキストは、イザヤの預言のみである。預言書本文に加えて、序文とカテナが付されている。写本の大きさは36.5×28cmで、226フォリアを有している。16ある預言書のうちイザヤの預言のみを含む写本は、極めて例外的であるが、クワイヤ構成やクワイヤのナンバリングから判断するに、別の写本の一部であった痕跡は見られず、制作当初より、独立した1冊のイザヤ書写本であったと考えられる。写本は、合計3点の挿絵を有しており、いずれもクワイヤから独立した単独のフォリオに描かれている。

最初の挿絵は、預言者イザヤの立像で、肖像の周囲に4人の教父の胸像を描く4つの円形メダイオンが配されている。4人の教父は、バシリオス、テオドレトス、キリロス、テオドロスと推測される（個人を特定する銘は挿絵中には含まれていない）。ラウデンによれば、この4人の名前がカテナの1ページ目に揃って出てくることから、イザヤとともにここに描かれたらしい[421]。

2番目の挿絵は、夜の擬人像と夜明けの擬人像の間に立つ預言者イザヤを描いている。この挿絵は、イザヤ書第26章9節の「わたしの魂は夜あなたを捜し／わたしの中で霊はあなたを捜し求めます」に基づく。『パリ詩編』（パリ、フランス国立図書館所蔵 Paris. gr. 139）に類似する挿絵が含まれており、ラウデンは、イザヤ書写本の画家が『パリ詩編』の挿絵を参照し、模倣したと推測している[422]。

3番目の挿絵は、イザヤの殉教場面を描いたもので、写本の最後に綴じられている（fol. 225r）。イザヤは、処刑者の鋸によって、頭を真っ二つに切り裂かれようとしている。イザヤの殉教の図像は、パリ、フランス国立図書館所蔵のギリシア語写本510番（Paris. gr. 510）にも見られる[423]。ラウデンの推測によれば、パリ510番が直接のモデルとして参照されたとは考えにくく、ヴァティカン755番が参照したのは、

前出のチャイジヌス写本であったらしい[424]。

　イザヤ書写本の挿絵サイクルは、教父に囲まれた著者イザヤの肖像、夜の擬人像と夜明けの擬人像にはさまれた預言者イザヤ、イザヤの殉教、この3場面によって構成される。ラウデンは、制作者が何らかの意図を持って特別のイザヤ預言書写本を作ることを目指していた、と結論づけている[425]。

〔4〕　ラウディアヌス写本[426]

　オックスフォード、ボドリアン図書館所蔵Laudianus graecus 30 A（以下、ラウディアヌス写本）は、1650年大主教ラウドによりボドリアン図書館に寄贈された。この写本は、内容や制作年代の異なる3つの部分から成っている。第1部は、知恵の書（箴言、コヘレトの言葉、雅歌、ヨブ記）のテキストと、ヨブの挿絵2点を含む。第2部は、16の預言書テキストと、預言者の肖像を有する。第3部は、エジプトの聖マリアの生涯について記すテキストであるが、断片のみで、制作は16世紀である。この3つが、1巻にまとめて製本された。

　第1部の各ページのレイアウトは、1フォリオにつき1コラムのフォーマットで、1コラムにつき40行の罫線が引かれている。第2部の預言書は、1フォリオに2コラムが含まれるフォーマットで、コラムの行数は31行である。第2部の預言書は、現在、写本の冒頭ではなく、第1部と第3部に挟まれた、写本の中間部に綴じられている。ところが、預言書のクワイヤのナンバリングは1から始まっている。このことから、制作当初、預言書は写本冒頭を占めていたと言える。つまり第1部と第2部は、本来別々の写本として制作されたものを、再製本の際合本させたということである。

　ここでは、第2部預言書の挿絵について言及したい。他の預言書写本にも見られる預言者の肖像に加えて、3点の挿絵がある。第1の挿絵は哀歌に、残りの2点はダニエル書にそれぞれ挿入された。

　預言者エレミヤによる哀歌には、年老いた髭の人物が描かれ、この人物はエレミヤ自身であると考えられる。ダニエル書の最初の挿絵には、獅子の洞窟に投げ込まれた、オランス（両手を上に差し上げた祈りの姿勢）のダニエルが描かれる。ダニエルは、2頭の獅子にはさまれて立つ。ダニエル書の次の挿絵は、ダニエルの幻覚の中に出現した4頭の獣を描いたもので、ダニエル書第7章4節から7節に基づいている。

　ラウディアヌス写本は、カテナを含まない。また、挿絵の入れ方

も上にとりあげた 3 写本（チャイジヌス写本、フィレンツェ写本、ヴァティカン755番）とは異なっている。上記の 3 写本の挿絵は、いずれも全頁挿絵で、1 ページ全体を挿絵のために費やしている。ところがここでは、テキストを書き記すコラムの一部に、挿絵を描き入れるためのスペースが設けられている。写字生が、各フォリオに順にテキストを書き写していく際、テキスト・コラムに挿絵用の空白枠を残し、テキストを書き写した後、それを画家に渡す。そこで空白の枠内に、画家が著者の肖像を描き入れる、という制作過程が推測される。全頁挿絵の場合、写字生と画家が別々に制作したものを、製本の段階で 1 つにまとめればよい。一方、テキスト・コラムの 1 部に挿絵が挿入される場合、写字生と画家は緊密に連携しながら制作を進めていくことが必要とされる。ここに描かれた預言者たちは、屋外の山岳風景に囲まれて立ち、ある者は大きく足を踏み出し、ある者は走り出さんばかりの動作で、前出の 3 写本（チャイジヌス写本、フィレンツェ写本、ヴァティカン755番）に見られるような、直立不動の預言者像、あるいはコントラポストで立つ預言者像とは大きく異なる印象を生み出している。

挿絵は後年大幅に修復されているため、挿絵の様式から制作年代を推し量ることは難しい。制作年代は、もっぱらテキストの字体に依拠して、12世紀後半または13世紀初頭と考えられている。

〔5〕 ニュー・カレッジ写本[427]

オックスフォード、ニュー・カレッジ図書館所蔵44（以下、ニュー・カレッジ写本）は、12の小預言書、4つの大預言書に加えて、マカバイ書第 1 から第 4 書、そしてフラウィウス・ヨセフスの著作からの抜粋によって構成される。挿絵が付けられているのは、小預言書、大預言書部分のみである。預言者の肖像は、全頁挿絵ではなく、写字生がテキスト・コラム中に設けた枠内に、画家が描きこんだものである。このパターンは、前出のラウディアヌス写本と共通する。預言者の肖像が、各預言書の冒頭に配されている。16人の預言者像に加えて、ヒゼキア、バルク、エレミヤ、スザンナの肖像が含まれている。ヒゼキアの肖像は、ヒゼキアの頌歌が含まれるイザヤ書第38章 9 節の冒頭に付されている。バルクの肖像はバルク書に先立って配され、エレミヤの肖像はエレミヤの祈り（哀歌第 5 章 1 節以下）の冒頭に、スザンナの肖像はダニエル書に続く箇所に付されている。

ラウデンによれば、写本の構成上ニュー・カレッジ写本と非常に

よく似た特徴を備えている写本が、アテネ、イスタンブール、オックスフォードに各1点、合計3点現存している（アテネ国立図書館所蔵Cod. 44; イスタンブール、トプカプ宮殿図書館所蔵Cod. gr. 13; オックスフォード、ボドリアン図書館所蔵Auct. E. 2.16）。ニュー・カレッジ写本を含む合計4点は、同一工房において制作されたものと推測される[428]。ラウデンは、4写本が、複数巻合わせて旧約聖書全文を備えた一揃いとなることを意図して制作されたものであると考えている[429]。

〔6〕 ヴァティカン1153-1154番[430]

ヴァティカン聖使徒図書館所蔵Vat. gr. 1153-1154（以下、ヴァティカン1153-1154番）は、現存する挿絵入り預言書写本中最も新しい年代のもので、現在2巻に分けて製本されている。制作当初1巻であった写本を、後世の修復の際に2巻に分けて製本し直すことは、それほど珍しいことではない。テキストの内容は、小預言書と大預言書で、カテナを備えている。ヴァティカン1153番は全340フォリアを有し、サイズは50.8×37.7cmである。一方、ヴァティカン1154番は全127フォリアを有している。写本余白に切断された痕跡が見られ、現在のサイズは49.5×35.5cmである。この写本の特異な点は、四大預言者の順序が通常と異なっているということである。通常は、イザヤ、エレミヤ、エゼキエル、ダニエルの順であるが、ここではエレミヤが4番目で、イザヤ、エゼキエル、ダニエル、エレミヤの順となっている。ラウデンの推測によれば、本来エレミヤの肖像が配されるはずのフォリオに、画家が誤って先にエゼキエルの肖像を描いてしまった。それを見た写字生が、急遽預言書の順序を入れ替えることを思いついた。預言書本来の順序を守り、イザヤ、エレミヤの順にテキストを書き写していくと、エレミヤのテキスト冒頭に、エゼキエルが描かれている、ということになってしまう。一方、テキストの順序を入れ替えれば、エゼキエルのテキスト冒頭にエゼキエルの肖像を正しく配することができる。そのために預言書の順序が入れ替えられたという推測である[431]。

肖像を見てみると、いくつかの奇妙な点に気付かされる。預言者の立っている地面が、帯状に層をなしており、植物が描かれている。肖像の背景には、金箔ではなく青色が用いられた。エゼキエルは巻物ではなく、写本を手にしている。写本は、本来預言者ではなく福音書記者の持物（アトリビュート）であるため、預言者の持物としては、巻物のほうがふさわしい。それによって彼が（福音書記者ではなく）預言者であるこ

とを、端的に見る者に伝えることができるからである。ラウデンの推測によれば、こうしたいくつかの奇妙な点は、この写本の画家が、もともと聖堂壁画に携わる画家であったことから生じたものであるという。聖堂装飾に携わる画家は、しばしば首都コンスタンティノポリスを遠く離れた場所に赴いて、壁画制作にあたっていた。たとえば、セルビア、マケドニア、エピロス、ヴェネツィアなどであるが、こうした遠隔地の作例の中には、首都の規範に必ずしも従わない描き方が散見される。したがって、壁画制作者として経験を積んだ画家が、この写本に見られるような、特色ある預言者像を生み出した、という推測が成り立つ[432]。

✢ 2　預言書写本挿絵の特色

　各々の写本の制作年代は、挿絵の様式やテキストの筆記体に基づいて推測される。チャイジヌス写本の制作年代は10世紀半ばごろ、トリノ写本とフィレンツェ写本は10世紀後半、ヴァティカン755番は11世紀前半、ラウディアヌス写本ならびにニュー・カレッジ写本は12世紀末または13世紀初頭、ヴァティカン1153-1154番は13世紀半ばの制作とされる。7点の挿絵入り預言書写本のうち、古いほうから順に4冊の写本では、挿絵がテキストのクワイヤ構成の中に組み込まれておらず、単独のフォリオに描かれている。いずれも挿絵とテキストは同時代のものであると見なされている[433]。

　以上見てきたように、ビザンティン預言書写本のテキストの内容は、イザヤの預言1つのみを含む写本から16の預言書すべてを揃えたものまであり、カテナを含むもの、含まないもの、預言書以外の聖書本文を含むもの、聖書以外の文章を含むものなど、実に多種多様である。

　一方、挿絵は、どの写本も同じように著者の肖像を描いている。肖像のほかに、説話場面が加えられることもあった。個々の預言者の描き分けについては、厳格な取り決めはなかったらしい。顔などの描き分けが意識的に行われるのは、よく知られている預言者（ダニエル、イザヤ、ヨナら）のみで、それ以外の預言者については、描き方が定められているわけではなかった。肖像のタイプは、複数の預言者の間で使い回されたために、ある写本の預言者マラキの肖像が、別の写本のマラキとは異なるタイプで描かれるということもあった。預言者の立像を描くにあたって、画家は特にモデルを必要とはしな

かったと考えられる。モデルとなる挿絵が手元にあったとしても、画家は必ずしもモデルに従わなければならないとは考えなかったらしい[434]。

　四福音書記者の肖像が、それぞれ独自の特徴を備え、画家が定められたタイプに従って明確に４人を描き分けていたことを考えると、預言者を描く場合の約束ごとは、はるかにゆるやかなものであったと言える。一方、説話場面（「イザヤの殉教」「夜の擬人像と夜明けの擬人像の間に立つイザヤ」）の場合、画家は注意深くモデルを参照し、意識的に模倣を行った。そのため、よく似た図像が再生産されることになり、同時代またはより古い時期の作例中に、類似例を探し出すことができる[435]。

　本書第Ⅳ部第１章でとりあげた八大書写本は、300を超える膨大な量の挿絵を有しているが、個々の写本を比較してみると、イコノグラフィー上の共通点が多く見られる[436]。一方、預言書写本挿絵の場合、預言者の肖像である点は共通するとしても、その描き方は必ずしも同一というわけではなく、むしろ個々のケースにおいて、さまざまな工夫がなされている。したがって、なぜこのような相違が生じたのか、各々の写本に即して、挿絵を解読していくことが必要であろう。写本画家は、同じ預言者の肖像を描きながら、印象の異なる挿絵を生み出した。どのような点において、違いが際立っているのか。なぜこうした多様性が生じたのか。異なる描き方によって表現された預言者の姿は、見る者にいかなるメッセージを伝えようとしているのか。

　預言者の肖像は、写本挿絵のみならず聖堂装飾にも登場する。聖堂の円蓋を支えるドラム（円形胴部）に配された預言者像が、聖堂装飾プログラムを概観する中で記述されることはあっても、預言者の肖像それ自体が、多くの研究者の関心を引き寄せてきたとは言いがたい。こうした状況の中で、挿絵入り預言書写本をテーマとしたラウデンの著作は、注目すべき業績である。ただし彼は、個々の預言者図像の解釈には立ち入らない。制作当時の社会状況、時代背景、世界観から大きく隔たったところに立つ現代のわたしたちが、ビザンティンの写本挿絵や聖堂壁画に描かれた図像を、どこまで正しく解釈できるだろうか。図像解釈は、しばしば立証することが困難であり、こうした領域に立ち入らない研究者は多い。しかしながら、筆者はあえてイコノグラフィー上の差異が、見る者に何を伝えようとしているのかを問うてみたい。写本や壁画に描かれた図像は、地

理的、時間的に遠く隔たった世界のありようを、文字によって残された記録とは異なる仕方で、わたしたちの目の前に浮かび上がらせてくれる。挿絵に残された痕跡は、単なる偶然の産物ではなく、画家が何らかのメッセージを伝えるべく、意図的に作り出したものであるように思われる。このような前提に立って、検証を進めることにしたい。

✢3　預言書写本挿絵の解釈

　預言書写本に付された著者の肖像は、一見それほど大きな違いはなく、単調であるようにも見える。このような単調さは、ビザンティン四福音書写本において、各福音書冒頭に配される福音書記者の肖像を思い起こさせる。福音書記者の場合、マタイ、マルコ、ルカ、ヨハネは、各々特徴ある顔のタイプを有しており、髭の有無や年齢によって描き分けられる。たとえばルカは比較的若く、短い髪と髭のない姿で、一方、ヨハネは老人の姿で描かれる。室内で筆記を行っている姿が、福音書記者を描く場合の定型であり、この定型が何十何百と繰り返された[437]。

　福音書記者の肖像は、確かに単調なものであるが、挿絵中に小さなバリエーションが認められることもまた事実である。文字を書き入れるための本や[438]、ペンを手に持つ一般的なタイプ、筆記するペンの代わりに、羊皮紙を削り取って修正を加えるためのナイフを手にする珍しいタイプ、本やペンなど福音書記者に必須の事物をなにひとつ持たない肖像、福音書記者のシンボル（天使、獅子、牛、鷲）とともに描かれるものなど、数多くのバリエーションが見られる。個々の写本を見比べてみると、単調であるように思われる第一印象とは逆に、厳密な意味で同一のパターンに従う作例は、実のところほとんど見当たらない。ある写本挿絵が、別の写本を手本として模倣していることが明らかな場合であっても、画家はそこに何らかの工夫や改善を加えている[439]。

　預言者の肖像に立ち返ってみると、16人の特徴が厳密に定められているわけではなく、福音書記者の肖像に見られるような室内、家具、建造物を配した背景、筆記具などもないため、福音書記者以上に単調な図像の繰り返しであるように見える。しかしながら、よく見れば福音書記者の場合と同じように、異なる細部があちこちに見てとれる。

第2章　正しき道は東へと向かう──旧約預言書写本挿絵

　たとえばチャイジヌス写本において、預言者は金箔を背景にして描かれている。預言者アモス（fol. 25v）は正面を向いて、片側の足に体重をかけるコントラポストの姿勢で立っている。背景一面に金箔が貼られ、地面を表すラインや背後の壁面がないことから、預言者は地に足をつけて立っているというよりは、金の充満する空間で、わずかながら浮遊感を感じさせる（図201）。

　ヴァティカン1153-1154番の預言者は、立像であるという点においてチャイジヌス写本と共通であるが、背景は金箔ではなく、青く塗られている（fol. 1v: ホセア）（図202）。しかもここでは、預言者の足元に、野原を思わせるような地面が広がっており、小さな花がそこかしこに咲いている。預言者は、あたかも春の野辺に立つ人であるかのように見える。地面は小さな波のようにうねりを見せ、青の背景は大空を思わせる。ここでは、預言者は明らかに屋外に立っている。青の背景と花咲く大地は、金箔の光の中に軽く浮かぶかのような預言者とは大きく異なる、地面に足を付けた人の姿を描き出し、同じ預言者の立像でありながら、異なった印象を生み出している。

　ラウディアヌス写本の預言者は、ヴァティカン1153-1154番と同じように屋外に立っているが、ヴァティカン写本の小さくうねる地面がここではさらに強調され、岩場のように高く盛り上がっている（fols. 257v, 261r: ハバククとゼファニア）（図203）。1153-1154番の預言者の肖像が全頁挿絵であるのに対して、ラウディアヌス写本の挿絵は、テキスト・コラムの一部に設けられた枠内に描きこまれている。その結果、全頁挿絵では縦長の長方形であったのに対して、ここでは挿絵の枠が横長の長方形となっている。横長の長方形中央に、縦長の画面と同じように立像を配すると、預言者の左右には、より大きな空白が生じてしまう。預言者の左右に見られる大きな岩、あるいは丘のような盛り上がりは、その空白を埋めるために加えられたものだろうか。巨大な岩は崖のようでもあり、預言者は山奥に身を置いているように見える。1153-1154番の緑の野辺とは異なる場面が生み出され、山奥に1人立つ預言者の姿は、人里を離れたところに単独で住まう隠遁聖人の姿を思い起こさせるものであったかもしれない。

　もう1つ留意すべき点は、預言者の足の描き方である。前に取り上げた2写本（チャイジヌス写本とヴァティカン1153-1154番）では、預言者は両足の間をやや開き、体重をわずかに片側にかけながらも、ほぼまっすぐに立つ姿であった（図201、202）。一方、ラウディアヌス写本の預言者は、両足を大きく開いている（fol. 275r: マラキ）（図204）。

図201　ヴァティカン聖使徒図書館　Vat. Chisi. R. VIII. 54, fol. 25v　アモス

図202　ヴァティカン聖使徒図書館　Vat. gr. 1153, fol. 1v　ホセア

図203　オックスフォード　ボドリアン図書館　［上］Bodl. Laud. gr. 30A, fol. 257v　ハバクク　［下］Bodl. Laud. gr. 30A, fol. 261r　ゼファニア

267

図204　オックスフォード　ボドリアン図書館
Bodl. Laud. gr. 30A, fol. 275r　マラキ

預言者は、あたかも急ぎ足で山のさらに奥へと向かって行くかのようである。預言者は肩越しに後ろを振り返りつつも、山のほうへと前進すべく大股の一歩を踏み出している。チャイジヌス写本や1153-1154番の動きを抑えた立像に比べると、大げさな動作が目立つ。

あえて「違いは何か」という点に注目して挿絵を見てみると、単調な預言者肖像の細部には、実はさまざまな違いがあることがわかる。しかしながら、ビザンティン図像は、模範となる先行作例、あるいは定型の忠実な模倣を繰り返し重ねてきたものである、という前提に立って挿絵を見ている研究者にしてみれば、こうした違いはあくまで些細なものにすぎず、取り立ててここに意味を問うことなどない、と思われるだろう。一方筆者は、こうした違いにも何らかの意味があるのではないかと考えている。

〔1〕　チャイジヌス写本の預言者の肖像

チャイジヌス写本の預言者ミカの肖像を見てみると、同写本に描かれた他の預言者たちに比べて、ミカの身体はいかにも不自然である (fol. 41v)（図205）。彼は大きく一歩踏み出して、右上を指さすが、同時に肩越しに振り返っている。ほとんど180度に近く頭をひねっているため、頭と背中のつながりが不自然で、正確な観察に基づく身体描写とは言いがたい。12世紀のイコンに同じような描き方の例が見られる。シナイ山聖エカテリニ修道院所蔵の「受胎告知」のイコンである（図206）。チャイジヌス写本の背後から描かれたミカの不自然な背中は、このイコンのマリアにお告げを伝える大天使ガブリエルの背中に近い。

図205　ヴァティカン聖使徒図書館　Vat. Chisi. R. VIII. 54, fol. 41v　ミカ

また、別の預言書写本挿絵中に、ミカと同じような背中を見出すことができる。イザヤとともに描かれる、夜明けの擬人像の背中である (Vat. gr. 755)（図207）。小さな子供の姿で表された夜明けの擬人像は、右に向かって歩みを進めながら、ひどく不自然な姿勢でイザヤのほうを振り返っている。擬人像は、背後に立つイザヤが、近くにつき従い歩みを進めているかどうか、確かめるために振り返っているようにも見える。挿絵は、イザヤの預言第26章9節「わたしの魂は夜あなたを捜し／わたしの中で霊はあなたを捜し求めます」に基づく。夜明けの擬人像は、神を捜し求めるイザヤの魂が道に迷うことがないよう、イザヤを先導し、振り返って彼の歩みを確かめている。

図206　シナイ山　聖エカテリニ修道院
受胎告知

同じように後ろを振り返る動作によって、預言者ミカもまた彼に

続く者たちのほうを見ているのかもしれない。神を捜し求める彼らの魂が、道に迷うことがないように、また預言者の姿を見失うことがないように。ここでは、ミカに従う信者らの姿は描かれていない。しかしながら、預言者の姿は、振り返ってイザヤを確かめる夜明けの擬人像を繰り返すものであり、後に続く者たちの姿を想起させる。ミカの手にする巻物は、「諸国の民よ、皆聞け」と告げている（ミカ書第1章2節）。預言者は神へと続く道を示し、彼に続いて道を行く者は、やがて神のもとへとたどり着くだろう。イザヤの魂が夜明けの擬人像に導かれて、神のもとへと運ばれたように。

〔2〕 ヴァティカン1153-1154番の背景

図207　ヴァティカン聖使徒図書館　Vat. gr. 755, fol. 107r　夜の擬人像と夜明けの擬人像のあいだに立つイザヤ

ヴァティカン1153-1154番の青い背景（図202）が、チャイジヌス写本の金箔とは異なる視覚効果を生み出していることを、上に指摘した。ここでは、預言者が屋外に立つことの意味についてさらに問うてみたい。

屋外の預言者は、室内で描かれることの多い福音書記者の肖像と対照的である。福音書記者はキリストの生涯の後に続く者、一方、預言者はキリストの生涯に先立つ者、地上における道をキリストのために準備する者である。洗礼者ヨハネは、旧約預言書の著者ではなく、福音書に登場する人物であるが、そのエピテット「先駆者」（Prodromos）が示すように、彼は預言者の1人として、キリストの道を準備する役割を担っていた。旧約の預言者たちもまた、洗礼者ヨハネのエピテットと同じく、キリストの先駆者である。そして、洗礼者ヨハネを始めとする預言者たちは、荒れ野にいる者であったと記されている。「彼（預言者エリヤ）自身は荒れ野に入り、更に1日の道のりを歩き続けた」（列王記上第19章4節）。「神の言葉が荒れ野でザカリアの子ヨハネ（洗礼者ヨハネ）に降った」（ルカ第3章2節）。

預言者の足元に広がる緑の野辺は、屋外を歩き回る彼らの「先駆者」としての役割を思い起こさせるものであったかもしれない。ヴァティカン1153-1154番の預言者は、室内にとどまってキリストの生涯を記述する福音書記者とは対比的に、キリストの歩む道を整える先駆けとしての役割を表すために、外に立つ姿で描かれた、と筆者は考えている。青の背景は、金箔が生み出す視覚効果とは大きく異なるメッセージを見る者に伝えている。

〔3〕 ラウディアヌス写本の山岳風景とダニエル・サイクル

次に、ラウディアヌス写本の山岳風景に注目してみたい。ここでは、同じ屋外とはいえ、ヴァティカン1153-1154番の穏やかな緑の野辺の、小さく波打つような地面（図202）がさらに強調されて、岩場、あるいは丘のような盛り上がりを形作っている（図204）。これは単に、預言者の両側に生じた大きなスペースを埋めるための工夫だろうか。ごつごつの岩のような山は、預言者自身の身長と同じくらいの高さに達している。こうした山々の描写は、見る者に何を伝えているのだろうか。

左右の山々は、両側から預言者に迫り来るような勢いさえ感じられる。崖は上から覆いかぶさるかのようであり、預言者はそそり立つ山々の懐に取り込まれそうになっているようにも見える。このような描き方は、エレミヤの預言を思い起こさせる。「わたしは見た。／見よ、山は揺れ動き／すべての丘は震えていた」（エレミヤ書第4章24節）。ここに描かれた預言者たちの足元もまた、揺れ動き、震えていたかもしれない。エレミヤはまた、「大地は震え、ねじれる」とも語っている（エレミヤ書第51章29節〔セプトゥアギンタでは第44章29節〕）[440]。

山々に囲まれて、預言者は彼方から聞こえてくる声を聞いているのかもしれない。「裸の山々に声が聞こえる／イスラエルの子らの嘆き訴える声が。／彼らはその道を曲げ／主なる神を忘れたからだ」（エレミヤ書第3章21節）。岩はうなり声とともに預言者の行く手を阻み、預言者は目の前で曲げられてしまう道を見ながら、なおも進みゆこうとしているのかもしれない。このような視覚効果は、ヴァティカン1153番のような花咲く緑の野辺によっては、伝えることができない。預言者は、同じように屋外に立っているが、その姿によって伝えられることがらは、大きく異なっている。

ラウディアヌス写本のうねるような山々に続いて、同写本のダニエル・サイクルにも注目してみたい。ここでは、他の預言者の肖像とは異なる仕方で、預言者ダニエルの物語が、短い2場面の中に凝縮される。1つ目の挿絵は、獅子の穴に投げ込まれたダニエルを描いている（ダニエル書第6章1-25節）。ダニエルが立っているのは獅子の穴のはずであるが、挿絵を見る限り、穴というよりは、他の預言者の挿絵と同じような山が、ダニエルの左右に配されている（図208）。ダニエルは両手を天に差し伸べ、祈る姿で描かれている。2

図208　オックスフォード　ボドリアン図書館　Bodl. Laud. gr. 30A, fol. 395v　獅子の穴のダニエル

頭の獅子が、ダニエルを左右から挟んでいる。ダニエル・サイクルの2番目の挿絵は、4つの帝国（バビロニア、メディア、ペルシア、アレクサンドリア）を象徴する4つの獣を描いている（図209）。剥落が激しく判別しにくいが、挿絵は上下2段に分割され、上段左右、下段左右にそれぞれ1頭ずつ獣が配されている。いずれも頭を中心側に向けた横向きの姿で、獅子の穴でダニエルのほうに頭を向けて横向きに描かれる2頭の獅子と似たような構図が、意識的に作り出されていることがうかがわれる。つまり構図上の類似性を利用して、ダニエル・サイクルの2場面が互いに連関し合うものとなるよう、工夫がなされている。

　それでは、ダニエル・サイクルと他の預言者たちの立像は、どのように結びつけられているのだろうか。挿絵中には、ダニエル・サイクルを預言者像から途切れさせることなく、一連の挿絵の流れの中に位置づけようとする工夫を読み取ることができる。言い換えれば、ダニエル・サイクルと、山岳風景に囲まれた預言者像は、構図上のみならず、意味の上でも密接に結びつけられ、預言書全体に独自のメッセージを盛り込むものとなっているように思われる。

　ダニエルの語る、4頭の獣によって表される金、銅、鉄、土の帝国は、バビロニア、メディア、ペルシア、アレクサンドリアを象徴するものと解釈される（ダニエル書第2章29節、第7章4-7節）。これら4つの帝国は、「人の手によらず切り出された石」（ダニエル書第2章45節）によって打ち砕かれることが預言される。「人の手によらず切り出された石」とは、すなわちキリストを暗示するものと解釈される[441]。ここに、山々に囲まれた預言者とダニエル・サイクルとのつながりを見いだすことができる。時に預言者たちの目の前に立ちふさがり、揺れ、震え、道を阻むかのような山々のただ中にあって、彼らはキリストのために道を準備し、道を切り開く。一方キリストは、「人の手によらず切り出された石」という形を取ることによって、山々から転がり出て、地上に蔓延する悪を打ち砕く。腐敗した帝国は、キリストにより打ち砕かれる定めとなっている。こうして、山奥で大きく一歩を踏み出す預言者たちの肖像と、ダニエルの2場面は、あたかも1つの大きな物語を紡ぎだすかのごとく、わたしたちにメッセージを提示して見せようとしている。山々は単なる背景ではなく、預言者がキリストに先駆けて道を拓く者であることを伝えるとともに、山々から切り出された石（＝キリスト）を見る者に思い起こさせる。山々はこうした視覚装置としての機能を果たすべく、

図209　オックスフォード　ボドリアン図書館　Bodl. Laud. gr. 30A, fol. 397r　ダニエルの幻視に現れた4頭の獣

ここに描きこまれたと推測される。

〔4〕 ヴァティカン755番のイザヤ・サイクル

　預言者の肖像の中に含まれる特殊な細部に注目し、そこにこめられた意味を解読する試みを重ねてきた。最後に、ヴァティカン755番のイザヤ・サイクルを検討したい。イザヤ・サイクルは、3場面からなる短い挿絵サイクルである。

　第1の挿絵は、イザヤの立像で、4人の教父の胸像が周囲に配されている（図210）。第2の挿絵は、夜の擬人像と夜明けの擬人像にはさまれたイザヤの姿を描いている（図207）。第3の挿絵は、イザヤの殉教場面である（図211）。短いイザヤ・サイクルのために選択された3場面は、互いにどのように結びつき、サイクル全体は見る者にいかなるメッセージを伝えようとしているのだろうか。

　預言者が、キリストの先駆者であることを上に指摘した。彼らはまた、来るべきキリストの道を整えながら、まっすぐな道を行く者たちでもある。「神に従う者の行く道は平らです。／あなたは神に従う者の道をまっすぐにされる」（イザヤ書第26章7節）と記されているからである。この「まっすぐに」という語が、755番のイザヤ・サイクルを読み解くにあたって、鍵となるように思われる。第2の挿絵は、イザヤ書第26章9節「わたしの魂は夜あなたを捜し／わたしの中で霊はあなたを捜し求めます」に基づいて、夜の擬人像と夜明けの擬人像を描いている。ここで注目すべきことは、ギリシア語の「夜明け」（orthros）[442]という語と、同じくギリシア語の「まっすぐな」（orthos）[443]という語の音の響きが類似しているということである。ここでは、イザヤの魂が夜明け（orthros）の擬人像に従いながら、まっすぐな（orthos）道を進み行くことが、同時に暗示されているように見える。イザヤ自身、神に従う者の道はまっすぐにされると述べている（イザヤ書第26章7節）。夜明けの擬人像は、明け方という時刻を表すものにとどまらず、預言者の進み行くまっすぐな道を指し示す。たとえ神へと至る道が途中でふさがれたり、ねじ曲げられたりすることがあったとしても、イザヤが述べているように、道は正しく整えられる。福音書記者マルコは、洗礼者ヨハネについて語る中でイザヤ書を引用し、以下のように述べている。「荒れ野で叫ぶ者の声がする。／『主の道を整え、／その道筋をまっすぐにせよ』」（マルコ第1章3節）。

　なお、イザヤ書においては、orthosではなくeuthusという語が用い

図210　ヴァティカン聖使徒図書館　Vat. gr. 755, fol. 1r　預言者イザヤと4人の教父たちの胸像

図211　ヴァティカン聖使徒図書館　Vat. gr. 755, fol. 225r　イザヤの殉教

られている。euthus も「まっすぐな」を意味するギリシア語である。一方 orthos は、新約・旧約の他の箇所において複数回用いられている（エレミヤ書第31章9節〔セプトゥアギンタでは第38章9節に当たる〕、ガラテヤの信徒への手紙第2章14節、ヘブライ人への手紙第12章13節）。このことから、「夜明け」（orthros）と「まっすぐな」（orthos）との間に連関を見いだし、それに基づいて挿絵の意味を読み解くことは、それほど不自然ではないだろう。

　「まっすぐな」（orthos）道は、正しい道すなわち「正教」（Orthodoxy）へと至る。また、ギリシア語の「夜明け」（orthros）は、ラテン語の「日の出」（ortus）と結びつく語でもある。ラテン語の「日の出」（ortus）は、「東方」（orient）の語源となった。聖堂のアプシスが東向きに建てられるのは、日の出とキリストの出現を重ねているためである。このことから、東へと向かうまっすぐな道は、日の出とともに顕われるキリストの姿につながるものであると言える。預言者は、それゆえ東への正しき道をまっすぐに進む。

　第3の挿絵、イザヤの殉教は、サイクルをしめくくるものとしてふさわしい。神を捜し求めたイザヤの魂の行方を、端的に見る者に伝えているからである。英語の martyr（殉教者）の語源は、ギリシア語の martureo であり、この語は「証人」「目撃者」という意味を担っている。つまり処刑の場面は、イザヤがここで神の証人となったことを伝えている。前場面に描かれていた、神を探し求めるイザヤの魂は、まさにこの瞬間神を見出し、その証人となる。イザヤ・サイクルは、夜明けに神を求めてまっすぐな道を進んだイザヤが、確かに神を見たことを伝えている。短く凝縮された形でありながら、預言者が歩んだ道筋が、見る者の前に端的に示される。

✣　おわりに

　一見平凡で単調に見える預言者の肖像は、研究者の関心をひくテーマであるとは言いがたく、詳細に論じられることもなかった。しかしながら、各々の写本挿絵に見られる小さな相違をていねいに読み解くことによって、見る者は各写本の独自性に気づかされる。写本挿絵は、手本となる先例を模倣して制作されたとする従来の見解は、もっぱら写本間の類似性に注目するために、ともすれば1つの写本が内包している独自性を見落としてしまう。逆に、1つひとつの写本の独自性に注目する視点は、写本制作の現場が、挿絵画家に

とって創意工夫を花開かせる場となったことを、わたしたちに示してくれるだろう。

　本章では、旧約聖書写本の中から、預言書写本挿絵に焦点を当てた。第1に、現存する挿絵入り預言書写本7冊の概要を紹介した。第2に、預言書写本挿絵の特徴についてまとめた。第3に、各々の挿絵の独自性に注目することによって、特殊な図像を解釈することを試みた。預言者の不自然な姿勢、金箔や青の背景、山岳風景、預言者の生涯を描く説話場面は、いずれも預言者の本質を端的に表象しようとしている。

おわりに

　本書は、2012年に創元社から刊行された『ビザンティン四福音書写本挿絵研究』に続く、2冊目の単著である。1冊目の『ビザンティン四福音書写本挿絵研究』は、ロンドン大学に提出した博士論文に基づいている。2冊目の本書は、ロンドンから帰国した後、今日まで書いてきた論文8本をまとめたものである。

　博士論文を提出し、ロンドンから帰国した後、日本の学会で何度か発表する機会を得たが、批判を多く受けた。学会誌に論文を投稿しても、査読で落とされることが続いた。ロンドンの指導教授は、わたしの創造性の光を打ち消すことなく、見守ってくれる人だったので、帰国して批判を受けたとき、当時のわたしはその状況にうまく対処することができなかった。批判の多くは、実証性に欠けるというものだった。理解者を得ることができなくて、孤立し、学会で発表することも、学会誌に投稿することもあきらめてしまった。

　それでも研究をやめようと思ったことはなかった。何よりもリサーチが楽しかったし、文章にまとめる作業も好きだった。1人ではなかなか行きにくい土地や、政情が不安定な場所にも、リサーチのために出かけて行った。わたしの旅は、いつも数えきれないほど多くの感動と発見に満ちていた。

　現地で訪れた聖堂の壁画を見上げたときの感動を、何とかことばで表現したいと思った。何でこんなふうに描いたのだろう、どうしてこうなっているのだろう、この図像の意味は何だろう。次々と浮かびあがる疑問を抱えながら、なお見続けていると、突然答えのようなものが聞こえてくることがあった。それはあたかも、聖堂壁画それ自体が、わたしに向かって語りかけている声のように聞こえた。バラバラだったパズルのピースがかちんと音を立ててはまり、1つの大きな絵が完成するような、あるいは目の前をおおっていた曇り空に光が差して、突然視界が晴れ渡るような瞬間を、何度となく体験した。また、「なぜなのかな」と思いながらふとめくった本の中

に、まさにその問いに対する答えが見つかる、ということもあった。

　こうしてわたしが得た答えは、研究者が頭の中で論理的に組み立てたものとは本質的に異なっている。論理上の矛盾や齟齬を慎重に取り除き、動かしがたい証拠に基づいて緻密に展開された主張ではないからだ。単なる思いつきにすぎない、実証性がない、研究とは言えない、学問とは言えないと言われても、仕方ないものかもしれない。

　それでもわたしは、自分に向かって語りかけてくる壁画のその声を、拾い上げることのほうを選びたいと思った。たくさんの感動と発見の中から、テーマを拾い上げ、文献を集め、章立てを考え、原稿をまとめる。研究論文とはみなされないとしたら、わたしがやっていることはいったい何なのだろう。その答えが見つからないまま、それでもなお書き続けた。

　学会での挫折に加えて、ある大きなできごとが、わたしを数年間にわたって苦しめ続けた。心身のバランスを崩して、心療内科に行くことになった。定期的にセラピストに会って、自分の内面の大掃除をするという、大変な作業が続いた。あるセラピストのことばが、わたしを大きく変えるきっかけとなった。それは、「真実へと至る道が、癒しをもたらす」という一言だった。出口の見えない、暗く長いトンネルの中でひたすらもがいていると思っていたわたしは、自分の行くべき方向を示す、明かりが灯っているのを確かに見た気がした。

　ビザンティン美術のゆたかな世界には、多くの謎がいまだに解き明かされることなく横たわっている。わたしはそれらと向き合い、真実を探し出そう。それが、深い傷を負った自分を癒し、再び生きる力を取り戻すための、たった1つの手立てなのだと気づいた。こうして、わたしは書き続けた。

　それゆえ本書は、ビザンティン美術がわたしたちに差し出す、数々の謎へと読み手を招き入れるものであり、真実へと向かおうとするわたしのたどたどしい足取りであり、何よりもわたし自身の魂が癒されていく、その過程を表すものと言えるかもしれない。

　最後に、写本挿絵を1点紹介したい。パリ、フランス国立図書館所蔵の『ヨアンニス・カンタクジノスの神学著作集』写本の挿絵（14世紀）である（図212）。挿絵は「キリストの変容」を描いている。「キリストの変容」は、福音書の中に出てくる物語である。「イエスは、ペトロ、それにヤコブとその兄弟ヨハネだけを連れて、高い山に登られた。イエスの姿が彼らの目の前で変わり、顔は太陽のように輝

き、服は光のように白くなった。見ると、モーセとエリヤが現れ、イエスと語り合っていた」(マタイによる福音書第17章1-3節)。

この挿絵は、ビザンティン美術の概説書に必ずといっていいほど含まれている、有名なものである。わたしは何度も印刷で見ていたが、実物をパリで見て初めて気づいたことがある。エリヤとモーセが立つ岩山の下が洞窟になっていて、本来暗闇であるはずの洞窟が、光に満ち満ちているということである。カラー図版であっても、印刷では洞窟の内側の金がそれほど目立たず、岩の外側の色と同じであるかのように見えてしまう。それゆえ、実物の写本を見て洞窟内部の不自然なほどの輝きに気づくまで、洞窟の内側に光が満ちていることに気づかなかった。

正教会の伝統の中に、静寂主義と呼ばれる神秘思想がある。静寂主義者らは、弟子たちがタボル山で見た神の光、すなわち変容の光と同じ光を見ることをめざした。絶えず祈り、黙想し、神の光を見て、それによって静寂(ヘシキア)へと至ろうとした。

図212　パリ　フランス国立図書館　『ヨアンニス・カンタクジノスの神学著作集』写本

この挿絵が示しているように、「変容」の神の光は、洞窟の暗闇さえも完全に打ち消す。同じように神の光によって、人間の奥底にある暗闇もまた消し去られるかもしれないと思った。人間は、誰もが暗い闇のようなものを抱えている。憎しみ、怒り、嫉妬、ずるさ、非難、嫌悪。しかし、人間にとって最大の暗闇は、やはり死であろう。その死の暗闇さえも、神の光によって打ち砕かれる。洞窟の暗闇を打ち消した神の光は、同じその光によって、人の内側を満たすだろう。それほどまでに強い神の光が、挿絵から直に伝わってきた。

こんなふうに、イメージは大きな、大きな力を有している。美の宿るところには、いつも人を癒す力がそなわっている。今、傷ついた魂を抱えているすべての人たちが、美しさの中に神の光、すなわち救いを見出すことを、わたしはこころの底から願っている。

最後に、わたしをビザンティン美術史の領域へと導いてくださった早稲田大学名誉教授故髙橋榮一先生、同教授益田朋幸先生、刊行の機会を与えてくださった創元社代表取締役社長矢部敬一氏、取締役編集局長渡辺明美氏、細やかな本造りに力を注いでくださった編集工房レイヴンの原章氏、上野かおる氏、東浩美氏に感謝の意を表したい。

　　　2017年12月18日

　　　　　　　　　　　　　　　　　　　　　　著者識

注

第 I 部

第 1 章

1 A. Ernout, *Dictionnaire étymologique de la langue latine* (Paris, 1994).
2 H. Frisk, *Griechisches etymologisches Wörterbuch*, vol. 2 (Heidelberg, 2006).
3 L. A. Hunt, "The Byzantine Mosaics of Jordan in Context: Remarks on Imagery, Donors and Mosaicists," *Palestine Exploration Quarterly* 126 (1994), 106–126.
4 コンスタンティノポリスの大宮殿のモザイクの解釈については、J. Trilling, "The Soul of the Empire: Style and Meaning in the Mosaic Pavement of the Byzantine Imperial Palace in Constantinople," *Dumbarton Oaks Papers* 43 (1989), 27–72. 図像の伝搬と模範本については、C. M. Dauphin, "Byzantine Pattern Books: A Re-examination of the Problem in the Light of the 'Inhabited Scroll'," *Art History* 1 (1978), 400–423.
5 地域のキリスト教共同体については、R. Wilken, *The Land Called Holy: Palestine in Christian History and Thought* (New Heaven, 1992); R. Schick, *The Christian Communities of Palestine from Byzantine to Islamic Rule* (Princeton, 1995).
6 サラーの計算によれば、6世紀前半ネボ山の4つの聖堂から出土した14の銘文のうち、7（または8）人が聖職者（主教2人、助祭長1人、司祭3または4人、修道士1人）、残りは信徒である。信徒の内訳（男性18人、女性10人）は、女性寄進者の多さを語っている。S. J. Saller and B. Bagatti, *The Town of Nebo (Khirbet el-Mekhayyat) with a Brief Survey of Other Ancient Christian Monuments in Transjordan* (Jerusalem, 1949).
7 M. Piccirillo, *The Mosaics of Jordan* (Amman, 1993).
8 メダイヨン右側部分のモザイクは現存しないが、左側と同じように、アカントスの帯によって飾られていたであろう。
9 西側の礼拝堂には「高徳なる主教ヨアンニスの時代、敬虔な修道士ヨアンニスの熱意により、この場所にモザイクが敷かれた」、東側の礼拝堂には「主よ、聖なる使徒の聖堂にささげものをささげる者から、どうかお受け取りください。司祭ヨアンニスを記念する、助祭アナスタシオスの熱意のささげものを」の銘文がある。
10 U. Lux, "Die Apostel-Kirche in Madaba," *Zeitschrift des Deutschen Palästina-Vereins* 84 (1968), 106–129.
11 K. M. D. Dunbabin, *Mosaics of the Greek and Roman World* (Cambridge, 1999), 198.
12 C. Dauphin, "Symbolic or Decorative? The Inhabited Scroll as a Means of Studying Some Early Byzantine Mentalities," *Byzantion* 48 (1978), 10–34. アカントスの葉に覆われた人面の図像については、A. Mazza, "La maschera fogliata: una figura dei repertori ellenistico-orientali riproposta in ambito bizantino," *Jahrbuch der Österreichischen Byzantinistik* 32, v (1982), 23–32.
13 A. Dupont-Sommer, "Une hymne syriaque sur la cathédrale d'Édesse," *Cahiers archéologiques* 2 (1947), 29–39.
14 R. Ling, *Ancient Mosaics* (London, 1998), 54.
15 Saller and Bagatti, *The Town of Nebo*.
16 M. Avi-Yonah, *The Madaba Mosaic Map with Introduction and Commentary* (Jerusalem, 1954); V. R. Gold, "The Mosaic Map of Madeba," *Biblical Archaeologist* 21 (1958), 50–71; M. Avi-Yonah, "Mosaic Pavements in Palestine," in *Art in Ancient Palestine* (Jerusalem, 1981); M. Piccirillo, *Chiese e Mosaici di Madaba* (Milan, 1989); H. Donner, *The Mosaic Map of Madaba* (Kampen, 1992); M. Castagnetti,

16 "Origin of a Form: The Chiastic Scheme in Madaba and its Sources," *Annual of the Department of Antiquities of Jordan* 47 (2003), 87–99.

17 タブラ・ペウティンゲリアナ（古代ローマ帝国軍用道路地図）のオリジナルはマダバ地図よりも早い時期で4世紀のものであるが、現存作例は12–13世紀の写本である。

18 H. Donner and H. Cüppers, "Die Restauration und Konservierung der Mosaikkarte von Madeba," *Zeitschrift des Deutschen Palästina-Vereins* 83 (1967), 1–33; M. North, "Die Mosaikinschriften der Apostel-Kirche in Madaba," *Zeitschrift des Deutschen Palästina-Vereins* 84 (1968), 130–142.

19 H. G. Thümmel, "Zur Deutung der Mosaikkarte von Madeba," *Zeitschrift des Deutschen Palästina-Vereins* 89 (1973), 66–79; シリア聖堂と典礼とのかかわりについては、P. Donceel-Voûte, *Les pavements des églises byzantines de Syrie et du Liban: Décor, archéologie et liturgie*, 2vols. (Louvain-la-Neuve, 1988).

20 I. Shahid, "The Madaba Mosaic Map Revisited," in M. Piccirillo and E. Alliata eds., *The Madaba Map Centenary, 1897–1997: Travelling through the Byzantine Umayyad Period* (Jerusalem, 1999), 147–154.

21 H. Maguire, "The Nile and the Rivers of Paradise," in M. Piccirillo and E. Alliata eds., *The Madaba Map Centenary*, 179–183.

22 マグワイヤは、インディコプレウステースやシリアの聖エフライム、オスティアの洗礼堂銘文を引用している。

23 G. P. Majeska, "Notes on the Archeology of St Sophia at Constantinople: The Green Marble Bands on the Floor," *Dumbarton Oaks Papers* 32 (1978), 299–308.

24 *PG* 97: 1217–1221.

25 Y. Tsafrir, "The Maps Used by Theodosius: On the Pilgrim Maps of the Holy Land and Jerusalem in the Sixth Century C. E.," *Dumbarton Oaks Papers* 40 (1986), 129–145.

26 Piccirillo and Alliata, *The Madaba Map Centenary*. ドンシールもまた、聖堂の中軸とモザイクの図像の関連に注目している。エルサレムとマダバが聖堂の中軸に配置されていること、アンティオキアとエルサレムを結ぶ街道にも同様の重きが見られることから、こうした配置が意図的な操作であったと推測している。聖堂の中軸に注目するという着眼は、筆者と共通のものであるが、その解釈は筆者とはまったく異なっている。ドンシールによれば、聖地の地図は象徴的なものであると同時に、政治的な激変を経てきた聖地の歴史的ドキュメントでもあり、6–7世紀エルサレムの総主教座とヨルダンの主教区とのつながりを示唆するものであるという。P. Donceel-Voûte, "La carte de Madaba: cosmographie, anachronisme et propagande," *Revue biblique* 95/4 (1988), 519–542.

27 M. Piccirillo and T. Attiyat, "The Complex of Saint Stephen at Umm er-Rasas-Kastron Mefaa," *Annual of the Department of Antiquities of Jordan* 30 (1986), 341–351; J. Bujard, "Les églises géminées d'Umm er-Rasas," *Annual of the Department of Antiquities of Jordan* 36 (1992), 291–306; M. Piccirillo and E. Alliata, *Umm al-Rasas-Mayfa'ah. I. Gli scavi del complesso di Santo Stefano* (Jerusalem, 1994); S. Ognibene, *La chiesa di Santo Stefano ad Umm al-Rasas ed il "problema iconofobico,"* (Rome, 2002).

28 破壊行為は、人物の顔の部分のテッセラをすべて剥がしとる形で行われ、修復は、顔の輪郭線の内側を、単色（または2、3色）のテッセラでランダムに塗りつぶしている。つまり、修復によって失われた人物の顔が再現されているわけではない。

29 Dunbabin, *Mosaics of the Greek and Roman World*, 204. ピッチリッロは、ビザンティン帝国と同時期に、この地においてもイコノクラスム運動が展開された結果であると考えている。つまり、イスラム教徒のカリフの法令によるものではなく、同じキリスト教徒による聖像破壊という推測である。Piccirillo and Attiyat, "The Complex of Saint Stephen at Umm er-Rasas-Kastron Mefaa," 341–351.

30 D. A. Gish, "Xenophon's Cyruses and the Art of War: Hunting in Paradise," *Northeastern Political Science Association* (2009), 1–24.

31 A. Grabar, "Recherches sur les sources juives de l'art paléochrétien," *Cahiers archéologiques* 12 (1962), 119–122.

32 J. Daniélou, *Primitive Christian Symbols* (London, 1964), 23–41.

33 Dauphin, "Symbolic or Decorative?" 10–34.

34 聖ニルスは、鳥や動物たちが信者の注意を逸らすとも指摘している。C. Mango, *The Art of the Byzantine Empire*, 312–1453 (New Jersey, 1972), 32–33.

35 Mango, *The Art of the Byzantine Empire*, 36.

36 J. Balty, *Mosaïques antiques de Syrie* (Brussels, 1977); J. Balty, "Les mosaïques de Syrie au Ve siècle et leur répertoire," *Byzantion* 54 (1984), 437–468.

37 辻佐保子『古典世界からキリスト教世界へ——舗床モザイクをめぐる試論』岩波書店 1982年, 158.

38 I. Lavin, "The Hunting Mosaics of Antioch and their Sources," *Dumbarton Oaks Papers* 17 (1963), 179–286.

39 B. Andreae, *Die Sarkophage mit Darstellungen aus dem Menschenleben. Die römischen Jagdsarkophage* (Berlin, 1980).

40 Andreae, *Die Sarkophage*, 137; *PG* 79: 577.

41 A. R. Littlewood, "Gardens of the Palaces," in H. Maguire ed., *Byzantine Court Culture from 829 to 1204* (Washington, D. C., 1997), 13–38. 楽園の庭については、以下も参照。H. S. Benjamins, "Paradisiacal Life: The Story of Paradise in the Early Church," in G. P. Luttikhuizen ed., *Paradise Interpreted. Representations of Biblical Paradise in Judaism and Christianity* (Leiden, 1999), 153–167; H. Maguire, "Imperial Gardens and the Rhetoric of Renewal," in P. Magdalino ed., *New Constantines; the Rhythm of Imperial Renewal in Byzantium, 4*th*–13*th *Centuries* (Aldershot, 1994), 181–197.

42 Trilling, "The Soul of the Empire: Style and Meaning in the Mosaic Pavement of the Byzantine Imperial Palace in Constantinople," 27–72.

43 P. Witts, *Mosaics in Roman Britain. Stories in Stone* (Stroud, 2005).

44 E. W. Black, "Christian and Pagan Hopes of Salvation in Romano-British Mosaics," in M. Henig and A. King eds., *Pagan Gods and Shrines of the Roman Empire* (Oxford, 1986), 147–158.

45 Gish, "Xenophon's Cyruses and the Art of War: Hunting in Paradise," 1–24.

46 P. Chantraine, *Dictionnaire étymologique de la langue grecque* (Paris, 1971), 289.

47 M. Blanchard-Lemée, *Mosaics of Roman Africa. Floor Mosaics from Tunisia* (London, 1996).

48 J-A. Shelton, "Beastly Spectacles in the Ancient Mediterranean World," in L. Kalof ed., *A Cultural History of Animals in Antiquity* (Oxford, 2011), 123.

49 G. Brusin and P. Zovatto, *Monumenti paleocristiani di Aquileia e di Grado* (Udine, 1957), 20–125; S. Tavano, "Mosaici di Grado," *Atti del III congresso nazionale di archeologia cristiana* 6 (Trieste, 1974), 167–199.

50 Tavano, "Mosaici di Grado," 167–199.

51 D. Hoffmann, "Der 'numerus equitum persoiustinianorum' auf einer Mosaikinschrift von Sant'Eufemia in Grado," *Aquileia Nostra* 32–33 (1961–62), 81–98.

52 要塞港湾都市グラードは、アドリア海によって背後を守られていた。アカティストス讃歌に歌われるように、聖母は海にたとえられるため、波紋のモティーフは、兵士たちにとって、グラードの守りとしての海、戦場での守りとしての聖母を示唆するものであったかもしれない。H. Maguire, *Earth and Ocean. The Terrestrial World in Early Byzantine Art* (London, 1987), 8; *PG* 92: 1335–1348.

53 市松模様などの幾何学文ほか、舗床モザイクのさまざまなパターンについては、A. Ovadiah, *Geometric and Floral Patterns in Ancient Mosaics* (Rome, 1980).

54 Plinius, *Naturalis Historia*, XXXVI, Chap. 61.

55 Plinius, *Naturalis Historia*, XXXVII, Chap. 15.

第 2 章

56 筆者が同地を訪れたのは2011年 2 月、シリア騒乱が始まる以前のことであった。

57 ニュッサのグレゴリオスは、カッパドキアの八角形の殉教者霊廟について記述を残している。*PG* 46: 1096.

58 S. A. Harvey, "The Sense of a Stylite: Perspectives on Simeon the Elder," *Vigiliae Christianae* 42 (1988), 376–394.

59 R. Doran, "Compositional Comments on the Syriac Lives of Simeon Stylites," *Analecta Bollandiana* 102 (1984), 35–48.

60 R. Doran, *The Lives of Simeon Stylites* (Kalamazoo, 1992), 179.

61 Theodoretus Cyrensis, *Historia Religiosa*, *PG* 82: 1265.

62 J. P. Sodini, "Qal'at Sem'an –Ein Zentrum des Pilgerwesens," in B. Brenk et al., *Syrien von den Aposteln zu den Kalifen* (Linz, 1993), 128–143; F. Halkin, *Bibliotheca Hagiographica Graeca* (Bruxelles, 1957³), 1678–1688; P. Peeters, *Bibliothea Hagiographica Orientalis* (Bruxelles, 1910, repr. 1954), 1121–1126.

63 A. Hadjar, *The Church of St. Simeon the Stylite and Other Archaeological Sites in the Mountains of Simeon and Halaqa*, trans. P. J. Amash (Damascus, n. d.), 17.

64 J. Lassus, *Sanctuaires chrétiens de Syrie* (Paris, 1947), 129–132.

65 Lassus, *Sanctuaires chrétiens de Syrie*, 129–132.

66 D. Krencker, "War das Oktogon der Wallfahrtskirche des Simeon Stylites in Kal'at Sim'an überdeckt?" *Jahrbuch des deutschen archäologischen Instituts* 49 (1934), 62–89.

67 J. L. Biscop and J. P. Sodini, "Travaux à Qal'at Sem'an," *Acts of the 11th International Congress of Christian Archaeology* (Rome, 1989), 1675–1693.

68 J. Lowden, *Early Christian and Byzantine Art* (London, 1997), 72.

69 O. Callot, "A propos de quelques colonnes de stylites syriens," *Architecture et poésie dans le monde grec: Hommage à Georges Roux* (Paris, 1989), 107–122.

70 R. Naumann, "Mosaik- und Marmorplattenböden in Kal'at Sim'an und Pirun," *Archäologischer Anzeiger* (1942), 19–46.

71 J. L. Biscop and J. P. Sodini, "Qal'at Sem'an et les chevets à colonnes de Syrie du Nord," *Syria* 61 (1984), 267–330.

72 C. Strube, "Die Formgebung der Apsisdekoration in Qalbloze und Qalat Siman," *Jahrbuch für Antike und Christentum* 20 (1977), 181–191.

73 J. Nasrallah, "Le couvent de Saint-Siméon l'Alépin: Témoignages littéraires et jalos sur son histoire," *Parole de l'Orient* 1 (1970), 327–356.

74 ビザンティン帝国がシリアを取り戻した10世紀、聖堂は要塞化された。その際に再利用された石材 7 点にギリシア語とシリア語の銘文が刻まれている。J. Jarry, "Trouvailles épigraphiques à Saint-Syméon," *Syria* 43 (1966), 105–115; J. Nasrallah, "A propos des trouvailles épigraphiques à Saint-Siméon-l'Alépin," *Syria* 48 (1971), 165–178.

75 J. P. Sodini, "Remarques sur l'iconographie de Syméon l'Alépin, le premier stylite," *Monuments et Mémoires, Fondation Eugène Piot* 70 (1989), 29–53.

76 M. Mango, *Silver from Early Byzantium. The Kaper Koraon and Related Treasures* (Baltimore, 1986), cat. 35, 71.

77 M. Bratschkova, "Die Muschel in der antiken Kunst," *Bulletin de l'Institut Archéologique Bulgare* 12 (1938), 1–131. 貝のモティーフを有する作例988点を収集、カタログ化した論文。

78 E. R. Goodenough, *Jewish Symbols in the Greco-Roman Period* (New York, 1953–1968), 12: 147; 8: 95–

79 Frisk, *Griechisches Etymologisches Wörterbuch*, vol. 2 (Heidelberg, 2006), s. v. <σκέλλομαι>, 722; <σκηνή>, 727.

80 前者の語源が固くする、硬化する（σκληρύνω）と共通の語源を有するのに対して、後者は、影、イメージ、似姿（σκηνή）を語源としているためである。Chantraine, *Dictionnaire étymologique de la langue grecque*, 1013.

81 E. C. Dodd, *The Frescoes of Mar Musa al-Habashi. A Study of Medieval Painting in Syria* (Toronto, 2001).

82 A. Stylianou, *The Painted Churches of Cyprus* (Cyprus, 1964), 156, fig. 75; A. Stylianou, *The Painted Churches of Cyprus: Treasures of Byzantine Art* (London, 1985), pl. 95.

83 北側廊東端と対の位置にあたる南側廊東端には「神殿奉献」のシメオンが描かれ、あきらかに柱上行者との対置を意識した場面選択である。が、フレスコ制作年代が不明であるため、ここではあえて制作年代の明確な北側廊東端のシメオンと洗礼の組み合わせに焦点を当てて検討する。

84 Harvey, "The Sense of a Stylite," 384, note 1.

85 R. Fernandes, "Le culte et l'iconographie des stylites," in I. Peña et al., *Les stylites syriens* (Milan, 1975), 163–217; V. H. Elbern, "Eine frühbyzantinische Reliefdarstellung des älteren Symeon Stylites," *Jahrbuch des Deutschen Archäologischen Instituts* 80 (1965), 280–304, fig. 1.

86 Doran, *The Lives of Simeon Stylites*, 126–130.

87 Doran, *The Lives of Simeon Stylites*, 131.

88 Doran, *The Lives of Simeon Stylites*, 151–153.

89 Doran, *The Lives of Simeon Stylites*, 187.

90 Doran, *The Lives of Simeon Stylites*, 157.

91 Doran, *The Lives of Simeon Stylites*, 174.

92 R. Murray, *Symbols of Church and Kingdom* (Cambridge, 1975); J. Parisot ed., *Aphraatis Sapientis Persae Demonstrationes. Patrologia Syriaca* I, II (Paris, 1894, 1907).

93 Maguire, *Earth and Ocean*, 28.

94 A. Vööbus, *History of Asceticism in the Syrian Orient* (Louvain, 1960).

95 J. Turner ed., *The Dictionary of Art*, vol. 2 (London, 1996), s. v. <Apameia>, 213–214.

96 *Oribase*, vol. 2 (Paris, 1854), 318; F. Castagnoli, *Orthogonal Town Planning in Antiquity* (Massachusetts, 1971), 61.

第 II 部

第 1 章

97 ネルセシアンは、アプシスのキリストを地上に降り立ったキリスト、ドームのキリストを昇天したキリストと解釈している。N. Nercessian, "The Cappella Palatina of Roger II: The Relationship of its Imagery to its Political Function," (PhD dissertation, UCLA, 1981), 22–45.

98 サウロの洗礼の場面に、使徒言行録の記述には登場しない助祭の姿が描き加えられていることについて、ネルセシアンは、実際にカペッラ・パラティーナの内陣で執り行われていたと考えられる洗礼の儀式を模して、典礼のセッティングが描き出された、と解釈している。Nercessian, "The Cappella Palatina of Roger II," 121.

99 W. Schneemelcher ed., *New Testament Apocrypha: Writings Relating to the Apostles Apocalypses and Related Subjects* (London, 1964), 259–387.

100 Nercessian, "The Cappella Palatina of Roger II," 124.

101 E. Kitzinger, "The Mosaics of the Cappella Palatina in Palermo. An Essay on the Choice and Arrangement of Subjects," *The Art Bulletin* 31 (1949), 269–292.
102 Kitzinger, "The Mosaics of the Cappella Palatina," 275, 276.
103 Kitzinger, "The Mosaics of the Cappella Palatina," 283–284.
104 Kitzinger, "The Mosaics of the Cappella Palatina," 283.
105 Kitzinger, "The Mosaics of the Cappella Palatina," 290.
106 O. Demus, *The Mosaics of Norman Sicily* (London, 1950).
107 Demus, *The Mosaics of Norman Sicily*, 25–72. 修復については29–36頁参照。
108 Demus, *The Mosaics of Norman Sicily*, 36.
109 Demus, *The Mosaics of Norman Sicily*, 50.
110 Demus, *The Mosaics of Norman Sicily*, 51.
111 Demus, *The Mosaics of Norman Sicily*, 57–58.
112 Demus, *The Mosaics of Norman Sicily*, 258, 245.
113 Demus, *The Mosaics of Norman Sicily*, 250–253, 294–330.
114 I. Beck, "The First Mosaics of the Cappella Palatina in Palermo," *Byzantion* 40 (1970), 119–164.
115 Beck, "The First Mosaics of the Cappella Palatina," 119.
116 Beck, "The First Mosaics of the Cappella Palatina," 128.
117 Beck, "The First Mosaics of the Cappella Palatina," 138–153.
118 法の授与（traditio legis）とは、聖ペトロ・パウロにはさまれたキリストが巻物を手にする図像で、立法者としてのキリストを表す。中世以降、キリストから直接に法を手渡されたペトロの首位を表明するものとなった。
119 S. Ćurčić, "Some Palatine Aspects of the Cappella Palatina in Palermo," *Dumbarton Oaks Papers* 41 (1987), 125–144.
120 以下に取り上げるボルスークは逆に、カッペッラ・パラティーナは、先例となるビザンティンの宮廷礼拝堂とは共通しない構造を有している、と主張している。
121 Ćurčić, "Some Palatine Aspects of the Cappella Palatina," 139.
122 Nercessian, "The Cappella Palatina of Roger II."
123 Nercessian, "The Cappella Palatina of Roger II," 4–5.
124 Nercessian, "The Cappella Palatina of Roger II," 46–93.
125 Nercessian, "The Cappella Palatina of Roger II," 94–102.
126 Nercessian, "The Cappella Palatina of Roger II," 113–151.
127 Nercessian, "The Cappella Palatina of Roger II," 135.
128 Nercessian, "The Cappella Palatina of Roger II," 207–226.
129 E. Borsook, *Messages in Mosaic. The Royal Programmes of Norman Sicily (1130–1187)* (Oxford, 1990).
130 Borsook, *Messages in Mosaic*, 1–4.
131 Borsook, *Messages in Mosaic*, 21.
132 Borsook, *Messages in Mosaic*, 39–41.
133 Borsook, *Messages in Mosaic*, 29–31.
134 Borsook, *Messages in Mosaic*, 31.
135 Borsook, *Messages in Mosaic*, 31–33. ボルスークの解釈はしかし、降誕日の重要性を指摘しながら、降誕のモザイクがロイヤル・バルコニーからは見えないことについて説明していない（この点については、次に紹介するトロンゾが解釈を提示している）。また、たとえヤコブ・キリスト・王の三者の間につながりを見いだすことができるとしても、その解釈は、なぜヤコブと神の御使いの格闘がサイクルの終点として選択されたのか、という疑問に答えることにはならない。ヤコブの生涯は格闘の後も続くからである。
136 Borsook, *Messages in Mosaic*, 32.

137 Borsook, *Messages in Mosaic*, 32.
138 W. Tronzo, *The Cultures of His Kingdom. Roger II and the Cappella Palatina in Palermo* (Princeton, 1997).
139 Tronzo, *The Cultures of His Kingdom*, 26–27, 94–96.
140 Tronzo, *The Cultures of His Kingdom*, 66.
141 Tronzo, *The Cultures of His Kingdom*, 94–96.
142 Tronzo, *The Cultures of His Kingdom*, 122–133.
143 Tronzo, *The Cultures of His Kingdom*, 47.
144 Tronzo, *The Cultures of His Kingdom*, 96.
145 Cyril of Alexandria, *PG* 69: 65B; A. P. Kazhdan ed., *The Oxford Dictionary of Byzantium*, vol. 3 (Oxford, 1991), 1489, s. v. <Noah>.
146 John Chrysostom, *PG* 59: 520. 17–27; *ODB*, vol. 3, 1531, s. v. <Orarion>.
147 足の不自由な男の場面に描かれる神殿も、アイネアが臥せていた寝台の背後に描かれる建造物も、扉が半分開いている。冥府降下の場面では、しばしば、キリストが打ち破った冥府の扉が描かれる。冥府の扉が開かれて、死者が冥府から引き上げられることと、閉ざされていた扉が開かれて、病が癒されることの対比が、このような細部に示唆されているのかもしれない。
148 抱擁するペトロとパウロを、少し離れたところから見守る人が描き込まれているが、それが誰であるのか外典を見ても特定できない。マリアとエリサベトの抱擁の場面に描かれることがあるザカリア（エリサベトの夫）を念頭に置いて、ここに1人の人が描き加えられたのかもしれない。

第2章

149 モンレアーレ大聖堂の概観については、以下に依拠している。J. Turner ed., *The Dictionary of Art*, vol. 21 (New York, 1996), s. v. <Monreale Cathedral>, 897.
150 L. T. White jr, *Latin Monasticism in Norman Sicily* (Cambridge, MA, 1938), 132–145.
151 「知恵は家を建て、七本の柱を刻んで立てた」（箴言第9章1節）に基づく。
152 身廊南壁面上段「天地創造」「昼と夜の創造」「水と大空を分ける」「乾いた地と草木の創造」「星の創造」「魚と鳥の創造」「動物と人の創造」「七日目の安息」「アダムを楽園に迎え入れる神」「楽園のアダム」。ここから西壁面の「エバの創造」「エバを導く神」を経て、身廊北壁面上段「蛇の誘惑」「アダムとエバの堕落」「神の叱責」「楽園追放」「労働の辛苦」「カインとアベルの献げ物」「アベルの殺害」「呪われる者となるカイン」「カインを殺害するレメク」「ノアに箱舟を造るよう命ずる神」。身廊南壁面下段「箱舟の造船」「乗船」「洪水」「下船」「契約の虹」「泥酔するノア」「バベルの塔」「アブラハムと3人の神の御使い」「御使いをもてなすアブラハム」。ここから西壁面の「ロトと2人の御使い」「ソドムの滅亡」を経て、身廊北壁面下段「アブラハムにイサクの犠牲を命ずる神」「アブラハムの犠牲」「井戸の傍のレベッカ」「レベッカの旅」「イサクとエサウ」「ヤコブを祝福するイサク」「ヤコブの逃避」「ヤコブの夢」「ヤコブと神の御使いの格闘」。
153 現在のモザイクは、後年の修復により再現されたものである。
154 宮廷礼拝堂のモザイク装飾に含まれる聖人像は138人、一方、モンレアーレ大聖堂の聖人像の数は162人にのぼる。そのうち宮廷礼拝堂に登場しない聖人で、モンレアーレにのみ採用された聖人の数は72人である。近年、モンレアーレ大聖堂の聖人をテーマとする大著が出版された。S. Brodbeck, *Les saints de la cathédrale de Monreale en Sicile. Iconographie, hagiographie et pouvoir royal à la fin du XIIe siècle* (Rome, 2010). 本章では、個別の聖人像よりは、新約・旧約に基づく連続説話場面について論じるため、ここで立ち入った紹介は行わ

ないが、ブロドベックによるモンレアーレ大聖堂の聖人図像研究は、以下に紹介するディッテルバッハの大著と並び、今後の大聖堂研究において、主要な基本文献となるだろう。

155 側廊南壁面「悪霊に取りつかれた人の癒し」「重い皮膚病を患っている人の癒し」「手の萎えた人の癒し」「嵐を静める」「未亡人の息子の蘇生」「長血を患う女の癒し」「ヤイロの娘の癒し」「ペトロの義母の癒し」「五千人を養う」。ここから西壁面の「五千人を養う」「足萎えの女の癒し」を経て、側廊北壁面「体の不自由な女の癒し」「癲癇の少年の癒し」「10人の重い皮膚病を患っている人の癒し」「2人の盲人の癒し」「神殿から商人を追い出す」「キリストと姦通の女」「ベトサイダでの癒し」「中風の人の癒し」「キリストの足に香油を注ぐマグダラのマリア」。

156 南交差部「ザカリアへのお告げ」「神殿から立ち去るザカリア」「受胎告知」「訪問」「ヨセフの夢」「エジプト逃避」。北交差部「3人の博士の旅」「3人の博士の礼拝」「幼児虐殺を命ずるヘロデ」「幼児虐殺」「カナの婚礼」「キリストの洗礼」。

157 南翼廊「第1の誘惑」「第2の誘惑」「第3の誘惑」「サマリアの女」「キリストの変容」「ラザロの蘇生」「ろばを連れて来る弟子」「洗足」「オリーブ山の祈り」「キリストの捕縛」。北翼廊「十字架磔刑」「埋葬」「冥府降下」「エマオへの道」「エマオの夕食」「2人の弟子」「弟子の報告」「ティベリアス湖で弟子たちに現れるキリスト」「昇天」「聖霊降臨」。

158 Turner, *The Dictionary of Art*, 898.

159 南サイド・アプシス「タビタの蘇生」「ローマでのペトロとパウロの出会い」「皇帝ネロの前でシモン・マゴスと論争するペトロとパウロ」「シモン・マゴスの失墜」。北サイド・アプシス「パウロの洗礼」「ダマスカスでユダヤ人に教えを説くパウロ」「ダマスカスから逃避するパウロ」「テモシテとシルノワに手紙を渡すパウロ」。

160 Turner, *The Dictionary of Art*, 899.

161 Turner, *The Dictionary of Art*, 899. モザイクの様式について、キッツィンガーはロシア、キプロスの他に、12世紀後半のマケドニア、ブルガリア、カッパドキアの類似例をあげ、首都コンスタンティノポリスのコムネノス朝後期の様式動向が、ノルマン・シチリアの聖堂装飾に影響を与えたとしている。E. Kitzinger, *I mosaici di Monreale* (Palermo, 1960).

162 D. Matthew, *The Norman Kingdom of Sicily* (Cambridge, 1992), 197–206.

163 J. Huré, *Histoire de la Sicile* (Paris, 1957).

164 Matthew, *The Norman Kingdom*, 197–206.

165 Matthew, *The Norman Kingdom*, 200.

166 S. Ćurčić, "Further Thoughts on the Palatine Aspects of the Cappella Palatina in Palermo," in T. Dittelbach ed., *The Cappella Palatina in Palermo. History, Art, Functions* (Swiridoff, 2011), 525–533. ただし、戴冠は引き続きパレルモ大聖堂で行われた。

167 Matthew, *The Norman Kingdom*, 202.

168 Matthew, *The Norman Kingdom*, 198.

169 Matthew, *The Norman Kingdom*, 203.

170 Matthew, *The Norman Kingdom*, 204.

171 Matthew, *The Norman Kingdom*, 198.

172 T. Dittelbach, *Rex Imago Christi. Der Dom von Monreale. Bildsprachen und Zeremoniell in Mosaikkunst und Architektur* (Wiesbaden, 2003).

173 Dittelbach, *Rex Imago Christi*, 11–48.

174 Dittelbach, *Rex Imago Christi*, 325–326.

175 T. Dittelbach, "Der Dom in Monreale als Krönungskirche. Kunst und Zeremoniell des 12. Jahrhunderts in Sizilien," *Zeitschrift für Kunstgeschichte* 62 (1999), 484.

176 Dittelbach, "Der Dom in Monreale als Krönungskirche," 486.
177 Dittelbach, "Der Dom in Monreale als Krönungskirche," 492.
178 O. Demus, *The Mosaics of Norman Sicily* (London, 1949).
179 Kitzinger, *I mosaici di Monreale*; R. Salvini, *Il chiostro di Monreale e la scultura romanica in Sicilia* (Palermo, 1962); W. Krönig, *Il duomo di Monreale e l'architettura normanna in Sicilia* (Palermo, 1965).
180 L. Trizzino, "Una fabbrica in onore e Gloria del suo re," in W. Krönig ed., *L'anno di Guglielmo. 1189–1989. Monreale, percorsi tra arte e cultura* (Palermo, 1989), 61–79.
181 デムスとキッツィンガーの見解の相違については、ディッテルバッハが詳しく検討している。Dittelbach, *Rex Imago Christi*, 38–39.
182 E. Borsook, *Messages in Mosaic. The Royal Programmes of Norman Sicily (1130–1187)* (Oxford, 1990).
183 Borsook, *Messages in Mosaic*, 51.
184 Borsook, *Messages in Mosaic*, 51.
185 Borsook, *Messages in Mosaic*, 52.
186 Borsook, *Messages in Mosaic*, 53.
187 Borsook, *Messages in Mosaic*, 53.
188 Borsook, *Messages in Mosaic*, 54–55.
189 Borsook, *Messages in Mosaic*, 57.
190 Borsook, *Messages in Mosaic*, 59.
191 Borsook, *Messages in Mosaic*, 59.
192 Borsook, *Messages in Mosaic*, 61.
193 Borsook, *Messages in Mosaic*, 61–63.
194 Borsook, *Messages in Mosaic*, 62.
195 A. P. Kazhdan ed., *Oxford Dictionary of Byzantium*, vol. 1 (Oxford, 1991), s. v. <the Ark of Noah>, 174.
196 Borsook, *Messages in Mosaic*, 62–63.
197 Borsook, *Messages in Mosaic*, 63.
198 Borsook, *Messages in Mosaic*, 67–68.
199 Borsook, *Messages in Mosaic*, 71–73.
200 J. d'Emilio, "Looking Eastward: The Story of Noe at Monreale Cathedral," in C. Hourihane ed., *Image and Belief* (Princeton, 1999), 135–150.
201 「イエスの姿が彼らの目の前で変わり、顔は太陽のように輝き、服は光のように白くなった」（マタイによる福音書第17章2節）。
202 このようにモンレアーレ大聖堂では、アーチの働きが巧みに物語にとり込まれる。アブラハムが、イサクを犠牲のささげものとして殺害しようとする山、駱駝とともに歩むヤコブの嫁探しの旅、いずれも山あり谷ありの道程で、それが山と谷をかたどるアーケードの形状によって強められる。カインによるアベル殺害の場面もまた、アーチの形状と相まって、憎しみにゆがめられる山、命を飲み込むうねりの山が効果的に描き出される。
203 G. Delmonaco et al., "Slope Dynamics Acting on Villa del Casale (Piazza Armerina, Sicily)," in W. A. Lacerda et al., eds., *Landslides: Evaluation and Stabilization* (London, 2005), 357–362.
204 フラットマンは、考古学的遺物に基づいて中世の造船に関する研究を行い、同時代の写本挿絵との比較を行っている。J. Flatman, *The Illuminated Ark: Interrogating Evidence from Manuscript Illuminations and Archaeological Remains for Medieval Vessels* (Oxford, 2007).
205 ペトルス・ピクタウィエンシスの著作 *Compendium Historiae in Genealogia Christi* の写本で、13世紀に制作された。M. L. Colker, *Trinity College Library Dublin: Descriptive Catalogue of the Medieval and Renaissance Latin Manuscripts*, 2vols. (Aldershot, 1991); L. Cleaver, "From Codex to Roll: Illustrating History in the Anglo-Norman World in the Twelfth and Thirteenth Centuries," in D.

Bates ed., *Anglo-Noman Studies* XXXVI (Woodbridge, 2013), 73, fig. 2.

206 Cleaver, "From Codex to Roll," 74.

207 ペトルス・ピクタウィエンシスの著作 *the Old Testament compendium* の写本で、1245–1254年に制作された。1241年までの短い年代記を含む。I. Atkins and N. R. Ker eds., *Catalogus Librorum Manuscriptorum Bibliothecae Wigorniensis: Made in 1622–1623 by Patrick Young* (Cambridge, 1944), 19, 68; R. Vaughan, *Matthew Paris* (Cambridge, 1958), 225; Cleaver, "From Codex to Roll," 75, fig. 3; O. de Laborderie, "Genealogiae orbiculatae: Matthew Paris and the Invention of Visual Abstracts of English History," in J. Burton et al., eds., *Thirteenth Century England XIV: Proceedings of the Aberystwyth and Lampeter Conference, 2011* (Woodbridge, 2013), 189.

208 Hugh of St. Victor, *A Little Book about Constructing Noah's Ark*, trans. J. Weiss, in M. Carruthers and J. M. Ziolkowski eds., *The Medieval Craft of Memory: An Anthology of Texts and Pictures* (Philadelphia, 2002), 49, 61; P. Sicard, *Diagrammes médiévaux et exégèse visuelle: le libellus de formatione arche de Hughes de Saint-Victor* (Paris, 1993).

209 Cleaver, "From Codex to Roll," 70, fig. 1; L. Cleaver, "Past, Present and Future for Thirteenth-Century Wales: Two Diagrams in British Library, Cotton Roll XIV. 12," *Electronic British Library Journal* 2013, Web. August 19, 2016.

210 Hugh of St. Victor, *A Little Book about Constructing Noah's Ark*, 47.

211 Hugh of St. Victor, *A Little Book about Constructing Noah's Ark*, 59.

212 Hugh of St. Victor, *A Little Book about Constructing Noah's Ark*, 67.

213 Hugh of St. Victor, *A Little Book about Constructing Noah's Ark*, 70.

214 R. Mellinkoff, *The Horned Moses in Medieval Art and Thought* (Berkeley, 1970), 68; A. Cutler, "The Disputa Plate in the J. Paul Getty Museum and Its Cinquecento Context," *The J. Paul Getty Museum Journal* 18 (1990): 22; M. H. Caviness, "Anchoress, Abbess and Queen: Women Patrons of the Arts in the Twelfth Century," in J. H. McCash ed., *The Cultural Patronage of Medieval Women* (Georgia, 1996), 136; J. Higgitt, *The Murthly Hours: Devotion, Literacy and Luxury in Paris, England and the Gaelic West* (London, 2000), 270; J. Lowden, *The Making of the Bibles Moralisées: Volume I: The Manuscripts* (University Park, 2000), 52; D. Pearsall, *Gothic Europe 1200–1450* (London, 2001), 141; T. C. Hamilton, "Queenship and Kinship in the French Bible Moralisée: The Example of Blanche of Castile and Vienna ÖNB 2554," in K. Nolan ed., *Capetian Women* (New York, 2003), 181; A. Sand, *Vision, Devotion, and Self-Representation in Late Medieval Art* (Cambridge, 2014), 142–143.

215 Hugh of St. Victor, *A Little Book about Constructing Noah's Ark*, 67.

第3章

216 初期キリスト教時代の舗床モザイクは古代世界の延長にあり、キリスト教とは直接かかわりのないモティーフを多く含んでいた。辻は、初期キリスト教時代の舗床モザイクを再興する動きが、ロマネスク後期にしばしば見られることを指摘している。辻佐保子『古典世界からキリスト教世界へ――舗床モザイクをめぐる試論』岩波書店, 1982, 454–456.

217 N. Rash-Fabbri, *Eleventh and Twelfth Century Figurative Mosaic Floors in South Italy* (PhD dissertation, Bryn Mawr College, Michigan, 1971), 163–176.

218 C. A. Willemsen, *Das Rätsel von Otranto: Das Fussbodenmosaik in der Kathedrale. Eine Bestandsaufnahme* (Sigmaringen, 1992), 9–38.

219 Fabbri, *Eleventh and Twelfth Century Figurative Mosaic Floors in South Italy*, 54; Willemsen, *Das Rätsel von Otranto*, 12, 52, 54.

220 ラテン語の翻訳についてはハウクを参照した。W. Haug, *Das Mosaik von Otranto. Darstellung,*

Deutung und Bilddokumentation (Wiesbaden, 1977), 11-12. 身廊西端：Ex Ionath(e) donis per dexteram Pantaleonis hoc opus insigne est superans impendia digne. 「ノアの箱舟」下：Humilis servus Ch(rist)i Ionathas hydruntin(us) archiep(iscopu)s iussit hoc op(us) fieri p(er) manus Pantaleonis p(res)b(yte)ri. 「ノアの箱舟」上：Anno ab incarnatio(n)e D(omi)ni n(ost)ri Ih(es)u Chr(ist)i MCLXV i(n)dictio(n)e XIIII regnante D(omi)no n(ost)ro W(illelmo) rege magnif(ico). アプシス：(Anno ab in)carnatio(n)e D(omi)ni nos(t)ri Ih(es)u Ch(risti) MCLXIII i(n)dic(tione) XI regn(ante) felicit(er) D(omi)no n(ostr)o W(illelmo) rege magnifico et t(r)iu(m)fatore humilis se(rvus) Christi) Ionat(has). ソロモンのメダイヨン周囲：Ionathas humilis servus Chr(ist)i idrontin(us) archiep(iscopu)s iussit hoc op(us) fieri. 海蛇のメダイヨン周囲：Hoc op(us) insign(e) ... lex(it) fidiq(ue) benigne.

221 身廊とプレスビテリーの境界には段差が設けられている。
222 図像同定の際には、ヴィレムゼンの記述を参照した。
223 Willemsen, *Das Rätsel von Otranto*, 41.
224 Willemsen, *Das Rätsel von Otranto*, 44.
225 越宏一「アレクサンドロス大王の〈空中飛行〉」『西洋美術論考』中央公論美術出版 2002, 263-288.
226 Willemsen, *Das Rätsel von Otranto*, 84.
227 大司教フランチェスコ・マリア・デ・アステ（1690-1719年）の指示による。Willemsen, *Das Rätsel von Otranto*, note 92. ミリンによるスケッチ（1812年）では、アーサー王の頭部の一部と右手部分が欠けていることから、頭部と右手は19世紀以降の修復により補填されたものであることがうかがわれる。Willemsen, *Das Rätsel von Otranto*, 51.
228 Willemsen, *Das Rätsel von Otranto*, 56.
229 H. W. Schulz, *Denkmäler der Kunst des Mittelalters in Unteritalien* I (Dresden, 1860); C. A. Garufi, "Il pavimento a mosaico della Cattedrale d'Otranto," *Studi Medievali* 2 (1906-1907), 505-514.
230 Willemsen, *Das Rätsel von Otranto*, 73.
231 G. Gianfreda, *Il Mosaico di Otranto: biblioteca medioevale in immagini* (Lecce, 1998), 150.
232 Gianfreda, *Il Mosaico di Otranto*, 149.
233 Willemsen, *Das Rätsel von Otranto*, 79.
234 Willemsen, *Das Rätsel von Otranto*, 80.
235 先行研究については、C. Ungruh, "Zur Ikonographie von Apokalypsekommentaren: Das Apsisbodenmosaik der Kathedrale von Otranto," *Concilium medii aevi* 3 (2000), 59-82, 参照。本章では、アングルの概観よりも立ち入った紹介を行う。
236 Garufi, "Il pavimento a mosaico della Cattedrale d'Otranto," 505-514.
237 C. Settis Frugoni, "Per una lettura del mosaico pavimentale della cattedrale di Otranto," *Bullettino dell'Istituto Storico Italiano per il Medio Evo e Archivio Muratoriano*, 80 (1968), 213-256; C. Settis Frugoni, "Il mosaico di Otranto: modelli culturali e scelte iconografiche," *Bullettino dell'Istituto Storico Italiano per il Medio Evo e Archivio Muratoriano*, 82 (1970), 243-270.
238 アレクサンドロス王の物語に関する文献は、Settis Frugoni, "Per una lettura del mosaico pavimentale della cattedrale di Otranto," 223, note 1 参照。
239 F. J. Carmody ed., "Physiologus Latinus versio Y," *Universtiy of California Publications in Classical Philolgy* XII (1941), 95-134; J. Strzygowski, *Der Bilderkreis des griechisches Physiologus* (Leipzig, 1899).
240 J. C. Webster, *The Labours of the Months in the Antique and Medieval Art to the End of the Twelfth Century* (Princeton, 1938).
241 R. S. Loomis and L. H. Loomis, *Arthurian Legends in Medieval Art* (New York, 1938); R. Lejeune et J. Stiennon, "La légende arthurienne dans la sculpture de la cathédrale de Modène," *Cahiers de civilisation médiévale* 6 (1963), 281-296.
242 フルゴーニは列王記第4章33-34節としているが、第4章は20節までしかなく、第5章

13節の誤記と思われる。
243 F. Ribezzo, "Lecce, Brindisi, Otranto nel ciclo creativo dell'epopea normanna e nella Chanson de Roland," *Archivio Storico Pugliese* 5 (1952), 192–215.
244 *PL* 182: 916.
245 Fabbri, *Eleventh and Twelfth Century Figurative Mosaic Floors in South Italy*, 163–176.
246 Fabbri, *Eleventh and Twelfth Century Figurative Mosaic Floors in South Italy*, 217–218.
247 N. Rash-Fabbri, "A Drawing in the Bibliothèque Nationale and the Romanesque Mosaic Floor in Brindisi," *Gesta* 13 (1974), 5–14.
248 C. Bargellini, *Studies in Medieval Apulian Floor Mosaics* (PhD dissertation, Harvard University, 1974).
249 W. Haug, "Artussage und Heilsgeschichte zum Programm des Fussbodenmosaiks von Otranto," *Deutsche Vierteljahrsschrift für Literaturwissenschaft und Geistesgeschichte* 49 (1975), 577–606.
250 Haug, *Das Mosaik von Otranto*.
251 Haug, *Das Mosaik von Otranto*, 61–63.
252 Haug, *Das Mosaik von Otranto*, 21.
253 Haug, *Das Mosaik von Otranto*, 22.
254 Haug, *Das Mosaik von Otranto*, 23, note 27.
255 Haug, *Das Mosaik von Otranto*, 29.
256 Haug, *Das Mosaik von Otranto*, 80–81.
257 Haug, *Das Mosaik von Otranto*, 24–26.
258 Haug, *Das Mosaik von Otranto*, 38.
259 Haug, *Das Mosaik von Otranto*, 98–103.
260 Haug, *Das Mosaik von Otranto*, 46.
261 Haug, *Das Mosaik von Otranto*, 45.
262 Haug, *Das Mosaik von Otranto*, 56. 図版からは判然としない。この銘文に言及するのはハウクのみである。
263 Haug, *Das Mosaik von Otranto*, 104.
264 Haug, *Das Mosaik von Otranto*, 86–87.
265 Haug, *Das Mosaik von Otranto*, 93.
266 Haug, *Das Mosaik von Otranto*, 94–95.
267 G. Gianfreda, *Suggestioni e analogie tra il mosaico pavimentale della Basilica Cattedrale di Otranto e la Divina Commedia* (Galatina, 1985); G. Gianfreda, *Basilica Cattedrale di Otranto. Architettura e mosaico pavimentale* (Galatina, 1987); Gianfreda, *Il Mosaico di Otranto*. この他の文献については、Gianfreda, *Il Mosaico di Otranto*, 281 以下参照。
268 Haug, *Das Mosaik von Otranto*, 8, note 5.
269 Willemsen, *Das Rätsel von Otranto*.
270 Willemsen, *Das Rätsel von Otranto*, 87.
271 Ungruh, "Zur Ikonographie von Apokalypsekommentaren."
272 Ungruh, "Zur Ikonographie von Apokalypsekommentaren," 82.
273 Ungruh, "Zur Ikonographie von Apokalypsekommentaren," 61.
274 オットー・ゼール, 梶田昭訳『フィシオログス』博品社, 1994, 130–131.
275 辻『古典世界からキリスト教世界へ』, 71.
276 Willemsen, *Das Rätsel von Otranto*, 110.
277 横山安由美『中世アーサー王物語群におけるアリマタヤのヨセフ像の形成——フランスの聖杯物語』渓水社, 2002, 79.
278 1220年頃、逸名の作者によって書かれた『聖杯の探索』(*La Queste del Saint Graal*) には、「生命の樹」の章が含まれている。楽園追放のとき、エバは小枝を持ち出し、それを楽

園の外に植えた。小枝から成長した木のもとでエバはアベルを懐妊し、その木のかたわらでアベルを出産した。アベルが亡くなったのも、同じ木のもとであったという。同章では、次にソロモンの時代が描かれる。ソロモンは、自分の血筋の最後の者は、至高の価値ある騎士であるという声を聞いた。ソロモンは、その到来を自分が知っていたことを、未来の人物にいかに伝えたらよいのかと苦心する。そこで腐らない木によって船を作らせ、生命の木を切って紡錘を作らせた。年月を経て、アーサー王宮廷の3人の騎士が、この船を発見した。天沢退二郎訳『聖杯の探索』人文書院、1994.
『聖杯の探索』の成立年代は、オトラント大聖堂の舗床モザイクの制作年代よりも60年ほど遅い。したがって、これを図像の直接の源泉と特定することはできない。しかしながら、オトラントと同時代に、生命の木、アベル、そしてアーサー王を結びつける文学的土壌が育ちつつあったことがうかがわれる。

279 J. Williams, *Illustrated Beatus: A Corpus of the Illustrations of the Commentary on the Apocalypse* III (London, 1998), fig. 452.

280 Ptolemy, *The Almagest*, trans. C. Taliaferro. (London, 1952), 1–478. プトレマイオスの『メガレ・シュンタキシス・マテマティケ』（通称アルマゲスト）のギリシア語写本が、ビザンティン帝国のマヌエル・コムネノスからシチリア王ロゲリウスに贈呈され、1160年頃シチリアにおいてギリシア語からラテン語に翻訳された。S. C. McCluskey, *Astronomies and Cultures in Early Medieval Europe* (Cambridge, 1998), 190.

281 舗床モザイクには象のメダイヨンが含まれるが、『メガレ・シュンタキシス・マテマティケ』の中に、象座に当たるような星座は見当たらない。ギリシア語のelephas（象）、ラテン語のelephantus（象）の語源はヘブライ語のaleph（牛）であることから、牡牛座と並び象座の図像が創作されたということかもしれない。

282 REGINA AUSTRI（南の女王）の銘がある。マタイ第12章42節は、ソロモンの知恵を聞くために地の果てから来た女王を、「南の国の女王」としている。

283 A. P. Kazhdan ed., *The Oxford Dictionary of Byzantium*, vol. 3 (Oxford, 1991), 1925, s. v. <Sol Justitiae>.

284 C. Bonner, *Studies in Magical Amulets. Chiefly Graeco-Egyptian* (Ann Arbor, 1950), 208–209, figs. 294–297.

285 Bonner, *Studies in Magical Amulets*, 210, note 11; *Lexicon Iconographicum Mythologiae Classicae* IV-1 (Zurich, 1988), 622; IV-2, 450.（ウィーン美術史美術館所蔵）

286 *Lexicon Iconographicum Mythologiae Classicae* IV-1, 603; IV-2, 160.（ナポリ国立博物館所蔵8839）

287 ソロモンに関するさまざまな書物には、占星術師としてのソロモンの姿が記されている。パノポリスの錬金術師ゾジモスの著作によれば、ソロモンは天使に命じられて7つの瓶を作り、それぞれの瓶には7つの惑星の名が付けられた。このことから、ソロモンと天体とのつながりの深さをうかがうことができる。P. A. Torijano, *Solomon the Esoteric King: From King to Magus, Development of Tradition* (Leiden, 2002), 142–191.

288 C. Spretnak, *Lost Goddesses of Early Greece* (California, 1978), 81.

289 S. Lunais, *Recherches sur la lune* (Leiden, 1979), 39; Manilius, *Astronomiques* II, 88–90.

290 Lunais, *Recherches sur la lune*, 186; Apulée, *Métamorphoses* XI, 3, 4.

291 *Lexicon Iconographicum Mythologiae Classicae* VIII-1 (Zurich, 1997), 1098, no. 58. アンフォラ（ボストン美術館所蔵）。時代は14世紀前半まで下るが、『女王メアリの詩編』(London, B. L., Roy. 2. B. VII, fol. 96v) にも、波間に浮かぶセイレンが円形の鏡を手にしている例が見られる。G. Warner, *Queen Mary's Psalter* (London, 1912), 35, pl. 154.

292 有翼のグリュプスは天と地の両方を行き来するため、天の王であり地の王であるキリストと結びつけられる。Hugh of St Victor, *De bestiis* III 4, *PL* 177: 84; W. M. Lindsay ed., Isidori Hispalensis Episcopi, *Etymologiarum sive originum* XII, 2 (Oxford, 1911).

293 Paulinus of Nola, *Epistulae*, v. 2, *PL* 61: 168; *Letters of St Paulinus of Nola*, trans. P. G. Walsh

(Westminster, 1967), 54.

294 Settis Frugoni, "Per una lettura del mosaico pavimentale della cattedrale di Otranto," 249.
295 Ribezzo, "Lecce, Brindisi, Otranto," 215.
296 Haug, "Artussage und Heilsgeschichte zum Programm des Fussbodenmosaiks von Otranto," 577–606.
297 Haug, *Das Mosaik von Otranto*, 118–119.
298 Haug, *Das Mosaik von Otranto*, 97.
299 Haug, "Artussage und Heilsgeschichte zum Programm des Fussbodenmosaiks von Otranto," 600, note 56.
300 注267参照。
301 Gianfreda, *Il Mosaico di Otranto*, 150.
302 Haug, *Das Mosaik von Otranto*, 8 and note 5.
303 Willemsen, *Das Rätsel von Otranto*.
304 Willemsen, *Das Rätsel von Otranto*, 102.
305 Ungruh, "Zur Ikonographie von Apokalypsekommentaren," 59–82.
306 Ungruh, "Zur Ikonographie von Apokalypsekommentaren," 82.
307 Williams, *Illustrated Beatus* V (London, 2002), fig. 214.
308 Williams, *Illustrated Beatus* III (London, 1998), fig. 476.
309 D. Noy, *Jewish Inscriptions of Western Europe* (Cambridge, 1993), passim.
310 ファブリは、これをクーファ体（コーランが書かれたアラビア文字の書体）としている。Fabbri, *Eleventh and Twelfth Century Figurative Mosaic Floors in South Italy*, 171.
311 *ODB*, vol. 3, 1541, s. v. <Otranto>.

第III部

第1章

312 G. de Jerphanion, *Une nouvelle province de l'art byzantin: les églises rupestres de Cappadoce*, 2vols. (Paris, 1925–42).
313 J. Lafontaine-Dosogne, *Histoire de l'art byzantin et chrétien d'Orient* (Louvain-la Neuve, 1987); M. Restle, *Byzantine Wall Painting in Asia Minor* 3vols. (Greenwich, 1969).
314 A. W. Epstein, "Rock-cut Chapels in Göreme Valley, Cappadocia: The Yılanlı Group and the Column Churches," *Cahiers archéologiques* 24 (1975), 115–135; A. W. Epstein, "The Fresco Decoration of the Column Churches, Göreme Valley, Cappadocia. A Consideration of Their Chronology and Their Models," *Cahiers archéologiques* 29 (1980–81), 27–45; N. Thierry, "L'art monumental byzantin en Asie Mineure du XIe siècle au XIVe," *Dumbarton Oaks Papers* 29 (1975), 73–111.
315 L. Rodley, *Cave Monasteries of Byzantine Cappadocia* (Cambridge, 1985).
316 菅原裕文・益田朋幸「カッパドキアの円柱式聖堂群の装飾プログラムと制作順」『美術史研究』50（2012），45–79．
317 C. Jolivet-Lévy, *Les églises byzantines de Cappadoce. Le programme iconographique de l'abside et de ses abords* (Paris, 1991).
318 J. E. Cooper and M. J. Decker, *Life and Society in Byzantine Cappadocia* (New York, 2012).
319 N. B. Teteriatnikov, *The Liturgical Planning of Byzantine Churches in Cappadocia*. Orientalia Christiana Analecta 252 (Rome, 1996).
320 Teteriatnikov, *The Liturgical Planning*, 188–199.

321 Jolivet-Lévy, *Les églises byzantines de Cappadoce*, 15–22.
322 以下に取り上げるカルシュ聖堂は、数少ないもう1つの例である。ギョレメ第一聖堂の「キリストの洗礼」もまた、聖堂入口に近い西側のヴォールトに配され、キリスト伝サイクルから独立している。聖水式を執り行う際、ここから聖堂内へ典礼行進が行われるためと説明される。C. Jolivet-Lévy, "Les programmes iconographiques des églises de Cappadoce au Xe siècle. Nouvelles recherches," in *Etudes Cappadociennes*, 322–356.
323 E. McGeer, *Sowing the Dragon's Teeth: Byzantine Warfare in the Tenth Century* (Washington, D. C., 1995).
324 McGeer, *Sowing the Dragon's Teeth*, 59.
325 McGeer, *Sowing the Dragon's Teeth*, 78.
326 正教会において洗礼式は、復活日前日の聖土曜日に執り行われていた。A. P. Kazhdan ed., *The Oxford Dictionary of Byzantium*, vol. 1 (Oxford, 1991) 251, s. v. <Baptism>.
327 Jolivet-Lévy, *Les églises byzantines de Cappadoce*, 229–230.
328 C. Jolivet-Lévy, "Images et espace cultuel à Byzance: l'exemple d'une église de Cappadoce (Karşı kilise, 1212)," in *Etudes Cappadociennes* (London, 2002), 285–321.
329 Jolivet-Lévy, "Images et espace," 311.
330 Jolivet-Lévy, "Images et espace," 295.
331 Jolivet-Lévy, "Images et espace," 305.
332 赤羽根大介校訂『新陰流軍学「訓閲集」——上泉信綱伝』スキージャーナル, 2008.
333 Jolivet-Lévy, "Images et espace," 305.
334 Jolivet-Lévy, "Images et espace," 306.
335 Jolivet-Lévy, "Images et espace," 314.
336 Jolivet-Lévy, "Images et espace," 320.
337 Jolivet-Lévy, "Images et espace," 320.
338 J. Le Goff, *The Birth of Purgatory*, trans. A. Goldhammer (Chicago, 1986), 3, 163.
339 Le Goff, *The Birth of Purgatory*, 53.
340 Gregory of Nyssa, "Sermon on the Dead," *PG* 46: 525.
341 Le Goff, *The Birth of Purgatory*, 6–7
342 Le Goff, *The Birth of Purgatory*, 9
343 H. Frisk, *Griechisches Etymologisches Wörterbuch*, vol. 2 (Heiderberg, 2006), 627–628; M. de Vaan, *Etymological Dictionary of Latin and Other Italic Language* (Leiden, 2008), 500.
344 「洗礼」の図像中に特殊なモティーフが含まれる作例を、ここにもう1点あげておきたい。ユクセクリ第一聖堂の「洗礼」である。本聖堂の「洗礼」は、海の擬人像と船のモティーフを含む、大変まれな作例である。ジョリヴェ-レヴィは、何らかの特別な意図のもと、海の擬人像が「洗礼」に含まれたのではないかと推測している。彼女は、海の擬人像が「洗礼」に含まれる理由として、キリストの洗礼が記念される1月6日の典礼において、海に言及する詩編（114編3節）が朗読されることをあげている（「海は見て、逃げ去った。ヨルダンの流れは退いた」）。また、船のマスト上には人物が描きこまれており、ジョリヴェ-レヴィはこれを船旅の安全を祈願する人と解釈している。C. Jolivet-Lévy, "Nouvelle découverte en Cappadoce: les églises de Yüksekli," *Cahiers archéologiques* 35 (1987), 113–141.「洗礼」に海の擬人像が含まれることはまれであるが、13世紀後半以降「最後の審判」に、しばしば海の擬人像が含まれるようになる。黙示録には、船長や船乗りたちが、バビロンが火で焼かれるさまを目撃するようすが記述されている（黙示録第18章17節）。また「海はその中にいた死者を外に出した。（中略）彼らは自らの行いに応じて裁かれた」（第20章13節）と記される。こうした黙示録の記述が、「審判」図像の船のモティーフのもとになったと考えられる。筆者は、ユクセク

リ第一聖堂の「洗礼」に海の擬人像と船のモティーフが含まれたのは、「洗礼」の図像を「最後の審判」と重ね合わせるための工夫だったのではないかと考えている。本聖堂には、カルシュ聖堂のような地獄の描写は含まれていない。が、「洗礼」場面で船に乗る人々のうち、罪の浄化がなされない者は、やがて地獄の裁きを受けることになるだろう。こうしたメッセージが、「洗礼」の中に予兆的に暗示されているように思われる。筆者は本聖堂を実見していないため、図版のみからの推測には限界があるが、「洗礼」が「最後の審判」あるいは地獄と重ねあわされたと考えられるもう1つの例として、ユクセクリ第一聖堂に言及しておきたい。

345 Jolivet-Lévy, *Les églises byzantines de Cappadoce*, 132–135.
346 C. Jolivet-Lévy, "Aspects de la relation entre espace liturgique et décor peint à Byzance," in *Etudes Cappadociennes* (London, 2002), 375–398.
347 Jolivet-Lévy, "Aspects de la relation," 379.
348 Jolivet-Lévy, "Aspects de la relation," 381.
349 Jolivet-Lévy, "Aspects de la relation," 382.
350 Jolivet-Lévy, "Aspects de la relation," 383–385.
351 Jolivet-Lévy, "Aspects de la relation," 394.
352 Jolivet-Lévy, "Aspects de la relation," 395.
353 Jolivet-Lévy, "Aspects de la relation," 396.
354 D. C. Matt, "Hayyei Sarah," *The Zohar*, vol. 2 (Stanford, 2004), 1:127b–128b, 219–223.
355 本聖堂の「ラザロの蘇生」は、ナルテックスではなく、ナオスの西壁面（ナオスの中で葬礼室に最も近い場所）に描かれている。
356 *ODB*, vol. 2, s. v. <Mandylion>, 1282.
357 Jolivet-Lévy, *Les églises byzantines de Cappadoce*, 184–186.
358 Jolivet-Lévy, *Les églises byzantines de Cappadoce*, 185.
359 *ODB*, vol. 1 s. v. <Abraham>; John Chrysostom, *PG* 54: 432–433.
360 A. W. Epstein, *Tokali Kilise: Tenth Century Metropolitan Art in Cappadocia* (Washington, D.C., 1986); Jolivet-Lévy, *Les églises byzantines de Cappadoce*, 94–118; Cooper and Decker, *Life and Society in Byzantine Cappadocia*, 208–211.
361 Jolivet-Lévy, *Les églises byzantines de Cappadoce*, 83–85; eadem, "Les programmes iconographiques des églises de Cappadoce au Xe siècle, 322–356.
362 Jolivet-Lévy, *Les églises byzantines de Cappadoce*, 266–270.
363 Jolivet-Lévy, *Les églises byzantines de Cappadoce*, 271–272.
364 Jolivet-Lévy, *Les églises byzantines de Cappadoce*, 278–281.
365 瀧口美香「神の家を支える柱――カラート・セマン　柱上行者シメオンの聖堂について」明治大学人文科学研究所紀要71（2012），1–26．本書所収（第Ⅰ部第2章）．

第Ⅳ部

第1章

366 挿絵入り旧約八大書写本研究は、ラウデンによって大きく進められた。八大書写本の概要と各写本の詳細については、以下の文献参照。J. Lowden, *The Octateuchs: A Study in Byzantine Manuscript Illustration* (University Park,1992); J. Lowden, "Early Christian and Byzantine Art," in J. Turner ed., *Dictionary of Art* (Basingstoke, 1996); J. Lowden, "Miniatura Bisanzio," in *Enciclopedia dell'arte medievale* (Rome, 2002); J. Lowden, "The Transmission of 'Visual Knowledge' in

Byzantium through Illuminated Manuscripts: Approaches and Conjectures," in C. Holmes and J. Waring eds., *Literacy, Education and Manuscript Transmission in Byzantium and beyond* (Leiden, 2002), 59-80; J. Lowden, " Illustrated Octateuch Manuscripts: A Byzantine Phenomenon," in P. Magdalino and R. S. Nelson eds., *The Old Testament in Byzantium* (Washington, D.C., 2010), 107–152.

367 Lowden, *The Octateuchs*, 11–15; K. Weitzmann and M. Bernabò, *The Byzantine Octateuchs*, 2vols. The Illustrations in the Manuscripts of the Septuagint 2 (Princeton, 1999), 331–334.

368 I. Hutter, "Paläologische Übermalungen im Oktateuch Vaticanus graecus 747," *Jahrbuch der Österreichischen Byzantinistik* 21(1972), 139–48; Lowden, *The Octateuchs*, 14.

369 Lowden, *The Octateuchs*, 15–21; Weitzmann and Bernabò, *The Byzantine Octateuchs*, 337–339.

370 J. Anderson, "The Seraglio Octateuch and the Kokkinobaphos Master," *Dumbarton Oaks Papers* 36 (1982), 83–114; K. Linardou, "The Kokkinobaphos Manuscripts Revisited: The Internal Evidence of the Books," *Scriptorium* 61 (2007), 384–407.

371 Lowden, *The Octateuchs*, 21–26; Weitzmann and Bernabò, *The Byzantine Octateuchs*, 334–337.

372 T. Uspenskij, *L'Octateuque de la bibliothèque du Sérail à Constantinople* (Sofia, 1907).

373 Lowden, *The Octateuchs*, 22.

374 Anderson, "The Seraglio Octateuch," 83–114.

375 Lowden, *The Octateuchs*, 26.

376 Lowden, *The Octateuchs*, 26–28; Weitzmann and Bernabò, *The Byzantine Octateuchs*, 339–341.

377 Lowden, *The Octateuchs*, 28.

378 Lowden, *The Octateuchs*, 27–28.

379 Lowden, *The Octateuchs*, 29–33; Weitzmann and Bernabò, *The Byzantine Octateuchs*, 341–333. 2005年、ヴァトペディ602番のファクシミリが刊行された。S. Kadas, *The Octateuch of the Monastery of Vatopedi (Codex 602)* (Mount Athos, 2005).

380 Lowden, *The Octateuchs*, 30.

381 Lowden, *The Octateuchs*, 31.

382 Lowden, *The Octateuchs*, 29.

383 Weitzmann and Bernabò, *The Byzantine Octateuchs*, 330–331; M. Bernabò, "Bisanzio e Firenze," in M. Bernabò ed., *Voci dell'Oriente: miniature e testi classici da Bisanzio alla Biblioteca Medicea Laurenziana* (Florence, 2011), 11–33; M. Bernabò, "L'illustrazione del Vecchio Testamento e la rovina dei manoscritti," in *Voci dell'Oriente*, 143–177; L. Perria and A. Iacobini, "Gli Ottateuchi in età paleologa. Problemi di scrittura e illustrazione. Il caso del Laur. Plut. 5. 38," *L'arte di Bisanzio e l'Italia al tempo dei Paleologi* (Rome, 1999), 69–111.

384 Weitzmann and Bernabò, *The Byzantine Octateuchs*, 330.

385 Weitzmann and Bernabò, *The Byzantine Octateuchs*, 331.

386 Lowden, "Illustrated Octateuch Manuscripts," 114.

387 Lowden, *Octateuchs*, 121.

388 Lowden, *Octateuchs*, 121–122.

389 Lowden, "Illustrated Octateuch Manuscripts," 115.

390 Lowden, "Illustrated Octateuch Manuscripts," 115.

391 Lowden, "Illustrated Octateuch Manuscripts," 119.

392 Lowden, "Illustrated Octateuch Manuscripts," 120.

393 K. Weitzmann, "The Study of Byzantine Book Illumination, Past, Present, and Future," in *The Place of Book Illumination in Byzantine Art* (Princeton, 1975), 12–16; Lowden, *Octateuchs*, 7.

394 Lowden, "Illustrated Octateuch Manuscripts," 109.

395 K. Weitzmann, *Illustrations in Roll and Codex: A Study of the Origin and Method of Text Illustration* (Princeton, 1947), 2d ed., 1970; K. Weitzmann, *Late Antique and Early Christian Book Illumination*

(London, 1977); K. Weitzmann, *Studies in Classical and Byzantine Manuscript Illumination* (Chicago, 1971); K. Weitzmann and H. L. Kessler, *The Cotton Genesis: British Library, Codex Cotton Otho B. VI. The Illustrations in the Manuscripts of the Septuagint 1* (Princeton, 1986); K. Weitzmann, *The Joshua Roll: A Work of the Macedonian Renaissance*. Studies in Manuscript Illumination 3 (Princeton, 1948); K. Weitzmann, *The Miniatures of the Sacra Parallela, Parisinus Graecus 923*. Studies in Manuscript Illumination 8 (Princeton, 1979); Weitzmann and Bernabò, *The Byzantine Octateuchs*.

396   Lowden, *Octateuchs*, 107.
397   Lowden, *Octateuchs*, 86.
398   Lowden, *Octateuchs*, 86.
399   Lowden, *Octateuchs*, 91.
400   Lowden, *Octateuchs*, 83.
401   Lowden, "Illustrated Octateuch Manuscripts," 110.
402   Lowden, "Illustrated Octateuch Manuscripts," 111.
403   Lowden, "Illustrated Octateuch Manuscripts," 113.
404   Lowden, "Illustrated Octateuch Manuscripts," 149.
405   A. de Laborde, *La Bible moralisée illustrée: conservée à Oxford, Paris et Londres: reproduction intégrale du manuscrit du XIIIe siècle*, 5 vols. (Paris, 1911–1927); R. Haussherr, "Drei Texthandschriften der Bible moralisée," in J. M. Hofstede et al., eds., *Festschrift für Eduard Trier zum 60. Geburtstag* (Berlin, 1981), 35–65; R. Haussherr, s. v. "Bible moralisée," in E. Kirschbaum et al., eds., *Lexikon der christlichen Ikonographie* (Rome, 1968), cols. 289–93; repr. 1994; F. Avril, "Un chef-d'œuvre de l'enluminure sous le règne de Jean le Bon: la Bible moralisée, manuscrit français 167 de la Bibliothèque nationale," *Monuments et mémoires* 58 (1972), 91–125; R. Branner, *Manuscript Painting in Paris during the Reign of St. Louis* (Berkeley, 1977); M. Camille, "Visual Signs of the Sacred Page: Books in the Bible Moralisée," *Word & Image* 5 (1989), 111–130; J. Lowden, *The Making of the Bibles Moralisées*, 2vols. (University Park, 2000).
406   Lowden, "Illustrated Octateuch Manuscripts," 124.
407   Lowden, "Illustrated Octateuch Manuscripts," 117, 124, 142, 151.
408   H. Buchthal, *Miniature Painting in the Latin Kingdom of Jerusalem* (Oxford, 1957), 54–68; D. Weiss, *Art and Crusade in the Age of Saint Louis* (Cambridge, 1998); J. Folda, *Crusader Art in the Holy Land: From the Third Crusade to the Fall of Acre, 1187–1291* (Cambridge, 2005); H. Stahl, *Picturing Kingship. History and Painting in the Psalter of Saint Louis* (University Park, 2008).
409   N. Morgan, *Early Gothic Manuscripts, 1190–1250* (London, 1982), no. 71; N. Morgan, "Old Testament Illustration in Thirteenth-Century England," in B. Levy ed., *The Bible in the Middle Ages: Its Influence on Literature and Art* (New York, 1992), 149–198.
410   N. Moutsopoulos, *Kastoria. Panagia Mavriotissa* (Athens, 1967); A. Wharton-Epstein, "Frescoes of the Mavriotissa near Kastoria. Evidence of Millenerism and Antisemitism in the Wake of the First Crusade," *Gesta* 21.1 (1982), 21–29; *The Panagia Mavriotissa in Kastoria* (Thessaloniki, 1993); L. Hadermann-Misguich, "A propos de la Mavriotissa de Castoria. Arguments iconographiques pour le maintien de la datation des peinture dans la première moitié du XIIIe siècle," *Studia slavico-byzanina et medievalia europensia*, I (1988–89), 143–148.
411   S. Pelekanidis and M. Chatzidakis, *Kastoria* (Athens, 1984), 66–83. ペレカニディスが11世紀、ハヅィダキスが13世紀を主張し、益田は11世紀の説に賛同する。益田朋幸「ビザンティン聖堂装飾における中軸の図像」『エクフラシス：ヨーロッパ文化研究』2 (2012), 58–78.
412   西ヨーロッパ最古の作例は、ヴラチスラフ2世の戴冠福音書（1085年）で、レーゲンスブルクのエメラム修道院で制作されたと言われている。E. Garrison, *Ottonian Imperial Art*

and Portraiture: The Artistic Patronage of Otto III and Henry II (Farnham, 2012).

413 ベツレヘムのキリスト降誕聖堂には、十字軍の画家による「エッサイの木」の作例が見られる。ビザンティンのパレオロゴス朝の作例としては、テッサロニキの聖使徒聖堂（14世紀前半）がある。A. P. Kazhdan ed., *The Oxford Dictionary of Byzantium*, vol. 3 (Oxford, 1991), s. v. <Tree of Jesse>, col. 2113.

第2章

414 旧約預言書写本についての概観、各写本についての記述は、ラウデンの以下の著作に基づく。J. Lowden, *Illuminated Prophet Books: A Study of Byzantine Manuscripts of the Major and Minor Prophets* (University Park, 1989).

415 Lowden, *Illuminated Prophet Books*, 6.

416 Lowden, *Illuminated Prophet Books*, 9–14, pls. I, III, figs. 1–14; H. Belting, "Le problème du style dans l'art byzantin des derniers siècles," *La civiltà bizantina dal XII al XV secolo* (Rome, 1982), 302, 304, fig. 49; S. Dufrenne, "Problèmes des ateliers de miniaturistes byzantins," *Jahrbuch der Österreichischen Byzantinistik* 31/2 (1981), 453, 454, 461.

417 Lowden, *Illuminated Prophet Books*, 10.

418 トリノ写本とフィレンツェ写本の概要については、以下参照。Lowden, *Illuminated Prophet Books*, 14–22, pl. V, VII, figs. 15–20, 22–31. トリノ写本には、ユスティニアヌス帝とベリサリウスの名に加えて、世界暦5027年の年紀が記されている。Lowden, *Illuminated Prophet Books*, 18; H. Belting and G. Cavallo, *Die Bibel des Niketas. Ein Werk der höfischen Buchkunst in Byzanz und sein justinianisches Vorbild* (Wiesbaden, 1990), pls. 7–8. フィレンツェ写本については、M. Bernabò, "L'illustrazione del Vecchio Testamento e la rovina dei manoscritti," in M. Bernabò ed., *Voci dell'Oriente: miniature e testi classici da Bisanzio alla Biblioteca Medicea Laurenziana* (Florence, 2011), 143–177; M. Brown, *In the Beginning: Bibles before the Year 1000* (Washington, D. C., 2006), 234–235, 305–306; J. Lowden, "An Alternative Interpretation of the Manuscripts of Niketas," *Byzantion* 53 (1983), 559–574. ベルティングとカヴァッロは、フィレンツェ写本が、かつて『ニケタスの聖書』の一部を構成していた、と主張している。フィレンツェ写本のエピグラムに、寄進者ニケタスの名前が記されているためである（fol. 3v）。ラウデンはこの見解に賛同していない。Lowden, "An Alternative Interpretation," 559–574.

419 Lowden, *Illuminated Prophet Books*, 15.

420 Lowden, *Illuminated Prophet Books*, 22–25, pl. VI, figs. 32–37; M. Bernabò, "Lo studio dell'illustrazione dei mss. greci del Vecchio Testamento, ca. 1820–1990," *Medioevo e Rinascimento* 9 (1995), 263; *The Dead Sea Scrolls and the World of Bible.* The offical catalogue of "The Tokyo Great Bible exhibition," (Tokyo, 2000), 63; Dufrenne, "Problèmes des ateliers," 453, 454, 461.

421 Lowden, *Illuminated Prophet Books*, 66.

422 Lowden, *Illuminated Prophet Books*, 67.

423 L. Brubaker, *Vision and Meaning in Ninth-Century Byzantium. Image as Exegesis in the Homilies of Gregory of Nazianzus* (Cambridge, 1999), fig. 35, 260–261.

424 Lowden, *Illuminated Prophet Books*, 68.

425 Lowden, *Illuminated Prophet Books*, 69.

426 Lowden, *Illuminated Prophet Books*, 25–26, figs. 38–54; R. Ceulemans, "Nouveaux témoins manuscrits de la chaîne de Polychronios sur le Cantique (CPG C 83)," *Byzantinische Zeitschrift* 104 (2011), 603–628; M. Kominko, *the World of Kosmas. Illustrated Byzantine Codices of the Christian Topography* (Cambridge, 2013), 171.

427 Lowden, *Illuminated Prophet Books*, 26–32, figs. 55–74; N. Kavrus-Hoffmann, "Catalogue of Greek

Medieval and Renaissance Manuscripts in the Collections of the United States of America. Part V. 3: Harvard University, the Houghton Library and Andover-Harvard Theological Library," *Manuscripta* 55 (2011), 1–108; P. Canart, "Les écritures livresques chypriotes du milieu du XIe siècle au milieu du XIIIe et le style palestino-chypriote 'epsilon'," *Scrittura e Civiltà* 5 (1981), 17–76.

428 Lowden, *Illuminated Prophet Books*, 28.
429 Lowden, *Illuminated Prophet Books*, 31.
430 Lowden, *Illuminated Prophet Books*, 32–38, pls. II, IV, VIII, figs. 76–89; M. Evangelatou, "Word and Image in the Sacra Parallela (Codex Parisinus Graecus 923)," *Dumbarton Oaks Papers* 62 (2008), 114; R. Nelson, "A Thirteenth-Century Byzantine Miniature in the Vatican Library," *Gesta*, 20 (1981), 218, fig. 7; J. Lowden, "The Transmission of 'Visual Knowledge' in Byzantium through Illuminated Manuscripts: Approaches and Conjectures," in C. Holmes and J. Waring eds., *Literacy, Education and Manuscript Transmission in Byzantium and beyond* (Leiden, 2002), 70; R. Nelson, "The Italian Appreciation and Appropriation of Illuminated Byzantine Manuscripts, ca. 1200–1450," *DOP* 49 (1995), 229.
431 Lowden, *Illuminated Prophet Books*, 32.
432 Lowden, *Illuminated Prophet Books*, 37.
433 Lowden, *Illuminated Prophet Books*, 83.
434 Lowden, *Illuminated Prophet Books*, 90.
435 Lowden, *Illuminated Prophet Books*, 90.
436 Lowden, *Illuminated Prophet Books*, 91; J. Lowden, *The Octateuchs: A Study in Byzantine Manuscript Illustration* (University Park, 1992).
437 福音書記者ヨハネは、パトモス島の洞窟を前にして描かれることがある。
438 本来、フォリオにテキストを書き写してから製本するため、実際の写本制作の現場で、製本済めの本に文字を書き入れるということはない。
439 瀧口美香『ビザンティン四福音書写本挿絵の研究』創元社，2012.
440 エレミヤ書の章立ては、新共同訳とセプトゥアギンタの間で合致していない。
441 K. Corrigan, *Visual Polemics in the Ninth-century Byzantine Psalters* (Cambridge, 1992), 38; S. Jean Damascène, *Homélies sur la Nativité et la Dormition*, trans. P. Voulet, Sources chrétiennes 80 (Paris, 1961), 61, 115.
442 H. Frisk, *Griechisches Etymologisches Wörterbuch*, vol. 2 (Heidelberg, 2006), 416.
443 Frisk, *Griechisches Etymologisches Wörterbuch*, 415.

掲載図版出典・所蔵先一覧

口絵

口絵 1　B. Brenk ed., *La Cappella Palatina a Palermo*, Mirabilia Italiæ 17 (Modena, 2010) fig. 265.
口絵 2　Brenk, *La Cappella Palatina a Palermo*, fig. 321.
口絵 3　© iStock.com/RnDms
口絵 4　ヴァティカン聖使徒図書館より購入したデジタル・イメージ
口絵 5　http://www.wondersofsicily.com/palermo-monreale-cloister.htm（2017年11月1日）
口絵 6　https://commons.wikimedia.org/wiki/File:0698_-_PA_-_La_Zisa_-_Iscrizione_funebre_quadrilingue_-_Foto_G._Dall%27Orto1.jpg　© G. Dallorto（2016年12月1日）
口絵 7　G. Gianfreda, *Il mosaico di Otranto. biblioteca medioevale in immagini (poema in tre cantiche)* (Lecce, 2005^9).
口絵 8　http://www.britishmuseum.org/research/collection_online/collection_object_details/collection_image_gallery.aspx?assetId=336510001&objectId=49005&partId=1（2017年11月1日）

はじめに

図1, 2　筆者撮影

第Ⅰ部

第1章

図3　M. Piccirillo, *The Mosaics of Jordan* (Amman, 2008)^3, 98；現地で購入した絵はがき
図4　Piccirillo, *The Mosaics of Jordan*, 99.
図5　筆者撮影
図6　現地で購入した絵はがき
図7　Piccirillo, *The Mosaics of Jordan*, 179.
図8　Piccirillo, *The Mosaics of Jordan*, 178.
図9　筆者撮影
図10　現地で購入した絵はがき；R. Ling, *Ancient Mosaics* (London, 1998), fig.70.
図11　筆者撮影
図12　Piccirillo, *The Mosaics of Jordan*, 219.
図13　Piccirillo, *The Mosaics of Jordan*, 222, 224.
図14　現地で購入した絵はがき
図15　Piccirillo, *The Mosaics of Jordan*, 153.
図16　P. L. Zovatto, *Grado. Antichi monumenti* (Bologna, 1971), 43.
図17　https://commons.wikimedia.org/wiki/Category:Cathedral_of_St_Eufemia_(Grado)_-_Mosaics?uselang=ja（2016年12月1日）
図18　http://digilander.libero.it/udinedintorni/images/immagini/grado_img04.jpg（2016年12月1日）

第 2 章

図19　　筆者撮影
図20　　http://eb11.co.uk/images/34082-h_files/img390d.jpg（2016年12月1日）
図21, 22　　筆者撮影
図23　　M. Mango, *Silver from Early Byzantium. The Kaper Koraon and Related Treasures* (Baltimore, 1986), cat. 35, 71.
図24　　E. S. Malbon, *The Iconography of the Sarcophagus of Junius Bassus* (Princeton, 1990), fig. 1.
図25　　J. Poeschke, *Italian Mosaics 300-1300* (London, 2010), fig. 31.
図26, 27　　筆者撮影
図28　　V. H. Elbern, "Eine frühbyzantinische Reliefdarstellung des älteren Symeon Stylites," *Jahrbuch des Deutschen Archäologischen Instituts* 80 (1965), fig. 1.
図29　　筆者撮影、地図 https://ars.els-cdn.com/content/image/1-s2.0S0305440314001113-gr1.jpg（2017年11月1日）一部加筆
図30　　筆者撮影

第 II 部

第 1 章

図31　　J. Lowden, *Early Christian and Byzantine Art* (London, 1997), fig. 179.
図32　　J. Poeschke, *Italian Mosaics 300-1300* (London, 2010), fig. 107.
図33　　Poeschke, *Italian Mosaics 300-1300*, fig. 109.
図34　　Poeschke, *Italian Mosaics 300-1300*, fig. 107.
図35　　B. Brenk ed., *La Cappella Palatina a Palermo*, Mirabilia Italiæ 17 (Modena, 2010), fig. 255.
図36　　Poeschke, *Italian Mosaics 300-1300*, fig. 112.
図37　　Poeschke, *Italian Mosaics 300-1300*, fig. 115.
図38　　Brenk, *La Cappella Palatina a Palermo*, fig. 263.
図39　　Brenk, *La Cappella Palatina a Palermo*, fig. 265.
図40　　Brenk, *La Cappella Palatina a Palermo*, fig. 267.
図41　　Poeschke, *Italian Mosaics 300-1300*, fig. 116.
図42　　Brenk, *La Cappella Palatina a Palermo*, fig. 280.
図43　　Brenk, *La Cappella Palatina a Palermo*, fig. 395.
図44　　Brenk, *La Cappella Palatina a Palermo*, fig. 396.
図45　　Brenk, *La Cappella Palatina a Palermo*, fig. 397.
図46　　Brenk, *La Cappella Palatina a Palermo*, fig. 398.
図47　　Brenk, *La Cappella Palatina a Palermo*, fig. 399.
図48　　Brenk, *La Cappella Palatina a Palermo*, fig. 400.
図49　　Brenk, *La Cappella Palatina a Palermo*, fig. 401.
図50　　Brenk, *La Cappella Palatina a Palermo*, fig. 401.
図51　　Brenk, *La Cappella Palatina a Palermo*, fig. 402.
図52　　Brenk, *La Cappella Palatina a Palermo*, fig. 403.
図53　　Brenk, *La Cappella Palatina a Palermo*, fig. 404.
図54　　Brenk, *La Cappella Palatina a Palermo*, fig. 405.

図55	Brenk, *La Cappella Palatina a Palermo*, fig. 406.	
図56	Brenk, *La Cappella Palatina a Palermo*, fig. 407.	
図57	Brenk, *La Cappella Palatina a Palermo*, fig. 408.	
図58	Brenk, *La Cappella Palatina a Palermo*, fig. 409.	
図59	Brenk, *La Cappella Palatina a Palermo*, fig. 413.	
図60	Brenk, *La Cappella Palatina a Palermo*, fig. 414.	
図61	Brenk, *La Cappella Palatina a Palermo*, fig. 415.	
図62	Brenk, *La Cappella Palatina a Palermo*, fig. 416.	
図63	Brenk, *La Cappella Palatina a Palermo*, fig. 417.	
図64	Brenk, *La Cappella Palatina a Palermo*, fig. 418.	
図65	Brenk, *La Cappella Palatina a Palermo*, fig. 419.	
図66	Brenk, *La Cappella Palatina a Palermo*, fig. 425.	
図67	Brenk, *La Cappella Palatina a Palermo*, fig. 426.	
図68	Brenk, *La Cappella Palatina a Palermo*, fig. 427.	
図69	Brenk, *La Cappella Palatina a Palermo*, fig. 428.	
図70	Brenk, *La Cappella Palatina a Palermo*, fig. 429.	
図71	Brenk, *La Cappella Palatina a Palermo*, fig. 430.	
図72	Brenk, *La Cappella Palatina a Palermo*, fig. 320.	
図73	Brenk, *La Cappella Palatina a Palermo*, fig. 321.	
図74	Brenk, *La Cappella Palatina a Palermo*, fig. 322.	
図75	Brenk, *La Cappella Palatina a Palermo*, fig. 323.	
図76	Brenk, *La Cappella Palatina a Palermo*, fig. 324.	
図77	Poeschke, *Italian Mosaics 300-1300*, fig. 121.	
図78	Brenk, *La Cappella Palatina a Palermo*, fig. 111.	
図79	Brenk, *La Cappella Palatina a Palermo*, fig. 112.	
図80	Brenk, *La Cappella Palatina a Palermo*, fig. 113.	
図81	Brenk, *La Cappella Palatina a Palermo*, fig. 114.	
図82	Brenk, *La Cappella Palatina a Palermo*, figs. 321, 265.	
図83	Brenk, *La Cappella Palatina a Palermo*, figs. 322, 263.	
図84	Brenk, *La Cappella Palatina a Palermo*, fig. 323; Lowden, *Early Christian and Byzantine Art*, fig. 214.	
図85	Brenk, *La Cappella Palatina a Palermo*, fig. 324; G. Shiro, *Monreale. City of the Golden Temple* (Palermo, 1992).	
図86	Brenk, *La Cappella Palatina a Palermo*, fig. 111; Lowden, *Early Christian and Byzantine Art*, fig. 137.	
図87	Brenk, *La Cappella Palatina a Palermo*, fig. 112; https://commons.wikimedia.org/wiki/File:The_Embrace_of_Elizabeth_and_the_Virgin_Mary.jpg（2016年12月1日）	
図88	Brenk, *La Cappella Palatina a Palermo*, figs. 113, 405.	

第2章

図89	J. Lowden, *Early Christian and Byzantine Art* (London, 1997), fig. 196.
図90	S. Giordano ed., *Monreale: The Cathedral and the Cloister* (Palermo, 1976).
図91	Lowden, *Early Christian and Byzantine Art*, fig. 198.
図92	J. Poeschke, *Italian Mosaics 300-1300* (London, 2010), fig. 112.
図93	http://www.wga.hu/html_m/zgothic/mosaics/4palatin/（2016年12月1日）
図94	Poeschke, *Italian Mosaics 300-1300*, fig. 119.
図95	Poeschke, *Italian Mosaics 300-1300*, fig. 121.

図96	Poeschke, *Italian Mosaics 300-1300*, fig. 122.
図97	Poeschke, *Italian Mosaics 300-1300*, fig. 122.
図98	Poeschke, *Italian Mosaics 300-1300*, fig. 119.
図99	Poeschke, *Italian Mosaics 300-1300*, fig. 119.
図100	Poeschke, *Italian Mosaics 300-1300*, fig. 121.
図101	Poeschke, *Italian Mosaics 300-1300*, fig. 123.
図102	R. Cormack, *Byzantine Art* (Oxford, 2000), fig. 106.
図103-105	Giordano, *Monreale: The Cathedral and the Cloister*.
図106	http://www.duomomonreale.it/index4d1d.html?option=com_content&task=view&id=202&Itemid=269&lang=en（2016年12月1日）
図107	http://www.duomomonreale.it/index898b.html?option=com_content&task=view&id=214&Itemid=281（2016年12月1日）
図108	Cormack, *Byzantine Art*, fig. 113.
図109	Poeschke, *Italian Mosaics 300-1300*, fig. 139.
図110	https://upload.wikimedia.org/wikipedia/commons/0/0a/Sicilia_Monreale4_tango7174.jpg（2016年12月1日）
図111-115	Giordano, *Monreale: The Cathedral and the Cloister*.
図116	Poeschke, *Italian Mosaics 300-1300*, fig. 117.
図117	https://commons.wikimedia.org/wiki/File:0698_-_PA_-_La_Zisa_-_Iscrizione_funebre_quadrilingue_-_Foto_G._Dall%27Orto1.jpg　© G. Dallorto（2016年12月1日）
図118	L. Cleaver, "From Codex to Roll: Illustrating History in the Anglo-Norman World in the Twelfth and Thirteenth Centuries," in D. Bates ed., *Noman Studies* XXXVI (Woodbridge, 2013), fig. 2.
図119	Cleaver, "From Codex to Roll," fig. 3.
図120	"MS 270b" *Medieval and Renaissance Manuscripts in the Bodleian Library, Oxford, LUNA* Web.（2016年8月19日）
図121	Cleaver, "From Codex to Roll," fig. 1.
図122	http://indulgy.com/post/Pax0doV7f3/larche-de-no-le-sacrifice-dabraham-in-psalteriu（2016年12月1日）
図123	http://www.viaggiareincamper.org/sicilia/20111013/monreale/original/13%20-%20Monreale%20-%20Duomo%20-%20Chiostro%20-%20Colonne%20binate.jpg（2016年12月1日）

第3章

図124-155	G. Gianfreda, *Il mosaico di Otranto. biblioteca medioevale in immagini (poema in tre cantiche)* (Lecce, 2005[9]).
図156	J. Williams, *Illustrated Beatus* III (London, 1998), fig. 452; G. Gianfreda, *Il mosaico di Otranto*.
図157	http://www.britishmuseum.org/research/collection_online/collection_object_details/collection_image_gallery.aspx?assetId=336510001&objectId=49005&partId=1（2017年11月20日）
図158	J. Williams, *Illustrated Beatus* V (London, 2002), fig. 214; G. Gianfreda, *Il mosaico di Otranto*.
図159	Williams, *Illustrated Beatus* III, fig. 476.
図160	Gianfreda, *Il mosaico di Otranto*.
図161	© iStock.com/RnDms

第Ⅲ部

第1章

図162-179, 181-184, 186, 188-194　　写真提供：菅原裕文
図180, 185, 187, 195　　筆者撮影

第Ⅳ部

第1章

図196　　ヴァティカン聖使徒図書館より購入したデジタル・イメージ
図197　　J. Lowden, *The Making of the Bibles Moralisées: Volume II: The Book of Ruth* (University Park, 2000), fig. 37.
図198　　Lowden, *The Making of the Bibles Moralisées*, fig. 61.
図199　　Lowden, *The Making of the Bibles Moralisées*, fig. 70.
図200　　Lowden, *The Making of the Bibles Moralisées*, fig. 71.

第2章

図201　　J. Lowden, *Illuminated Prophet Books* (University Park, 1998), fig. 2.
図202　　Lowden, *Illuminated Prophet Books*, fig. 76.
図203　　Lowden, *Illuminated Prophet Books*, figs. 45, 46.
図204　　Lowden, *Illuminated Prophet Books*, fig. 49.
図205　　Lowden, *Illuminated Prophet Books*, fig. 4.
図206　　R. Cormack, *Byzantine Art* (Oxford, 2000), fig. 85.
図207　　Lowden, *Illuminated Prophet Books*, fig. 35.
図208　　Lowden, *Illuminated Prophet Books*, fig. 53.
図209　　Lowden, *Illuminated Prophet Books*, fig. 54.
図210　　Lowden, *Illuminated Prophet Books*, fig. 32.
図211　　Lowden, *Illuminated Prophet Books*, fig. 37.

おわりに

図212　　R. Cormack, *Byzantine Art* (Oxford, 2000), fig. 113.

主要参考文献一覧

J. K. Aitken and J. C. Paget, *The Jewish-Greek Tradition in Antiquity and the Byzantine Empire* (New York, 2014).

J. Anderson, "The Seraglio Octateuch and the Kokkinobaphos Master," *Dumbarton Oaks Papers* 36 (1982), 83–114.

B. Andreae, *Die Sarkophage mit Darstellungen aus dem Menschenleben. Die römischen Jagdsarkophage* (Berlin, 1980).

I. Atkins and N. R. Ker eds., *Catalogus Librorum Manuscriptorum Bibliothecae Wigorniensis: Made in 1622–1623 by Patrick Young* (Cambridge, 1944).

F. Avril, "Un chef-d'œuvre de l'enluminure sous le règne de Jean le Bon: la Bible moralisée, manuscrit français 167 de la Bibliothèque nationale," *Monuments et mémoires* 58 (1972), 91–125.

J. Balty, *Mosaïques antiques de Syrie* (Brussels, 1977).

J. Balty, "Les mosaïques de Syrie au Ve siècle et leur répertoire," *Byzantion* 54 (1984), 437–468.

C. Bargellini, *Studies in Medieval Apulian Floor Mosaics* (PhD dissertation, Harvard University, 1974).

I. Beck, "The First Mosaics of the Cappella Palatina in Palermo," *Byzantion* 40 (1970), 119–164.

H. Belting, "Le problème du style dans l'art byzantin des derniers siècles," *La civiltà bizantina dal XII al XV secolo* (Rome, 1982), 294–308.

H. Belting and G. Cavallo, *Die Bibel des Niketas. Ein Werk der höfischen Buchkunst in Byzanz und sein justinianisches Vorbild* (Wiesbaden, 1990).

H. S. Benjamins, "Paradisiacal Life: The Story of Paradise in the Early Church," in G. P. Luttikhuizen ed., *Paradise Interpreted. Representations of Biblical Paradise in Judaism and Christianity* (Leiden, 1999), 153–167.

M. Berger, "L'influence de la liturgie et des commentaires mystagogiques sur les programmes iconographiques byzantins de Terre d'Otrante (XIIe–XVe siècles)," in V. Ruggieri et al., eds., *Riflessi metropolitani liturgici, agiografici, paleografici, artistici nell'Italia meridionale*, Orientalia Christiana Analecta 296 (Rome, 2014), 11–46.

M. Bernabò, "Lo studio dell'illustrazione dei mss. greci del Vecchio Testamento, ca. 1820–1990," *Medioevo e Rinascimento* 9 (1995), 263–266.

M. Bernabò, "L'illustrazione del Vecchio Testamento e la rovina dei manoscritti," in M. Bernabò ed., *Voci dell'Oriente: miniature e testi classici da Bisanzio alla Biblioteca Medicea Laurenziana* (Florence, 2011), 143–177.

M. Bernabò, "Bisanzio e Firenze," in M. Bernabò ed., *Voci dell'Oriente: miniature e testi classici da Bisanzio alla Biblioteca Medicea Laurenziana* (Florence, 2011), 11–33.

J. L. Biscop and J. P. Sodini, "Qal'at Sem'an et les chevets à colonnes de Syrie du Nord," *Syria* 61 (1984), 267–330.

J. L. Biscop and J. P. Sodini, "Travaux à Qal'at Sem'an," *Acts of the 11th International Congress of Christian Archaeology* (Rome, 1989), 1675–1693.

E. W. Black, "Christian and Pagan Hopes of Salvation in Romano-British Mosaics," in M. Henig and A. King eds., *Pagan Gods and Shrines of the Roman Empire* (Oxford, 1986), 147–158.

E. N. Boeck, *Imagining the Byzantine Past: The Perception of History in the Illustrated Manuscripts of Skylitzes and Manases* (Cambridge, 2015).

B. D. Boehm and M. Holcomb eds., *Jerusalem, 1000–1400: Every People under Heaven* (New York, 2016).

E. S. Bolman ed., *The Red Monastery Church: Beauty and Asceticism in Upper Egypt* (New Haven, 2016).

R. Bonfil et al., eds., *Jews in Byzantium: Dialectics of Minority and Majority Cultures* (Leiden, 2012).

C. Bonner, *Studies in Magical Amulets. Chiefly Graeco-Egyptian* (Ann Arbor, 1950).

E. Borsook, *Messages in Mosaic. The Royal Programmes of Norman Sicily (1130–1187)* (Oxford, 1990).

R. Branner, *Manuscript Painting in Paris during the Reign of St. Louis* (Berkeley, 1977).

M. Bratschkova, "Die Muschel in der antiken Kunst," *Bulletin de l'Institut Archéologique Bulgare* 12 (1938), 1–131.

B. Brenk ed., *La Cappella Palatina a Palermo*, Mirabilia Italiæ 17 (Modena, 2010).

S. Brodbeck, *Les saints de la cathédrale de Monreale en Sicile. Iconographie, hagiographie et pouvoir royal à la fin du XIIe siècle* (Rome, 2010).

M. Brown, *In the Beginning: Bibles before the Year 1000* (Washington, D. C., 2006).

L. Brubaker, *Vision and Meaning in Ninth-Century Byzantium. Image as Exegesis in the Homilies of Gregory of Nazianzus* (Cambridge, 1999).

G. Brusin and P. Zovatto, *Monumenti Paleocristiani di Aquileia e di Grado* (Udine, 1957).

M. Büchsel, H. L. Kessler, R. Müller eds., *The Atrium of San Marco in Venice: The Genesis and Medieval Reality of the Genesis Mosaics* (Berlin, 2014).

H. Buchthal, *Miniature Painting in the Latin Kingdom of Jerusalem* (Oxford, 1957).

J. Bujard, "Les églises géminées d'Umm er-Rasas," *Annual of the Department of Antiquities of Jordan* 36 (1992), 291–306.

U. C. Bussemaker and C. Daremberg eds., *Oeuvres d'Oribase*, 6vols. (Paris, 1851–1876).

O. Callot, "A propos de quelques colonnes de stylites syriens," *Architecture et poésie dans le monde grec: Hommage à Georges Roux* (Paris, 1989), 107–122.

M. Camille, "Visual Signs of the Sacred Page: Books in the Bible Moralisée," *Word & Image* 5 (1989), 111–130.

P. Canart, "Les écritures livresques chypriotes du milieu du XIe siècle au milieu du XIIIe et le style palestino-chypriote 'epsilon'," *Scrittura e Civiltà* 5 (1981), 17–76.

F. J. Carmody ed., "Physiologus Latinus versio Y," *Universtiy of California Publications in Classical Philology* XII (1941), 95–134.

A. W. Carr, *Famagusta. vol. 1, Art and Architecture* (Turnhout, 2014).

A. W. Carr and A. Nicolaïdès eds., *Asinou across Time: Studies in the Architecture and Murals of the Panagia Phorbiotissa, Cyprus* (Washington, D. C, 2012).

F. Castagnoli, *Orthogonal Town Planning in Antiquity* (Massachusetts, 1971).

M. Castagnetti, "Origin of a Form: The Chiastic Scheme in Madaba and its Sources," *Annual of the Department of Antiquities of Jordan* 47 (2003), 87–99.

M. H. Caviness, "Anchoress, Abbess and Queen: Women Patrons of the Arts in the Twelfth Century," in J.

R. Ceulemans, "Nouveaux témoins manuscrits de la chaîne de Polychronios sur le Cantique (CPG C 83)," *Byzantinische Zeitschrift* 104 (2011), 603–628.

P. Chantraine, *Dictionnaire étymologique de la langue grecque*, 4vols. (Paris, 1968–80).

P. Chatterjee, *The Living Icon in Byzantium and Italy: The Vita Image, Eleventh to Thirteenth Centuries* (New York, 2014).

L. Cleaver, "From Codex to Roll: Illustrating History in the Anglo-Norman World in the Twelfth and Thirteenth Centuries," in D. Bates ed., *Anglo-Noman Studies* XXXVI (Woodbridge, 2013), 69–90.

M. L. Colker, *Trinity College Library Dublin: Descriptive Catalogue of the Medieval and Renaissance Latin Manuscripts*, 2vols. (Aldershot, 1991).

J. E. Cooper and M. J. Decker, *Life and Society in Byzantine Cappadocia* (New York, 2012).

K. Corrigan, *Visual Polemics in the Ninth-century Byzantine Psalters* (Cambridge, 1992).

S. Ćurčić, "Some Palatine Aspects of the Cappella Palatina in Palermo," *Dumbarton Oaks Papers* 41 (1987), 125–144.

S. Ćurčić, "Further Thoughts on the Palatine Aspects of the Cappella Palatina in Palermo," in T. Dittelbach ed., *The Cappella Palatina in Palermo. History, Art, Functions* (Swiridoff, 2011), 525–533.

A. Cutler, "The Disputa Plate in the J. Paul Getty Museum and Its Cinquecento Context," *The J. Paul Getty Museum Journal* 18 (1990), 5–32.

J. Daniélou, *Primitive Christian Symbols* (London, 1964).

C. M. Dauphin, "Byzantine Pattern Books: A Re-examination of the Problem in the Light of the 'Inhabited Scroll'," *Art History* 1 (1978), 400–423.

C. M. Dauphin, "Symbolic or Decorative? The Inhabited Scroll as a Means of Studying Some Early Byzantine Mentalities," *Byzantion* 48 (1978), 10–34.

The Dead Sea Scrolls and the World of Bible: The official catalogue of "The Tokyo Great Bible exhibition," (Tokyo, 2000).

G. Delmonaco et al., "Slope Dynamics Acting on Villa del Casale (Piazza Armerina, Sicily)," in W. A. Lacerda et al., eds., *Landslides: Evaluation and Stabilization* (London, 2005), 357–362.

O. Demus, *The Mosaics of Norman Sicily* (London, 1950).

R. Dijkstra, *The Apostles in Early Christian Art and Poetry* (Leiden, 2016).

T. Dittelbach, "Der Dom in Monreale als Krönungskirche. Kunst und Zeremoniell des 12. Jahrhunderts in Sizilien," *Zeitschrift für Kunstgeschichte* 62 (1999), 464–493.

T. Dittelbach, *Rex Imago Christi. Der Dom von Monreale. Bildsprachen und Zeremoniell in Mosaikkunst und Architektur* (Wiesbaden, 2003).

E. C. Dodd, *The Frescoes of Mar Musa al-Habashi. A Study of Medieval Painting in Syria* (Toronto, 2001).

H. Donner and H. Cüppers, "Die Restauration und Konservierung der Mosaikkarte von Madeba," *Zeitschrift des Deutschen Palästina-Vereins* 83 (1967), 1–33.

H. Donner, *The Mosaic Map of Madaba* (Kampen, 1992).

R. Doran, "Compositional Comments on the Syriac Lives of Simeon Stylites," *Analecta Bollandiana* 102 (1984), 35–48.

R. Doran, *The Lives of Simeon Stylites* (Kalamazoo, 1992).

J. Lafontaine-Dosogne, *Histoire de l'art byzantin et chrétien d'Orient* (Louvain-la Neuve, 1987).

S. Dufrenne, "Problèmes des ateliers de miniaturistes byzantins," *Jahrbuch der Österreichischen Byzantinistik* 31/2 (1981), 445–470.

K. M. D. Dunbabin, *Mosaics of the Greek and Roman World* (Cambridge, 1999).

V. H. Elbern, "Eine frühbyzantinische Reliefdarstellung des älteren Symeon Stylites," *Jahrbuch des Deutschen Archäologischen Instituts* 80 (1965), 280–304.

J. d'Emilio, "Looking Eastward: The Story of Noe at Monreale Cathedral," in C. Hourihane ed., *Image and Belief* (Princeton, 1999), 135–150.

A. W. Epstein, "Rock-cut Chapels in Göreme Valley, Cappadocia: The Yılanlı Group and the Column Churches," *Cahiers archéologiques* 24 (1975), 115–135.

A. W. Epstein, "The Fresco Decoration of the Column Churches, Göreme Valley, Cappadocia. A Consideration of their Chronology and their Models," *Cahiers archéologiques* 29 (1980–81), 27–45.

A. W. Epstein, "Frescoes of the Mavriotissa near Kastoria. Evidence of Millenerism and Antisemitism in the Wake of the First Crusade," *Gesta* 21.1 (1982), 21–29.

A. W. Epstein, *Tokali Kilise: Tenth Century Metropolitan Art in Cappadocia* (Washington, D. C., 1986).

A. Ernout, *Dictionnaire étymologique de la langue latine* (Paris, 1994).

M. Evangelatou, "Word and Image in the Sacra Parallela (Codex Parisinus Graecus 923)," *Dumbarton Oaks Papers* 62 (2008), 113–197.

H. C. Evans, *Age of Transition: Byzantine Culture in the Islamic World* (New York, 2015).

C. Fabbri, *Gli eterni affetti: il sentimento dipinto tra Bisanzio e Ravenna* (Ravenna, 2016).

N. Rash-Fabbri, "A Drawing in the Bibliothèque Nationale and the Romanesque Mosaic Floor in

Brindisi," *Gesta* 13 (1974), 5–14.

N. Rash-Fabbri, *Eleventh and Twelfth Century Figurative Mosaic Floors in South Italy* (PhD dissertation, Bryn Mawr College, Michigan, 1971).

R. Fernandes, "Le culte et l'iconographie des stylites," in I. Peña et al., eds., *Les stylites syriens* (Milan, 1975), 163–217.

J. Flatman, *The Illuminated Ark: Interrogating Evidence from Manuscript Illuminations and Archaeological Remains for Medieval Vessels* (Oxford, 2007).

J. Folda, *Crusader Art in the Holy Land: From the Third Crusade to the Fall of Acre, 1187–1291* (Cambridge, 2005).

J. Folda, *Byzantine Art and Italian Panel Painting: The Virgin and Child Hodegetria and the Art of Chrysography* (New York, 2015).

I. Foletti and E. Thunø eds., *The Medieval South Caucasus: Artistic Cultures of Albania, Armenia and Georgia* (Turnhout, 2016).

H. Frisk, *Griechisches etymologisches Wörterbuch*, 3vols. (Heidelberg, 1973–2008).

C. Settis Frugoni, "Per una lettura del mosaico pavimentale della cattedrale di Otranto," *Bullettino dell'Istituto Storico Italiano per il Medio Evo e Archivio Muratoriano* 80 (1968), 213–256.

C. Settis Frugoni, "Il mosaico di Otranto: modelli culturali e scelte iconografiche," *Bullettino dell'Istituto Storico Italiano per il Medio Evo e Archivio Muratoriano* 82 (1970), 243–270.

E. Garrison, *Ottonian Imperial Art and Portraiture: The Artistic Patronage of Otto III and Henry II* (Farnham, 2012).

C. A. Garufi, "Il pavimento a mosaico della Cattedrale d'Otranto," *Studi Medievali* 2 (1906–1907), 505–514.

S. E. J. Gerstel, *Rural Lives and Landscapes in Late Byzantium: Art, Archaeology, and Ethnography* (New York, 2015).

G. Gianfreda, *Suggestioni e analogie tra il mosaico pavimentale della Basilica Cattedrale di Otranto e la Divina Commedia* (Galatina, 1985).

G. Gianfreda, *Basilica Cattedrale di Otranto. Architettura e mosaico pavimentale* (Galatina, 1987).

G. Gianfreda, *Il Mosaico di Otranto: biblioteca medioevale in immagini* (Lecce, 1998).

A. T. Ginnasi, *Incoronazione celeste nel mondo bizantino: politica, cerimoniale, numismatica e arti figurative* (Oxford, 2014).

D. A. Gish, "Xenophon's Cyruses and the Art of War: Hunting in Paradise," *Northeastern Political Science Association* (2009), 1–24.

J. Le Goff, *The Birth of Purgatory*, trans. A. Goldhammer (Chicago, 1986).

V. R. Gold, "The Mosaic Map of Madeba," *Biblical Archaeologist* 21 (1958), 50–71.

E. R. Goodenough, *Jewish Symbols in the Greco-Roman Period*, 13vols. (New York, 1953–1968).

A. Grabar, "Recherches sur les sources juives de l'art paléochrétien," *Cahiers archéologiques* 12 (1962), 119–122.

P. L. Grotowski, *Arms and Armour of the Warrior Saints: Tradition and Innovation in Byzantine Iconography (843–1261)* (Leiden, 2010).

A. Hadjar, *The Church of St. Simeon the Stylite and Other Archaeological Sites in the Mountains of Simeon and Halaqa*, trans. P. J. Amash (Damascus, n. d.).

F. Halkin, *Bibliotheca Hagiographica Graeca*, 3vols. (Bruxelles, 1957³).

T. C. Hamilton, "Queenship and Kinship in the French Bible Moralisée: The Example of Blanche of Castile and Vienna ÖNB 2554," in K. Nolan ed., *Capetian Women* (New York, 2003), 177–208.

S. A. Harvey, "The Sense of a Stylite: Perspectives on Simeon the Elder," *Vigiliae Christianae* 42 (1988), 376–394.

W. Haug, "Artussage und Heilsgeschichte zum Programm des Fussbodenmosaiks von Otranto," *Deutsche Vierteljahrsschrift für Literaturwissenschaft und Geistesgeschichte* 49 (1975), 577–606.

W. Haug, *Das Mosaik von Otranto. Darstellung, Deutung und Bilddokumentation* (Wiesbaden, 1977).

R. Haussherr, "Drei Texthandschriften der Bible moralisée," in J. M. Hofstede et al., eds., *Festschrift für Eduard Trier zum 60. Geburtstag* (Berlin, 1981), 35–65.

J. Higgitt, *The Murthly Hours: Devotion, Literacy and Luxury in Paris, England and the Gaelic West* (London, 2000).

C. Hilsdale, *Byzantine Art and Diplomacy in an Age of Decline* (Cambridge, 2014).

D. Hoffmann, "Der 'numerus equitum persoiustinianorum' auf einer Mosaikinschrift von Sant'Eufemia in Grado," *Aquileia Nostra* 32–33 (1961–62), 81–98.

N. Kavrus-Hoffmann, "Catalogue of Greek Medieval and Renaissance Manuscripts in the Collections of the United States of America. Part V. 3: Harvard University, the Houghton Library and Andover-Harvard Theological Library," *Manuscripta* 55 (2011), 1–108.

Hugh of St. Victor, *A Little Book about Constructing Noah's Ark*, trans. J. Weiss, in M. Carruthers and J. M. Ziolkowski eds., *The Medieval Craft of Memory: An Anthology of Texts and Pictures* (Philadelphia, 2002).

L. A. Hunt, "The Byzantine Mosaics of Jordan in Context: Remarks on Imagery, Donors and Mosaicists," *Palestine Exploration Quarterly* 126 (1994), 106–126.

J. Huré, *Histoire de la Sicile* (Paris, 1957).

I. Hutter, "Paläologische Übermalungen im Oktateuch Vaticanus graecus 747," *Jahrbuch der Österreichischen Byzantinistik* 21 (1972), 139–148.

A. Iafrate, *The Wandering Throne of Solomon: Objects and Tales of Kingship in the Medieval Mediterranean* (Leiden, 2015).

J. Jarry, "Trouvailles épigraphiques à Saint-Syméon," *Syria* 43 (1966), 105–115.

S. Jean Damascène, *Homélies sur la Nativité et la Dormition*, trans. P. Voulet, Sources chrétiennes 80 (Paris, 1961).

G. de Jerphanion, *Une nouvelle province de l'art byzantin: les églises rupestres de Cappadoce*, 2vols. (Paris, 1925-42).

L. Jones ed., *Byzantine Images and their Afterlives: Essays in Honor of Annemarie Weyl Carr* (Farnham, 2014).

S. Kadas, *The Octateuch of the Monastery of Vatopedi (Codex 602)* (Mount Athos, 2005).

A. Karahan, *Byzantine Holy Images: Transcendence and Immanence: The Theological Background of the Iconography and Aesthetics of the Chora Church*. Orientalia Lovaniensia Analecta 176 (Leuven, 2010).

A. P. Kazhdan eds., *The Oxford Dictionary of Byzantium*, 3vols. (Oxford, 1991).

E. Kirschbaum et al., eds., *Lexikon der christlichen Ikonographie*, 8vols. (Rome, 1968–1976).

E. Kitzinger, "The Mosaics of the Cappella Palatina in Palermo. An Essay on the Choice and Arrangement of Subjects," *The Art Bulletin* 31 (1949), 269–292.

E. Kitzinger, *I mosaici di Monreale* (Palermo, 1960).

M. Kominko, *The World of Kosmas. Illustrated Byzantine Codices of the Christian Topography* (Cambridge, 2013).

D. Krencker, "War das Oktogon der Wallfahrtskirche des Simeon Stylites in Kal'at Sim'an überdeckt?" *Jahrbuch des deutschen archäologischen Instituts* 49 (1934), 62–89.

W. Krönig, *Il duomo di Monreale e l'architettura normanna in Sicilia* (Palermo, 1965).

A. de Laborde, *La Bible moralisée illustrée: conservée à Oxford, Paris et Londres: reproduction intégrale du manuscrit du XIIIe siècle*, 5vols. (Paris, 1911–1927).

O. de Laborderie, "Genealogiae orbiculatae: Matthew Paris and the Invention of Visual Abstracts of English History," in J. Burton et al., eds., *Thirteenth Century England XIV: Proceedings of the Aberystwyth and Lampeter Conference, 2011* (Woodbridge, 2013), 183–235.

J. Lassus, *Sanctuaires chrétiens de Syrie* (Paris, 1947).

I. Lavin, "The Hunting Mosaics of Antioch and their Sources," *Dumbarton Oaks Papers* 17 (1963), 179–286.

R. Lejeune et J. Stiennon, "La légende arthurienne dans la sculpture de la cathédrale de Modène," *Cahiers de civilisation médiévale* 6 (1963), 281–296.

M. Blanchard-Lemée, *Mosaics of Roman Africa. Floor Mosaics from Tunisia* (London, 1996).

C. Jolivet-Lévy, "Nouvelle découverte en Cappadoce: les églises de Yüksekli," *Cahiers archéologiques* 35 (1987), 113–141.

C. Jolivet-Lévy, *Les églises byzantines de Cappadoce. Le programme iconographique de l'abside et de ses abords* (Paris, 1991).

C. Jolivet-Lévy, "Les programmes iconographiques des églises de Cappadoce au Xe siècle. Nouvelles recherches," in *Etudes Cappadociennes* (London, 2002), 322–356.

C. Jolivet-Lévy, "Aspects de la relation entre espace liturgique et décor peint à Byzance," in *Etudes Cappadociennes* (London, 2002), 375–398.

C. Jolivet-Lévy, "Images et espace cultuel à Byzance: l'exemple d'une église de Cappadoce (Karşı kilise, 1212)," in *Etudes Cappadociennes* (London, 2002), 285–321.

C. Jolivet-Lévy, *La Cappadoce: un siècle après G. de Jerphanion* (Paris, 2015).

Lexicon Iconographicum Mythologiae Classicae, 8vols. (Zurich, 1981–2009).

K. Linardou, "The Kokkinobaphos Manuscripts Revisited: The Internal Evidence of the Books," *Scriptorium* 61 (2007), 384–407.

W. M. Lindsay ed., Isidori Hispalensis Episcopi, *Etymologiarum sive originum libri* XX, 2vols. (Oxford, 1911).

R. Ling, *Ancient Mosaics* (London, 1998).

A. R. Littlewood, "Gardens of the Palaces," in H. Maguire ed., *Byzantine Court Culture from 829 to 1204* (Washington, D. C., 1997), 13–38.

R. S. Loomis and L. H. Loomis, *Arthurian Legends in Medieval Art* (New York, 1938).

J. Lowden, "An Alternative Interpretation of the Manuscripts of Niketas," *Byzantion* 53 (1983), 559–574.

J. Lowden, *Illuminated Prophet Books: A Study of Byzantine Manuscripts of the Major and Minor Prophets* (University Park, 1989).

J. Lowden, *The Octateuchs: A Study in Byzantine Manuscript Illustration* (University Park, 1992).

J. Lowden, "Early Christian and Byzantine Art," in J. Turner ed., *Dictionary of Art* (Basingstoke, 1996).

J. Lowden, *Early Christian and Byzantine Art* (London, 1997).

J. Lowden, *The Making of the Bibles Moralisées*, 2vols. (University Park, 2000).

J. Lowden, "Miniatura Bisanzio," in *Enciclopedia dell'arte medievale* (Rome, 2002).

J. Lowden, "The Transmission of 'Visual Knowledge' in Byzantium through Illuminated Manuscripts: Approaches and Conjectures," in C. Holmes and J. Waring eds., *Literacy, Education and Manuscript Transmission in Byzantium and beyond* (Leiden, 2002), 59–80.

J. Lowden, "Illustrated Octateuch Manuscripts: A Byzantine Phenomenon," in P. Magdalino and R. S. Nelson eds., *The Old Testament in Byzantium* (Washington, D. C., 2010), 107–152.

S. Lunais, *Recherches sur la lune* (Leiden, 1979).

U. Lux, "Die Apostel-Kirche in Madaba," *Zeitschrift des Deutschen Palästina-Vereins* 84 (1968), 106–129.

A. Lymberopoulou ed., *Images of the Byzantine World: Visions, Messages and Meanings* (Farnham, 2011).

H. Maguire, *Earth and Ocean. The Terrestrial World in Early Byzantine Art* (London, 1987).

H. Maguire, "The Nile and the Rivers of Paradise," in M. Piccirillo and E. Alliata eds., *The Madaba Map Centenary, 1897–1997: Travelling through the Byzantine Umayyad Period* (Michigan, 1999), 179–183.

H. Maguire, "Imperial Gardens and the Rhetoric of Renewal," in P. Magdalino ed., *New Constantines; the Rhythm of Imperial Renewal in Byzantium, 4th-13th Centuries* (Aldershot, 1994), 181–197.

H. Maguire et al., eds., *Graphic Signs of Identity, Faith, and Power in Late Antiquity and the Early Middle Ages*

(Turnhout, 2017).

G. P. Majeska, "Notes on the Archeology of St Sophia at Constantinople: The Green Marble Bands on the Floor," *Dumbarton Oaks Papers* 32 (1978), 299–308.

C. Mango, *The Art of the Byzantine Empire, 312–1453* (New Jersey, 1972).

M. Mango, *Silver from Early Byzantium. The Kaper Koraon and Related Treasures* (Baltimore, 1986).

M. Martiniani-Reber ed., *Byzance en Suisse* (Geneva, 2015).

D. Matthew, *The Norman Kingdom of Sicily* (Cambridge, 1992).

T. F. Mathews, *The Dawn of Christian Art in Panel Paintings and Icons* (Los Angeles, 2016).

D. C. Matt, *The Zohar*, vols. 1–9 (Stanford, 2003–2016).

A. Mazza, "La maschera fogliata: una figura dei repertori ellenistico-orientali riproposta in ambito bizantino," *Jahrbuch der Österreichischen Byzantinistik* 32, v (1982), 23–32.

H. McCash ed., *The Cultural Patronage of Medieval Women* (Georgia, 1996), 105–153.

S. C. McCluskey, *Astronomies and Cultures in Early Medieval Europe* (Cambridge, 1998).

E. McGeer, *Sowing the Dragon's Teeth: Byzantine Warfare in the Tenth Century* (Washington, D. C., 1995).

S. McKendrick and K. Doyle, *The Art of the Bible: Illuminated Manuscripts from the Medieval World* (London, 2016).

R. Mellinkoff, *The Horned Moses in Medieval Art and Thought* (Berkeley, 1970).

J. P. Migne ed., *Patrologiae Cursus Completes: Series Latina*, 221vols. (Paris, 1841-1855).

J. P. Migne ed., *Patrologiae Cursus Completes: Series Graeca*, 161vols. (Paris, 1857–1866).

L. Hadermann-Misguich, "A propos de la Mavriotissa de Castoria. Arguments iconographiques pour le maintien de la datation des peinture dans la première moitié du XIIIe siècle," *Studia slavico-byzanina et medievalia europensia*, I (1988–89), 143–148.

K. Mitalaité and A. Vasiliu eds., *L'icône dans la pensée et dans l'art: constitutions, contestations, réinventions de la notion d'image divine en contexte chrétien* (Turnhout, 2017).

N. Morgan, *Early Gothic Manuscripts, 1190–1250* (London, 1982).

N. Morgan, "Old Testament Illustration in Thirteenth-Century England," in B. Levy ed., *The Bible in the Middle Ages: Its Influence on Literature and Art* (N. Y., 1992), 149–198.

N. Moutsopoulos, *Kastoria. Panagia Mavriotissa* (Athens, 1967).

R. Murray, *Symbols of Church and Kingdom* (Cambridge, 1975).

J. Nasrallah, "Le couvent de Saint-Siméon l'Alépin: Témoignages littéraires et jalons sur son histoire," *Parole de l'Orient* 1 (1970), 327–356.

J. Nasrallah, "A propos des trouvailles épigraphiques à Saint-Siméon-l'Alépin," *Syria* 48 (1971), 165–178.

R. Naumann, "Mosaik- und Marmorplattenböden in Kal'at Sim'an und Pirun," *Archäologischer Anzeiger* (1942), 19–46.

R. Nelson, "A Thirteenth-Century Byzantine Miniature in the Vatican Library," *Gesta*, 20 (1981), 213–222.

R. Nelson, "The Italian Appreciation and Appropriation of Illuminated Byzantine Manuscripts, ca. 1200–1450," *Dumbarton Oaks Papers* 49 (1995), 209–235.

N. Nercessian, "The Cappella Palatina of Roger II: The Relationship of its Imagery to its Political Function," (PhD dissertation, UCLA, 1981).

M. North, "Die Mosaikinschriften der Apostel-Kirche in Madaba," *Zeitschrift des Deutschen Palästina-Vereins* 84 (1968), 130–142.

D. Noy, *Jewish Inscriptions of Western Europe* (Cambridge, 1993).

S. Ognibene, *La chiesa di Santo Stefano ad Umm al-Rasas ed il "problema iconofobico"* (Rome, 2002).

A. Ovadiah, *Geometric and Floral Patterns in Ancient Mosaics* (Rome, 1980).

The Panagia Mavriotissa in Kastoria (Thessaloniki, 1993).

J. Parisot ed., *Aphraatis Sapientis Persae Demonstrationes*. Patrologia Syriaca I, II (Paris, 1894, 1907).

N. N. Patricios, *The Sacred Architecture of Byzantium: Art, Liturgy and Symbolism in Early Christian Churches* (London, 2014).

Paulinus of Nola, *Letters of St Paulinus of Nola*, trans. P. G. Walsh, Ancient Christian Writers 35, 36 (Westminster, 1967).

D. Pearsall, *Gothic Europe 1200–1450* (London, 2001).

P. Peeters, *Bibliothea Hagiographica Orientalis* (Bruxelles, 1910, repr. 1954).

S. Pelekanidis and M. Chatzidakis, *Kastoria* (Athens, 1984).

C. Pennas, *The Byzantine Church of Panagia Krena in Chios: History, Architecture, Sculpture, Painting (Late 12th Century)* (Leiden, 2017).

L. Perria and A. Iacobini, "Gli Ottateuchi in età paleologa. Problemi di scrittura e illustrazione. Il caso del Laur. Plut. 5. 38," *L'arte di Bisanzio e l'Italia al tempo dei Paleologi* (Rome, 1999), 69–111.

M. Piccirillo and T. Attiyat, "The Complex of Saint Stephen at Umm er-Rasas-Kastron Mefaa," *Annual of the Department of Antiquities of Jordan* 30 (1986), 341–351.

M. Piccirillo, *Chiese e Mosaici di Madaba* (Milan, 1989).

M. Piccirillo, *The Mosaics of Jordan* (Amman, 1993).

M. Piccirillo and E. Alliata, *Umm al-Rasas-Mayfa'ah. I. Gli scavi del complesso di Santo Stefano* (Jerusalem, 1994).

M. Piccirillo and E. Alliata eds., *The Madaba Map Centenary, 1897–1997: Travelling through the Byzantine Umayyad Period* (Michigan, 1999).

Pliny the Elder, *The Natural History*, ed. John Bostock and H. T. Riley, in the Perseus Digital Library, http://www.perseus.tufts.edu（2017年8月1日）

E. Poirot, *Saint Antoine le Grand dans l'Orient chrétien: dossier littéraire, hagiographique, liturgique, iconographique en langue française*, 2vols. (Frankfurt am Main, 2014).

Ptolemy, *The Almagest*, trans. C. Taliaferro (London, 1952).

M. Martiniani-Reber, *Donation Janet Zakos: de Rome à Byzance* (Geneva, 2015).

M. Restle, *Byzantine Wall Painting in Asia Minor*, 3vols. (Greenwich, 1969).

F. Ribezzo, "Lecce, Brindisi, Otranto nel ciclo creativo dell'epopea normanna e nella Chanson de Roland," *Archivio Storico Pugliese* 5 (1952), 192–215.

L. Rodley, *Cave Monasteries of Byzantine Cappadocia* (Cambridge, 1985).

J. Romaine and L. Stratford ed., *ReVisioning: Critical Methods of Seeing Christianity in the History of Art* (Camgridge, 2014).

S. J. Saller and B. Bagatti, *The Town of Nebo (Khirbet el-Mekhayyat) with a Brief Survey of Other Ancient Christian Monuments in Transjordan* (Jerusalem, 1949).

R. Salvini, *Il chiostro di Monreale e la scultura romanica in Sicilia* (Palermo, 1962).

A. Sand, *Vision, Devotion, and Self-Representation in Late Medieval Art* (Cambridge, 2014).

N. Schibille, *Hagia Sophia and the Byzantine Aesthetic Experience* (Farnham, 2014).

R. Schick, *The Christian Communities of Palestine from Byzantine to Islamic Rule* (Princeton, 1995).

W. Schneemelcher ed., *New Testament Apocrypha: Writings Relating to the Apostles Apocalypses and Related Subjects* (London, 1964).

H. W. Schulz, *Denkmäler der Kunst des Mittelalters in Unteritalien* I (Dresden, 1860).

N. Ševčenko, "Written Voices: The Spoken Word in Middle Byzantine Monumental Painting," in S. Boynton and D. J. Reilly eds., *Resounding Images: Medieval Intersections of Art, Music, and Sound* (Turnhout, 2015).

I. Shahid, "The Madaba Mosaic Map Revisited," in M. Piccirillo ed., *The Madaba Map Centenary. Travelling through the Byzantine Umayyad Period* (Jerusalem, 1999), 147–154.

J. A. Shelton, "Beastly Spectacles in the Ancient Mediterranean World," in L. Kalof, *A Cultural History of*

Animals in Antiquity (Oxford, 2011), 97–126.

P. Sicard, *Diagrammes médiévaux et exégèse visuelle: le Libellus de formatione arche de Hughes de Saint-Victor* (Paris, 1993).

J. P. Sodini, "Remarques sur l'iconographie de Syméon l'Alépin, le premier stylite," *Monuments et Mémoires, Fondation Eugène Piot* 70 (1989), 29–53.

J. P. Sodini, "Qal'at Sem'an–Ein Zentrum des Pilgerwesens," in B. Brenk et al., eds., *Syrien von den Aposteln zu den Kalifen* (Linz, 1993), 128–143.

A. Dupont-Sommer, "Une hymne syriaque sur la cathédrale d'Édesse," *Cahiers archéologiques* 2 (1947), 29–39.

J.-M. Spieser, *Images du Christ: des catacombes aux lendemains de l'iconoclasme* (Geneva, 2015).

C. Spretnak, *Lost Goddesses of Early Greece* (California, 1978).

H. Stahl, *Picturing Kingship. History and Painting in the Psalter of Saint Louis* (University Park, 2008).

V. Stankovic ed., *The Balkans and the Byzantine World before and after the Captures of Constantinople, 1204 and 1453* (Lanham, 2016).

I. A. Sterligova ed., *Byzantine Antiquities: Works of Art from the Fourth to Fifteenth Centuries in the Collection of the Moscow Kremlin Museums* (Moscow, 2013).

C. A. Stewart et al., eds., *Cyprus and the Balance of Empires: Art and Archaeology from Justinian I to the Coeur de Lion* (Boston, 2014).

C. Strube, "Die Formgebung der Apsisdekoration in Qalbloze und Qalat Siman," *Jahrbuch für Antike und Christentum* 20 (1977), 181–191.

J. Strzygowski, *Der Bilderkreis des griechisches Physiologus* (Leipzig, 1899).

A. Stylianou, *The Painted Churches of Cyprus* (Cyprus, 1964).

A. Stylianou, *The Painted Churches of Cyprus: Treasures of Byzantine Art* (London, 1985).

R. Talgam, *Mosaics of Faith: Floors of Pagans, Jews, Samaritans, Christians, and Muslims in the Holy Land* (Jerusalem, 2014).

S. Tavano, "Mosaici di Grado," *Atti del III congresso nazionale di archeologia cristiana* 6 (Trieste, 1974), 167–199.

N. B. Teteriatnikov, *The Liturgical Planning of Byzantine Churches in Cappadocia*. Orientalia Christiana Analecta 252 (Rome, 1996).

N. Thierry, "L'art monumental byzantin en Asie Mineure du XIe siècle au XIVe," *Dumbarton Oaks Papers* 29 (1975), 73–111.

E. Thunø, *The Apse Mosaic in Early Medieval Rome: Time, Network, and Repetition* (New York, 2015).

H. G. Thümmel, "Zur Deutung der Mosaikkarte von Madeba," *Zeitschrift des Deutschen Palästina-Vereins* 89 (1973), 66–79.

P. A. Torijano, *Solomon the Esoteric King. From King to Magus, Development of Tradition* (Leiden, 2002).

J. Trilling, "The Soul of the Empire: Style and Meaning in the Mosaic Pavement of the Byzantine Imperial Palace in Constantinople," *Dumbarton Oaks Papers* 43 (1989), 27–72.

L. Trizzino, "Una fabbrica in onore e Gloria del suo re," in W. Krönig ed., *L'anno di Guglielmo. 1189–1989. Monreale, percorsi tra arte e cultura* (Palermo, 1989), 61–79.

W. Tronzo, *The Cultures of His Kingdom. Roger II and the Cappella Palatina in Palermo* (Princeton, 1997).

Y. Tsafrir, "The Maps Used by Theodosius: On the Pilgrim Maps of the Holy Land and Jerusalem in the Sixth Century C. E.," *Dumbarton Oaks Papers* 40 (1986), 129–145.

V. Tsamakda, *A Companion to Byzantine Illustrated Manuscripts* (Leiden, 2017).

J. Turner ed., *The Dictionary of Art*, 34vols. (London, 1996).

C. Ungruh, "Zur Ikonographie von Apokalypsekommentaren: Das Apsisbodenmosaik der Kathedrale von Otranto," *Concilium medii aevi* 3 (2000), 59–82.

T. Uspenskij, *L'Octateuque de la bibliothèque du Sérail à Constantinople* (Sofia, 1907).

M. de Vaan, *Etymological Dictionary of Latin and Other Italic Language* (Leiden, 2008).

M. Vassilaki et al., *Working Drawings of Icon Painters after the Fall of Constantinople: The Andreas Xyngopoulos Portfolio at the Benaki Museum* (Athens, 2015).

R. Vaughan, *Matthew Paris* (Cambridge, 1958).

A. Vööbus, *History of Asceticism in the Syrian Orient* (Louvain, 1960).

P. Donceel-Voûte, *Les pavements des églises byzantines de Syrie et du Liban: Décor, archéologie et liturgie*, 2vols. (Louvain-la-Neuve, 1988).

P. Donceel-Voûte, "La carte de Madaba: cosmographie, anachronisme et propagande," *Revue biblique* 95/4 (1988), 519–542.

G. Warner, *Queen Mary's Psalter* (London, 1912).

J. C. Webster, *The Labours of the Months in the Antique and Medieval Art to the End of the Twelfth Century* (Princeton, 1938).

D. Weiss, *Art and Crusade in the Age of Saint Louis* (Cambridge, 1998).

K. Weitzmann, *The Joshua Roll: A Work of the Macedonian Renaissance*. Studies in Manuscript Illumination 3 (Princeton, 1948).

K. Weitzmann, *Illustrations in Roll and Codex: A Study of the Origin and Method of Text Illustration* (Princeton, 1947), 2d ed., 1970.

K. Weitzmann, *Studies in Classical and Byzantine Manuscript Illumination* (Chicago, 1971).

K. Weitzmann, "The Study of Byzantine Book Illumination, Past, Present, and Future," in *The Place of Book Illumination in Byzantine Art* (Princeton, 1975), 12–16.

K. Weitzmann, *Late Antique and Early Christian Book Illumination* (London, 1977).

K. Weitzmann, *The Miniatures of the Sacra Parallela, Parisinus Graecus 923*. Studies in Manuscript Illumination 8 (Princeton, 1979).

K. Weitzmann and H. L. Kessler, *The Cotton Genesis: British Library, Codex Cotton Otho B. VI*. The Illustrations in the Manuscripts of the Septuagint 1 (Princeton, 1986).

K. Weitzmann and M. Bernabò, *The Byzantine Octateuchs*, 2vols. The Illustrations in the Manuscripts of the Septuagint 2 (Princeton, 1999).

L. T. White jr, *Latin Monasticism in Norman Sicily* (Cambridge, MA, 1938).

R. Wilken, *The Land Called Holy: Palestine in Christian History and Thought* (New Haven, 1992).

C. A. Willemsen, *Das Rätsel von Otranto: Das Fussbodenmosaik in der Kathedrale. Eine Bestandsaufnahme* (Sigmaringen, 1992).

J. Williams, *Illustrated Beatus: A Corpus of the Illustrations of the Commentary on the Apocalypse*, 5vols. (London, 1994–2003).

P. Witts, *Mosaics in Roman Britain. Stories in Stone* (Stroud, 2005).

W. T. Woodfin, *The Embodied Icon: liturgical Vestments and Sacramental Power in Byzantium* (Oxford, 2012).

M. Avi-Yonah, *The Madaba Mosaic Map with Introduction and Commentary* (Jerusalem, 1954).

M. Avi-Yonah, "Mosaic Pavements in Palestine," in *Art in Ancient Palestine* (Jerusalem, 1981), 86–117.

越宏一『西洋美術論考――古代末期・中世から近代へ』中央公論美術出版，2002．

菅原裕文・益田朋幸「カッパドキアの円柱式聖堂群の装飾プログラムと制作順」『美術史研究』50（2012），45-79．

菅原裕文・武田一文「カッパドキア、ギョレメにおける未報告聖堂の図像プログラム」『エクフラシス』5（2015），22-38．

菅原裕文「ヴァロシュ、スヴェティ・ニコラ聖堂の図像形成――マケドニア南西部のビザンティン聖堂群におけるイメージの借用」『エクフラシス』5（2015），47-61．

瀧口美香『ビザンティン四福音書写本挿絵の研究』創元社，2012．

武田一文「カッパドキア、ウフララ渓谷の聖堂調査に関する覚書——新発見の小聖堂群を中心に」『エクフラシス』5 (2015), 39-46.

辻絵理子「『トラディティオ・レギス』図と Cod. Vat. gr. 342 のヘッドピース——『法の授与』の予型論的解釈とリヴァイヴァル」甚野尚志・益田朋幸編『ヨーロッパ文化の再生と革新』, 知泉書館, 2016.

辻佐保子『古典世界からキリスト教世界へ——舗床モザイクをめぐる試論』岩波書店, 1982.

日比生優佳「果実と大地——ネボ山司祭ヨアンニス礼拝堂 上部床モザイクの考察」『早稲田大学総合人文科学研究センター研究誌』2 (2014), 105-117.

日比生優佳「水に生まれる——マダバの聖使徒聖堂『タラッサ』のメダイヨンと銘文」『早稲田大学総合人文科学研究センター研究誌』3 (2015), 157-170.

益田朋幸「ビザンティン聖堂装飾における中軸の図像」『エクフラシス：ヨーロッパ文化研究』2 (2012), 58-78.

益田朋幸『ビザンティン聖堂装飾プログラム論』中央公論美術出版, 2014.

益田朋幸「ティモテスバニ修道院（グルジア／ジョージア）と聖堂装飾における復古の問題」甚野尚志・益田朋幸編『ヨーロッパ文化の再生と革新』知泉書館, 2016.

益田朋幸編『聖堂の小宇宙（ヨーロッパ中世美術論集４）』竹林舎, 2016.

付記：2014年以前に刊行されたビザンティン美術史の網羅的な文献リストは、益田朋幸『ビザンティン聖堂装飾プログラム論』, 511-546参照。

索引

人名

あ行
アナクレトゥス2世（教皇）　108, 129
アレクサンドロス大王　166, 171, 173, 174, 177, 178, 182, 183, 186, 188
アレクシオス1世コムネノス　238, 245
アンデレ（クレタ島の）　31
アントニオス　53, 55
インディコプレウステース, コスマス　30, 245
インノケンティウス2世（教皇）　129, 130
ウィレルムス1世　81, 82, 102, 104, 111, 114, 135, 162, 175
ウィレルムス2世　81, 102, 111, 112, 114, 123-125, 127, 128, 130, 131, 133-136, 138, 139, 149-151, 156
ウォルター（ミルの）　135, 136
ウルバヌス2世（教皇）　108, 129
エヴァゲリウス　58, 60
エウゲニウス3世（教皇）　130
エウセビオス　30
オリバシウス　74
オリンピオドロス　40

か行
カストゥス　126
カストレンシス　126, 127
カッシウス　126
カバシラス, ニコラオス　29
カンタクジノス, ヨアンニス　146, 276, 277
キリロス　115, 185, 260
グィスカルドゥス, ロベルトゥス　108, 129
クセノフォン　42
クリソストモス, ヨアンニス　118
グレゴリオス（ニュッサの）　215
ゲオルギオス（騎士聖人）　210, 211, 213, 214
ゲルマノス　29, 217
コキノバフォスの画家　237-239, 241
コムネノス, イサキオス　238
コムネノス, ヨアンニス（皇帝）　130
コンスタンティヌス（皇帝）　30, 242

さ行
シメオン（柱上行者）　43, 51-71, 74, 75

ゼノ（皇帝）　51, 57

た行
ダニエル（柱上行者）　56, 57, 69, 214
ダルザス, フィリップ　183
テオドリクス　175
テオドレトス　53-55
テオドロス（アンディダの）　29
テオドロス（騎乗聖人）　210, 211, 213, 214, 260
テオバルト（モンレアーレ修道院長）　124, 131
ド・トロワ, クレティアン　183

な行
ニケフォロス2世フォカス　57, 208, 209
ニルス　40

は行
ハイモ（オセールの）　180
パタピオス　31
フィラガトス　175
プトレマイオス　184
プリニウス　41, 47, 48, 73
フルウィウス・リッピヌス　41
ブルーノ（セニの）　180
プロコピオス　47
プロコピオス（ガザの）　235
ベケット, トマス　134
ベレンガウドゥス　180
ホノリウス（教皇）　129

ま行
マクシモス（証聖者）　29
マテウス（アイエロの）　135
マルクアキウス　171, 174, 179, 181, 188-193, 195

や行
ヤジド2世　33
ユーグ（サン・ヴィクトルの）　152-154
ユスティニアヌス（皇帝）　30
ユスティヌス2世（皇帝）　105
ヨアンニス（マダバの主教）　38
ヨセフス, フラウィウス　262

ら行

ルキウス3世（教皇）　124
ロゲリウス1世　108, 109, 129, 161
ロゲリウス2世　79, 81, 82, 100, 101, 102, 104, 106–112, 114, 129–131

| 地名・聖堂・修道院 |

あ行

アカバ　19
アキレイア　45
アパメア　71–75
アプーリア　129, 161, 175
アンティオキア　56, 57, 60
アンマン　19, 34
ヴェネツィア　176, 264
　サン・マルコ大聖堂　176
ウム・アル・ラサス　6, 18, 19, 27, 33–35, 38, 42, 44–46, 48
　主教セルギオス聖堂　33
　聖ステファノス聖堂　6, 18, 27, 33–35, 42, 44–46, 48
エジプト　6, 28, 30, 31, 51, 57, 83, 84, 86, 101, 141, 185, 204, 261
　アブ・メナ　51
エピロス　264
エフェソス　51
　聖ヨアンニス聖堂　51
エルサレム　22, 27, 29, 32–35, 51, 86, 95, 109, 110, 116, 135, 138, 139, 152, 154, 155, 204, 253
　ネア・テオトコス聖堂　27
オクシリンコス　6–8
オトラント　161, 162, 194
　オトラント大聖堂　4, 159–197

か行

カープア　129
　サンタンジェロ・イン・フォルミス聖堂　134
ガザ　34
カストリア　2, 195, 252, 254
　パナギア・マヴリオティッサ修道院　2, 195, 252, 254
カスル・アブ-サムラ　65
カッパドキア　201–206, 208, 210, 211, 213, 215, 221, 223, 224, 226, 230
カラート・セマン（柱上行者シメオンの聖堂）　6, 43, 51–75
カラク　32

カルケドン　44, 57
キエフ　105
　聖ソフィア大聖堂　105
キマル　58
ギュルシェヒール　210–215
　カルシュ聖堂　201, 202, 210, –215, 222, 230
ギョレメ　216–219, 221, 224–226
　カランルク聖堂　202, 216–219, 221, 222, 230
　トカル聖堂　224, 225, 230
　ギョレメ第一聖堂　225, 226
キルベット・アル・サムラ　19
キルベット・アル・ムクハヤット　18, 38, 39, 48
　聖ロトとプロコピオスの聖堂　18, 38, 39, 44, 48
グラード　18, 44–47
　聖エウフェミア聖堂　18, 44–47
コンスタンティノポリス　19, 29, 30, 41, 44, 56, 81, 105, 128, 130, 133, 203–205, 217, 237–239, 264
　大宮殿　19, 41, 105
　パントクラトール聖堂　130
　聖ソフィア大聖堂　30

さ行

サン・ドニ
　サン・ドニ大聖堂　125, 157
ジェラシュ　19, 27
　洗礼者ヨハネ聖堂　27
シナイ山　30, 268
　聖エカテリニ修道院　268
シリア　6, 17, 21, 29, 43, 51, 52, 55, 57–60, 63, 68, 71, 192, 204
セルビア　128, 157, 204, 264
　ストゥデニツァ修道院　157
ソーアンル渓谷　226–228
　カラバシュ聖堂　226–228
　ユランル聖堂　226–228

た行

チェファル　101, 108, 130
　チェファル大聖堂　108, 123, 130, 131, 133, 136
チャウシン　207–209
　ニケフォロス・フォカス聖堂　201, 202, 207–209, 230
ディブラトン　34
デイル・アイン・アバタ　19
トルチェロ　169

な行

ナイル川　30, 31, 37, 84

ニーデ　*228, 229*
　エスキギュムシュ修道院　*228, 229*
ネボ山　*18, 19, 25, 26, 30, 38, 48*
ネボ村　*20, 25*
　アモスとカシセウスの聖堂　*25*
　司祭ヨアンニスの礼拝堂　*18, 20, 25, 26, 48*

は行

バウイト　*7, 8*
バスファン　*56*
パレルモ　*1, 3, 79, 81-99, 117-121, 123, 124, 131, 132, 135, 136, 142-144, 148-151*
　宮廷礼拝堂　*1, 79-121, 123, 124, 126-128, 130, 133, 135, 137-145, 147-149, 156, 157, 169, 175*
　パレルモ大聖堂　*129, 130, 131, 135, 136, 146*
　ラ・マルトラーナ　*101, 133*
ピアッツァ・アルメリーナ　*150*
ヒエラポリス　*71*
　アタルガティス神殿　*71*
ヒュメイマ　*19*
プーラ　*46*
　聖マリア・フォルモーサ聖堂　*46*
フェニキア　*28, 192, 194, 195*
ヘシュボン　*19*
ポレチュ　*46*
　聖エウフラシウス聖堂　*46*

ま行

マアイン　*19*
マケドニア　*177, 204, 264*
マダバ　*6, 18-21, 23, 24, 26, 27, 30-34, 38, 48*
　聖使徒聖堂　*6, 18, 20-24, 26, 28, 48, 64*
　地図の聖堂（聖ゲオルギオス聖堂）　*6, 18, 22, 23, 26-29, 31, 48, 120*
マル・ムーサ・アル・ハバシ修道院　*63, 64*
ムスタファパシャ　*202, 222*
　聖バシリオス聖堂　*202, 222, 230*
モスクワ　*157*
　アルハンゲリスキー大聖堂　*157*
モンレアーレ　*123-125, 131, 135-137, 139, 146, 150*
　モンレアーレ大聖堂　*3, 6, 98, 101, 107, 118, 123-128, 130-141, 144-151, 155-157*

や行

ヨルダン　*17-20, 31, 44, 48*
ヨルダン川　*7, 24, 27, 31, 32, 34, 46-48, 84, 201, 212*

ら行

ラヴェンナ　*5, 46, 62, 63*
　ガッラ・プラキディア　*5, 62, 63*
　テオドリクスの宮殿　*46*
ラ・カーヴァ　*124, 136*
　聖三位一体大修道院　*124, 136*
リハブ　*19*
リンボン　*34*
レバノン　*30, 192*
ローマ　*17, 40, 41, 43, 45, 47, 58, 61, 73, 98, 107, 110, 113, 119, 134, 235, 236, 244*
　サン・ジョヴァンニ・ア・ポルタ・ラティーナ聖堂　*103*
　サンタ・チェチリア・イン・トラステーヴェレ聖堂　*103*
　サンタ・マリア・アンティカ聖堂　*103*
　サンタ・マリア・マッジョーレ聖堂　*134*
　サン・パオロ・フオリ・レ・ムーラ聖堂　*103, 134*
　パンテオン　*58*
　ユピテル・カピトリヌス神殿　*47*

地名・図書館名・美術館名・写本名

あ行

アテネ　国立図書館　*263*
　Cod. 44　*263*
アトス山　ヴァトペディ修道院　*236, 239*
　Cod. 602　*236, 239*
イスタンブール　トプカプ宮殿図書館　*236, 237, 263*
　Cod. gr. 8　*236, 237*
　Cod. gr. 13　*263*
ヴァティカン聖使徒図書館　*2, 236, 239, 244, 247, 258, 260, 263, 267-269, 272*
　Palatinus graecus 431　*244*
　Vat. Chisi. R. VIII. 54　*258, 267, 268*
　Vat. gr. 746　*236, 239, 240, 241*
　Vat. gr. 747　*2, 236, 237, 239-241, 244, 247, 249-252*
　Vat. gr. 755　*260, 262, 264, 268, 269, 272*
　Vat. gr. 1153　*263, 264, 267-270*
　Vat. gr. 1154　*263, 264, 267-270*
　Vat. gr. 2125　*257*
ヴァティカン　ピオ・クリスティアーノ美術館　*62*
ウィーン　オーストリア国立図書館　*251*
　Vienna 1179　*251*
ウィンザー　イートン・カレッジ　*152*
　Eton College MS 96　*152*

オックスフォード　ニュー・カレッジ図書館　262
　　New College 44　262
オックスフォード　ボドリアン図書館　152, 153, 261,
　　263, 267, 268, 270, 271
　　Auct. E. 2. 16　263
　　Laudianus graecus 30 A　261, 267, 268, 270, 271

さ行

スミルナ　ギリシア福音学校　236, 237
　　A/1　236, 237

た行

ダブリン　トリニティ・カレッジ　151
　　MS 117　151
トリノ　国立大学図書館　191, 259
　　Sgn I. II. 1　191
　　Taur. B. I. 2　259
トレド大聖堂　251
　　聖王ルイの聖書　251

は行

パリ　アルスナル図書館　154, 249
　　MS 5211　249
　　MS 1186　154
パリ　フランス国立図書館　146, 184, 191, 249, 260, 276,
　　277
　　Paris. gr. 139　260
　　Paris. gr. 510　260
　　Paris. lat. 8878　184, 191
パリ　ルーブル美術館　60, 61
ピサ　サン・マッテオ国立美術館　175
　　エクスルテット・ロール2番　175
フィレンツェ　ラウレンツィアナ図書館　236, 240, 259
　　Laur. Plut. 5. 9　259
　　Laur. Plut. 5. 38　236, 240
ベルリン　ボーデ美術館　65
ボルチモア　ウォルターズ美術館　250
　　MS W. 106　250

ら行

レックリングハウゼン　6
　　イコン美術館　6
ロンドン　大英図書館　153
　　British Library Cotton Roll XIV. 12　153
ロンドン　大英博物館　4, 186

聖書関連

あ行

アイネア　98
アダム　69, 89, 90–92, 103, 114, 115, 119–121, 142, 143, 153,
　　169, 170, 177, 182, 186, 187, 194, 252, 253
アナニア　96, 117
アナニア（アブガル王の使者）　220
アブガル王　219, 220
アブラハム　92–94, 154, 155, 171, 192, 194, 202, 210, 211,
　　216–223, 227, 230, 252
アベル　90–92, 115, 142, 169, 170, 176, 178, 179, 183, 184
アベルの殺害　92, 142, 143, 170, 178
アモス　267
荒野の誘惑　127
アンデレ（十二使徒）　86
イサク　93–95, 154, 155, 171, 202, 210, 211, 217, 218, 222,
　　223, 227
イザヤ　53, 54, 196, 253, 257, 260–265, 268, 269, 272, 273
生みの苦しみと労働の苦しみを負わされたアダムと
　　エバ　143
エサウ　94, 95, 115
エジプト逃避　83, 84, 86, 101, 105, 142, 207, 210
エゼキエル　257, 263
エッサイの木　2, 195, 196, 235, 251–255
エデッサ　29, 219, 220, 221
エバ　89–92, 115, 119, 120, 121, 142, 143, 153, 169, 170, 177,
　　182, 186, 187, 228, 252, 253
エリサベトの逃避　207, 225, 226
エリヤ　47, 48, 53, 65, 66, 70, 85, 106, 221, 269, 277
エルサレム入城　83, 86, 101, 102, 105, 116, 142, 207, 210
エレミヤ　54, 259, 261–263, 270
オバディア　257
オベド　249, 251–253

か行

カイン　90–92, 115, 142, 169, 170, 176, 178, 179, 184
カナン　26, 192, 220
ガブリエル（大天使）　82, 83, 138, 268
空の墓　118, 202, 207, 210, 227, 228
乾いた地に乗り上げる箱舟　147, 148
旧約五大書（ペンタテウク）　134, 235, 247
旧約八大書（オクタテウク）　235–255
旧約預言書　257–274
キリストの降誕　83, 87, 88, 110, 119, 162, 201, 207, 208, 210,
　　217, 218, 221, 222, 226, 228–230

キリストの昇天　32, 33, 86, 87, 109, 120, 133, 187, 207, 210, 217–219, 224, 225
キリストの洗礼　7, 24, 63, 64, 83–85, 117, 119, 141–143, 201, 207–216
キリストの磔刑　4, 86, 100, 119, 184, 186, 201, 207, 209, 210, 222–224, 226, 227
キリストの変容　1, 83, 85, 87, 106, 117, 141, 142, 146, 157, 207, 208, 210, 221, 223, 225, 226, 276, 277
キリストの捕縛　127, 145
契約の虹　147–150, 156
契約の箱　138
ケルビム　90, 115
洪水　92, 93, 110, 114, 115, 147–153, 155–157, 167, 176

さ行

最後の晩餐　183, 201, 207, 210, 212–214
サウロ　1, 87, 95, 96, 107, 111, 116, 117, 143
サムエル　172, 176, 189, 195, 253
サムソン　173, 180
シバの女王　170, 171, 173, 174, 177, 178, 185–187
四福音書抄本（レクショナリー）　235
シメオン（預言者）　64, 82, 229
シモン（魔術師, シモン・マゴス）　98, 99, 120, 121, 143
シモン・マゴスの失墜　101, 117, 144
十字架降下　118, 127, 207
十二大祭　201
受胎告知　82, 83, 87, 137, 138, 201, 202, 207, 210, 217, 218, 228–230, 268
小預言書　257–260, 262, 263
神殿奉献　64, 82, 83, 210, 226, 228–230
スザンナ　262
聖霊降臨　65, 86, 127, 145
ゼカリア　257
ゼファニア　257, 267
セプトゥアギンタ（七十人訳聖書）　237, 242, 243, 254, 270, 273
ソドム　92–94, 115
ソロモン　4, 119, 125, 170, 171, 173, 174, 177, 178, 181, 182, 185–187, 260

た行

大預言書　257–260, 262, 263
ダニエル　191, 196, 257, 261, 263, 264, 270, 271
タビタ　98, 99, 119
ダビデ　2, 86, 119, 135, 138, 189, 194, 195, 249, 251–253
天地創造　79, 80, 87–92, 99, 110, 114, 126, 137, 142, 147, 187

な行

ナウム　257
ナオミ　248, 249, 250
ニムロデ　172, 190
ネブカドネツァル　191, 192, 195, 196
ノア　91–93, 102, 110, 114, 115, 138, 147, 149–151, 153, 155, 156, 167, 177
ノアの箱舟　3, 91, 92, 114, 137–140, 147–155, 157, 162, 167, 176, 187

は行

パウロ（使徒）　79, 80, 83, 96–99, 102, 104, 106–111, 115, 117–120, 127, 137, 138, 143, 145–147, 157
パウロの洗礼　96, 107, 115, 117, 118, 143, 145
パウロの断頭　127, 146
ハガイ　257, 259
箱舟の造船　93, 147, 148, 150, 152
ハバクク　257, 267
バビロニア　40, 177, 188, 192, 271
バベルの塔　92, 94, 140, 166, 167, 173, 174, 177, 178, 182, 187, 190
バルク　262
バルトロマイの福音書　178
パントクラトールのキリスト　79, 82, 83, 99, 126, 133, 137
ハンナ　195
ヒゼキア　262
ビブル・モラリゼ　152–154, 245, 246, 249, 250, 251, 254, 255
福音書記者のシンボル　266
ベテル　94, 116
ペトロ（使徒）　79, 80, 85, 97–99, 102, 104, 106–111, 116–121, 127, 130, 137, 138, 143, 145–147, 157, 276
ペトロの磔　127
ペトロの否認　145
ペトロ（牢獄の）　97, 118, 119, 143
ペヌエル　95, 116
ヘロデ王　83, 97, 141, 226
ボアズ　2, 247–255
ホセア　257, 267

ま行

マクペラ　218, 219, 221
マタイ（福音書記者）　266
マラキ　257, 264, 267, 268
マリア（聖母）　61, 86, 119, 126, 127, 139, 229
マルコ（福音書記者）　266, 272

マンディリオン　216, 217, 219, 220
ミカ　257, 268, 269
冥府降下　86, 100, 103, 119, 178, 201, 202, 207–210, 227, 228
モーセ　26, 30, 37, 38, 53, 85, 103, 106, 110, 221, 223, 247, 277
黙示録註解書　180, 181, 184, 190, 191

や行

ヤコブ（イサクの子）　80, 94, 95, 103, 110, 115, 116, 126, 133, 137, 138, 171, 194, 202, 210, 211, 217, 218, 222, 223, 227
ヤコブ（十二使徒）　63, 85, 97, 146, 276
ヤコブの格闘　95
ヤコブの夢　95, 116
ヤロア　193, 194
ユダの裏切り　201, 207, 210, 212–216
ヨエル　193, 194, 257
ヨセフの夢　83–85, 141, 142, 207
ヨナ　173, 174, 180, 257, 264
ヨハネ（洗礼者）　61, 84, 86, 87, 100, 102, 117, 119, 201, 215, 221, 226, 269, 272
ヨハネ（福音書記者）　8, 85, 146, 227, 235, 266, 276

ら行

楽園追放　90, 91, 115, 120, 121, 142, 143, 169, 176–178, 187
ラザロの蘇生　83, 85, 141, 142, 207, 210, 219, 226
ラバン　95
リベカ　93, 94
ルカ（福音書記者）　194, 266
ルツ　2, 247–255
レサ（レファヤ）　193, 194
ロト　38, 92–94, 115

聖書の引用箇所

創世記
　第1章–第50章　80
　第1章1–2節　87；2節　147；3節　87；6–8節　88；11–12節　88；14–15節　88；16節　88；20節　89；24節　89
　第2章2節　89；6節　69；7節　89；9節　69；10節　69；16–17節　89；21–22節　89
　第3章4節　90；11節　90；16–19節　90；21節　90；24節　90
　第4章1–5節　91；8節　91；9節　91；11–12節　184
　第6章7節　91
　第8章11節　92
　第9章1節　156；20節　92；21–23節　92

第11章1–9節　92；4節　183；31節　220
第18章1–15節　92
第19章1–29節　92
第22章1–19節　93；2–18節　223
第24章1–61節　93
第25章9節　218
第27章1–29節　94；41–44節　94
第28章　133；10–20節　94
第29章1節以下　95
第32章23–31節　116；23–33節　95
第50章　116
出エジプト記
　第7章14節　37
　第12章3節　193
　第16章1–9節　193
民数記
　第27章17節　193
ルツ記
　第3章1–14節　247
サムエル記上
　253
　第2章10節　195
　第10章　189；24節　189
　第16章1–13節　253
列王記上
　第5章13節　174, 181
　第10章28節　185
　第19章4節　269
列王記下
　第2章1–14節　66；8節　47, 48；11節　46
歴代誌上
　第3章21節　193
　第5章14節　193
ヨブ記
　第15章34節　193
　第16章7節　193
詩編
　36編8–10節　144
　42編　177
　62編3節　226
　72編17節　185
　80編13–16節　37
　118編22節　68
コヘレトの言葉
　第1章3・9・14節　185；14節　185
　第2章11・18・20節　185

第3章1節　*185*

イザヤ書
　　第5章5-6節　*37*；12節　*92*
　　第10章33節　*196*
　　第11章1-2節　*195, 196, 252, 253*
　　第26章7節　*272*；9節　*260, 268, 272*
　　第28章16節　*68*
　　第38章9節　*262*

エレミヤ書
　　第3章21節　*270*
　　第4章24節　*270*
　　第6章9節　*37*
　　第31章9節　*273*
　　第51章29節　*270*

哀歌
　　第5章1節以下　*262*

エゼキエル書
　　第5章5節　*29*
　　第19章12節　*37*
　　第31章　*175*
　　第47章8-9節　*24*

ダニエル書
　　第2章29節　*271*；34節　*68*；45節　*271*
　　第4章　*191*；7-9節　*175*；17-19節　*175*；20節　*196*；22節　*191*
　　第6章1-25節　*270*
　　第7章2節　*191*；4-7節　*261, 271*

アモス書
　　第2章8節　*92*

ヨナ書
　　173

ミカ書
　　第1章2節　*269*

マタイによる福音書
　　第1章1節　*217*；1-17節　*252*
　　第2章13節　*83*
　　第3章11節　*215*
　　第8章11節　*218, 219*
　　第12章40-42節　*180*；41-42節　*174*；42節　*181*
　　第16章18節　*116*
　　第17章1-3節　*85, 277*；1-13節　*146*
　　第21章1-11節　*86*
　　第28章1-6節　*118*

マルコによる福音書
　　第1章3節　*272*
　　第9章2-13節　*146*

ルカによる福音書
　　第1章39-45節　*119*
　　第2章13-14節　*208*；25節　*64*；29-30節　*229*
　　第3章　*252*；2節　*269*；23-38節　*194, 252*；27節　*193*；38節　*252*
　　第9章28-36節　*146*
　　第24章50-52節　*219*

ヨハネによる福音書
　　38
　　第1章49節　*253*
　　第11章1-44節　*85*；1-45節　*219*
　　第15章5節　*37*

使徒言行録
　　第1章8節　*109*
　　第2章2節　*65*
　　第3章1-10節　*98*
　　第9章1-2節　*95*；3-4節　*96*；7節　*96*；8節　*96*；10-19節　*96*；20節　*96*；23-25節　*97*；32-35節　*98*；36-42節　*98*
　　第12章　*98*；1-11節　*97*；6節　*97*
　　第22章16節　*209*

ガラテヤの信徒への手紙
　　第2章14節　*273*
　　第3章26-27節　*119*

ヘブライ人への手紙
　　第1章8節　*253*
　　第12章13節　*273*；24節　*183*

ヨハネの黙示録
　　第3章12節　*214*
　　第11章19節　*180*
　　第12章7節　*214*
　　第14章19-20節　*180*
　　第16章18節　*180*
　　第18章21節　*138*
　　第19章11節　*214*；13節　*180*；14節　*214*；17節　*8*
　　第21章2節　*33*；10節　*138*
　　第22章2節　*181*

その他

あ行

アーキタイプ　*243, 244*
アーサー王　*169-171, 173-179, 182-184, 188, 189*
アカントス　*6-8, 21, 22, 25, 26, 38, 44, 55, 60, 65, 66*
アトラス　*172, 189, 191, 192, 196*
アリアドネ　*36, 37*

イコノクラスム　222
海（タラッサ）の擬人像　20, 21, 23, 24, 26
エピアルテース　172

か行
カテナ　237, 238, 240, 242, 245, 246, 257, 258, 260, 261, 263, 264
カリアティード　8
カンタロス　21, 22, 46, 47
ギョレメ野外博物館　222, 224, 230
グリュプス　159, 166, 170, 171, 174, 177, 184, 185, 187, 188
クレタ王ミノス　36
ケンタウロス　159
黄道十二宮　167, 169, 170, 183–186
コディコロジー　244, 247

さ行
サテュロス　159, 177
狩猟　19, 35, 38–44, 159
神曲　179, 189
神聖ローマ帝国　108
聖杯　183, 184
セイレン　4, 160, 170, 171, 177, 181, 182, 185–187, 194
セレネ（月の女神）　4, 186

た行
大地（ガイア）の擬人像　25, 26
タルギズィズィ　192
タルマギ　192
デイシス　221, 222, 224, 227
テセウス　36, 37

な行
ノルマン・シチリア王国　81, 123, 128–130, 132–134, 139

は行
バッカス　36, 37
ビザンティン帝国　41, 57, 63, 81, 100, 101, 104, 105, 109, 113, 128, 161, 178, 203, 208, 235, 236, 254
フィシオログス　174, 177, 182
フランク王国　109
ヘクサメロン　106
ヘリオス（太陽神）　185

ま行
マダバ地図　23, 27–32

ミノタウロス　36

[著者略歴]

瀧口美香(たきぐち・みか)

1966年東京生まれ。明治大学商学部准教授。早稲田大学大学院博士課程修了。ロンドン大学コートールド研究所にて博士号取得。ビザンティン美術史専攻。著書に、『ビザンティン四福音書写本挿絵の研究』(創元社、2012年)、共著に、益田朋幸編『聖堂の小宇宙(ヨーロッパ中世美術論集4)』(竹林舎、2016年)、V. Tsamakda ed., *A Companion to Byzantine Illustrated Manuscripts* (2017) などがある。ロシア、ウクライナの聖堂建築、セルビア、コソボ、マケドニアの聖堂装飾に関心を持ち、各地でフィールドワークを行っている。

初期キリスト教・ビザンティン図像学研究

発　行	2018年2月20日　第1版第1刷発行
著　者	瀧口美香
発行者	矢部敬一
発行所	株式会社創元社
	〈本社〉
	〒541-0047　大阪市中央区淡路町4-3-6
	電話 06-6231-9010㈹
	〈東京支店〉
	〒162-0825　東京都新宿区神楽坂4-3　煉瓦塔ビル
	電話 03-3269-1051㈹
	〈ホームページ〉http://www.sogensha.co.jp/
印　刷	㈱太洋社

本書を無断で複写・複製することを禁じます。
乱丁・落丁本はお取り替えいたします。
定価はカバーに表示してあります。
©2018　Printed in Japan　　ISBN978-4-422-14398-9　C3016

JCOPY 〈出版者著作権管理機構 委託出版物〉
本書の無断複写は著作権法上での例外を除き禁じられています。複写される場合は、そのつど事前に、出版者著作権管理機構(電話 03-3513-6969、FAX 03-3513-6979、e-mail: info@jcopy.or.jp)の許諾を得てください。